户外生存手册

陈浩◎编译

开明出版社

图书在版编目（CIP）数据

户外生存手册 / 陈浩编译．—北京：开明出版社，2024.3

ISBN 978-7-5131-8615-5

Ⅰ．①户… Ⅱ．①陈… Ⅲ．①野外－生存－手册 Ⅳ．① G895-62

中国国家版本馆 CIP 数据核字（2023）第 234630 号

责任编辑：卓　玥　程　刚

书　名：户外生存手册
编译者：陈　浩
出版社：开明出版社（北京市海淀区西三环北路25号青政大厦6层）
印　刷：保定市中画美凯印刷有限公司
开　本：880mm × 1230mm　1/32
印　张：17
字　数：367千字
版　次：2024年3月第1版
印　次：2024年3月第1次印刷
定　价：68.00元

印刷、装订质量问题，出版社负责调换。联系电话：（010）88817647

目 录

CONTENTS

第8章 获得食物

第9章 可食用植物和药用植物

第10章 有毒植物

第11章 危险的动物

第12章 野外应急武器、工具和装备

第13章 沙漠生存

第14章 热带生存

第1章 引　言

本手册围绕SURVIVAL（生存）这一关键词展开说明。无论身处何种生存环境，这个单词中的每一个字母都将指引你该如何行动。掌握每一个字母所代表的意义，并将这些指导原则实际运用于生存训练中。谨记，SURVIVAL（生存）。

求生行动

以下是SURVIVAL（生存）这个词中每一个字母所代表的意义和指导原则。对每个字母的含义进行细致研究，并且记住它，也许某一天这个词就将为你所用。

S 评估（size up）

对形势的评估

倘若身处野外的危险境遇，首要就是找到藏身的地点。谨记，万事以安全为首。将你的视觉、听觉和嗅觉集于一体，最大限度地发挥其作用，彻底摸清形势。有没有野兽？野兽是在潜伏还是在搜寻猎物、或者是在休息？在实际执行你的生存指导原则时，首先必须对形势做好评估工作。

对环境的评估

其次，对你所处的环境进行整体评估，找出该地区的固有规律。大致勘察一番四周的状况，对环境有个整体把握——无论是丛林、灌木区还是荒漠，每种环境都有固定的特有规律，各自对应着某一种规则或生存模式——包括昆虫、鸟类的鸣叫声，动物的日常活动和其他动静，还包括当地居民的日常生活习惯等。

对生理状况的评估

身处野外的压力或求生中所遭受的心灵创伤，可能会导致你忽略身体上受到的伤害。检查你的伤口，并及时采取自救措施。要谨慎小心，避免身体的其他部位受到进一步伤害。比如，在任何气候条件下都要尽可能地多喝水，补充大量水分，以防出现脱水状况。如果你处在寒冷潮湿的环境中，多带些衣物并注意防寒保暖，防止体温过低。

对装备的评估

在危急时刻，你携带的某些装备可能会损坏或丢失。检查你的所有装备，看看还剩下哪些，并检查其性能是否完好。

现在你已经对你的处境、周围的环境、自身的身体状况以及装备情况做了评估，那么可以开始制订你的生存计划了。当你进行这一步时，要特别注意这几项最基本的生理需要——水、食物、藏身地点。

U 盲目（undue）

运用你所有的感知觉，轻率行动只是浪费时间

如果你未经谨慎思考、未做周密计划就迅速行动，这一举动可能会酿成大错，这种冲动的行为会导致你被野兽攻击，甚至死亡。不要为了采取行动而行动。在决定行动之前，一定要进行全局评估（评估形势）。轻率盲目的行动可能会导致你丢失或遗忘部分装备，或者在路途中迷失方向，找不到正确的方位。倘若威胁就潜伏在你的周围，行动前则更应谨慎周密地计划，不仅要行动迅速，更要确保自身的安全。评估形势时，集中注意力，运用你所有的感知觉。对声音和气味保持警惕，对温度的异常变化保持敏感。记住要善于观察，随时保持机警。

R 记住（remember）

记住自己的地理位置

在地图上找到你所在的位置，并标注出周围的地形。这项基本原则必须始终遵守。倘若还有其他人与你同行，确保他们也都清楚自己所在的位置。要明确知道你的团队中哪一位成员有指南针和地图。密切关注你每时每刻所在的位置，以及你将

要前往的地点。不要依靠团队里的其他人来指明路线，坚持自己去判断方位。你应该尽最大可能确定你与以下地点的位置关系。

★ 相对危险的区域。

★ 较安全的区域。

★ 水源（在干旱的沙漠地区尤为重要）。

★ 可以为你提供掩护、作为藏身所的区域范围。

当你处于求生环境下或者急于脱逃时，这些信息会帮助你及时做出明智的决定。

V 克服（vanquish）

克服恐惧和慌张

对求生者来说，恐惧和慌张是求生困境中最大的敌人，若不及时加以控制，可能会导致你跟随主观感觉前进，让你被想象所牵引，而忽略实际状况。这会使你很难做出明智的抉择；会使你惶恐不安，产生种种不良的消极情绪。克服恐惧和慌张的有效方法就在于之前提及的生存训练，以及对自信心的培养。

I 应急措施（improvise）

各种各样的户外物品都可以在商店买到，倘若有些物品损坏或者遗失，重新替换也十分方便。但是，正因为存在这种“来也容易，去也容易，换更容易”的文化，才致使人们在日常生活中完全不需要掌握应急能力。重要的是，如果置身于求生环境中，缺乏这种能力很可能导致你遭受致命创伤。因此，首先你必须掌握最基本的应急能力——当场制作的能力。找一个用途特殊的工具，看看它还能充当其他什么工具。

学会利用周围环境中的自然材料，以此满足各种不同需求。

例如，将岩石当作锤子使用。无论你携带的求生工具多么齐全，经过一段时间后它们都会渐渐磨损或耗尽。此时，你的想象力就必须接替生存工具箱发挥作用了。

V 珍惜（value）

珍爱生命

所有人出生之际都在为了活着而拳打脚踢，但后来也慢慢习惯了平淡舒适的生活。我们本能地排斥一切不便与不适，让自己的日子过得越来越舒服，而一旦我们处于压力重重、充满不适与紧张的求生困境中，又会出现哪些状况？这就在于求生的意志——赋予生命价值，珍惜生命——这一点至关重要。你在生活中以及专业训练中所获得的经验和智慧，都将赋予你极强的求生意志。面对困难和挫折毫不妥协的顽强意志，会为你的精神和体力注入巨大的能量，让你足以承受各种痛苦，坚持到底。

A 行动（act）

学习当地人的行事方法

在任何一个地区中，最能适应其生存环境的莫过于当地的居民和动物。因此，要想了解某个地区，最直接的方式就是观察当地居民的日常生活模式。他们在什么时间吃饭？吃什么食物？他们在什么时间、什么地点、以何种方式获得食物的？在什么时间、什么地点找水的？他们通常几点起床、几点就寝？要避免与当地人产生矛盾，这些信息尤为重要。

生活在该地区的动物也可以为你制订生存计划提供线索。动物同样需要水、食物和容身之所。通过对它们的观察，你就能尽快找到水源和食物。

警告 动物不能作为寻找水源和食物的绝对向导。因为许多动物食用的植物对人体有害。

必须记住：如果你的行动引起动物的连锁反应，你很可能会向猛兽暴露行踪。

倘若你所在地区的居民较为友好，有一个好方法可以让你和他们融洽相处——对他们获得食物和水的方式以及日常使用的工具表示出极大的兴趣。虚心向他们讨教和学习，学会尊重他们，常常可以帮你交到一些有价值的朋友。最重要的是，你可以学会如何适应所处环境，这将大大增加你的生存机会。

L 生存（live）

依靠自己的智慧生存下去，但首要的是先学会基本技能

如果没有接受过野外求生及生存基本技能训练，你在野外境遇中的生存概率是十分微小的。

现在，立刻去学习这些基本技能，不要临时抱佛脚。你的生死就取决于你在事前所做的准备的程度。你必须先了解此次目的地的环境状况，进而学习并掌握适合此环境的生存技能。例如，倘若你的目的地是荒漠地区，你就要学会在荒漠中寻找水源的途径和方法。

在准备过程中，要不断运用这些生存基本技能，真正将其付诸实践。求生训练可以帮助你减少对未知环境的恐惧，增加自信心，指导你如何依靠自己的智慧生存下去。

求生方案

为了克服求生过程中的种种困难，你需要制订一套完整的求生方案。求生方案应包括以下求生物资：水、食物、藏身之处、火、信号、急救物品。这些物资的排列顺序以其重要程度为标准。例如，假如你所处的环境十分寒冷，你就需要生火取暖，需要一个藏身之处来抵御风寒、遮挡雨雪；需要布置套索或设计陷阱来猎取食物；需要向救援飞机发信号的工具；需要急救物品来治病疗伤。不管你处在何种气候环境中，假如你不幸受伤，第一需要就是急救物品。

根据环境的不同，你需要不断改变生存方案以满足不同的生理需要。当你继续阅读本手册时，要时时谨记这一关键词——“SURVIVAL”，记住每一个字母所代表的含义（图1–1）；除此之外，还需记住求生方案中的每一个核心要素。

S 评估形势、环境、生理状况、装备

U 运用你所有的感知觉，轻率行动只是浪费时间

R 记住自己的地理位置

V 克服恐惧和慌张

I 应急措施

V 珍爱生命

A 学习当地人的行事方法

L 依靠自己的智慧生存下去，但首要的一点是先学会基本技能

图1-1 生存的指导原则

第2章 生存心理学

要成功通过求生考验，你需要掌握的知识和技能远远超过建造庇护所、获得食物、生火、不依靠标准导航设备到达任何目的地等技术。有些人很少或根本没有接受过生存训练，却能设法在威胁生命安全的情况下生存下来。有些人受过求生训练，却因为没能运用自己的技能而丧命。面临生死关头，个人的心理状态是一个十分关键的要素。在任何生存条件下，具备生存技能固然重要，但最必要、最根本的一点，是求生的意志。没有求生的欲望，你所掌握的技能就达不到任何目的，宝贵的知识和智慧也只能是白白浪费。

这里就提出了“生存心理学”的概念。无论身处何种求生环境，你都会面临种种心理压力，而它们最终一定会对你的头脑和思维产生不同程度的影响。如果你没有意识到这一点，即便你是一个训练有素、自信十足的人，这些压力产生的负面思想和情绪也能将你变成一个优柔寡断、生存能力堪忧的个体。因此，你不仅必须了解这一点，而且要能够识别那些与生存息息相关的压力。对于自己在这些压力下可能出现的种种反应，你必须有所意识。本章节明确地阐述和解释了心理压力的本质、求生中的压力源，以及人体在面对实际求生环境的压力源时所体验到的内部自然反应。这一章节以及本指南其余部分所教授的知识，将会指导你做好准备，帮助你顺利走过最艰难的时期。

审视心理压力

在了解自己在某种生存环境中可能出现的心理反应之前，首先来学习一些有关心理压力的效用和影响方面的知识，这一点对我们来说大有益处。心理压力并不是一种可以随意消除和治愈的疾病，而是每个人都会经历的一种状况。我们可以将心理压力描述成“人体对外部压力的反应”，它表示我们的心理、生理、精神和情绪对生活中的紧张状况所做出的反应。

对心理压力的需要

心理压力有许多正面效益，因此我们需要它发挥作用。压力为我们提供了挑战的机会，让我们得以了解自己的优点和价值。心理压力的相关研究表明我们有能力去应对外部的压力，而不是被它打垮。心理压力能检验我们的灵活性和适应性，刺激我们发挥出最大的能力，做出最大的努力。因为我们通常不会为了一些无关紧要的小事而背负压力，所以它也是一种极好的指示器——显示一件事情对我们的意义和重要程度——换句话说，它清楚地表明了什么对我们来说很重要。

我们的生活需要有一些压力，它能起到激励作用，但任何东西一旦过多，都难免会变得很糟。目标是有压力，但不过量。过大的压力只会为个人和组织带来不利。压力过多会导致痛苦，而痛苦则会引发我们试图逃避或想要避免的、令人不适的紧张感。以下列出了当你面对过大压力的时候，可能会遭遇的常见痛苦迹象。

- ★ 难以下决定、作决策。
- ★ 情绪暴躁。
- ★ 健忘。
- ★ 精力下降。

- ★ 长期忧心忡忡。
- ★ 产生与自杀或死亡有关的念头。
- ★ 孤立，不合群。
- ★ 粗心大意，心不在焉。
- ★ 极易犯错。
- ★ 与他人相处困难。
- ★ 逃避责任。

正如你所看到的那样，压力不仅可以具有建设性，也可以充满破坏性。它既能鼓励我们，也能让人气馁；既能激励我们沿着轨道勇往直前，也能让我们半途而废或轻言放弃；既能让生命变得更有意义，也能让生命从此失去意义。压力可以激发你的潜力，让你在生存环境中发挥出最高的效率，以成功应对种种困难；它也能让你彷徨失措，使你把曾经接受的所有训练和技能通通忘光。你对那些不可避免的压力的处理能力，正是生存的关键所在。能够生存下来的人是可以与压力同行的人，而不是被压力所控制的人。

生存的压力源

任何事件都有可能导致压力，而且正如每个人都曾有过的经验一样，事件通常都不是一次只发生一个。导致压力的事件常常会同时发生。这些事件本身并不是压力，但是它们产生了压力，所以被称为“压力源”。显而易见，压力源是外显的原因，而压力则是相应的内部反映。一旦我们的身体辨识出某种压力源的出现，它就会立即采取行动，保护自己。

身体在应对压力源时所做出的反应中，不仅有做好“战斗”的准备，也有做好“逃跑”的准备。这项准备还包括一个由身体内部送往全身各处的SOS信号。当这个SOS信号引发身体与之产生共鸣时，下列行为就会出现。

- ★ 身体内部储存的燃料（脂肪和糖）被释放出来，为你快速提供能量。

★ 呼吸频率增加，以将更多的氧气提供给血液。

★ 肌肉的紧张感增强，以做好随时行动的准备。

★ 凝血机制被激活，以减轻伤口的出血状况。

★ 感官系统的灵敏度增强（听觉和嗅觉更加敏锐，瞳孔扩张），以使你更好地了解所处的环境。

★ 心率加快、血压上升，以将更多的血液提供给肌肉。

这种保护性的状态完全可以让你应对潜在的危险。但是，你无法无限期地保持这种水平的警觉。

压力源是毫不谦卑的不速之客；一个还没走，另一个又不请自来。人如果接二连三地遭受种种哪怕是微小的压力，这些小压力积累起来，也会导致巨大的精神上的痛苦。当身体用以抵抗压力的机能不断受损，而压力却继续到来（甚至持续增加）时，最终就会使人精疲力竭。这时，对抗压力或积极利用这种压力的能力耗尽，痛苦的征兆便会出现。预见压力和找出应对策略是有效对付精神压力的两大要素。因此，至关重要的一点在于，要对你可能遇到的各种类型的压力有所了解。以下就是与之相关的一些解释。

*受伤、疾病和死亡。*受伤、疾病和死亡都是现实中极有可能发生的事件，你必须学会面对。孤身一人处在陌生的环境里，随时都可能因野兽攻击、意外事故或误食有毒食物而丢掉性命，或许没什么比这更让人深感压力了。疾病和伤害会限制你的应激能力，抑制你寻找食物、水源和藏身所以及自我保护的能力，从而导致更严重的压力。只有减少受伤、疾病或死亡的发生，你才有勇气承担起与生存任务相关的种种风险。

*不确定性以及难以控制性。*有些人一旦处在不熟悉的环

境中，便会出现行动障碍。在求生困境下，唯一的保证也就是没有任何保证。在陌生的环境中，你对周围环境的控制十分有限，而以这种有限的信息开展活动实在是让人倍感压力。这种不确定性和缺乏控制力的感觉会进一步增加你的紧张感，使你更容易受伤、患病甚至死亡。

环境。即使所处的环境较为理想，大自然也会让人望而生畏。在野外生存，你不得不面对种种源于自然界的压力——气候、地形、各种地区的不同生物，等等。炎热、寒冷、风雨雷电、山区、沼泽、荒漠、昆虫、危险的爬行动物以及其他野兽，这些都只是你将遇到的挑战中很小的一部分。你获得什么样的结果，取决于你应对环境压力时采取什么样的方式。环境既可以成为食物来源，为你提供保护，也可以因为不当处理而带来极度的不适感，导致受伤、患病甚至死亡。

饥渴。没有食物和水，你会越来越虚弱，最终不得不面临死亡。因此，在求生环境中所处的时间越长，就越能体现出获得与保存食物及水的重要性。你已经习惯于购买食物，所以，对你来说，寻找食物和水源是个极大的压力源。

疲惫。当你越来越疲惫时，强迫自己生存下去实属不易。甚至有时候，仅仅是保持清醒本身就会让你变得更加疲劳。

与世隔绝。与他人共同面对逆境存在一定的优势。即使之前你学会了许多个人技能，但现在你必须作为团队的一部分行动。我们要感谢团队所提供的信息和指导，尤其是在面临困惑之时所给予的指引。与他人保持联系还能带给我们更多的安全感，这会让你感觉到，如果出现问题，你还可以向其他人寻求帮助。在野外生存中还有一个很大的压力：通常你只能完全依靠你自己。

本手册提到的野外生存压力绝不是你可能要面对的唯一困

难。请记住，在一个人看来很大的压力，另一个人却可能对此不以为然。你的经验、生存训练、个人人生观、心理和生理调节水平以及自信程度，都决定了你在野外生存环境中能否成功地面对压力，渡过难关。

现在，我们对野外生存中存在的压力和压力源有了常识性的了解，下一步就需要检测一下你在面对这些压力时会作何反应。

自然心理反应

人类在漫长的世纪中历经了无数变迁而生存下来。人对身心的调节能力以及对外在世界变化的适应能力，让我们在其他物种相继灭绝的环境中得以延续至今。这种生存机制使我们的祖先活了下来，同样也能帮助你生存下来。然而，如果你不能理解和预测这个让你生存下来的生理机制，它同样也会对你不利。

一般人都会在求生状态下产生某些心理反应，这一点不足为奇。下面的内容对你或与你同行的人可能会在生存压力下产生的主要内心反应做了解释。

恐惧。恐惧是由周围不可预料的、不确定因素而导致的一种强烈的情绪反应，常常出现在可能导致受伤、疾病或死亡的危险环境中。这种损害不仅来源于生理伤害，也可能出现在情感和精神受到威胁的情况下。在求生环境中，恐惧如果能激发你谨慎行事，它就发挥了积极的作用，因为鲁莽行事只会导致受伤。不幸的是，你也极可能被恐惧吓得无法动弹，甚至连最基本的生存活动也无法进行。大多数人在陌生的不利环境下，都会产生某种程度上的恐惧。这不是什么羞耻的事！你必须加强训练，使自己不被恐惧征服。最理想的状态是，经过实际训练后，你所学到的知识和技能能够增加你的自信，从而使你征服恐惧。

焦虑。恐惧会导致焦虑。因为害怕是人的自然生理反应，而焦虑同样是人的正常体验。焦虑可能是当你面对危险情形（心理的、生理的、情绪上的）时出现的一种不安却可控的感觉。如果通过正确的途径积极利用焦虑，它可以促使你继续奋斗，或者至少让你战胜威胁生命的危险因素。如果你从来没有感受过焦虑，也就没有改变生活方式的动力。在求生环境中，你可以演习各种生存任务，以确保在最严酷的条件下得以生存下来，而这就可以降低你的焦虑程度。当焦虑减少时，你就能控制焦虑的罪魁祸首——恐惧。在某些情况下，焦虑的出现是件好事。但是，焦虑同样也可以产生极具破坏性的影响。焦虑会让你变得思维混乱、是非混淆，甚至根本无法思考。一旦这些情况发生，会让你越来越难做出正确的决断和合理的决策。为了生存下去，你必须学会控制焦虑，并让它们停留在有利无害的范围之内。

愤怒与挫折。当你在努力达成某一目标的过程中不断遭受阻挠，就会产生挫折感。生存的目的在于将生命进行下去；直到你能获得帮助，或者说在帮助到达之前，你都要生存下去。为了实现这一目标，你必须利用最少的资源来完成任务。在这一过程中，不可避免会出现一些差错，或者发生超出你控制能力的事；而当你的生命危在旦夕时，每一个错误的严重性都会被放大。因此，最终你不得不去面对由于某些计划遭遇麻烦而产生的挫折感。这种挫折感会派生出愤怒。求生过程中的许多事件都能触发你的怒气或者让你感到沮丧：装备丢失或损坏、天气恶劣、迷路、地形不宜、野兽骚扰以及自然条件的限制等，而这些也只是愤怒和挫折感的小部分来源。愤怒与挫折会产生脉冲反应：不理性的行为、鲁莽轻率的决定。在某些情况下，甚至还会产生“我不干了”的想法（人们有时会避免做一些自己无法掌控的事情）。如果你能合理驾驭与愤怒和挫折相关的情绪反应及其发泄方式，你就可以有效地面对和应付生存挑战。如果你不能适当控制你的愤怒情绪，就会因此将大量精力浪费在一些对自己或同伴的生存毫无益处的事情上。

沮丧。事实上，在面对艰难的生存环境时，如果你连一瞬间的忧愁都没有，这的确十分难得。这种忧愁会逐渐深化演变成“沮丧”，沮丧同挫折和愤怒是紧密联系在一起的。挫折会让你因未能实现的目标变得越来越愤怒。倘若愤怒并不能对你的成功有所帮助，那么挫折感也会升级至更高的程度。这种愤怒与挫折会周期性地持续下去，形成一种恶性循环，直到你的身体、情感和精神完全崩溃。当你陷入这种境地时，你就开始放弃了，你的重点也从“我能做些什么”转变为“我什么都做不了”了。沮丧是一种表达无望和无助的情绪感觉。暂时沉浸于思念爱人的悲伤中，或者幻想生活仿佛回到“文明”或“这个世界”，这些都没错。这样的想法其实能给你一种更要努力多活一天的欲望。另一方面，如果你任凭自己陷入沮丧的泥潭之中，它就会渐渐耗费你的全部精力，更重要的是，你的求生意志会被逐渐磨损耗竭，直至完全消失。你绝不能屈从于沮丧，这一点非常重要。

孤独与无聊。人是社会性动物。人类生来就喜欢群居生活。没有人喜欢孤独终老！野外求生环境是一种不同以往的与世隔绝的机会，这种隔绝并不是坏事。孤独和无聊可以让你拥有以往不曾拥有的技能，你的创造力和想象力也许会让你大吃一惊。当你需要运用这两种能力时，你可能会在自己身上发现一些隐藏的天赋。最重要的是，你可能会发现一种无穷的内在力量，而这种力量是你所不曾认识到的。反之，孤独和无聊也可以成为另一种沮丧。你必须激发出一定程度的自我满足感，必须坚信自己的能力足以“独立完成任务”。

内疚。导致你陷入求生环境的原因有时是极具戏剧性的悲剧事件。可能是工作任务，也可能是有生命危险的意外事故导致的结果。可能你是唯一的幸存者或为数不多的幸存者之一。你为自己还能活着而松了一口气，与此同时，你也会因为其他人的不幸而感到悲伤。有些人也会因为他人丧命而自己幸免于难，产生深深的内疚感，这种情况并不鲜见。如果能从一个正面的角度来积极利用这种情感，就会给人们带来努力活下去的勇气和信念，坚信自己活下去是为了要完成更大的目标和使命。有时，幸存者之所以能将生命维持下去，就是为了能继续完成那些逝者未能完成的工作。无论你为自己找了个什么理由，都不要让你的生活被内疚情绪所困扰。放弃机会生存下去的人只能一无所成，这种行为无疑才是最大的悲剧。

求生准备工作

在求生环境中，你的任务就是要生存下去。你将会经历的各种情绪和感受，它们可以给予你帮助，也可以将你彻底摧毁。恐惧、焦虑、愤怒、挫折、孤独与无聊、内疚都是对压力源的共同反应。当你采取积极的方式控制并利用这些反应，会有助于你增加生存的可能性。它们会提醒你在训练中要格外注意以下几点：恐惧时进行反击、采取行动以确保安全、信任团队成员、情况不利时尽力挣脱。一旦你无法积极地控制和利用这些反应，你就会变得束手无策。如果任凭内心的恐惧控制自己，而不是重新振作起来，你的心理就会先于身体屈服于这种恐惧。记住，对每个人来说，野外生存都是很自然的事，而由于意外事故将自己推向生死斗争的困境，这就不是自然的事了。不要害怕这些“意外形势下的自然反应”。准备好去控制这些反应，让它们服务于你的终极利益——高贵而有尊严地活下去。

需要明确这一点：在生存环境中，你所做出的反应应当是积极的，而非破坏性的。求生环境的挑战已经造就了无数个勇气可嘉、敢于自我牺牲的英雄范例。如果你已做好准备，求生环境也将激发出你身上的这些品质。以下几个技巧可以帮你做好心理上的准备。通过对本手册的学习以及参加野外求生训练，你能开发出一种应有的“生存态度”。

自我了解。花点时间，通过生存训练发现你内在的能力和素质。加强素质训练，使其发挥出更大的优势，掌握求生过程中的必要技能。

预期恐惧。不要假装自己没有任何恐惧。设想一下，如果你被迫独处于生存困境中，最令你感到恐惧的将会是什么。对你所恐惧的内容加强训练。我们的目标不是消除恐惧，而是即使处于恐惧之中也能建立起对自身能力的信心。

正视现实。不要害怕，诚实地评估形势。直面你所看到的现实，不要以主观臆想为标准去猜测现实。评估形势时，保持合理的期望和憧憬。一旦在求生环境中抱有不切实际的期望，你可能会跌入失望的深渊。遵循这句名言：“抱最好的希望，做最坏的准备。”适应意料之外的惊喜总比适应意想不到的严酷和伤心要来得容易。

积极乐观。学会看到事物潜在的、美好的一面。积极乐观不仅能提高士气，也能最大限度地激发你的创造力和想象力。

警惕危险。不能做好应对生存环境的心理准备将导致种种消极情绪反应：沮丧、疏忽、无法集中注意力、信心丧失、决策失误、屈服于困难而主动放弃等。谨记：你的生命和其他依靠你的人正危在旦夕。

生存训练。通过生活经验和求生训练，从今天开始，做好准备以迎接严酷的生存考验。在训练中运用这些技能可以让你在各种环境中游刃有余，使你信心倍增。记住，越真实的训练，越会让实际生存环境变得不可怕。

学习控制压力的技能。如果没有经过严谨的训练，或是没有做好心理准备，每一个处于压力之下的人都会存在潜意识里的恐慌。你发现自己常常无法控制野外生存中的种种状况，但是，你可以控制自己对这些情况所做出的反应。掌握控制压力的技能会使你的能力得到显著提高，让你保持冷静和镇定，集中精力于生存斗争上。以下这些都是行之有效的技能：放松的技巧、时间管理方法、自信的维持、认知重建技能（控制自己对情势的查看能力）。记住："求生意志"也可以被视为"拒绝放弃"。

第3章 生存计划和生存工具箱

制订一项成功的生存计划依赖于三个彼此独立而又相互影响的元素：计划、准备以及实践工作。

生存计划，就是指了解哪些事情可能会让你陷入求生困境，一旦头脑里有了这种意识，就应该立即采取措施以增加你的生存机会。这种情况每个人都可能在任何时间和地点遇到，因此，要记住：不计划就等于计划失败。计划是基于考虑脱险与营救（E&R）以及可用补给或紧急处理的能力之上。你必须考虑到野外境遇的持续时间、环境、地形，以及这个旷日持久的境遇中可能会出现的天气变化、你的操作平台，比如飞机、多用途的车辆，或者可能只是一个旅行背包。计划也需要包括脱险途径与营救路线，以及凭记忆所掌握的主要地理特征，以应对丢失指南针和地图的情况。你可以使用传统或非机密信息来源（如互联网、百科全书以及地理杂志等公开资源）来协助你做好计划。

准备是指你的计划中为意外事故所做的自身准备和生存工具准备。如果一项计划没有准备，就只相当于一张白纸。它无法让你存活下来。在准备中，确保你的牙齿状况和身体免疫系统处于最佳状态。准备户外服以应对紧急状况。户外服对野外不利天气的抵御能力是很强的，你可以提前在户外服里缝好信号装置和套索钢丝。确保你的靴底质量良好，检查鞋的防水性能。研究目标地区的气候、地形以及当地获得水和食物的方法。你应该不断地评估计划中的各项数据，即使最终计划制订完毕，必要的情况下也应及时更新，以确保你拥有最大可能的生存机会。准备工作的另一项内容是在登机时寻找飞机上的紧急出口。

实践工作是指必须实际运用一下你在计划中列出的所有生存工具。检查其性能是否完好，确保你知道每种工具的使用方法。了解在各种情况下如何为自己生火取暖，比如，在雨中生火。重新审核工具箱中的医疗器具以及上面所写的使用说明，确保你即使处在压力之下也不会犯致命的大错。

设定计划和了解工具箱

对生存环境来说，详细的预先计划是十分关键的一部分。将生存计划纳入任务计划中，将增加你在紧急情况下的生存机会。假如你的工作需要在一个封闭的小区域内进行，这就会对你携带的生存工具产生一定的限制，因此，你需要计划好放置生存必要装备和旅行背包的位置，应该把它们放在一个不会阻碍你迅速离开而又便于拿到的位置。

预防性药物是预先计划中的一个重要方面。检查你的牙齿是否健康，接受最新的疫苗注射，这将帮助你避免隐藏的牙科疾病和其他健康问题。某些牙科疾病甚至会恶化到连维持生命的食物都无法食用。如果没有注射最新的疫苗，可能意味着你当前的身体状况不足以抵御此地区的流行疾病，缺乏应有的免疫力。

除了以上提及的重要方面，准备并携带一个生存工具箱也至关重要。飞机针对要飞越的不同地区应备有各种类型的工具箱，包括海上工具箱、热带气候地区以及酷寒气候的生存工具箱，每位飞行员都要穿一件飞行生存背心（这些生存工具在附录A中有具体介绍）。清楚这些工具箱在飞机上的具体位置，了解每个箱子所装的物品，以便于积极应对水上迫降或坠机等意外情况的发生。也有一些为温带和热带气候准备的专业生存工具箱。这些工具箱十分昂贵，然而，如果你了解这些工具箱中的组件和工具，并了解它们所针对的对象，你就可以计划准备自己的生存工具箱了，这可能比现成的统一工具套装更适合你。

即便是最小的生存工具箱，如果能准备妥当并正确使用，在生存困境中它也是无价之宝。在配备你的生存工具箱时，要考虑你所在团队的任务目标、工作环境、装备以及分配的车辆等因素。

生存工具箱的准备

至于应该在工具箱中装什么类型的工具，环境是最关键的决定性因素。你的工具箱装多少工具，取决于你携带工具箱的方式。随身携带的工具箱当然比汽车拉运的箱子小。身体、辎重背心或装备、工作平台（旅行包背、汽车或飞机）等都是配备工具箱时应该考虑的因素。最重要的物品应随时带在身上。例如，指南针和地图应从不离身，维持生存的基本工具也要随身携带。负载装备里放一些不太重要的物品。大件物品则放进旅行背包。

准备生存工具箱时，对工具的选择应基于以下几项标准：用途多、构造紧凑、重量轻、经久耐用，最重要的是功能完好。不要选那些好看却不实用的工具。各种工具之间应是相辅相成、相互补充的关系。

生存工具箱不需要多么精美，你需要的只是一个可以容纳这些有用工具的容器。针对这一点，你可能会使用绷带盒、肥皂盘、急救箱或者其他更适合的容器。但有一点要注意，这个容器必须具备以下特性。

★ 防水。
★ 可以随身携带。
★ 可以容纳各种尺寸的工具。
★ 耐用。

工具箱内部应该包括以下物品：

★ 水
★ 生火工具
★ 容身用品

★ 食物 ★ 医疗药物 ★ 发信号的工具

★ 其他生存物品

每种类别的物品清单都应当满足生存的基本需求。例如，水——同时还应备有可以抽、挖、浸、吸水的工具；可以收集汗水、露水和雨水的工具；还要备有装水的容器，净化和过滤水的器具。针对每一个不同类别的工具，这里列出以下清单以供参考。

★ 水——净化药片、漂白剂、碘酒、海绵、三角绷带、小塑料管或橡胶油管，折叠式的水袋或水壶。

★ 生火工具——金属火柴、防水火柴、打火器、蜡烛、镁条、放大镜。

★ 容身用品——降落伞绳索、短柄斧、弯刀、大型刀具、钢锯、雨布、太空毯、蚊帐、吊床。

★ 食物与器具——小刀、钢丝圈套、渔网、捕动物的网、鱼钩、汤料包、高热量的食物条、铝箔、冷藏袋。

★ 医药——手术准备刀具或外科手术刀、蝶形缝合线、普通缝合线、润唇膏、安全别针、止泻药、抗疟疾药、广谱抗生素和广谱热带眼用抗生素、抗真菌类药物、消炎药、矿脂纱布和肥皂。工具箱中50%的部分可能都是医药类物品。

★ 发信号的工具——信号镜、信号枪、频闪灯、口哨、飞行员的围巾或其他亮橙色丝巾、激光指示器、闪烁带、太阳能毯。

★ 其他物品——针线、钱、腕部指南针、备用镜片、铅笔刀、软木塞、护唇膏、生存手册。

认真阅读本手册中的生存技能，多加练习，并将你在其他出版物中读到的知识结合起来，把这些基本概念运用到实际中去。认真考虑你将会遇到的环境以及要完成的任务。然后，在你的生存工具箱中放入多功能、耐用且便于携带的工具。你的工具箱还有一个最大的组成部分——想象力。它可以替代工具箱中的许多物品。

你是否能安全归来，就取决于你的生存工具箱是否丰富以及你的求生意志是否强烈。

第4章 生存基础医学

在危及你的生存能力以及你遇到的众多问题中，最麻烦的就是由意外事故——诸如迫降或坠机、极端气候、脱险和被困时生病等遗留下来的医疗问题。

据有关脱险者和幸存者的报道称，许多伤病难以处理正是由于缺乏训练和医药用品不足。

求生者常常感到无助，因为他们无法在这个环境中自己治疗。在生存中，自我治疗的能力可以增加你的信心和勇气，帮助你最终脱离危险。

如果你所掌握的基础医疗知识都相当不错，这就可以使糟糕的处境变得与之前不同。在无法提供专业医务人员的条件下，你必须知道该做些什么才能生存下去。

保持健康所需

为了生存下去，你必须有食物和水，还必须保持高水准的个人卫生标准。

水

人的身体通过正常生理活动而流失水分（出汗、排泄等）。在大气平均温度达到20℃时，一般成年人通常每天要流失2~3升水，如遇其他因素，比如暴露于严寒或酷热气候中、剧烈运动、高空、烧伤烫伤、生病等，都会使身体失去更多的水分。

如果流失的体液补给不足，就会导致脱水。这不仅会降低你的生存质量，而且一旦身体受伤，还会导致你更容易出现严重休克等状况。身体缺水会造成以下后果。

- ★ 流失5%的体液，导致口渴、易怒、恶心、身体虚弱无力。
- ★ 流失10%的体液，导致头晕、头痛、无法行走、四肢有麻刺感。
- ★ 流失15%的体液，导致眼花目眩、排尿困难、耳聋耳鸣、舌头肿胀、皮肤有麻木感。
- ★ 流失超过15%的体液，可能会导致死亡。

最常见的脱水症状和征兆有以下几种。

- ★ 尿液颜色深、气味浓烈。
- ★ 尿量减少。
- ★ 眼睛凹陷，且颜色变黑。
- ★ 疲劳。
- ★ 情绪波动大。
- ★ 皮肤松弛，失去弹性。
- ★ 指甲微细血管循环迟缓。
- ★ 舌尖至舌中部分出现斑线。

- ★ 口渴。（当你感到口渴的时候，实际上就已经脱水2%了；口渴是脱水表现出的最后一个征兆。）

一旦身体水分流失，应立即给予补充。在求生环境中补足缺失的水分的确比较困难，口渴并不是需要多少水分的标志。

一般人并不能一次喝完超过1升的水。因此，即便不口渴，为了防止脱水，也要定时喝少量的水。

如果你的精神和身体承受着双重压力，或者处于恶劣的环境中，就需要不断地补充更多的水分。喝足够多的水以确保一定的尿量——至少保证每24小时达到0.5升。

在食物摄入量低的情况下，每天摄入的水量应达到6~8升。在极端气候中，尤其是干旱地区，一般人每小时都会丧失2.5~3.5升水。在这种环境下，每半小时应该喝约355毫升水。调节水分流失和补给的最好办法，就是让工作和休息得到适当的周期交替，因为假设水的摄入量超过每小时1.4升，就会导致过度水合作用。这种过度水合作用会降低血清钠的免疫水平，引发大脑及肺部水肿，甚至直接导致死亡。

流失水分时，人体的盐电解液（体盐）也会一同流失。这种体液可以通过一般的进食来弥补，但在生病受伤或是极端条件下，就需要提供额外的补充。你应该保持摄入一定的碳水化合物和其他必要的电解质。

在求生过程遇到的所有生理问题中，最容易预防的就是水分的流失。预防脱水最基本的指导方针有以下几点。

- ★ 进食的同时也要不断补充水分。消化系统会消耗一部分水分，这也可能引起脱水。
- ★ 适应当地水土。如果能够适应当地的水土条件，就会使身体机能的发挥更有效。

★ 保留汗水而不是水。限制使你出汗的活动，记住多饮水。

★ 控制水分。在没找到合适的水源前，你要控制的不是你的存水量，而是身体的排汗量。控制你的活动和身体热度的增减。

对流失水分的估测有几种简单的方法。0.25升（水壶的1/4）液体会被户外服吸收。0.5~0.75升液体会被T恤吸收。

估测水分流失还有一种方式：利用脉搏和呼吸频率。

★ 水分流失0.75升时，每分钟脉搏跳动次数不会超过100次，每分钟的呼吸次数为12~20次。

★ 水分流失0.75~1.5升时，每分钟脉搏跳动次数为100~120次，每分钟的呼吸次数为20~30次。

★ 水分流失1.5~2升时，每分钟脉搏跳动次数为120~140次，每分钟的呼吸次数为30~40次。如果脉搏和呼吸频率严重超过以上范围，则需特别注意。

食　物

即使没有食物你也能活上几周，但要想保持身体健康，就必须摄入足够的食物。没有食物，你的身体状况和精神状况都会迅速恶化，整个人就会变得非常虚弱。食物为人体提供能量，并及时补充人体所耗费的物质，提供人体健康所必需的基础物质有盐、矿物质、维生素以及其他元素。更重要的一点在于，食物有助于提高士气。

植物、动物（包括鱼）、自备口粮是三个基本的食物来源。虽然程度各不相同，但这三者都为人体提供了日常活动所需的蛋白质、脂肪和碳水化合物。除去自备口粮以外，你应该增加植物和动物类食物的摄入量，因为这些能够帮助你保持饮食的均衡。

潜在能量和热量的衡量标准就是卡路里。一般来讲，每个成年人每天平均需要至少2000卡路里（约为8千焦）的热量来维持正常活动。如果摄入的蛋白质、脂肪和碳水化合物足够，但摄入的卡路里不足，就会产生饥饿感，而人体则会自发地消耗自身组织，以此来获取和补充能量。

植物类食物。许多植物能为人体提供足够的蛋白质以确保人体的正常效率。虽然植物难以提供营养均衡的饮食结构，但可以帮助你保持体力。许多植物类食物，比如种子和坚果等，都能为你提供足够的蛋白质和脂肪。植物的根茎、绿叶等部分都含有天然的糖料和碳水化合物，为人体提供必需的热量，保证身体的自然活力。

如果你处于一个野生动物极少的区域，或者正在躲避猛兽，那么植物类食物就变得更加重要。

- ★ 你可以利用空气、风、阳光或者火来烘干食物，这样可以延长食物的保质期。可以随身携带并储存植物类食物，以供不时之需。
- ★ 与获得动物类食物相比，获得植物类食物要安静得多，自然也就容易得多。当猛兽位于附近区域时，这一点就显得尤为重要。

动物类食物。与植物类食物比起来，肉类食物的营养更加丰富。实际上，在某些地方，获得肉类食物可能更容易。为了得到肉类食物，你需要了解并掌握各种野生动物的习性和捕捉它们的方法。

为了满足某些紧急需要，你首先应寻找更大量、更易于捕捉的野生动物，比如昆虫、甲壳类动物、软体动物、鱼类以及爬行动物。当你准备布置陷阱和套索去网罗大型动物时，这些准备工作还能暂时缓解你的饥饿感。

个人卫生

无论在何种情况下，预防疾病或感染的一个重要因素都在于清洁。在生存环境中，这变得更为重要。不良的卫生习惯会让你的生存机会大大减少。

最理想的是，每天都能洗一个热水澡。不过，如果没这种理想条件，你同样也可以用其他方法保持个人清洁。用肥皂水和一块干净的布盥洗。尤其要注意脚底、胯部、腋窝、双手和头发，因为这些部位最容易感染病菌。如果水源短缺，就采用一种“空气”沐浴法：依据实际情况，将衣服尽可能脱掉，把身体暴露在阳光和清新的空气中至少一个小时。小心不要被太阳晒伤。

如果你没有肥皂，也可以使用草木灰和沙子，或者使用动物脂肪和草木灰来制作肥皂（如果条件允许的话）。肥皂的制造步骤如下。

- 提炼油脂：将动物脂肪切成条状，放进锅中煮。
- 加热过程中要不断往锅里加水，以防干锅。
- 煮的时候要不断搅拌，慢慢煮。
- 当动物脂肪里的油脂被提炼出来后，将油脂倒入容器中，待冷却。
- 用另一个容器装一些草木灰，在容器底部附近开一个小的出水口。
- 往草木灰中倒入水，出水口会有溶液滴下来，用另一个容器接住。这个溶液中含有钾和碱。

还有一个方法也可以制作肥皂——用滤布过滤灰浆（水和草木灰的混合溶液）。

★ 按照2：1的比例，往煮锅里倒入油脂和钾碱溶液。

★ 将煮锅放在火上加热，直到锅内的溶液变成黏稠状为止。

待这个液体混合物（肥皂）冷却后，这种黏稠状的半液体肥皂就可以直接使用了。当然，也可以等到它完全凝固成固体，然后切成小块，以做备用。

保持双手洁净。手上的细菌可能会污染食物，甚至使伤口感染。一旦双手接触任何可能带有细菌的物体，或者照顾病患、上完厕所之后，必须彻底清洁才能再次接触食物、装食物用的容器或者喝水。切记，也要保持指甲洁净，不要随便把手放入口中。

保持头发洁净。各种跳蚤、虱子、细菌或其他寄生虫很可能会把你的头发当作栖息地。为了避免这种危险，要保持头发洁净，修剪整齐，勤于梳理。

保持衣服洁净。尽量保持衣物和被褥整洁干净，这会降低寄生虫的繁衍率，减少皮肤感染的可能性。及时清洗衣物上的污渍，每天换洗袜子和内衣。如果没有足够的水，就采取“空气清洗法”（使劲抖动衣物，然后将其放在太阳下晾晒两小时）。每次用完睡袋后，来回抖几次，使其通风。

保持牙齿洁净。每天至少要用牙膏和牙刷彻底清洁口腔一次。假如没有牙刷，可以自己做一根“咀嚼棒”：用一根宽约1厘米、长20厘米的小树枝制作，代替牙刷。咀嚼树枝的一端，以此来分离树枝上的纤维，用这种咀嚼棒来清洁牙齿。还有另一种办法：找一根干净的布条缠在手指上，然后用它擦拭牙齿上的污渍或食物残屑。如果没有牙膏，可以用少量小苏打、沙子、盐或肥皂代替。还可以用纤维或细线做成洁牙线来清洁牙齿，确保口腔环境洁净卫生。

假如你的牙齿上有小洞，可以暂时用牙膏、牙粉、烟草、蜡烛、辣椒或生姜来填补缺口。补牙洞之前应先漱口，确保牙洞里没有残留任何食物残渣。

保护双脚。行动前先试穿你的鞋子，检查其是否有问题，确定不会对脚部造成伤害。定期剪脚指甲，每天洗脚，坚持做脚部按摩。袜子要保持干爽舒适，鞋里要垫鞋垫。每天检查脚上有没有长小水泡，并擦上爽脚粉。

如果发现脚上长了小水泡，不要挤破。只要水泡没有破损，就不会感染其他部位。在水泡周围垫上一块衬垫以减少摩擦，减轻其承受的压力。一旦水泡破损，就要用处理伤口的方法进行处理——每天清洗并做好包扎，周围垫上小衬垫。尽量避免弄破大水泡。为了防止水泡因被压迫、挤破而引发伤口感染、造成疼痛，可以采取以下处理方法。

- ★ 找一根干净的或者消过毒的针和线，把针穿在线上。
- ★ 清洁水泡后，将针和线从水泡中穿过去。
- ★ 把针从线上取下来，让线的两头留在水泡外面。水泡中的液体会被线吸收，水泡的创口会很小，而且不至于闭合。
- ★ 将衬垫垫在水泡周围。

充足的休息。为了确保有足够的精力继续前行，你需要得到充分的休息。在每小时的活动中，应至少安排10分钟的休息时间。即使周围的环境不太理想，也要学会尽量使自己保持舒适状态。当情况或时间不允许你完全放松时，可以通过脑力和体力活动交替进行的方式来提神。

保持营地清洁。营地四周不能随地大小便。一定不要偷懒，有厕所就去厕所解决。如果没有厕所，也要把大小便掩埋掉。应当从水源的上游取水，取回的水也必须进行净化处理。

常见医疗急救问题

你可能会遇见的紧急症状和医疗问题包括呼吸困难、严重出血和休克。这些问题你应该如何处理，以下各段对此逐一做了解释。

呼吸困难

以下任何一种情形都可能引发呼吸道梗阻，导致无法呼吸。

★ 气管被口腔或喉咙里的异物阻塞。

★ 颈部或面部受伤。

★ 口腔发炎、咽喉肿胀。吸入浓烟、焰火、刺激性烟雾都可能导致炎症，过敏反应也会造成这种后果。

★ 喉咙里的结（因颈部向前弯曲、下巴抵在胸口上所造成）。

★ 在失去意识的情况下，空气到达肺部的通道被舌头阻塞。丧失知觉会使人彻底放松舌头和下巴上的肌肉，如果颈部向前弯，就会导致下颌凹陷，舌头往回缩，空气的流通通道就会被阻塞。

严重出血

身体上任何一处的主动脉出血都十分危险。失血1升会导致中度休克，达到2升就会造成严重的休克症状，处于极度危险之中，而失血3升通常就会致命。

休　克

休克是一种急性应激反应（对严重压力的反应），它本身并不是病，而是由于心脏向动脉输血压力不足，以致无法为身体器官和组织提供足够的血液所产生的临床症状。

各类应急措施及步骤

学会自控，同时控制受伤者不要慌张，保持镇定。给予患者安慰，尽量让其保持安静。通过快速检查身体找出受伤的原因，并遵循急救基本知识采取应急措施。在某些情况下，一个人因动脉出血而死要比因气管阻塞而死更快。至于应如何应对呼吸困难、失血和休克的紧急情况，以下几段分别做了详解。

保持呼吸道通畅

使呼吸道保持通畅可以采取以下几个步骤。

步骤1　检查伤者的呼吸道是否被异物部分阻塞或全部阻塞。在身旁安抚他，随时准备好在他失去知觉后进行人工呼吸急救，清理出呼吸道中的异物。假如他的呼吸道完全被阻塞，应立即挤压腹部，直至气管中的阻塞物被清除。

步骤2　用手指迅速抠出伤者口腔里的阻塞物。

步骤3　下巴抬升法。双手轻轻地从两侧抬起伤者的下巴，使之慢慢向前移动。把两肘支在伤者平躺的平面上，以便保持动作稳定。如果他的嘴唇紧闭，就用你的拇指轻轻地推开他的下唇（图4–1）。

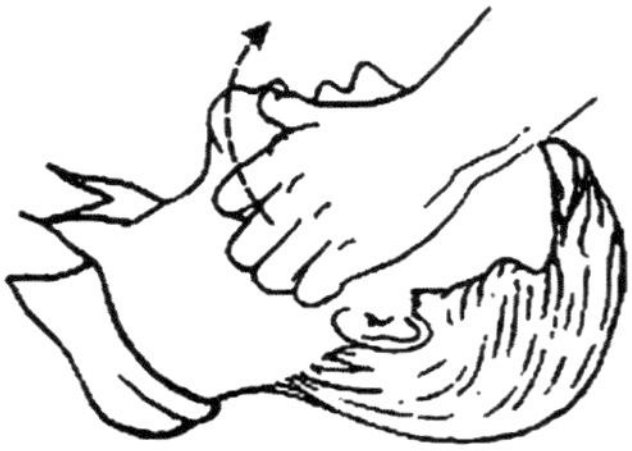

双手轻轻地从两侧抬起患者的下巴，使之慢慢向前移动。
如果患者的嘴唇紧闭，就用你的拇指轻轻推开下唇。

图4-1 下巴抬升法

步骤4　待伤者的呼吸道通畅后，用食指和拇指捏住他的鼻子，往他的肺部吹两口气。肺部充满空气后，看伤者是否出现以下症状。

★ 胸部是否出现上下起伏的现象。

★ 听伤者是否在呼气。

★ 感觉是否有空气呼出。

步骤5　如果强迫呼吸无法刺激伤者自主呼吸，就需要依靠人工呼吸来维持患者的呼吸。

步骤6　做人工呼吸时，伤者可能会出现呕吐反应。及时检查伤者口中是否有呕吐物，并及时清理。

注意 将呼吸道清理干净后，可能有必要进行心肺复苏，但前提是大出血已经得到控制。

控制出血

在求生环境中，你必须立即控制严重出血的状况，因为通常都不可能进行输血，伤者有随时死亡的可能。根据出血来源的不同，外部出血可以分为以下几种类型。

★ 动脉出血。动脉是将血液从心脏送往身体各个部位的血管。动脉一旦破裂，伤口就会有大量鲜红色的血液喷涌而出，或者随着心脏的跳动有大量鲜红色的血液不断往外涌出。动脉中的血液受到的压力比较大，所以一旦发生破裂，人体就会在极短的时间内失去大量血液。由此可见，最严重的出血类型就是动脉出血，如果没有得到及时控制，就会迅速致死。

★ 静脉出血。静脉是血液从全身各部位回流至心脏所经过的血管。静脉失血有以下几点特征：血流持续稳定，血液呈暗红色、红褐色或紫色。一般来说，与动脉止血相比，静脉止血要容易得多。

★ 毛细血管出血。动脉和静脉之间连接的微细血管称为毛细血管。通常情况下，轻微擦伤或割伤会造成毛细血管出血。这种情形一般并不严重，很容易控制。

以下几种方法可以很好地控制外部出血：直接按压、将受伤的肢体抬高、间接（按压点）按压、手指止血或者用止血带。下面对各种方法分别做了介绍。

直接按压。针对外部出血来说，最有效的止血办法就是直接按压创口，不仅要用力按压以止住血流，同时还必须保持足够长的按压时间，使创口能够闭合。

如果按压半小时后还在出血，就需要用敷布将伤口压住。可以用厚纱布或其他材料配合使用制成敷布，直接将伤口包敷起来，用绷带固定（图4-2）。绑敷布的时候，要比平常的绷带绑得更紧才行，但是注意不能过紧，以免影响肢体其余部分的血液流通。一旦绑好敷布，即便绷带浸透了血，也不要轻易拿下来。

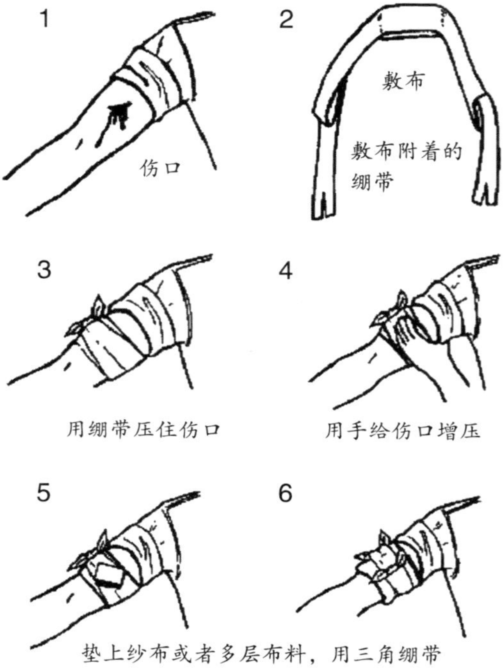

图4-2　敷布的包扎

绑好的敷布将保留1~2天，才可以拆掉重换，之后用一块稍小一些的干净敷布就可以。如果在求生环境停留的时间较长，就需要每天定时更换敷布，并仔细检查伤口，防止出现伤口感染。

将受伤的肢体抬高。尽量把受伤的肢体抬高，高过心脏的位置，这会有助于体内的血液往心脏回流，伤口处的血压也会降低，血流就会减少。然而，想要完全止住流血并不能只靠抬高肢体，同时还需要用力按压伤口处。有一种情况要特别注意：如果是处理被蛇咬伤的伤口，受伤的肢体就必须低于心脏的高度。

按压点。按压点是直接经过人体骨头隆突处上的动脉，或者是伤口处与主动脉之间靠近皮肤表层的一个位置（图4–3）。用手指按压这些按压点，这样可以使动脉的流血速度减慢。与直接对伤口处施压相比，对按压点的出血控制并不见得十分有效。因为单单只由一个主动脉向受伤部位供血的现象较为罕见。

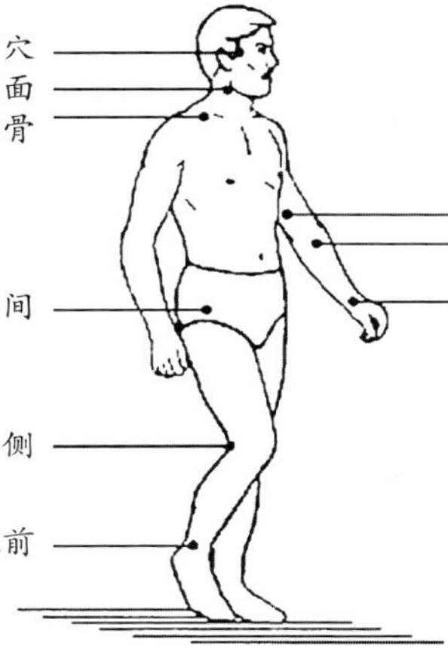

图4-3　**按压点**

当你记不住按压点的准确位置时，可以遵守这一规则：施压于离受伤部位正上方最近的关节处。比如，如果手或脚部受伤，这些按压点分别是手腕和脚踝处。

警告　施压于颈部上时要谨慎小心。施压过久、压力过大可能会导致昏迷甚至死亡。止血带不能用于颈部。

将一个圆木棒绑在关节的弯曲处，用以维持按压点的压力，然后将关节往木棍上方弯曲，捆扎起来。利用此方法可以维持压力，让你的手释放出来去处理其他事情。

手指按压。用你的手指用力按压在静脉或动脉的出血处，以此阻止大量出血或减缓流血速度。持续用力按压，直到出血量变小或者完全停止出血，使你有足够的时间采取抬高肢体或捆扎止血绷带等方式处理。

止血带。当直接按压法和其他方法都无法有效地阻止出血时，才需要使用止血带。如果长时间绑缚止血带，会对伤口组织造成严重的损害，产生坏疽，最终导致整个肢体坏死。如果止血带使用方法不当，伤处周围的神经和其他组织将会受到永久性伤害。如果必须使用止血带，将其绑在伤口上方5~10厘米处、位于伤口和心脏之间的位置。绝对不能在伤口或骨折处直接绑缚止血带。图4–4说明了正确使用止血带的方法。

绑好止血带之后，要及时清洗和包扎伤口。如果独自一人，则无法解开止血带，甚至无法移动。如果有一个小团队，团队成员可以帮你每隔10~15分钟松开止血带1~2分钟，以此防止末端供血不足而造成截肢的严重后果。

休克的预防和治疗

休克是所有受伤的人都可能出现的状况。不管伤者的症状如何，都可以依照以下方法来医治（图4–5）。

- ★ 如果伤者尚且意识清醒，让他平躺在平整的表面上，将其下肢抬高15~20厘米。
- ★ 如果伤者已经丧失意识，让他侧身躺下，或者面朝下而头部向一旁歪去，以免被口中的呕吐物、血液或其他液体呛住。
- ★ 如果无法判定应该采取什么姿势，将伤者平放下来。如果伤者出现休克症状，则不要移动他。
- ★ 维持伤者体温，必要的情况下，向伤者提供外部热量，使其维持体温。

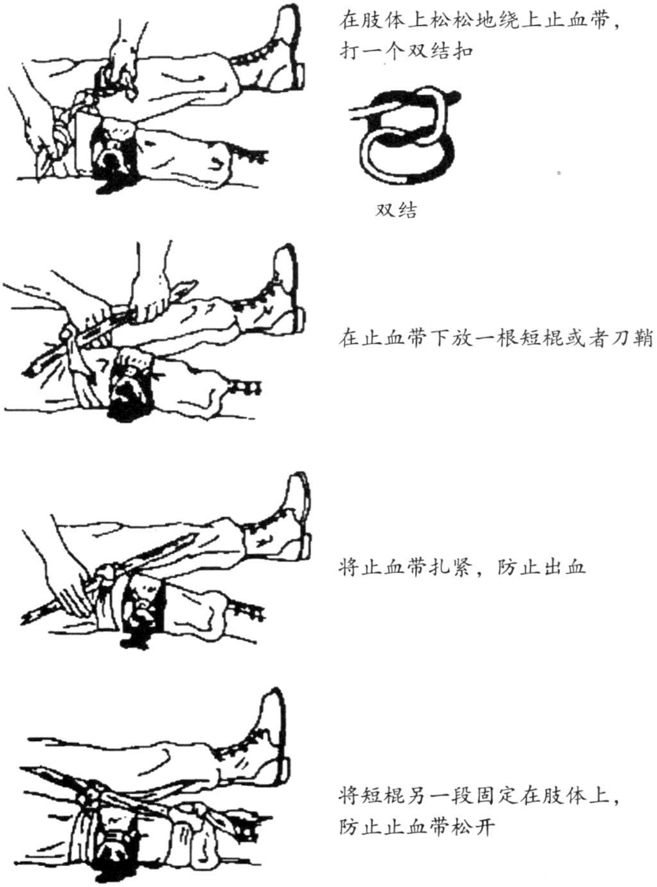
在肢体上松松地绕上止血带，
打一个双结扣
双结
在止血带下放一根短棍或者刀鞘
将止血带扎紧，防止出血
将短棍另一段固定在肢体上，
防止止血带松开

图4-4　绑扎止血带

★ 如果伤者的身体湿透或者衣物潮湿，尽快将湿衣服脱下来，为其穿上干爽的衣物。

★ 搭建一个临时的避身所，使伤者与外部环境隔离开来。

★ 向伤者提供外部热量可以采取以下措施：食用热的食物或饮料；对睡袋进行预热处理；利用其他人的体温；装热水的壶；用衣服将热石块包住；在伤者身旁生火。

★ 如果伤者意识清醒，在条件允许的情况下，可以小口地喂食温热的糖水或盐水。

★ 如果伤者已失去意识或者腰腹部受到损伤，则不要给他饮用任何液体。

★ 伤者至少要休息24小时。

清醒的伤者

· 让伤者平躺在平整的表面上
· 脱掉所有的湿衣服
· 给伤者饮用热的饮料
· 至少休息24小时
· 与地面隔开
· 避免露天放置
· 维持体温
· 将下肢抬高15~20厘米

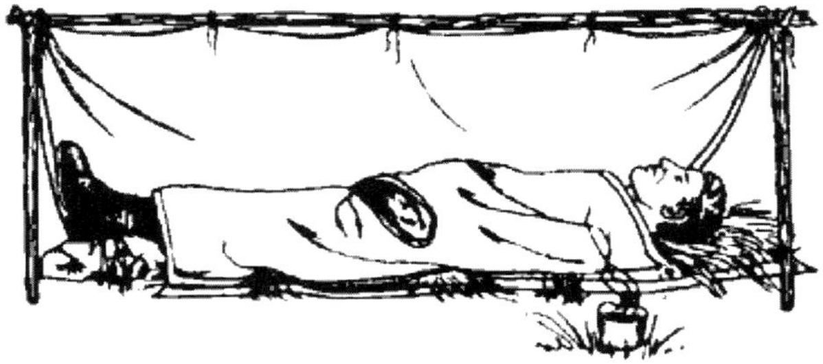

失去知觉的伤者

除了救治意识清醒者的方法以外，还需要注意以下几点。
· 让伤者侧躺，并把他的头拨向一边，以免被呕吐物、血液或者其他液体呛着
· 不要抬高伤者四肢
· 无须让伤者饮用任何液体

图4-5　医治休克患者

★ 如果你独自一人，找一个可以避风挡雨的地方躺下来，树下、洼地里或其他地方都可以。注意，头部要低于脚部的高度。
★ 如果你有同行的伙伴，则要随时评估伤者的伤势状况。

骨伤与关节损伤

可能你会遭遇扭伤、脱臼甚至骨折等各种骨伤及关节伤。对待这些损伤，你可以采取以下方法进行处理。

骨　折

通常可将骨折分成两种，一种是开放式骨折，即复合骨折，另一种是闭合式骨折。开放式骨折的情况更加复杂，因为受伤的骨头会穿过皮肤从伤处突出来，造成外部创口。暴露在创口外的骨头应及时进行消毒处理，并且注意保湿。用止血夹板夹住伤处，随时注意控制伤口处的流血量。等血流停止后，才可以进行固定。

闭合式骨折没有外部创口，遇到这种情况依照后面的方法，用夹板夹住伤处并进行固定。

判断是否骨折，可以依据以下症状和迹象：剧痛、触碰痛、肿胀、变色变形、无法活动，以及摩擦声（骨头断裂处发出相互摩擦的声音或者有摩擦的感觉）。

如果不幸骨折，要尽可能小心地处理，不要移动伤处，因为一旦伤处附近的血管或神经遭受挤压，情况就会变得十分危险。这也正是骨折的危险所在。如果你发现伤处下方开始发麻发凉，变得肿胀苍白，而且伤者出现休克症状，就可能是骨折压迫到了主动脉。这种内部出血的情况必须想办法控制住。

在固定夹板的过程中，时常需要用到牵引作用。如果受伤的骨头较小，比如小腿或手臂上的骨头，用手轻轻拉动也可以达到有效的结果。用一只手楔入树的V形口，另一只手或脚同时往反方向推树，这就可以发挥牵引的作用。之后，在骨折处进行夹板固定。

某些情况下很难进行牵引，比如股骨被大腿肌肉用力夹住等。这时，你可以利用自然材料，临时制作牵引工具（图4–6）。

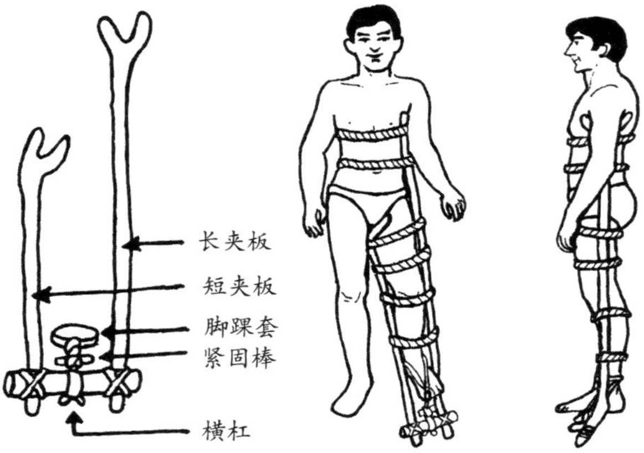

图4-6 临时牵引夹板

- ★ 找两个叉形的小树苗或树枝，直径大于5厘米。测量从伤者的腋窝往下20~30厘米处至未受伤的腿的脚底的距离，将其中一根树枝截成这个长度。再测量从腹股沟往下20~30厘米处至脚底的距离，将另一根截成这个长度。确保两根树枝在脚底部位的长度相同。
- ★ 将衬垫加在两个夹板上。找一根粗约5厘米的树枝，截成20~30厘米的长度，把它捆在两个夹板底部之间，做成一个横杠。

★ 找一些可以捆绑的材料（布条、藤蔓、生牛皮等），将夹板立起来，从上半身沿着受伤的腿往下捆扎，把伤腿固定在夹板上。

★ 找一些材料做成一个脚踝套，将下端固定在横杠中间。

★ 为了使牵引更容易，找一根粗约2.5厘米、长约10厘米的木棒固定在脚踝套上，作为紧固棒使用。

★ 将紧固棒拧紧，直到伤腿的长度与另一条腿保持平衡，或者更长。

★ 系紧紧固棒，维持牵引。

注意 **使用一段时间后材料可能会变松，导致牵引装置不再起作用。定期检查装置，确保伤腿一直处于牵引状态下。如果夹板必须更换或修理，也要暂时用人力维持牵引作用。**

脱　臼

脱臼即关节脱位，主要是指骨关节从关节窝中脱离所引发的骨头错位。这些由外力或其他原因导致的非正常骨关节错位，可能造成极大的疼痛，并影响此部位下方的循环系统或使神经受损。要尽可能快速将脱位的关节恢复原位。

脱臼有以下症状和迹象：关节疼痛、触碰痛、移位、肿胀、关节变形以及活动范围受限。脱臼情形可以通过还原、固定以及恢复来处理。

还原就是将错位的骨头恢复到正确的位置上，也叫“归位”。可以采用几种不同的方法进行处理，但最容易也最安全的是用重物拉伸或人工牵引。当骨头归位后，疼痛感就会明显减轻，血液循环和神经系统功能也会恢复正常。在生存环境中无法通过X光来辅助诊断，但你可以观察关节的外部情况，凭身体感觉判断，或者与另一侧的关节做比较。

当错位的骨头恢复正常位置后，需要用夹板来固定，这就是第二步。将肢体末端固定在身体上，或者用手边的材料做成一个夹板。固定夹板有以下几个基础步骤。

- ★ 用夹板固定住脱臼处的上下方。
- ★ 将衬垫加在夹板上，以减少疼痛感。
- ★ 固定好夹板后，注意监控脱臼处下方部位的血液循环情况。

脱臼的部位需要7~14天的恢复时间，之后才能拿掉夹板。其间要慢慢活动脱臼的关节，以助于更快痊愈。

扭伤

扭伤通常由韧带和筋腱意外拉伸过度所造成。扭伤有以下几种症状和迹象：疼痛、触碰痛、肿胀、变色（伤处呈蓝紫色或黑色）。

你可以根据以下的RICE口诀来处理扭伤。

- ★ **R**（rest）——让伤处休息。
- ★ **I**（ice）——冰敷24~48小时。
- ★ **C**（compression）——紧紧包扎或者上夹板以帮助稳定。如果脚部的踝关节扭伤，那就尽量不要穿靴子。非要穿的情况下，必须确保血液循环系统正常。
- ★ **E**（elevate）——抬高扭伤处。

注意 处理扭伤最好的办法是用冰，但求生环境中通常更容易获得冰冷的水。

昆虫、蛇类咬伤与蜇伤

求生环境中还有一种不可忽视的危害：昆虫及其他害虫的叮咬。昆虫叮咬不仅会让人感到极不舒服，更严重的是可能导致病菌传染，造成身体出现严重的过敏现象。

- ★ 扁虱。可能携带并传播落基山斑疹热等病菌。这是一种较为常见的传播疾病。另外，还可能携带淋巴疾病。
- ★ 蚊子。可能携带并传播登革热、疟疾等疾病。
- ★ 苍蝇。通过接触传染源就可以传播病菌。这些传染源包括伤寒症、嗜睡症、霍乱等病源，甚至还可能传播痢疾病毒。
- ★ 跳蚤。可能携带并传播瘟疫。
- ★ 虱子。可能携带并传播回归热、斑疹伤寒症等。

通过以下这些方法，可以有效地避免由昆虫叮咬所引发的并发症：注射新型免疫针（包括增强剂）、远离昆虫密集的区域、将自己罩在网状物下面、穿防昆虫叮咬的衣物或者使用驱虫剂。

不管身体哪个部位被昆虫叮咬，记住千万不能抓，否则很容易引发感染。每天必须检查一次身体，看看身上是否有昆虫藏匿，一旦发现诸如扁虱一类的虫子，就往它们身上涂抹凡士林、树液、重油等物质。这种物质会阻断空气，一旦扁虱得不到空气，会自动松口，就可以把它拿下来了。如果有镊子，尽量用镊子把它夹掉，夹的时候注意要弄掉扁虱的整个身体。将它叮咬皮肤的嘴部捏起来，不要捏碎。抓完扁虱后彻底清洁双手。每天必须清洗伤口，直到痊愈。

治 疗

如果要在这里将治疗叮咬的每一种方法全部列出来，显然是不实际的。但是，针对所有类型的昆虫叮咬，你都可以按照以下方法来处理。

- ★ 如果你的生存工具箱里备有抗生素，那么在决定使用之前，必须先了解其功效。
- ★ 提前注射疫苗可以有效防止由蚊虫携带并传播的大部分常见疾病。
- ★ 红霉素和青霉素可以治疗由苍蝇携带并传播的一些常见疾病。
- ★ 四环素可以治疗由跳蚤、扁虱、虱子和螨类寄生虫等传播的疾病。
- ★ 大多数抗生素都是250毫克或500毫克的药片。如果你无法记住确切的用药剂量，一天4次，一次2片，通常持续10~14天后就能将细菌杀死。

蜜蜂与黄蜂蜇咬

如果遭遇蜜蜂蜇咬，应迅速拔除毒刺和毒液囊。毒刺若粘连在皮肤上，可以用刀片或指甲轻轻刮除。不要用手去挠或者去挤毒刺、毒液囊，这只会使毒液进一步流入伤口。为了有效地防止二次感染，用肥皂和清水彻底清洁蜇咬处。

如果你怀疑或者明确了解这一点——昆虫叮咬会引发自己的过敏反应，就应该随身携带预防或治疗昆虫叮咬的工具。

由昆虫叮咬所引发的瘙痒等不适症状，可以通过以下方法得到缓解。

★ 冰敷。 ★ 用蒲公英汁擦抹。 ★ 用椰子果肉。

★ 用凉的木灰糊和泥外敷。 ★ 用大蒜末。 ★ 用洋葱。

蜘蛛咬伤及蝎子蜇人

黑寡妇蜘蛛的腹部有红色的沙漏状图案，这是它的标志性特征。成体雄性蜘蛛是没有毒腺的，雌性黑寡妇才会咬人。它的毒液中含有神经性毒素，被叮咬后初期很难察觉，但几分钟后就会感觉到伤口处的剧烈疼痛。很快，全身疼痛就会大发作，而双腿和腹部则会持续剧痛。它会导致腹部痉挛，进而引发恶心、呕吐，还可能出现皮疹；也可能导致大量失汗、肌肉无力、虚弱、流口水等并发症。对有些人来说，可能会引发过敏反应。这种症状会持续恶化三天左右，往后的一周就会渐渐好转。处理休克状况。随时准备实施心肺复苏术。清洁并包扎咬伤处以降低感染风险。备好抗毒血清。

澳大利亚还生活着一种灰色或棕色的大型毒蜘蛛——漏斗网蜘蛛，它咬伤人后引发的症状及处理方法与黑寡妇蜘蛛大致相同。

棕色隐士蜘蛛或棕色的室内蜘蛛是一种背部有深棕色小提琴图案的浅棕色小型蜘蛛。被这种蜘蛛叮咬后通常不易察觉，因为不会造成疼痛感或只有轻微疼痛感。但是，几小时之内，会有一块区域变成一片红色的带有青紫色斑点的疼痛区。叮咬处并不一定都会出现毒疮，但在接下来的三四天内，很可能就变成一块硬邦邦的深紫色星状区域。在一两周之内，叮咬处会出现深色、干瘪的情况。结痂自然脱落之后，溃疡面会裸露出来。在这个时候，通常就能看见局部肿胀和二次感染的淋巴结。被棕色隐士蜘蛛叮咬后的部位有一个显著特征：连续几周甚至长达数月的溃疡症状。除此之外，还可能发生一连串的不良反应，甚至可能致死。这种不良反应通常只会出现在儿童或者体弱患病者身上，比如寒战、发烧、呕吐、关节痛、皮疹等。

狼蛛主要生活在热带地区，体大而多毛。一部分狼蛛并不具毒性，但南美洲的狼蛛多数都生有硕大的毒牙，可以喷射毒液。如果不幸被咬，无可避免会出现流血及疼痛，也极可能感染。处理狼蛛咬伤要像处理其他咬伤一样，首先必须防止感染。一旦出现中毒迹象，则应立即使用处理黑寡妇咬伤的方法来进行处理。

对于蝎子来说，多多少少都含有毒性。依据蝎子的不同种类，我们将蝎子叮咬后的症状分为以下两类。

- ★ 较严重的局部症状，咬伤处的四周开始肿胀，疼痛感强烈。舌头出现变厚的感觉，嘴部四周可能会感到刺痛。
- ★ 严重的系统症状，可见的局部症状几乎没有或者很小。局部可能出现疼痛感。系统症状包括痉挛、舌头变厚、流口水、呼吸困难、胃部胀痛、视力重影、眼球不自主地迅速移动，甚至出现失明、大小便失禁和心脏功能衰竭。通常情况下并不会导致死亡，致命情况只多见于儿童和患有高血压等病症的成年人。

如被蝎子蜇咬，可以采用对付黑寡妇蜘蛛叮咬的方法处理。

蛇咬伤

如果你对蛇的生活习性和种类十分了解，那么被咬伤的概率就会大大减少。然而，只要有这种咬伤的可能性，你就应该了解处理蛇咬伤的有效办法。因被蛇咬伤而丧命的情况并不多见。一半以上的受伤者并不会中毒，出现严重中毒反应的伤者只占约1/4。无论情况如何，假如不具备应有的预防和治疗措施，或者在被蛇咬伤后疏于治疗或没能及时处理，则很可能导致不必要的严重后果。

在处理蛇咬伤的过程中，最需要重视的情况在于最大限度地降低咬伤处周围组织的损伤。

无论被哪种类型的动物咬伤，伤处都可能被动物携带的细菌或口腔黏液的毒素感染，即便是被无毒蛇咬伤也同样。咬伤后遗症或之后出现的损伤加重状况，主要原因就在于这种局部感染。

蛇的毒液除了包含破坏血液循环系统和中枢神经系统的毒素之外，还包含有利于它们自身消化的消化酶。这种消化酶和毒素能够引起人体大面积的组织坏死，如果没能及时治疗，就会面临截肢的危险。

蛇咬伤所引发的情绪惊慌和休克也会影响治愈情况。恐慌、兴奋、歇斯底里都会导致血液循环加快，这就使毒素更快被身体吸收。在蛇咬伤后的半小时之内，会出现休克症状。

治疗蛇咬伤之前，首先要确定咬伤你的是无毒蛇还是有毒蛇。无毒蛇咬伤后的现象是在伤口处显现一排牙印，毒蛇咬伤后也可能出现一排牙印，但还会有一个或几个穿孔，这是由毒蛇的尖牙咬出来的。被毒蛇咬伤后的几分钟、最多2小时之内，可能会出现以下症状：流鼻血、尿血、肛门出血、咬伤处剧痛并肿胀等。

毒液侵入神经系统会导致以下症状：虚弱无力、呼吸困难、痉挛、麻木和瘫痪。通常，这些迹象在被咬后的一个半至两个小时之间就会出现。

假如你确定伤者的确是被毒蛇所伤，就应当立即采取以下措施。

★ 抚慰伤者的心情，尽量使其保持平静和安静的状态。

★ 做好预防休克的准备，可采用静脉注射或灌水的方法。

★ 将所有束缚身体的物品取下来，比如耳环、手表、手镯等。

★ 彻底清洁伤口。

★ 保持呼吸通畅（尤其当伤口靠近面部或脖颈时）并准备好进行人工呼吸或心肺复苏术。

★ 将束缚带紧紧绑在心脏和伤口之间。

★ 将伤处固定好。

★ 不要用手挤压伤口。用医用抽吸工具尽快将毒液吸出体外。

在整个治疗蛇咬伤的步骤当中，你应当谨记四个至关重要的原则。

★ 不要将烟草制品或酒精饮料给伤者。

★ 不要在咬伤处深切。伤处的深切口会完全打开毛细血管，导致毒素和感染病菌更快地进入血液循环系统。

★ 不要用手揉眼睛或者触碰脸部。你的手可能沾染上毒液，揉眼睛会有失明的危险。

★ 不要挤破伤处四周的水泡。

注意 经过1小时的治疗之后，可以切开每一个穿孔（切口的长度要小于6毫米，深度则要小于3毫米），这个小切口最多只能穿过第二层皮肤，足以掰大毒牙穿孔就可。将一个抽吸杯放在伤口处，使其维持真空状态。在伤口处抽吸三至四次。必须抽吸半小时以上。只有在其他任何办法都行不通的情况下，才可以用嘴去吸伤处的毒液，同时还须确保口腔内没有伤口。吐出毒液后要彻底清洁口腔。用嘴吸可以将毒液吸出约25%~30%。

按照上述步骤对伤者进行治疗后，为了使局部损伤减少至最低程度，可以采取以下步骤。

★ 一旦发现感染迹象，立即清洁伤口，保持伤口敞开。
★ 为防止局部感染扩散，在24~48小时后对其实施高温处理。高温对消除感染十分有效。
★ 将伤口用消过毒的干布盖住。
★ 让伤员尽可能多喝水，补充大量的水分直至感染完全消失。

伤口的处理

皮肤的整体性遭受破坏是伤口的典型特征。这种伤口包括各种外伤、皮肤疾病、冻伤龟裂、烧伤、浸渍足病。

外　伤

外伤是求生环境中非常严重的伤口。它不仅可导致身体组织受损、失血，还可能引发更严重的感染。导致你受伤的物体所携带的细菌，你的皮肤、衣服所携带的细菌或者其他物体上的细菌，一旦接触到伤口，就极有可能引发感染。

正确处理伤口能够减少伤口感染的概率，有助于伤处更快愈合。一旦受伤，要尽快清洁伤口。

★ 剪开伤处周围的衣物，或者直接脱掉衣物。
★ 如果被投掷物或其他尖锐的物体所伤，必须迅速找出伤口的另一端出口。
★ 对伤处周围的皮肤进行彻底清洁。
★ 用大量的水冲洗伤口处——水要尽量干净。注意不可擦洗。倘若水不够，或者没有水，用新鲜的尿液代替。

求生环境中最安全的处理伤口的办法是“开口治疗法”，千万不要试图让伤口闭合，不要用任何方法缝合伤口。敞开伤口可以让感染所致的脓液流出来。无论伤口多么难闻或多么难看，只要伤处可以慢慢变干，通常就不至于死亡。

在伤口上敷一块干净的敷布，并用绷带固定。敷布需要每天定时更换，同时还要检查伤口的状况，防止感染。

假如伤口开裂，可以把胶布剪裁成“哑铃形”或“蝴蝶形”（图4-7），然后将伤处边缘黏合起来。如果没有抗生素，就必须极为小心地使用这种方法。黏合时要为伤口留出一定的空间，以便于排出脓水，防止感染。

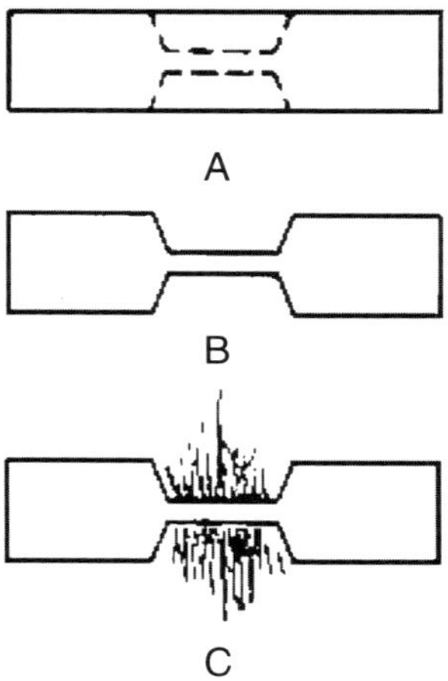

图4-7　蝴蝶形封闭胶布

在求生环境中，几乎无法完全避免伤口感染的情况发生。伤口感染会表现出这些迹象：伤口红肿、疼痛；伤口或敷布上有脓液；体温变高。

如果伤口处发生感染，可以采取下列步骤进行处理。

★ 在伤口上面敷一块湿润的热敷布，待敷布冷却后，更换新的热敷布。每天三至四次，每次持续半小时左右。
★ 排出脓液。用已消毒的干净器具打开伤口，尽可能小心地深入伤口。
★ 用敷布敷在伤口上，并包扎好。
★ 大量饮水。
★ 如果伤口由严重伤所造成，最好的办法就是每天找到足够多的尽可能干净的水，然后对伤口进行强力冲洗。在伤口完全愈合之前，每天都需用水冲洗。虽然这种方法可能会让你留下更大的疤痕，但伤口感染的概率大大减少了。

- ★ 在消除感染之前，每天重复以上步骤。

当伤处感染严重、创口无法愈合，身边又没有抗生素，还无法进行普通的清创术时，可以尝试采用蝇蛆治疗法。不过，这种方法存在一定的风险。

- ★ 暴露伤口，使苍蝇可以接近，一天后将伤口重新包好。
- ★ 每天检查伤口处有无生蛆。
- ★ 如果发现生蛆，将伤口继续包好，但每天必须检查生蛆情况。
- ★ 当蛆食净坏死的组织、还没侵入健康组织的时候，清除这些蛆。如果出现新鲜的红色血液，并且伤口处的疼痛加剧，则表明蛆已经开始破坏健康组织了。
- ★ 用经过消毒的净水对伤口进行反复冲洗，清除蛆虫。
- ★ 之后的几天内，每4小时定期检查伤口，确保伤处的蛆虫已被清除干净。
- ★ 将伤口包扎好，用处理其他伤口的方法来处理，伤口会慢慢自动愈合。

皮肤病和一些小疾病

皮疹、疖子和真菌感染通常只会引起生理上的不适，并不至于造成严重的疾病。一般情况下，可以采取以下措施。

疖子。在疖疮上敷上热敷布，让疖子露出脓头，由消毒处理过的针、金属丝、小刀或其他类似工具挑破脓头。用肥皂和清水彻底冲净流出来的脓水。包扎好疖子，定期检查疖子的恢复情况，确保没有发生感染。

真菌感染。尽可能让感染的部位在阳光下直接暴晒，保持皮肤干爽洁净。不要抓挠感染部位。越南战争时期，患真菌感染的士兵们用以下物品进行治疗，都取得了一定的效果：肥皂、防真菌粉、氯漂白粉、醋、酒精、浓盐水、碘酒。使用这些“非常规”的方法时，一定要多加小心。

痱子。在治疗痱子之前，必须先弄清楚痱子产生的原因。即便在最有利的环境条件下，找出具体的原因都存在一定的困难。应以下面几条原则为准。

- ★ 如果生痱子的部位较为湿润，想办法使其保持干爽。
- ★ 如果生痱子的地方较为干燥，要尽量使其保持湿润。
- ★ 切忌抓挠。

如果身体某处由于干燥而生痱子，用敷布蘸少量的醋或茶水、煮橡树皮或硬木树皮中含有的单宁酸轻擦患处。如果患处需要保持湿润，则可用少量的动物油脂涂抹在干痱子上。

谨记，像处理其他伤口一样处理痱子：每天对其进行清洁和包扎处理。在求生困境中或被囚禁于野外的时候，有许多物品都可以为求生者所用，被作为杀菌剂来治疗伤口。这里推荐一些可用材料。

- ★ 碘片。在1升水中放入5~15片碘片，可制成一种能有效清洗伤口的洗液。
- ★ 大蒜。用大蒜直接擦拭患处，或者用开水煮出蒜油，待水冷却后冲洗感染部位。
- ★ 盐水。将2~3汤匙盐加入1升水中，得到的混合溶液具有一定的杀菌作用。
- ★ 蜂蜜。将蜂蜜直接敷在伤口上，用水稀释过的蜂蜜也可。

★ 苔藓。你可以在任何一片沼泽地找到苔藓，它天生具有碘酒的功效，可以直接用来外敷。
★ 糖。在伤处直接敷上适量的糖，待大部分糖化为光滑的液体后，将其彻底清除。之后再重复这一过程。
★ 果汁。所有含糖量高的物质都可以代替蜂蜜和糖的某些功效使用。

注意 **在使用非商业制造的物品时，必须多加小心。**

烧伤和灼伤

对于由烧伤引发的疼痛，以下这些措施能够起到有效的缓解作用，同时也利于患处的恢复，避免伤口感染。

★ 第一步，灭火。迅速脱下着火的衣物，用水或沙子扑灭火焰，或者直接在地上打滚。烧伤的部位可以用水或冰进行冷却。如果火是由白磷燃烧引起，则不能用水来灭火，而要用镊子将白磷夹出来。
★ 在煮开的单宁酸溶液（用清水煮过的阔叶树内皮、茶、橡树子后得到的溶液）中放入干净的敷布或布条，浸泡10分钟。
★ 待浸泡过后的敷布或布条冷却后，将其敷在伤处。蜂蜜和糖也可以有效地治疗灼伤，蜂蜜尤其可以有效促进新细胞产生、预防感染。可以将蜂蜜和糖涂在伤处。
★ 用处理其他伤口的方法来处理灼伤。
★ 及时补充流失的水分。补充水分最有效、最直接的方式就是喝水和静脉注射，也可以通过直肠灌水来获得补给。只要是干净的水就可以，不需要进行消毒处理。利用管子往直肠灌水的方法，人体可以有效吸收的水量大约为 1~1.5 升。

★ 保持呼吸道通畅。

★ 治疗休克。

环境伤害

在求生困境中，可能遇到的环境伤害包括中暑、低体温症、痢疾以及肠内寄生虫。处理这些情况可参照以下方法。

中暑。中暑是由身体温度调节系统失常（体温超过 40.5℃）所引发的环境伤害。在发生中暑之前，并不一定总会出现其他的某些高温症状，如脱水、痉挛等。中暑的征兆和症状如下。

★ 脸发红、发肿

★ 眼白发红

★ 排汗不畅

★ 失去意识或者精神异常，造成皮肤失去血色、嘴唇和指甲发蓝（黄萎病）以及体表温度降低

注意 出现这种症状意味着伤者已发生严重的休克，必须迅速进行降温。用清凉的流水冲洗患者身体。如果条件有限，可以用水冲洗关节处，或者至少用清凉的毛巾、敷布擦拭所有关节，特别是颈部、腋窝及胯部。必须让伤者的头部保持湿润清凉。头皮具有极好的散热作用。可以选择静脉注射为伤者补充水分。同时，不停地为伤者扇风。

在整个降温的过程中，伤者可能出现以下症状：

★ 呕吐　★ 腹泻　★ 挣扎

★ 颤抖　　★ 叫喊　　★ 长时间失去知觉

★ 48小时内再次中暑

★ 心脏停搏，随时做好心肺复苏术的准备

注意 出现脱水情况可以用淡盐水处理。

冻　疮

冻伤的初期症状表现为面部、耳朵或手脚部位出现小片变硬、变冷的灰白色区域，2~3天后变成水泡，或者像晒伤那样结疤脱落。身体长期暴露于酷寒之中可能引发冻伤和冻疮，这也意味着冻伤病的发生。细胞内部或四周的水分因严寒而冻结，冻结后的细胞壁极易破裂，造成细胞组织受损。用双手或其他温度较高的物品温暖冻伤部位。引起冻伤的原因之一还有寒风。多穿几件衣物、保持衣物干爽，以防由于受风或受潮而发生冻伤。

浸渍足病

当气温低于冰点时，数小时甚至数天暴露于湿寒的环境中，可能引发浸渍足病。主要的受伤部位在肌肉和神经，但也极可能产生坏疽，严重时可导致肌肉坏死，最后不得不面临截肢的后果。始终保持脚部干燥是预防此病的最好办法。多带几双备用的干净袜子，做好防水包装。用身体慢慢焐干湿袜子，每天都要清洗脚部，换上干爽的袜子。

冻　伤

细胞组织冻僵会造成冻伤。冻伤会慢慢侵入皮肤以下的组织，导致其变僵硬。如果脸部、手脚部长期暴露在严寒中，则很容易发生冻伤。

如果与队友同行，可以利用整个团队的作用来避免冻伤。团队成员之间定期互相检查。如果你独自上路，要随时注意用手套护住脸部下端和鼻子。

注意 不要试图将冻伤部位靠近火来取暖。可以用37~42℃的水浸泡伤处，直到冻伤得到缓解。（水温可以依靠手腕内侧来测量。）解冻后擦干伤处，并利用自己的体温使其升温。

低体温症

当人体核心温度低于36℃时，就是低体温症。低体温症可能由缺乏食物、脱水或者休息不足引起。

针对低体温症，立即采取治疗措施十分关键。将伤者移到可以抵御风寒的藏身处。迅速脱掉湿衣服，换上干爽的衣物。让伤者及时补充温水，以补充流失的水分。如果有同行的人，让另外两个人与伤者一起睡在睡袋里，让他吸收其他人的体温。如果伤者饮水困难，可采用直肠灌水法。

痢　疾

这种疾病很常见，算不上什么大毛病。以下这些原因都有可能造成痢疾：饮用不干净的水、误食变质的食物、水土不服、过于疲劳、用了被污染的饮食器具等。假如你得了痢疾，身边又没有止泻药，可以尝试用以下办法解决。

- ★ 24小时内控制流食的摄入量。
- ★ 每隔两小时饮用一杯浓茶，直到停止腹泻或者至少次数明显减少。茶水内含有的单宁酸可以有效治疗腹泻。用清水煮硬木树的内树皮两小时以上，可得到含有单宁酸的水。

★ 在处理过的水中加入干骨、木炭或者白垩土，可得到治疗腹泻的混合液。如果有柑橘类水果的果皮或者苹果，以相同比例加入这一溶液，效果更明显。每两小时定期喝两汤匙，直到停止腹泻或者至少腹泻次数减少。

肠内寄生虫

只要做好适当的预防措施，肠内寄生虫或蠕虫等其他寄生虫的繁衍通常都可以避免。比如，一定不要光脚走路。预防寄生虫最有效的方法是：不吃未经加工的肉、海鲜等食物，这些未经处理的食物极有可能已经被污水、人类粪便等污染。如果你已经感染肠内寄生虫，身边又没有治疗药物，则可考虑采用以下治疗方法，当然，你还需要明白：这些方法的功效主要在于改善肠内的环境。

★ 盐水。在1升水中加入4汤匙的盐，喝下盐水。这一方法不要重复使用。

★ 烟草。食用大约1茶匙的烟草或1~1.5根香烟。香烟中含有的尼古丁能杀死寄生虫，或者至少可以让它们昏厥一段时间，这足以使它们被排出体外。如果情况较为严重，可以在24~48小时内重复使用这一方法，必须记住，重复的时间间隔不可太短。

★ 煤油。喝2汤匙煤油，切记不能多喝。如果情况严重，可在24~48小时内重复使用这一方法。注意，小心避免把煤油的气体吸入肺部，这会引发肺部疼痛。

注意 在使用烟草和煤油治疗时一定要小心，这两种方法都具有很大的危险性。

- ★ 辣椒。辣椒要常吃才能起到一定的效果。直接生吃辣椒，也可以混在米饭、汤菜或肉里吃。辣椒可以为肠胃创造一个排斥寄生虫的环境。
- ★ 大蒜。取4瓣大蒜，将其碾碎或切成丁，放入一杯液体中。坚持喝三个星期，每天一杯。

草药知识

现今社会有各种五花八门的神奇药品、精良的医疗器具，而古代社会的医疗手段——那些原始的诊疗常识、医治方法等——早就被人们抛之脑后。不过，目前许多地区的居民，也依旧在用那些传统的古老医术治病。实际上，许多草药类、植物类药品的功能丝毫不亚于现代的医学药物，许多现代药物正是源于对植物类药品的精华提炼。

警告 使用草药时要尤为谨慎，除非你的确需要草药而身边又没有任何药物。某些草药的危险性极大，很有可能造成更严重的伤害，甚至引发致命性的后果。关于草药治疗的基础知识在第9章有详细说明。

第5章 避身所

避身所即保护你的地方，让你免受风雨的侵袭、烈日的暴晒，远离酷寒和炎暑，使你免遭昆虫的侵扰，避开敌方的攻击。你会在避身所中获得一种安全感，这有助于你维持求生意志。

在某些极端环境下，与寻找食物甚至是水源相比，寻找避身场所更为重要。如果一个人长期暴露于酷寒之中，极有可能因过度劳累而变得极其虚弱，人一旦处于这种状态，就极易产生消极的负面情绪，出现悲观心理，甚至丧失生存的意志。

找到天然避身场所或者对其进行改造以满足你的需要，这将为你节省很多精力。建造避身所时常见的一个错误就是把它做得太大。避身所必须足够大以保护你，但也要足够小，以保持你身体的温暖，特别是在严寒的天气下。

最基本的避身所——户外服

在求生环境中，你的户外服就是你最基本的避身场所。不管身处酷寒或炎暑、极地或沙漠环境，都是如此。因为你自身需要户外服的防护，所以你必须确保穿戴正确，并尽最大努力保持其状态良好。

选择避身所地点

当你处于野外生存环境，且意识到避身场所极为重要时，就必须尽快找到避身所。在找寻的过程中，时刻谨记你对地点条件的要求，这两个相当重要的条件分别是——

★ 有搭建避身所所需的建材。

★ 场地必须较平、较大，足以让你舒适地躺下来。

你需要以自身的安全和你的战术位置为重点来考量这两个条件。另外，你还需要考虑该地区是否具备下列条件。

★ 足够隐秘。

★ 有伪装够好的避险路径。

★ 在必要的情况下，避身场所能发射信号。

★ 提供足够安全的保护，不会出现岩石滚落、枯树倒塌或野生动物袭击等危险情况。

★ 没有有毒的植物或爬行动物、昆虫等。

你还须注意以下可能会出现的麻烦。

★ 假如你位于山脚，远离可能会暴发山洪的地区。

★ 假如你位于山区，远离岩石可能会崩塌的地区。

★ 假如你靠近水域，远离低于最高水位线的区域。

在某些区域寻找避身所时，还要考虑季节因素的影响。在冬夏两个季节，安全舒适的避身所是有所不同的。冬季气温较低，藏身地点不仅要能避风雨、阻严寒，还要有足够的水源和一定的燃料来源。夏季时，藏身处要位于水源附近，还要尽量远离可能大量滋生蚊虫的地点。

考量如何选择避身所时，谨记BLISS（福佑）这个词以及以下引导原则。

★ **B**（Blend）——与周遭环境相适应。

★ **L**（Low）——阴影较低。

★ **I**（Irregular）——形状不规则。

★ **S**（Small）——小。

★ **S**（Secluded）——隐秘。

避身所的类型及建造方法

在寻找避身所的过程中，要谨记你所需要的场所类型。除此之外，还必须注意以下几个问题。

★ 建造避身所需要花费的精力和时间。

★ 避身所是否能保护你不受这些问题（风吹、日晒、雨淋、霜冻等）的影响？

★ 是否备有建造避身所的工具和装备？假如没有，能否现场临时制作？

★ 是否有建造避身所必需的材料?

要解决这些问题，你必须了解各类避身所的建造方法，并了解其所需的具体材料。

雨披单坡避身所

搭建这类避身所需要的时间很短，工具和装备也很少（图5-1）。一件雨披；一根长2~3米的降落伞伞绳或普通绳索；三根木桩，每根长约30厘米；两根杆子或两棵大树，之间相隔约2~3米。选择放置杆子的地点或选择树木的位置时，为了确保避身所的背面处于迎风地带，应提前检查风向。

图5-1 雨披单坡避身所

以下是具体的搭建方法和步骤。

★ 拉紧雨披帽子上的拉绳，纵向卷起帽子，折三下，然后用拉绳系紧不致松散，将帽子打好结。

★ 将绳索剪成两段同样长度的绳子，在雨披较长边的两侧边角扣眼上分别系好刚剪下来的两段绳子。

- ★ 将滴水棒（长约10厘米的木棒）系在每根绳子距离扣眼2.5厘米的位置。滴水棒的作用在于让雨水能够顺其流下来，防止雨水沿着绳索流进避身所。滴水线是另一种避免水流进避身所的工具。将一根长约10厘米的线或绳子系在雨披顶部的两个边角扣眼上，雨水则会顺着绳子流走，不致流进避身所。
- ★ 在杆子上或树上齐腰高的位置系上绳子。绳索围树绕一圈再系上去，打两个一拉就开的半结。
- ★ 将雨披固定在地面上，使其迎风展开，也可用三根削尖的木桩从扣眼中穿过去，然后插在地上。

假如你准备在避身所住好几个晚上，或者最近有可能下雨，你就需要给避身所添加一个中部支撑。一根绳子就可以。把绳子绷紧，将其一端系在树枝上，另一端系在雨披帽子上。

另外还有一种方法：在雨披中部下面竖一根棍子。不过，这根棍子可能会限制你的活动空间。

放一些灌木或者背包、装备等物品在雨披两边，这样可以更好地挡风遮雨。

把针叶、树叶等隔热材料铺在地上，可以有效减缓热量从地面流失的速度。

注意 休息时，地表会吸收人体约80%的体热。

要想增加自己的隐蔽性，防止被敌人察觉，可以采取两种措施来降低避身所的侧面高度：其一，把系在树上齐腰高的支撑线改为齐膝的高度，在雨披两边中间的扣眼里穿过两根齐膝的棍子；其二，斜着展开雨披，将其拉向地面，并用削尖的棍子固定好。

雨披帐篷

这类帐篷（图5-2）的两边都有保护，但高度较低。与单坡避身所相比，这类帐篷的视野较小，会减缓自身对危机的反应速度，使用范围也相对较小。你需要一件雨披，两棵相距2~3米的树，两根长1.5~2.5米的绳子，六根削尖的长约30厘米的棍子。

图5-2　利用悬挂树枝的雨披帐篷

搭建这类帐篷的步骤如下。

- ★ 同单坡避身所类似，首先系紧雨披的帽子。
- ★ 准备两根长1.5~2.5米的绳索，分别系在雨披两边中部的扣眼里。
- ★ 把扣眼处绳索的另一端以齐膝的高度系在相距2~3米的

树木上，绷紧雨披。

★ 准备三根一端削尖的棍子，拉紧雨披的一边，将棍子从扣眼穿过去插入地面，把雨披牢牢固定在地上。

★ 重复上面的方法，把雨披另一边固定稳妥。

需要中部支撑时，采取与搭单坡避身所相同的方法即可。这种类型的中部支撑需要放在帐篷顶部，它是一种外置的A形支架（图5-3）。制作A形支架需要两根长棍子，约0.9~1.2米，其中一根必须有一端呈分叉形状。在A形支架上将帽子上的拉线固定好，帐篷的中部支撑就完成了。

图5-3　用A形支架支撑的雨披帐篷

三杆圆锥形降落伞帐篷

在情况允许的条件下，如果你手边有三根杆子和一个降落伞，很容易就能制作降落伞圆锥形帐篷。制作这类帐篷不需要多长时间，而且还能阻挡自然界的很多伤害。同时，由于它能使蜡烛等火源发出的微光得以增强，所以在提供保护的同时还可发送信号。这类帐篷拥有很大的空间，几个人在里面煮饭、睡觉甚至储存木柴都没有任何问题。

搭建这类帐篷（图5–4）需要准备一顶主降落伞或备用伞，可使用其伞盖的部分或全部材料。假如现有的是标准人员降落伞，还需另外准备三根直径约5厘米、长3.5~4.5米的杆子。

以下是这类帐篷的搭建方法。

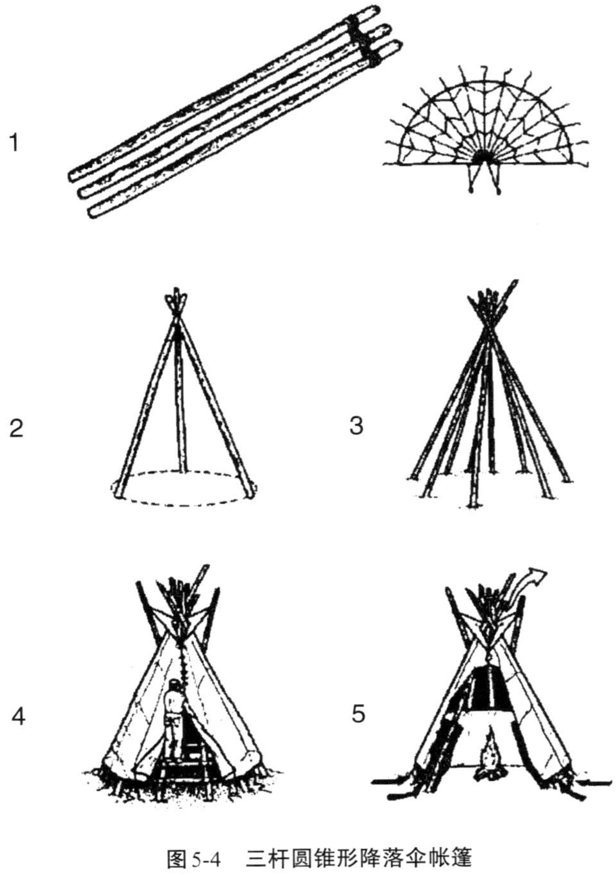

图5-4　三杆圆锥形降落伞帐篷

★ 把一端系在一起的三根杆子竖在地上。

★ 把架子竖立起来撑开，固定成一个三脚架。

★ 在需要的情况下，可以多砍些杆子以提供更多的支撑，不用捆扎，直接竖立起来撑住三脚架，为保险起见可以多加五六根。

★ 检查风向，为避免大风吹入帐篷、影响帐篷稳定和降低内部温度，确保帐篷入口与风向呈90度或者更大角度。

★ 使降落伞拉环（尼龙网环）位于帐篷顶部，并将降落伞铺在支架上。

★ 在一根没有捆绑的杆子顶部放置好拉环，之后将这根杆子靠在三根杆子绑成的支架上，使三根杆子的绑缚处与帐篷的最高点处于相同的位置。

★ 沿三脚架的一侧把帐篷包好。包上整个降落伞后，帐篷应该呈现出双层的样式。你只用将三脚架的一半包好，剩下的另一半降落伞会自动包好。

★ 入口可以利用帐篷折起来的边制作：用它们裹上两根没捆绑的杆子。需要关闭帐篷入口时，直接把杆子排起来即可。

★ 避身所的地板可利用降落伞包支架后剩余的部分替代，将其拉到帐篷里铺好。

★ 在帐篷里生火取暖、烹调时，注意通风。可以在帐篷顶端留个30~50厘米的开口，用以换气。

单柱降落伞帐篷。搭建这类帐篷（图5-5）需要准备以下物品：一根针、几个小木桩、一根较粗的中心支杆、14片降落伞上的三角形布。裁下降落伞伞绳，并留出40~50厘米长以做备用。

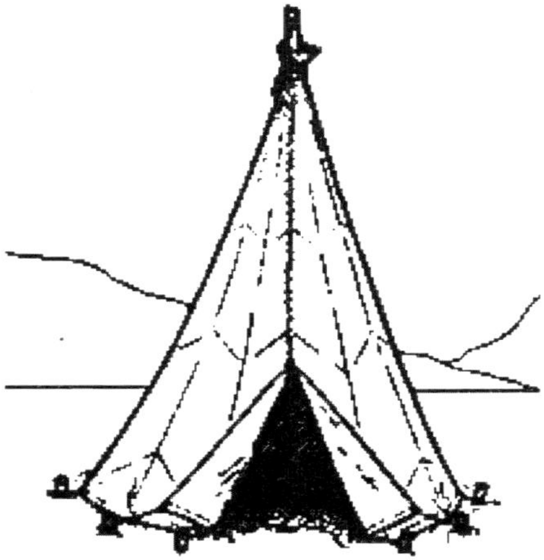

图5-5 单柱降落伞帐篷

制作这种类型的帐篷，步骤如下。

- ★ 选定一块区域，在其中画一个直径约4米的圆。
- ★ 将布块裁剪为三角形，放在地上。
- ★ 首先确定帐篷的开口位置，然后在地上打入一个小木桩，将降落伞下部的线紧紧固定在木桩上。
- ★ 将一根线系在展开的三角形布块上，在刚画好的圆圈中打一个小木桩，牢牢地将布块扎在木桩上。
- ★ 扎牢所有的线之前，重复上面的步骤。
- ★ 在位于中心的支柱上，把三角形布块的顶端用裁好的伞绳松松地系上，多尝试几次，确定好在中心支柱竖立起来后，支柱上三角形布块顶端应处的位置。
- ★ 在支柱上扎牢三角形布块的顶端。
- ★ 把三角布两边用裁下的伞绳缝起来，留出宽1~1.2米的入口。

无支柱降落伞帐篷。在相同的条件下，你也能用同样的材料造一个没有中心支柱的帐篷（图5–6），制作方法和制作单支柱降落伞帐篷一样。

制作这种类型帐篷的步骤如下。

图5-6　无支柱降落伞帐篷

★ 在三角形布的顶端系上提前裁剪好的一根伞绳。

★ 找一个大树枝，将伞绳扔过树枝，然后系在树干上。

★ 在正对着帐篷入口的那一面画一个直径3.5~4米的圆，将一个小木桩钉在圆圈上。

★ 在木桩上绑牢三角形布底端的伞绳。

★ 将余下的伞绳分别绑在连续打入的木桩上。

系好所有伞绳，然后把树干上的伞绳解开，拉紧帐篷，再将绳子系回树干。

单人避身所

单人避身所（图5-7）极易搭建，一棵树、一个降落伞和三根杆子就是所需的全部材料。三根杆子中，两根需要有3米长，另一根需要4.5米。

以下是搭建这类避身所的方法。

图5-7　单人避身所

- ★ 在一棵树上齐腰的位置绑住4.5米长杆的一端。要捆绑牢固。
- ★ 把另两根3米长的短杆按照与长杆一致的方向，放在长杆两边的地上。
- ★ 在长杆上搭开折叠过的伞盖，并使两边垂下部分的长度相同。
- ★ 在避身所内部的地面上，将塞入短杆下的伞盖多余部分平摊好，作为底面使用。
- ★ 为避免两根短杆朝帐篷内部滑动，可以将一根棍子撑在入口的中间或用桩将其挡住。
- ★ 入口处用其他物品遮挡。

这类避身所的面积较小，降落伞布的使用使其保温性和防风性都很不错。用一根蜡烛——要小心使用，避身所可以因此变得十分温暖。但是，不够完美的一点在于，就算是不大的雪也可能使它倒塌。

降落伞吊床

这是一个简单的吊床（图5–8），利用两棵相距4.5米的树和6~8块降落伞三角形伞布就可做成。

野外应急单坡避身所。假如你所处地点的天然材料足够充分，

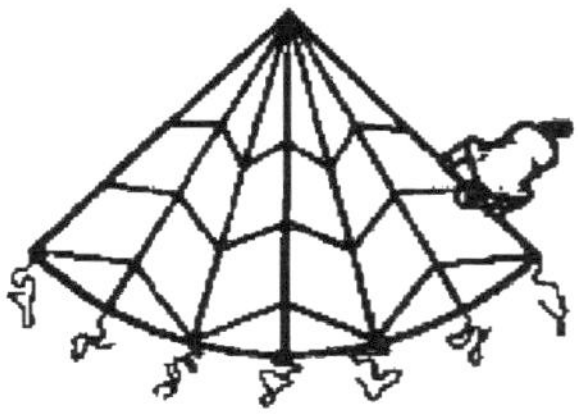

1. 铺开降落伞，裁下6块

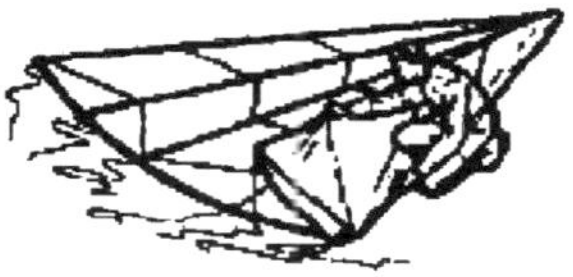

2. 按照每块的宽度从一侧开始对折两次，形成一个三层的底部样式

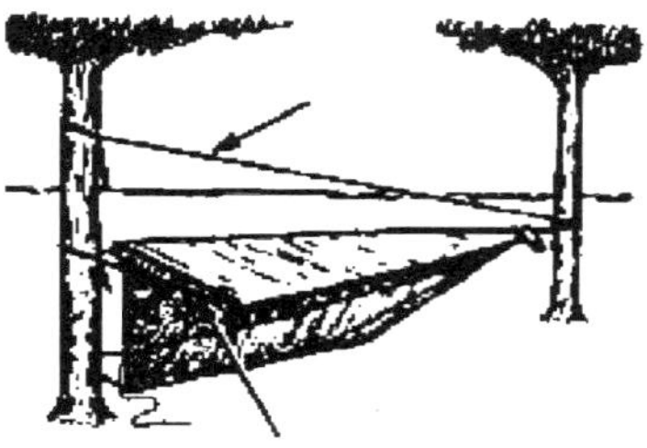

3. 在两棵树之间挂上吊床。将一根支撑棒放在两个侧面之间，并将其与吊床的侧面扎牢。在两棵树之间拴一根蓬线

4. 在蓬线上挂好其余3块伞布，并把6块伞布全部塞进去。为了稳定避身所，可以用两个带杈的树枝支撑在撑棒下面

图5-8 降落伞吊床

比如繁茂的树林，即使你只有一把小刀，甚至没有任何工具，你依然可以拥有一个野外应急单坡避身所（图5–9）。相对建造其他避身所而言，这类避身所花费的时间可能会更长，但它同时也能保护你不受恶劣天气的影响。

需要的材料有：两根很直的杆子或两棵树（相距约2米），充当横梁的杆子（直径约2.5厘米，长约2米），用作桁梁的5~8根直径约2.5厘米、长约3米的杆子，桁梁上需要覆盖的藤条、棍子或树枝，用于捆绑建材的藤条或绳索。

以下是建造此类避身所的方法。

图5-9　野外应急单坡避身所和围火墙

- ★ 在你大约腰部到胸部之间的高度上，在两棵树之间系一根长约2米的杆子作为横梁。也可用两个三脚架或Y状棍子做两个人字架，代替不合适的树木。
- ★ 在横梁上将桁梁（3米长的杆子）的一端放置稳妥。单坡的背部需要朝向风向，记住，这是每一个单坡型避身所都必须保证的条件。

★ 在桁梁上交叉放置一些藤条或树苗。

★ 在避身所的骨架部分，从下往上像盖屋顶一样覆盖一些树叶、针叶、灌木或草。

★ 用针叶、茎干、树叶或草等柔软的物品在避身所里铺一张舒适的床。

为了使严寒天气中的避身所更加舒适温暖，可以搭建一个围火墙。墙的四面可以用四根打入地里的长约1.5米的棍子来支撑。之后，在这些棍子中间堆一些没干的新鲜木头，还要找一些土填进两排木头之间形成的缝隙里，经过处理之后，围火墙反射热的能力可以更强，并能使墙更坚固。如果需要加固新鲜木头和土，可以将支撑棍子的顶部绑起来。

再付出一点努力，你还能额外拥有一个烘烤架。切一些杆子，其长度由围火墙顶部到避身所横梁的距离决定，直径约2厘米。把杆子的一端放在围火墙上面，另一端放在避身所横梁上。放一些小树枝在杆子中间，将其捆绑好。做完这一切后，这个架子就可以帮你烤肉、烤鱼、烘衣服了。

湿地床铺

身处湿地、沼泽或各种潮湿、积水的地方时，为了避免长期待在水中，可以制作一个湿地床铺（图5-10）。建造床铺所用的建材以及周边天气、潮汐、风等因素，会直接影响你对地点的挑选。

以下是做湿地床铺的方法。

★ 砍4根杆子（竹子会更好），或者找4棵呈矩形排列的树。以矩形排列这4根杆子，将它们牢固地打入地面。确保杆子足以承受你的重量，同时，为了能够舒适地睡在上面，它们之间也要保持足够的距离。

- ★ 砍两根长度足以横跨这个矩形的杆子。同样，为了能够承受你的体重，它们也要非常稳固。
- ★ 把这两根杆子绑在之前的杆子上（或树上），调整其高度，确保它离水平面或地面的距离足够远，可以让上涨的水或潮汐通过而不使床铺沾湿。
- ★ 再砍一些长度足以横跨矩形宽度的长杆，把它们架起来，绑在另外两根长杆上。
- ★ 在架子上铺一些软草或宽树叶，做一个松软的床面。
- ★ 将污泥或黏土铺在床铺的一角，做成一个火垫，并用它烘干水分。

图5-10 湿地床铺

还有一种避身所能使你不沾湿地或不碰水，它的长方形结构同湿地床铺类似。将大树枝和枯枝纵向铺起来，保证其高度远离水面即可。

天然避身所

还有许多天然的藏身所也不应被忽略，比如洞穴、灌木丛中、小型凹陷处、岩石间的裂缝、树枝高度较低的树木、倒下的枝叶茂密的大树、处于下风方向的山脚处的大岩石等。以下是我们在选择天然场所时必须注意的事项。

- ★ 远离河床、沟壑、窄小的山谷等地势较低的地区。夜晚常会有冷风侵袭这些地势低洼的地方，相对于附近高地来说，这些地区的气温更低。除此之外，各种昆虫会在这类灌木稠密的低洼地区大量滋生。
- ★ 排查扁虱、蝎子、毒蛇、小虫子、会咬人的蚂蚁等有害动物，并加以妥善处理。
- ★ 为避免避身所被砸倒或被破坏，你需要检查避身所周围的环境——是否存在松动的石块或某些特殊的天然生长物，如坚果、枯木等。

残枝小屋。假如你希望搭建更简易的避身所，主要只是为了取暖使用，最好的办法是做一个残枝小屋（图5-11）。在环境最为恶劣的情况下，生存最迫切的需要就是搭建这种简单有效的避身所。

图5-11　残枝小屋

你可以根据以下步骤搭建一所残枝小屋。

- ★ 在一个足够结实的立柱上放置好长杆的一端，或者以一根长杆搭配两根短棒做一个稳定的三角支架。
- ★ 在一棵树齐腰的高度处固定长杆，或者以三角支撑的办法将其固定好。
- ★ 沿长杆两侧方向用一些大树枝做支撑，使整体形成一个楔形。该楔形的具体形状取决于其倾斜度是否能很好地排出湿气，并且内部是否有足够大的空间以容纳你的身体。
- ★ 在上面交叉放置一些柴枝和小树枝。这些交叉的树枝会形成一种小格子，能够让类似于软草、树叶、松针等隔热材料保持在格子上方而不掉入避身所里。
- ★ 条件允许的情况下，在最上面放置又干又轻的软残枝，越厚越好。隔热层的高度至少要达到1米。
- ★ 可以在避身所里铺一层厚约30厘米的隔热材料。
- ★ 为了能够在避身所内做一个门或封闭入口，可在入口处堆一些隔热材料，使用时直接将其拉过去。
- ★ 搭建后期，为了保持隔热材料的稳定性，找一些大树枝或小石头放在残枝层上方。

雪地树坑避身所

假如你处在积雪遍布、严寒侵袭的地区，携带挖掘工具，而当地也刚好有常绿植物，你就能搭建一个雪地树坑避身所（图5-12）。

以下是这类避身所的搭建方法。

- ★ 寻找一棵能够遮盖住头顶的、枝叶繁茂的树木。
- ★ 将树干附近的积雪掘走，直到看见地面或者挖到你想要的直径和深度。

★ 为了使其稳固且能够支撑足够的重量，压实四周的积雪和雪坑的边缘。

★ 坑底可放一些隔热用的常青大树枝，还可以在坑顶上放些树枝，以增加头顶上的安全性。

图5-12 雪地树坑避身所

严寒、极地等其他类型的避身所见第15章。

水滨避身所

这是很容易搭建的一类避身所（图5–13），只需要少量天然材料就能够让你免受高温炙烤、日晒雨淋等恶劣天气的影响。

建造这类避身所的方法如下。

★ 许多天然材料（比如浮木）都能当作挖掘工具或梁使用，收集一些，以备不时之需。

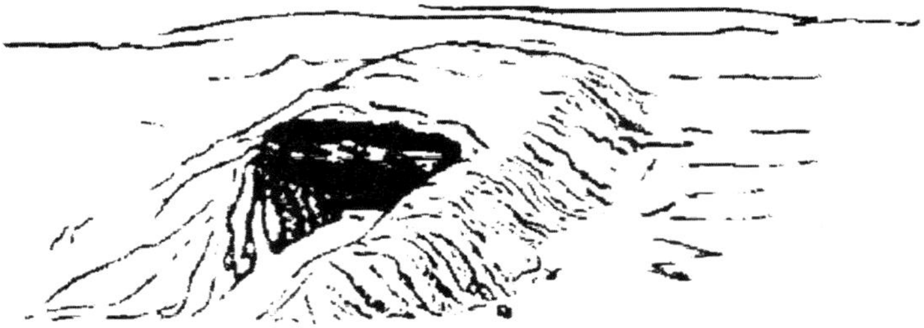

图5-13 水滨避身所

- ★ 挑选一个超过最高水位线的区域建造避身所。
- ★ 为了减少阳光直射带来的不利影响，可以挖掘一条朝向北方的沟渠。沟渠的长度和宽度取决于你是否能舒适地躺进去。
- ★ 为了扩大避身的活动范围，可以将泥土堆垒在沟渠的三边，土堆越高，可活动范围也就越大。
- ★ 将浮木或者其他天然材料横跨于沟的上方放置，作为屋顶的梁木，两边以土堆为支撑点，搭建出屋顶的框架。
- ★ 为了扩大避身所的入口，可以继续挖出入口处的泥沙。
- ★ 避身所里的床可用树叶或软草等天然材料铺成。

沙漠避身所

如果身处干旱地区，除了考虑建造避身所需要的材料以外，还必须考虑你为此可能花费的时间和精力。假如你有降落伞、雨披或帆布，在乱石丛生的区域、沙地或沙丘（岩石）之间的洼地也可以搭建避身所。

身处乱石丛生的区域时，你可以按照以下方法搭建避身所。

- ★ 用重物（石头等）将雨披（降落伞、帆布或其他材料）的一端压好，也可将其固定在岩石的一边。

★ 为使雨披的形状足以最大限度地阻挡阳光照射，展开雨披并固定好另一端。

处于沙地时，你可以按照以下方法搭建避身所。

★ 利用沙丘的一侧，或者堆一个沙堆，当作避身所的一面墙。

★ 用沙子或其他重物在沙堆的上方固定好材料的一端。

★ 为使材料的形状能最大限度地阻挡阳光照射，将其伸展开来，并固定好另一端。

注意 假如材料有足够大的面积，为了降低避身所里的温度，可以将其对折，使两层之间形成一个35~45厘米的空间。

地下沙漠避身所（图5-14）可以使正午的温度降低16~22℃。但是相比其他类型而言，这类避身所的搭建需要耗费更多体力，占用更长时间。你需要在白天气温升高前开始搭建，因为体力劳动引起的出汗会加速身体水分流失。

以下是搭这类避身所的方法。

★ 在必要的情况下，可以挖一条深45~60厘米的沟，也可找一处地势较低的地方（沙丘或岩石间常有）或凹陷处，沟的长度、宽度取决于你是否能够舒适地躺进去。

★ 在沟的三边堆好挖出的沙子。

★ 为了便于进出，可以在没有沙堆的一边挖走更多的沙子。

★ 在沟的上方盖好你所准备的各种材料。

★ 固定好刚覆盖上的材料，可以使用石头、沙子或其他重物。

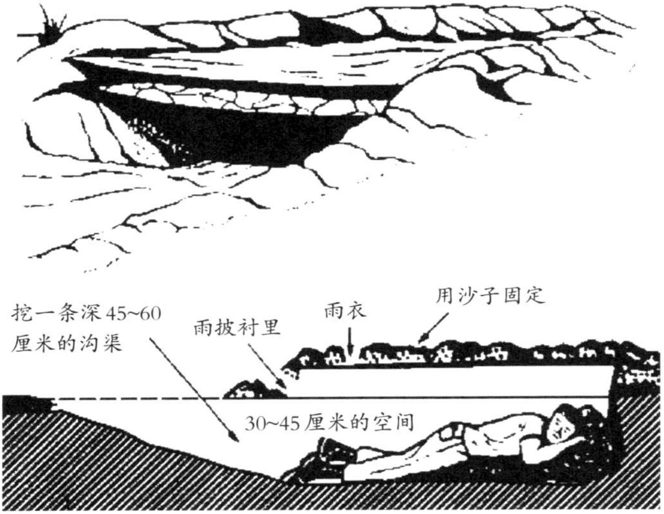

图5-14　地下沙漠避身所

假如你想要进一步降低正午时的沟内温度，身边也有多余的材料，可以再添加一层隔热材料放在覆盖材料上，隔热层与上一层材料之间需要保持30~40厘米的距离（图5-15）。这层材料足以使避身所内的温度降低11~22℃。

图5-15　开阔沙漠中的避身所

在开阔的沙漠搭建避身所的方法与之类似——四周要对气流敞开。你至少需要两层降落伞材料，才能尽可能地保护自己不被晒伤。反射热量效果最好的是白色材料，深色材料应放在最里面一层。

第6章 获得水源

在求生条件下，水是人体最重要的需求之一。在炎热的地区，如果没有水，人体正常功能所能维持的时间很短，因为不停地出汗会使人体的水分大量流失。哪怕是在较为寒冷的地区，为维持正常的生理功能，每天也需要摄入至少2升的水。

水分占据了整个人体重量的3/4。人体会因为寒冷、炎热、用力、紧张等生理或心理活动造成水分流失。为了维持身体正常工作，你必须及时补充流失的水分。获得足够的水，这就是你最重要的任务之一。

获取饮用水

从某种角度来看，水几乎存在于任何一种环境。表6–1向我们说明了各个环境里的水源分布情况，并列出了将这些水变成饮用水的具体方法。

注意 假如你缺少罐子、杯子、水壶或其他可储水用的容器，可以用防水布料或塑料就地制作一个。把防水布或塑料叠成碗状，用你的手或大头针等其他合适的东西从折曲的地方穿过，将其固定稳妥。

表6–1　不同环境的水源

环境	水源	获得饮用水的方法	备注
寒冷地区	雪、冰	融化并净化。	未融化的冰和雪不可直接饮用，因为它们在降低你体温的同时，也加快了体内水分的流失。冰和雪并不意味着比凝结前的液态水更洁净。不要饮用未经淡化处理的不透明的或灰色的海水冰块。如果冰块有蓝色光泽，且呈透明色，则表明里面只含有极少的盐分。

（续表）

环境	水源	获得饮用水的方法	备注
海洋上	海水、雨水、海水冰块	利用工具，将水进行淡化处理。用容器或油布等其他防水材料盛接雨水。	海水未经淡化处理，不要直接饮用。假如防雨材料或油布表面残留有盐的结晶，在使用前将其在海水里清洗几遍，直到残留的盐分基本被清除干净。
海滩	土地	挖一个可以让水渗入进去的深坑，找几块岩石生火加热，将加热后的岩石放进水里，在坑口上盖一块布，用以吸收水蒸气，将湿布里的水拧出。	还可以使用另一种方法，这个方法需要你有罐子或头盔，在罐子或头盔里装满海水，生火并将水煮热，使之产生大量蒸汽，在罐口放置一块布，用来吸收加热后的水蒸气，将湿布里的水拧出。
沙漠地带	① 低洼地、凹地等 ② 陷落于河岸底下已干涸的河床 ③ 露在地面以上的岩层下方或悬崖 ④ 由干涸沙漠湖形成的沙丘，其后方第一个凹陷处 ⑤ 能找到潮湿沙子的任何区域 ⑥ 能找到绿色植物的任何区域	让水渗入挖得足够深的坑。	在沙丘绵延的地区，沙丘边缘区是原始流域的河床，这是最可能找到水的地方。

（续表）

环境	水源	获得饮用水的方法	备注
沙漠地带	仙人掌（除去已传播到其他地方的桶形仙人掌，只在美洲沙漠发现了仙人掌）	割下并切开桶形仙人掌的头部，将内部的果肉捣碎。 注意：不要直接吞食果肉，吮吸果肉的汁液即可，之后将果肉丢弃。	切开仙人掌需要用尖利的砍刀来割破硬壳，还需避开较长的硬刺。没有砍刀会比较麻烦，也会花费更多的时间。裂缝、水坑或岩石洞孔中可能会积聚一部分该地区的定期降水。
	岩石洞孔里或凹陷处 岩石的气孔内或缝隙内	将可弯曲的软管插入裂缝中，吸出里面的水。也可用容器从足够大的裂缝中取水。	在夜晚和白天的巨大温差下，水汽可能会凝结在金属表面上。 注意：以下是在沙漠中帮你找到水源的一些提示。 ① 水源通常位于沙漠中所有足迹的终点处，寻找全部足迹交汇的区域。由于营地痕迹（动物粪便、营火痕迹）的原因，足迹可能会十分明显。 ② 水源上空会有鸟群飞翔，黄昏和清晨时分有些鸟会以极快的速度从低空飞向水源。夜晚，表明附近有水源的标志就是飞行的鸟类或它们啾啾的叫声。
	凝结在金属表面的水珠	用布条吸取水分，之后再将水拧出。	

表6–2　代用液体的后果

液体	备注
含酒精的饮料	干扰人的判断能力，加速人体的水分流失。
尿液	所含盐分大约为2%，含其他有害物质。
血液	被视为食物，有一定的味，身体需要额外的水分去消解。
海水	盐分含量约为4%，身体中约2.3升的体液才能消解约1.1升海水所带来的无益物质。

注意留心四周的环境，它们也许会给你提供某些帮助，尤其是当你缺乏可靠水源补给的时候。

注意 表6–2提到的液体不能用来替代饮用水。

能为人体补充水分的还有露水。将一些小草或布料系在脚踝处，在日出前在草丛中走一遭。这时，草丛有充足的露水可供小草和布料吸收。之后，将吸收的水拧到容器里。在露水蒸发之前，或是得到充足的水之前，重复以上行为。这类办法可以在约一小时内让大洋洲原住民得到约1升的水。

想知道某个洞里是否有水，可以观察是否有蚂蚁或蜜蜂向它爬去。就地取材，用临时制作的勺挖出里面的水，或者用塑料管将洞里的水吸出。也可将布料伸进洞中润湿，之后拧出布料吸收的水。

当水汇集在岩石的缝隙里或大树的枝丫处时，也可用上面提及的方法取水。

在缺水地区，表明某区域是否有水的另一种可能迹象，就在于裂缝边有无鸟粪。

饮用水中另一个极好的水源就是绿竹林。干净、无异味的水在绿竹林中极易收集。折弯一根竹子，把顶端固定在地面上，再将顶端切开，这样就可以收集所需的水（图6–1）。夜晚，竹子内部自然会有水滴下来。另外还需注意，可能含水分的还有破裂的和较老的竹子。

图6-1　从嫩竹中收集水

警告 水一定要经过净化处理才可饮用。

你还可以在甘蔗、大蕉树或香蕉树等植物中发现水。砍断你所找到的合适的树木，保留高约30厘米的树桩，在树桩中心确定一个点，在这个点的位置挖一个碗状小坑，这时，水会从根部快速向坑里渗入。前三次得到的水可能会很苦，你可以饮用这三次之后渗入碗内的水。取水之后要记住，不要让昆虫掉进坑里，一定要保持水的洁净，因为这个树桩（图6–2）可以连续四天向你提供你所需的水分。

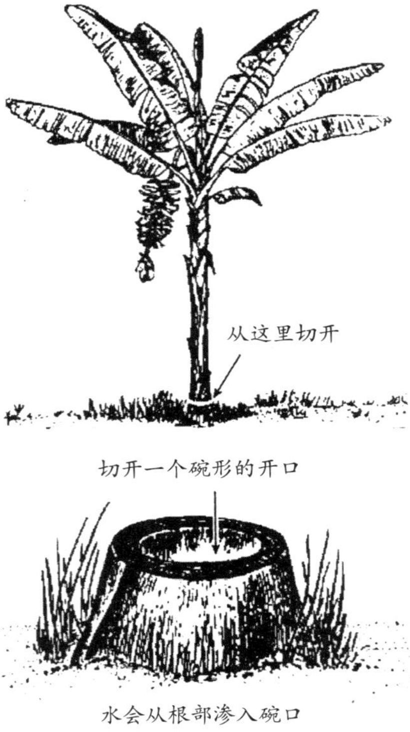
从这里切开
切开一个碗形的开口
水会从根部渗入碗口

图6-2　从大蕉树或香蕉树根部收集水

供给水分的还有一些热带藤蔓植物。在接近植物顶端的地方切一个V形槽口，越接近顶端效果越好。接下来，在藤蔓接近地面的位置将其砍断，藤蔓内部的水可直接滴入口中，也可用容器将其收集、保存起来（图6–3）。

警告 一定要确认这些饮用水来自无毒的藤蔓植物。

成熟椰子的汁液里含有一种能引起腹泻的油，饮用这种汁液时要适量。相对来说，未成熟的（绿色）椰子的汁液更安全，可作为一种很好的止渴饮料。

图6-3　从藤上获取水

警告 不要饮用发苦的、奶白色的或者呈黏稠状的水。

很多气生植物生长在较高大的植物树枝上，这种情况在美洲热带地区尤为明显。这类植物极厚的叶片或叶子重叠部分含有雨水的可能性很大。注意，要将雨水中的残渣和昆虫用布片过滤掉。

还可以从某些植物的多汁柔软的茎干中提取水分。切一段茎干，用容器装好，压榨其肉质部分，就能得到汁液了。

能提供水分的还有植物的根部。将植物的根挖出，切成小段碾碎、压榨，使其流出水分，用容器收集好。

竹子等植物的茎干部分或其他肉质的叶子也常常含有水分。在竹节部位将茎干剖开，把竹子内部的水倒出。

能提供水分的还有以下树木。

- 扇形棕榈、聂帕棕榈、椰子树、桄榔、藤等棕榈科植物均含有较多的水分。将这些植物靠近地面的叶片折断，其裂口处会渗出水分。

★ 旅人蕉。生长于马达加斯加地区。通常能在叶基有杯状叶鞘的旅人蕉内部找到水。
★ 木兰树。生长在非洲西部热带地区。其根部和叶子可以提供水分。
★ 猴面包树。在雨水丰沛的雨季，非洲和澳大利亚北部沙地平原地区生长的瓶状的树——猴面包树会贮藏水分。旱季开始后，一个月之内基本都可以从这些植物里得到水。

警告 切忌饮用保存时间超过24小时的植物汁液，因为这种汁液已经开始发酵了，对人体有很大的危害。

制作蒸馏器

蒸馏器能从植物和地表中吸取水汽，而且在世界各地均可使用。制作蒸馏器需要使用一些特殊的材料，它吸取水分所花费的时间也较长。每24小时大约能收集0.5~1升的水。

用于地上的蒸馏器

你可以制造两种放置于地面上使用的蒸馏器。一些绿色植物、一块小石头、一个洁净的塑料袋、一个阳光可以照射到的斜坡（图6-4），这些是制作植物袋蒸馏器所需的全部材料。

制作这类蒸馏器，你需要按以下步骤进行。

★ 做一个“舀”的动作，或简单地将塑料袋迎风放置，让空气充满整个塑料袋。
★ 在植物上罩一个塑料袋，注意将袋子1/2至3/4的空间留给植物。为避免植物的尖刺或残余的硬木棍戳破袋子，需要提前将其清除干净。

★ 将一粒小石子放进塑料袋，其他类似的物品也可以。
★ 为了能使塑料袋内保持尽量多的空气，要收紧塑料袋的袋口。如果想不解开袋子就能直接导出冷凝水，可以在袋子还未收口时，将空的芦苇秆、麦秆或吸管插入袋内。插入时将管子塞住或者打个结，避免塑料袋中的空气逸出。

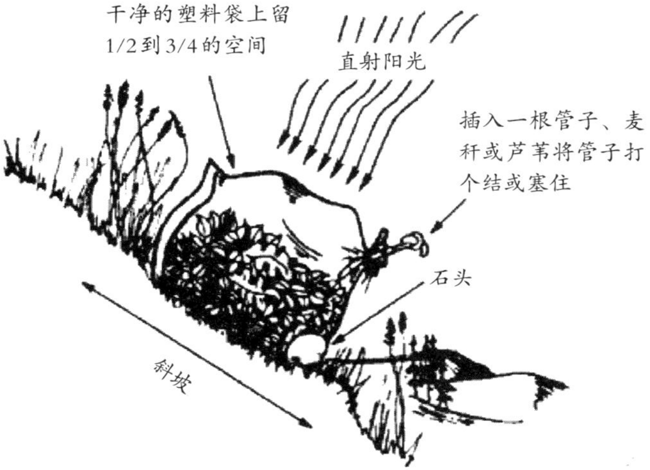

图6-4 植物袋蒸馏器

警告 有毒植物产生的水也同样有毒。使用植物前需要仔细鉴别其安全性。

★ 将袋子放置在一个倾斜面上，使阳光能够直射到这个面上；袋口稍高于袋子内部底端，并朝向下坡位置。
★ 将袋子放置稳妥，让石块能自行滚到袋底。

将塑料袋中的凝结水取出时，让袋口松开一点缝隙，使小石头上凝结的水可以沿着倾斜的袋子流出来。为了取得更多的水，要重新放好袋子，并将其系好。

汲取一株植物所含的大部分水分后，为保障水的持续供应，需要更换一株植物。

蒸发袋蒸馏器的制作方法与植物袋蒸馏器类似，但是过程更简单。在有叶片的树上绑好一个插有管子的塑料袋，将袋口环绕树枝扎紧。为使低于袋口的水能够被收集起来（图6–5），需要仔细绑好树枝的末端。

图6-5　水蒸发袋

在接下来的3~5天内，你可以使用同一根树枝而不需更换。去掉树枝上包裹的塑料袋后，树枝会在几小时内自我恢复，塑料袋的使用不会对其产生长久性伤害。

地下蒸馏器。当你拥有一个容器、一块小岩石、一个挖掘工具、一块干净的塑料布时（图6–6），可以做一个地下使用的蒸馏器。

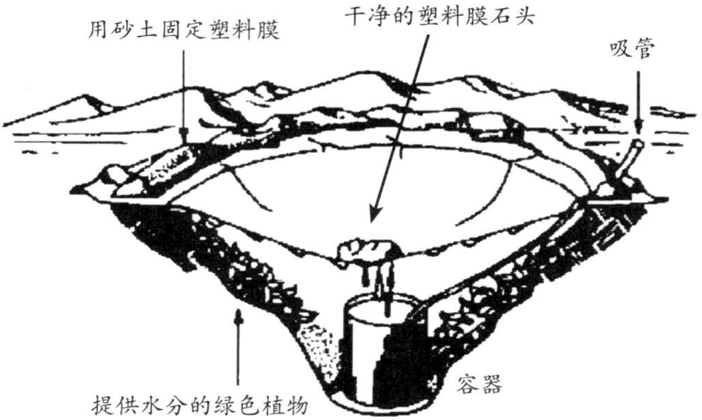

图6-6　地下蒸馏器

选择一个泥土易于挖掘并含有水分的区域（雨水汇集的低洼地带、干涸的河床等），同时，一天内的大部分时间，该区域要能得到充分的阳光照射。

制作这类蒸馏器的步骤如下。

- ★ 挖一个碗状大坑，坑口半径约0.3米，深约1米。
- ★ 在坑底再挖一个底部平整的小坑，确保容器口朝上放置时能保持平稳。小坑的周长和深度决定于你要放置的容器大小。
- ★ 在容器底部放一根吸管。可用一个较松的反手结将其固定好。
- ★ 在小坑中放置容器时，保持容器口朝上。
- ★ 把吸管未打结的部分拉出地面。
- ★ 在大坑上盖一层塑料膜，用沙土压住塑料膜边缘，起固定作用。
- ★ 找一块石头放置于塑料膜的中心位置。
- ★ 中心位置放置的石头会使塑料膜往下陷，形成一个倒转的锥体，合适的石头会使锥尖下陷到离地面约40厘米深的位置。注意，让锥体尖端正对着下方的容器口，以便收集凝结水。泥土会吸收凝结水，所以不要让塑料膜贴近坑的边缘。

★ 放更多的沙土以加固塑料膜的边缘，同时减缓蒸馏器内部的水分蒸发。

★ 为了减缓水分蒸发，可以堵住暂时不用的吸管，这也能阻止昆虫进入蒸馏器。

蒸馏器不会因为你用吸管喝水而停止工作。蒸馏器内部的空气温暖潮湿，揭开顶部的塑料膜可将其释放出来。

可以将某些绿色植物作为水源放置于坑内。假如想要这样做，还需在坑边挖一个能够放置植物的斜坡，再重复以上步骤。

假如只有唯一的水源，且该水源已经被污染，可以在水源旁挖一条宽约8厘米、深约25厘米、距离蒸馏器边缘25厘米的水槽（图6–7）。将被污染的水源引进水槽。切记，不能让污水污染塑料膜附近的泥土。储存水分是水槽的重要功能之一。泥

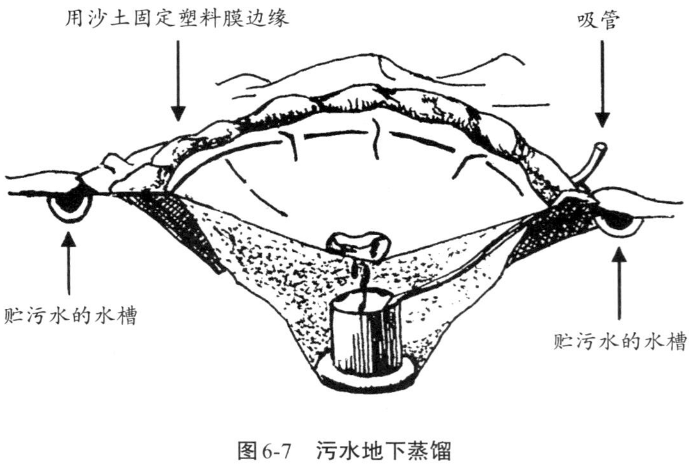

图6-7　污水地下蒸馏

土将水分过滤之后，水才会进入蒸馏器，再凝结于塑料膜上，最后滴在容器里。当咸水成为唯一的水源时，这也是获得水的有效方法。

为了满足每天需要摄入的水量，你至少要制作三个蒸馏器。几种蒸馏器相比，植物袋蒸馏器比地下蒸馏器和水蒸发袋收集的水更多。

水的净化

一般来说，来自植物内部的水或者用洁净容器收集的雨水可以直接饮用。为了保证饮水安全，来自溪水、沼泽、池塘、湖泊或泉眼的水，特别是来自热带地区的水源以及接近人类居住群落的水，一定要先净化再饮用。

在可能的情况下，必须用碘、氯将从植物中或地面上获得的水消毒，或者直接煮沸，以杀灭其中的细菌。将壶里的水净化处理后，需要拧开一点壶盖，放低水壶口，使一小部分水流出来，冲掉留在壶嘴上面的不洁净的水。

下列方法也可起到净化水的作用。

★ 遵照药品说明，使用净化药片。

★ 清亮透明的水，每壶水需滴入5滴含2%酊的碘酒；较凉或浑浊的水，滴入10滴碘酒（可饮用时间为滴入碘酒半小时后）。

★ 专业标准下，需滴入2滴含滴定聚维酮碘1%或聚维酮碘含量10%的碘酒。民用标准下，因其含量仅有2%，通常要滴10滴。两种标准均需静置半小时。假如是凉的清水，则需要静置一小时。假如水十分混浊或特别凉，需要静置一小时并滴入4滴碘酒。

- ★ 在一壶水中滴2滴含5.25%次氯酸钠的氯漂白剂，静置半小时。假如水较混浊或很凉，静置一小时。使用前需检查漂白剂中次氯酸钠的比例，因为世界各地的生产标准不同。
- ★ 高锰酸钾——市场上出售的高锰酸钾通常被称为“康狄结晶”，具有对水紧急消毒等多种用途。因为产品的形状并不规则，实际用量需根据加入晶体后水的颜色变化来判断。将三块小结晶加入1升水中，如果半小时后水的颜色变为亮粉红色，则表示水已得到净化。加入的高锰酸钾过量，水会变为深粉红色，这样的水不能饮用。此时可将其保存为消毒剂，或者再加水稀释。如果水的颜色变成蔓越莓汁类似的红色，则可将其当作防真菌剂使用。
- ★ 最安全的方法是将饮用水煮开。因为任何水生病菌都无法在沸水中存活。

饮用不安全的水后，病情严重者会引发潜在的水生物致命疾病，症状较轻者也会吞下有害微生物或者接触其他疾病。

下面是广泛分布于世界上大多数水源地的两种病菌。

- ★ 贾第鞭毛虫，可引发贾第虫病（也称海狸热）。病情持续一到两周，特点是强烈水状腹泻并伴随严重痉挛。
- ★ 隐孢子虫，可引发隐孢子病。发病症状类似于贾第虫病，但持续时间更长、病情更严重。不可治疗，只能等3天到2个星期之后自愈。腹泻也可能不太严重。

注意 将水煮沸，或采用微型过滤器、反渗透过滤系统处理，这

是减小感染隐孢子虫病概率的唯一有效方法。隐孢子虫并不会被漂白剂或碘片等化学物质完全消灭。

以下还列举了一些其他的病例。

★ 痢疾。虚弱、高烧、大便出血。可能导致严重腹泻，且持续时间很长。

★ 伤寒和霍乱。疫苗并不能完全保证你不感染疾病。伤寒会引发头痛、发烧、便秘、食欲降低、肠道出血等症状。霍乱的症状则包括呕吐、腿部痉挛以及严重的水状腹泻。

★ 甲型肝炎。有黄疸、腹泻、尿色暗、腹部剧痛等症状。通过摄入被污染的水源或食物、人与人近距离接触等方式，可传播此疾病。

★ 血吸虫病。污水、死水中常有血吸虫，热带地区尤为严重。血吸虫在进入血液之后会成为寄生虫，引发严重疾病。

★ 水蛭。如果不小心吞下水蛭，它会吸附在鼻腔内部或喉咙中，并给身体造成创口，吸食血液。当水蛭不断转移吸附地点时，每个流血的创口处均可能感染病菌。

你可以用以下方法来净化难闻且浑浊的泥浆水。

★ 将其用容器盛好，静置至少12小时。

★ 利用过滤器处理。

注意 **这些处理只能让水的味道更好，但饮用前的净化程序是不可缺少的。**

过滤器可以用几层或几厘米厚的过滤材料制作。木炭、沙子、碎石、竹子内部的薄膜、中空的圆木或者一块布（图6–8）均可。

将木炭放入水中可以去除水的异味。水中的工业或农业化学制品也可用木炭吸收。静置45分钟之后可以饮用。

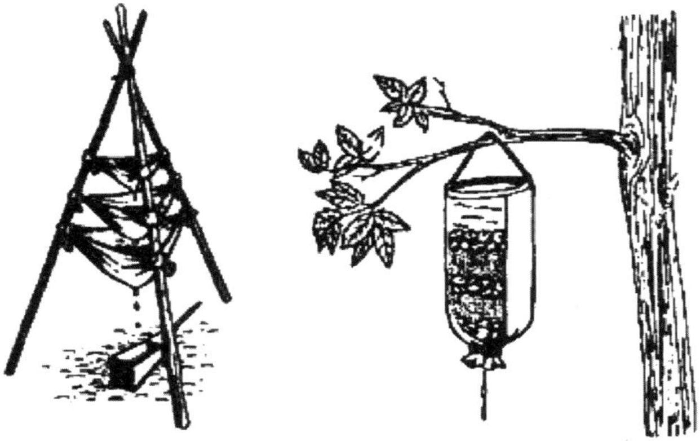

图6-8　过滤系统

第7章 生　火

在严酷的求生环境中，你的生存能力很大程度上取决于你的生火能力。在野外，你的多种生存需求都要由火来满足。火可以让你感到舒适温暖。你可以利用火来保存、烹调食物，避免食用生食所带来的危险，也可以利用加热过的食物补充身体所消耗的热量。火还可用于水的净化、绷带的消毒以及求救信号的发送。在遭遇动物袭击时，火可以帮助你安全逃脱。此外，火还可以帮你制作武器和工具。

火在为我们提供方便的同时，也会带来一些麻烦。火堆所产生的光照和烟雾可能会带来危险。用火不当可能会导致烧伤，整个森林和你的重要装备都有可能被烧毁。当你将火源转移到避身所内部时，还可能因一氧化碳浓度过高而造成窒息。

在野外用火时，你需要权衡利弊。

燃烧的基本原理

首先你需要了解燃烧的基本原理。非气体状态的燃料遇火不会直接燃烧。燃料在加热后会产生气体，只有当空气中的氧与这种气体结合后才能燃烧。

为了确保使用正确的方法保持火持续燃烧，仔细了解火的三要素概念十分重要。热量、燃料和空气，是火持续燃烧所必需的三要素。缺少任何一项，火都无法继续燃烧。

场地选择及准备工作

在挑选合适的生火地点以及做准备工作时，以下条件需要仔细考量。

★ 地点。当地的气候条件和地貌如何？

★ 材料。可以为你所用的工具或材料有哪些？

★ 时间。你在该地区需要待多长时间？

★ 需要。促使你生火的动力是什么？

★ 安全。与野兽之间的距离是否安全？

你还需要一个干爽的地方，该地点应满足以下条件。

★ 避风效果好。

★ 如果你有避身所，该地点与避身所的距离要适当。

★ 使热量充分集中在你需要热量的方向。

★ 拥有足够多的木材或其他可燃烧的物品。（表7-1列出了一些可用的燃料种类。）

假如你身处灌木丛生或树木茂盛的地区，确定生火地点后，需要将此处地面的泥土充分整平，并将该地的灌木或林木清理干净，至少要清理出直径1米的圆形空地，这样才能将引发火灾的可能性降至尽可能低的水平。

在时间充裕的情况下，可以使用岩石或圆木等材料搭建一堵火墙。这面墙的作用在于能够辐射或反射部分热量（图7–1），还能减小风力，阻挡飞溅的火星。为使火堆能够持续燃烧，要确保有足够的风。

直线形火墙

L形火墙

图7-1　火墙类型

警告 千万不要使用较为湿润的，甚至能渗出水分的岩石，它们在加热后随时都可能发生爆炸。

某些情况下，更能满足你的需要的可能是地下火炉。地下火炉更利于烹饪食物。相比地面上的火堆，地下火炉的隐藏效果也更好。以下是建造达科他生火洞或其他地下火炉的方法（图7–2）。

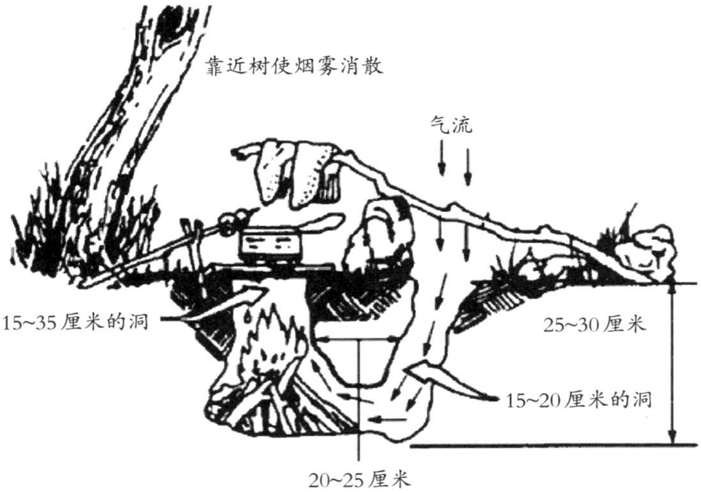

图7-2　达科他生火洞

- ★ 在选好的地面上挖一个洞。
- ★ 为保证良好的通风，挖出一条与生火的洞相连的通道，通道应位于洞通风的那边。
- ★ 生火时，依据图示方法逐步进行。

假如你所在地区的地面覆满积雪，生火时可以用树枝或其他木条搭建一个底座（图7–3）。在酷寒地区，你可以轻松砍断

图7-3　雪地生火底座

手腕粗细的树木。搭建底座时，在地面上并排放置一些新鲜的木头，木头上方可以再加一两层木头。注意，要以交叉方式叠加木料，并使下方木头的方向与上一层木头的方向垂直。

生火材料的选择

生火需要以下三种材料（表7–1）。

火绒。这是一种燃点非常低的干材料，使其燃烧通常只需一个火星。为了保证一个火星就可以点燃火绒，它需要保持绝对干燥。最基本的火绒就是烧焦的布料，这在仅有一个设备能产生火星时就更为重要。制作烧焦的布料也很容易，加热布料，等它受热后变为黑色但又没有燃烧起来即可。布料变黑后，立即将其封存在一个密闭容器内，使它保持干燥。无论在何种生存环境下，你都需要提前将这类布料准备妥当。把它放在随身携带的生存工具箱里，以备不时之需。胶状石油纱布或酒精片也应及时准备好。

表7-1 生火材料

火绒*	引火物*	薪材
锯屑 油木碎屑（十分细）	细小的枝条	干燥的树枝或干枯的树木、倒地的树干内部（树心）和树干上极易劈开的没有完全干枯的大树枝
常绿针叶林木掉落的枯叶 朽木（死去的树木中高度腐烂的部分）	较细的小木条	
树节（最好来源于常绿树木）	劈木头所得的木片	
很细的鸟类的绒毛 绒状花头（灯心草、马利筋、蒲公英、加拿大蓟、干的香蒲、黄花等）	较硬的纸板	一束捆扎好的干草
干燥的、非常细的植物纤维 干枯马勃菌上的细线（与海绵类似） 干枯的棕榈叶	来自较大的木头中的木头碎片	底部下陷的河岸上的泥煤
竹子内部附着的皮状内膜		干燥的动物粪便
从接缝或口袋处收集的棉纱绒线 烧焦的布料 打过蜡的纸张 从竹子外层刮下的碎屑 火药 棉花 软麻布	将木头浸泡于油、蜡、汽油等易燃物质中，或者用此类物质沾湿木头	煤、油母页岩或者油母页岩上方的油砂

★ 必须是彻底干燥的

还有一种极易燃烧的材料：引火物。可以往已经点燃的火种里添加一些。为了能够将其快速点燃，这类材料也需要保持绝对干燥。引火物还可以增大火势，使不太容易点燃的材料燃烧起来。

薪材就是一种很难点燃的材料。不过，一旦成功点燃，就能稳定地燃烧较长时间。

火堆类型

以下几种火堆，每一种都有其特殊的优点。你采取哪种方法取决于你当时所处的环境状况。

锥　形

布置锥形火堆（图7–4）时，要将引火用的树枝与火绒堆成锥形，然后在锥形的中部将其点燃。烧完中心部分的树枝后，外围的树枝会朝内部倾倒，从而达到向火堆自动添加薪材的目的。即使将潮湿的木材放入这类火堆中，也能充分地燃烧。

单坡形

布置单坡形火堆（图7–4）时，在地面斜着插入一根没有完全干枯的树枝，使其以30度角与地面相交，并让迎风面冲着树枝的一端。在倾斜的树枝下方添加一些火绒，尽可能将火绒塞进靠里的位置。再放一些用于引火的树枝在倾斜树枝的两旁。将火种点燃。点燃引火用的树枝后，继续添加树枝。

交叉沟渠形

布置交叉沟渠形的火堆（图7–4）时，需要挖两道深约7.5厘米、宽约30厘米的交叉形沟渠。将足够多的火绒放置在沟渠交叉的中心，并在上方以金字塔形堆一些引火物，使空气足以在较浅的沟渠中通过火的下方。这样能形成促进火堆持续燃烧的穿堂风。

金字塔形

布置金字塔形的火堆（图7–4）时，在地上平行放置两根树枝或木头，再放一层木头或树枝在上面，一定要将这两层树枝搭建结实，之后再往上方添加3~4层树枝或木头。注意：上下两层木头应垂直堆叠，且下方的每一层都要比上一层大。你可以在塔尖上生火，火燃烧起来后，下方的木头会被自动点燃。这类火堆的燃烧方向是朝下的，而且它不需特殊照看，夜晚你可以安心休息。

在挑选布置火堆方法的过程中，一个重要因素在于你能够在当地取得什么材料。

图7-4　布置火堆的方法

点火方法

起初，你需要从迎风的那一面开始点火。点火之前，确认薪材、火绒、引火材料等物品已经堆放好。另外，还要确认在需要的时间内火堆可以持续燃烧。为点燃火绒提供初始热量的工具就是点火器。通常来说，有现代方法和原始方法两种点火方法。

现代方法

我们平时认为用于点火的材料，就是现代方法需要使用的现代装置。

火柴。确认你所携带的是防水火柴。在密闭防水的器皿里保存擦片和火柴。

凸透镜。只有在阳光明媚、万里无云的白天，才可以使用这种方法（图7–5）。将放大镜、照相机或者望远镜及望远镜上

图7-5　凸透镜点火

的瞄准器当作凸透镜使用。调整好凸透镜的角度，让阳光透过凸透镜后形成的焦点聚在火绒上。不要改变凸透镜的角度，使光线长时间集中在一个点上。一旦火绒产生烟雾，就轻柔地向火绒扇风，或者向火绒上方吹送气流，使火绒完全燃烧。之后将火绒放在火堆上。

金属火柴。在火绒下方放置一片干枯且平整的树叶，让其一部分裸露在空气中。在干枯的树叶上放好金属火柴的一端，一只手握住一把刀，另一只手拿稳金属火柴。用刀具刮擦金属火柴的表面，使之产生火星。用火星引燃火绒。火绒点燃之后，可以继续依照上述方法生火。

电池。可用来制造火花的还有生活中常用的电池。你所使用的电池类型决定了接下来将要使用的技术类型。如果你使用车用电池，可以将两根金属线分别连在电池的正负极上。在靠近电池的地方放一些火绒，让金属线两端裸露在空气中的部分轻轻接触、摩擦，使由此产生的火星落到火绒上，引燃火绒。

原始方法

很久以前，我们的先祖使用的点火办法就是这里将要提到的原始方法。原始方法非常考验你的耐心，因为它可能会耗费很长时间。

打火镰和打火石。原始办法里最容易的就是直接生成火星。制造火星最可靠的工具是打火镰和打火石。由于不锈钢很难产生火星，所以你需要找一块碳钢，用打火石（可用其他边缘尖锐的硬石头代替）敲击它产生火星。注意，使用这种方法时，你需要放松腕关节，并反复练习这个动作。当火星溅落在火绒上后，向火绒吹送气流助其燃烧。这时，火星会慢慢发展成可以用的火苗。

图7-6　火犁

火犁。另一种摩擦生火的办法是使用火犁（图7–6）。找一块软木，在软木上方刻出一个凹槽，在凹槽内部用一个钝头的硬木棒来回用力刮划。随着木棒的来回滑动，会产生一些带有木头纤维的碎屑。之后，加大来回划木棒的力量，木棒与凹槽不断摩擦所产生的热量就会引燃木屑。

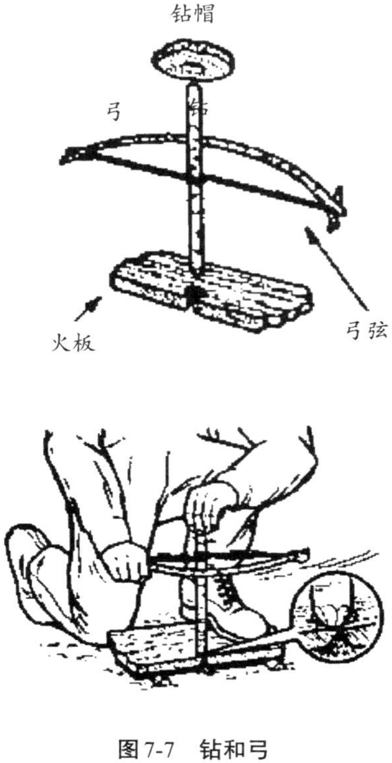

图7-7　钻和弓

钻和弓。使用钻和弓（图7–7）是一种很简单的生火方法，但你需要为此付出更多的坚持和努力。以下物品是你在生火过程中所必需的工具。

★ 钻帽。钻帽就是一块不易滑脱的硬木或石头，其中一面有凹坑。凹坑的作用在于保持钻的位置不变，并能很好地辅助你向下用力。

★ 钻。一根风干后的直硬木作为生火中需要的钻，直径约2厘米、长约25厘米。

★ 火板。最好选择宽约10厘米、厚约2.5厘米的风干软木板。如果确实没有，也可以用其他板材替代。在板材的一侧挖一个凹坑，具体选在距板材边缘约2厘米的位置。在板材朝下的一面上切一个V形切口，切口要朝向凹坑的位置。

★ 弓。需要一根直径约2.5厘米且很有弹性的木棍做弓，在木棍上系上弓弦。不用过多地考虑木棍的材质，因为材质的差异对生火的效果影响不大。此外，任何种类的绳索都可以制作弓弦。在弓上将弓弦妥善固定。注意，弓弦不能有任何松弛。

在火板的V形切口下方放置一束捆扎好的火绒，将火板用一只脚踩稳。把弓弦紧绕在钻上，将钻头放入提前准备好的凹坑中。一只手拿起钻帽，将其平稳地放在钻顶上，以确保钻的位置不会随意移动。用力向下压钻帽，同时前后拉弓。在拉弓较流畅的时候，加大往下压的力度并加快前后拉弓的速度。你可以观察到火绒上会落下研磨出的黑色粉末，这些粉末会产生你需要的火星。然后，向火绒吹送气流，直到火绒被引燃。

确保原始点火法有效，需要有足够的练习和力气。假如你所处的生存环境需要使用原始方法，以下几点应牢记。

★ 条件允许的情况下，薪材最好使用风干的、不带香味的硬木。
★ 引火材料和火绒都需要沿途细心收集。
★ 在火绒上倒一点驱虫剂。
★ 尽可能保持木柴干燥。
★ 将潮湿的木柴在火旁烘干备用。
★ 不要完全熄灭余烬。为了保证第二天的用火，需要保留火种。

★ 条件允许的情况下，将已经点着的火捻随身携带。

★ 当你打算离开营地时，确保你已经熄灭所有的火。

★ 从地上捡来的木头最好不要使用。这类木头一般不能产生足够的摩擦力，即使它们表面上看起来很干燥。

第8章 获得食物

食物是人类最紧迫的需求之一。在对求生环境进行实景设想时，头脑中首先出现的便是食物。除了极其干旱的环境条件，甚至连人体最急需的水都排在食物之后。在求生环境下必须谨记：水、食物、避身所作为生存的三个基本要素，其优先顺序基于对实际情况和条件的估测而来。这种估测不但要及时，更要准确。在没有食物的情况下，我们可以存活数周，但是对于食物是否安全、捕获动物的地点是否正确，可能就会花费我们数天甚至数周的时间来确定。因此，在生存的最初期你就需要搜集食物，因为你的身体会一天天耗费能量。而在某些条件下，食物和水甚至会不及避身所重要。

动物类食物

你如果不具备捕猎大型动物的机会，就应该集中精力尝试去捕捉小型动物。小型动物更为常见，也更易于捕获。你并不需要了解所有动物的可食性；有毒动物的种类较少，记忆起来也较容易。不过，你应当了解不同动物的习性，这一点相当重要。例如，哪类动物在特定区域的洞穴居住，哪类动物适合用陷阱捕获，哪类动物在特定的区域捕食，哪类动物的活动范围位于某一区域与另一区域之间。某些大型动物属于群居物种，其活动区域就比较广阔，例如，猎取驯鹿、麋鹿就相对较难。此外，你应当对某些种类动物的食物来源有所了解，这样便于你选择诱捕动物的食饵。

通常来讲，水生动物、爬行动物、飞行动物和陆地动物大多都可食用。当然，首先你得克服对某些食物天生的厌恶感。人在极度饥饿的情况下，凡是能想到的含有营养的食物都会食用，这一点已经得到了历史的证实。仅仅出于个人偏好或口味不佳而放弃健康的食物，是最愚蠢的做法，是对自己生命的不负责。虽然一开始可能很难做到，但你必须食用任何有营养的食物以确保身体健康。还有一些昆虫动物可以生吃，但是，除非条件限制或情况急迫，你最好能将食物彻底煮熟，以降低患病的概率。

昆　虫

昆虫是地球上最容易捕获、数量最多的生物。大部分昆虫含有65%~80%的蛋白质，与之相比，牛肉只含20%左右的蛋白质。正因为如此，昆虫成了最重要的食物来源之一。有些昆虫需要尽力躲避：一切蜇人的浅色或长毛成年昆虫、散发刺激性气味的昆虫、毛毛虫、蜘蛛，以及其他可能携带常见病菌的昆虫，如苍蝇、蚊子、扁虱。

最容易找到昆虫之处为地上的腐木烂枝中，你可以在那里发现蚂蚁、白蚁、甲壳虫的幼虫——蛴螬。土壤里还藏有一些昆虫窝，要利用起来。另一个寻找昆虫的好地方是草多之地。在这些地方仔细搜寻，你可以发现可食用的昆虫幼虫。甲壳类昆虫如蚂蚁、甲壳虫等，经过烹煮后才可食用。食用时要去除多刺的腿和翅膀。软壳昆虫基本上都可直接生食，昆虫的种类不同，味道也大相径庭。蚂蚁尝起来有些甜味，因为它们常用身体来储藏蜂蜜。蛴螬通常是无味的。食用前可将大量昆虫揉成一团，混入可食植物中一同入口。煮熟后味道会稍好一些。

蠕　虫

蠕虫是一种环节动物，是最理想的蛋白质来源之一。你可以在雨后的地面、潮湿的腐土、草根的土块上见到它们的身影。抓住蠕虫后，将它们放入干净的饮用水中浸泡一刻钟左右。它们会清洗自己，并自然排便，这样你便可直接生食。

甲壳类动物

淡水虾的体型通常都在0.25~2.5厘米。在池塘、湖底或悬浮的藻类群中，你能够发现淡水虾的群落。

小龙虾与螃蟹和海生龙虾属于同种类别。在辨识它们时，可以依据其五双腿和外骨骼以及前腿上的大型钳子来区分。小龙虾的异常活跃时段在夜间，不过，白天你可以留意河里的石头底下或附近的位置，以此掌握它们的栖息地点。另外，它们的巢穴上方有类似烟囱的透气小孔，你可以从这周围的软泥中找到它们。牲畜的内脏或下水可以当作捕捉小龙虾的诱饵。将这些诱饵系在一根细绳上，放在巢穴附近，一旦有小龙虾上钩，就立即把绳子拉上来。

盐水龙虾、小虾和螃蟹通常都在从岸边延伸至深达10米左右的海水区间活动。夜间，小虾会朝有亮光的地方游去，用网很容易就能捉到。捕捉螃蟹和龙虾可以利用装好诱饵的鱼钩或渔网。你可以在浪边捕到螃蟹，它们通常都在那里觅食。捕捉螃蟹和龙虾的最好时段是夜间，因为它们都属于夜行性生物。

注意 对于一切软体动物、甲壳类动物和鱼类来说，食用前都需要经过烹饪处理。淡水中的许多生物往往都是有毒的，其中还可能含有各种人类污染物、工农业污染物等。

软体动物

软体类动物包括咸水和淡水里生存的贝类和章鱼，如蛤蜊、贻贝、牡蛎、蜗牛、海胆、藤壶、玉黍螺、石鳖等（图8-1）。淡水中的贻贝与牡蛎十分相像，而世界各地凡是有水的地方，几乎都会有陆生和水生蜗牛。

在淡水区的浅水区更容易找到软体动物，尤其是浅水区的淤泥中，或者沙质河底的泥沙中。这些软体动物会在泥沙表层留下浅浅的痕迹，而它们时常藏在一种较为隐蔽的椭圆形裂口下面。

海岸边由潮汐留下的湿泥沙或小水洼中也能找到它们。许多贝类会黏在海岸边的岩石上，或是海水中更深处的珊瑚礁上。岩石上较低水位的部分经常会黏着帽贝和蜗牛。岩石水位线以上的部分则常常黏附着许多石鳖——这是一种体型较大的蜗牛。

在大型岩石的底部、碎石遍布的池塘里和圆木上，常常聚集着大量贻贝。

警告 当热带地区进入夏季后，当地的贻贝很可能含有毒素。倘若十分显著的红潮在72小时之内出现过，这一水域的所有贝类和鱼类都不能食用。

对于软体类动物来说，食用前也必须经过烹煮处理。可以直接用水蒸或煮，也可连带外壳一起烘烤。煮这类动物时，放

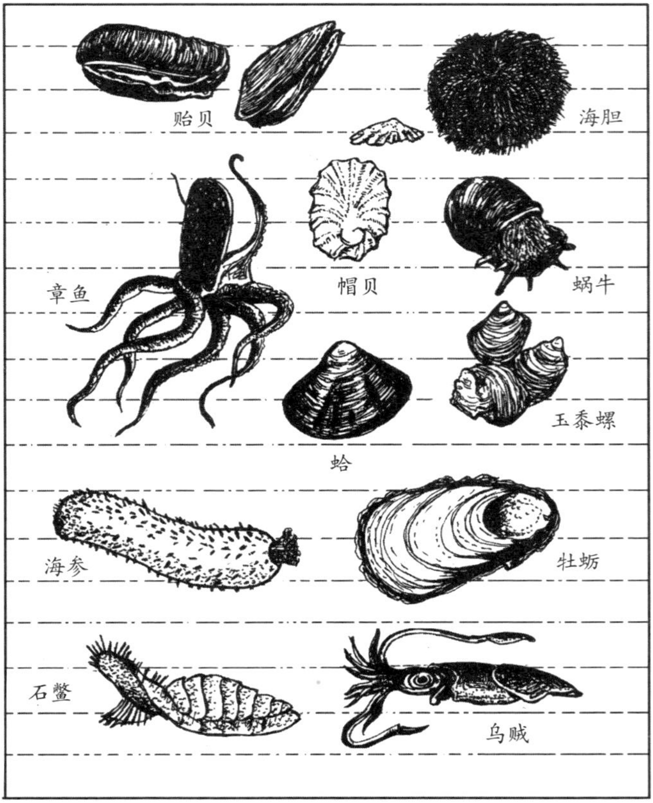

图8-1 可食用的软体动物

入一些绿色植物和块根，这样能得到味道鲜美的食物。

警告 所有从未被水浸没过的软体动物，任何时候都不要食用。

鱼 类

脂肪和蛋白质的一种好来源是鱼类。对求生者来说，它们的好处显而易见。它们不像哺乳动物那样难以捕捉，数量上也更胜一筹。想要成功捕获鱼类，首先你必须熟悉它们的习性。例如，在暴风雨来临前夕，成群的鱼会大量补充进食。待暴风雨平静之后，水开始变得浑浊，即将涨潮，此时鱼类很少进食。夜间，鱼会靠近有亮光的地方。一旦有强水流经过，鱼类就会停留在出现漩涡的地方，在岩石附近休息。深水潭中也常常聚集大量鱼类，而水藻类植物的下方和四周、木头附近的地方等，都会成为它们的避身所。

通常来说，淡水鱼属于无毒生物。但是，鲶鱼的长须和背翅上长有尖锐的针状突出物，这种针状物一旦造成穿孔，伤口很容易在短期内感染，且伴有剧烈疼痛。

在食用任何一种淡水鱼之前，都必须进行烹煮处理，以杀死其中的寄生虫。为了确保其安全性，在与淡水源有交流的水域或暗礁处捕获到的海水鱼，也需要进行烹煮处理才可食用。远洋捕获的鱼类通常可以生食，因为这类海洋生物处于盐水地带，所以并不携带寄生虫。

一般来说，你所碰到的鱼类基本都可食用。有一些鱼类身上长有有毒器官；另一些鱼类因为吞食了某些特殊食物而变得对人类有害。雪卡毒素就是这类毒素中的一种，它是热带及亚热带地区的海鱼在食用某些物质后，其体内自然产生并聚集起来的毒素。鱼的身体组织是这类毒素的集聚地，而毒素通常都来源于低纬度区极其常见的某些藻类——它们本身就含有雪卡毒素。需要注意，无论是烹煮、烘烤、烟熏、风干还是浸泡，这些毒素都无法被完全清除。最常见的携带雪卡毒素的海鱼有：鲷鱼、梭鱼、鳞鲀鱼、黄鲭鱼以及石斑鱼。温带地区的很多鱼类也携带雪卡毒素。不过，有毒鱼类的出现并不是某一个水域或某一类鱼的特定现象，它属于偶然事件。鉴于这一原因，在佛罗里达州的东海岸及近海地区，红鲷鱼和石斑鱼就颇受欢迎。鱼市里最常见的就是这些鱼，餐馆和渔夫也对其尤为偏爱。但是，1988年佛罗里达州帕姆海岸线发生的100例中毒案件，也正是由它们所引起的。在这次食物中毒案之后，掀起了一场放弃在干龟岛海岸捕捉红鲷鱼、石斑鱼、普提鱼、琥珀鱼和梭鱼的热潮。波多黎各在1981年4月至6月间发生了一场大规模的雪卡毒素中毒事件，这就直接导致了后来禁售琥珀鱼、黑鲳鱼和梭鱼的运动。鱼肉有毒的鱼类还包括棘鱼、角鱼、密斑刺鲀、棘鱼、棘鳞蛇鲭鱼和河豚（图8–2）。

两栖动物

在淡水区的边缘地区很容易找到青蛙。通常，青蛙并不会离开安全的水岸地带。一旦危险来临，或者出现一丝危险迹象，它们就会立即跳入水中，将自己埋在湿土里。青蛙的身体特性在于它湿润且光滑的皮肤。有些青蛙属于有毒生物，比如树蛙、体色鲜艳的蛙或背部有明显“X”符号的青蛙，这类蛙要尽量避开。蟾蜍不能与青蛙混为一谈。蟾蜍的身体特征是皮肤表面凹凸不平、干燥或呈“疣状”。通常，蟾蜍多在较为干燥的陆地上生活。有些蟾蜍会在防御或进攻时用皮肤分泌出毒素。因此，为了避免中毒，不要攻击或食用蟾蜍。

蝾螈也不要食用，可食用的蝾螈只占25%，因此，从数量

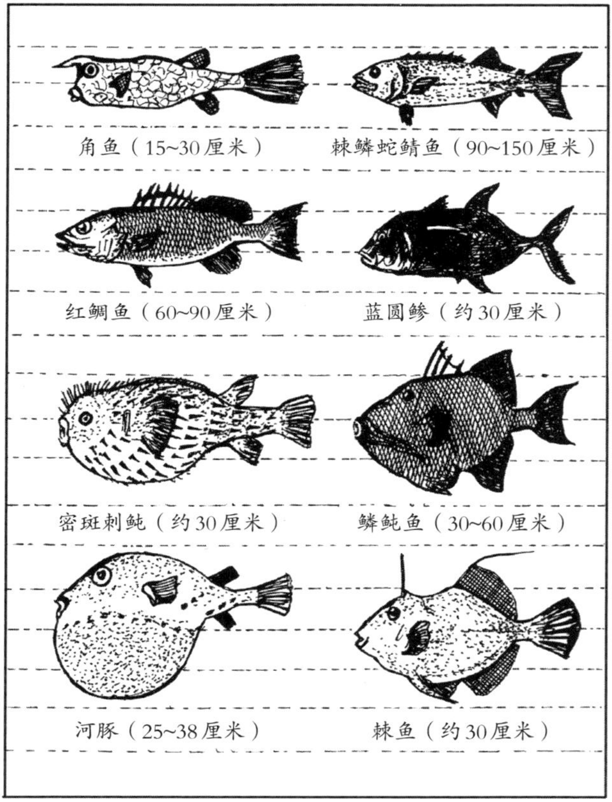

图8-2 鱼肉有毒的鱼类

庞大的蝾螈中挑选出不含毒性的部分，风险太大。蝾螈通常集中在水边活动。湿润且光滑的皮肤也是它们的身体特征。还有一点很奇特，它们每只脚的脚趾都只有4个。

爬行动物

蛋白质的另一种优质来源就是爬行动物，它们也很容易捕获。在决定食用爬行类动物之前，必须先将其清洗干净并煮透。一切爬行类动物都被视为沙门氏菌的携带者——这种细菌在它们的皮肤上自然繁衍。最典型的就是蛇和海龟，这两种爬行动物最容易导致人类感染沙门氏菌。假如你的免疫系统较虚弱，营养状况也相对较差，那么沙门氏菌就会对你有致命性的威胁。食用爬行动物之前，要彻底烹煮，并且在接触过任何爬行动物后，必须彻底清洗双手。蜥蜴这类爬行动物在世界上绝大多数地区都能见到。它们的典型识别特征是带鳞、皮肤干燥。蜥蜴每只脚上有五个脚趾。有毒的蜥蜴只有这两类：墨西哥珠毒蜥和希拉毒蜥。巨蜥和绿蜥的牙齿上和口腔内有沙门氏菌，接触和处理时一定要谨慎。蜥蜴身上最容易获得、味道最好的部位就是尾部的肉。

另一种很好的肉类来源就是海龟肉。所有蛇鳄龟肉的味道都分为七种。它们大部分的肉都长在前后肩四周，而一些大蛇鳄龟的脖颈上可能也长有一些肉。常见的一种不可食用的海龟是闭壳龟（图8-3）。它的食物通常是毒蘑菇，所以其体内聚集了大量毒素。即便是烹煮也无法清除这些毒素。大西洋中生活着一种有毒海龟——玳瑁海龟（图8-3），它的胸腺部位含有毒素，所以也应尽量避开。对于求生者来说，其他一些明显的威胁就是美洲鳄鱼、鳄鱼、毒蛇以及大型海龟。

图8-3　有毒的海龟

鸟 类

几乎所有的鸟类都可被当作食物，但它们的味道也完全不同。新几内亚岛的黑头林鵙鹟是唯一一种有毒的鸟类。以鱼为食的鸟类可以食用，为了使味道更好，你可以先剥掉它们的皮再吃。在捕捉鸟类之前，与捕捉其他野生动物一样，首先必须对鸟类的习性有足够的了解。在夜间，你可以直接用手从鸽子和其他一些鸟类的窝里抓住它们。在某些鸟类的筑巢时期，它们即便受到威胁也不会轻易离开自己的窝。要想更容易地抓住它们，你需要了解其筑巢的地点和时间（表8–1）。通常来说，鸟类都有一个固定的活动路线——捕食地点、喝水区域等常规路线。通过细致观察，你不难发现这些路线的固定规律。这些地点是用网捕鸟的最好选择（图8–4）。理想的下网诱捕场所就是鸟类的筑巢地和水洼。

表8–1 鸟类筑巢地点及时间

鸟类	常见筑巢地点	筑巢时间
内陆鸟类	树木、森林、田野	温带、寒带的春天和夏初
鹤、苍鹭	红树林温地或水域附近的高大树木	春天、夏初
猫头鹰类动物	高大的树木	12月下旬到第二年3月
鸭、鹅、天鹅	水塘、河流或湖泊附近的苔原地区	寒带的春季和夏初
海鸟	沙洲或低矮沙岛	温带、寒带的春季和夏初
海鸥、海雀、海鸦、鸬鹚	岩壁陡峭的海岸	温带、寒带的春季和夏初

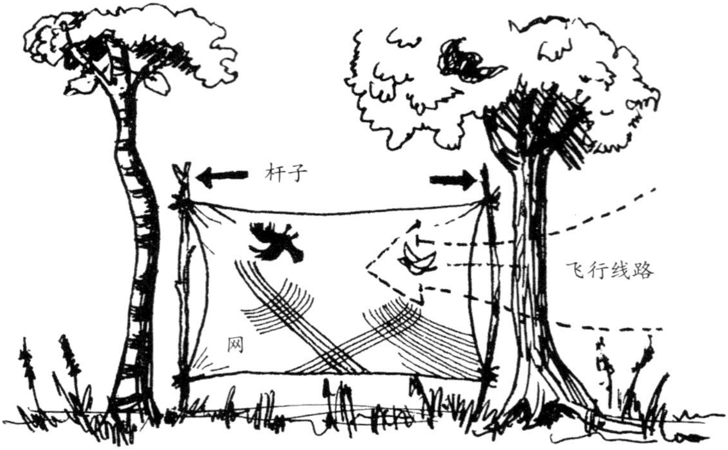

图8-4 用网捕捉鸟类

你还可以从筑巢的鸟那儿获得另一种食物来源——鸟蛋。发现一窝鸟蛋时，留下两三个蛋并做好记号，剩下的可以全部拿走。这样的话，筑巢的鸟就会继续生蛋。你可以从鸟窝里拿走新下的蛋，将做过记号的蛋继续留在窝里。

哺乳动物

哺乳动物是一种十分可口的食物，也是极好的蛋白质来源。你需要克服几个障碍才能成功捕获哺乳动物。动物体型的大小直接决定了其造成伤害程度的深浅。所有的哺乳动物在自我防御时都会咬人，它们都长有牙齿。即便是一只松鼠也不可轻视，它所造成的伤害也可能十分严重。而对任何一种哺乳动物来说，被其咬伤都存在一定的感染风险。另外，每一种雌性动物在保护幼崽时都会变得异常凶猛。动物一旦被逼到无路可逃，都会变得极具攻击性。

基本上所有的哺乳动物都能作为食物，但也有一些例外：

海豹和北极熊的肝脏是有毒的——其中含有大量带毒性的维生素A；生于澳大利亚和塔斯马尼亚当地的鸭嘴兽——一种半水生卵生哺乳动物，其后腿上长有有毒的爪子。某些肉食哺乳动物也携带病菌，负鼠就是一个典型代表。

套索和陷阱

作为一名求生者或逃脱者，在没有武器的情况下，最佳选择就是利用套索和陷阱来捕捉野兽。与单独一人带枪捕猎相比，布置几个巧妙的陷阱可能更加有效。要利用套索和陷阱捕获更多的动物，你必须做到以下几点。

★ 尽可能对你想捕捉的动物习性多加了解。

★ 制作合适的陷阱，同时隐藏并掩盖自己的气味。

★ 清除你所留下的踪迹，以免引起动物的警觉。

不要妄想仅用一种陷阱就能捕获所有的动物。你必须根据该地区常活动的动物类型来确定你所设置的陷阱类型，针对每种动物设置相应的陷阱。设置陷阱之前，可以寻找以下踪迹。

★ 动物的途经之处和常规路径。

★ 动物的行进路线。

★ 动物的粪便。

★ 动物用来摩擦身体或咀嚼的植物。

★ 动物的筑巢地或栖息地。

★ 动物的觅食区和饮水区。

要将套索和陷阱设置在动物经常活动的地方。首先你必须确定，你所设置的地点是否是动物的“常规路径”或者“途经之处”。不同动物的路径会留下几种不同的迹象，而且十分明显。途经之处只会显示出一种动物经过的迹象，迹象较小且不那么明显。如果你只是随便在森林中找个地方布置套索，即便你的套索十分完美，你也可能一无所获。动物有固定的捕食区、饮水地和栖息地，你会发现这些地点之间明显相连的路径。要想有所收获，必须将套索和陷阱设在这些地点。

如果你所处的环境具有明显的敌对性，将套索和陷阱完美地隐蔽起来就十分重要。同时，另一点也很重要：尽量不要破坏或改变环境，以免引起动物的警觉，导致其为了躲避陷阱而改变活动区域。因此，如果你需要挖土，就应该将新挖出的土转移到其他地方。凹坑式陷阱的效果并不好，因为大部分动物都会本能性地绕开。套索和陷阱部件的准备工作不要在设陷阱地点当场进行，先在其他的地方全部准备好，再带到设陷地点布置。这样可以避免破坏陷阱周围的植被，使猎物不易警觉。套索和陷阱不要使用新砍的植物作材料。动物能够闻到新砍的植物分泌出的树液气味。对动物来说，这是一种明显的警觉信号。

你必须尽量清除或掩盖你在陷阱上和陷阱周围留下的人体气味。虽然鸟类的嗅觉相对较差，但绝大部分哺乳动物依赖嗅觉的程度要远远超过视觉。即便你只在陷阱上留下极其微弱的人类气味，也足以引起动物的警觉并使其逃离。去除这类气味并不容易，但是掩饰气味就比较简单了。你可以利用之前杀死的动物膀胱中的尿液和胆汁。记住，人类的尿液是无效的。你也可以用烂泥来掩盖，最好是腐枝烂叶四周的烂泥。在布置陷阱之前，先将双手糊满烂泥；陷阱布置好后，再将烂泥涂在陷阱上。全世界任何地方的动物几乎都对植物燃烧和烟的味道十分熟悉。所以，在火完全燃烧之前，它们往往不会过于警觉。出于这一点，最有效的掩饰人类气味的办法就是用烟去熏陷阱部件。假如这些方法中的某一种并不奏效，在时间充裕的情况下，可以先让陷阱风化几天，之后再继续布置。在这几天风化时间内不要接触陷阱。布置完之后，尽量将其伪装得比较自然，以免惊扰动物。

将套索和陷阱设置在动物的途经之处和路径时，还需要设置一个通道和喇叭口。设置通道就需要设一个从路径两旁延伸至陷阱的喇叭口形障碍，喇叭口最窄的部位要十分靠近陷阱。为了避免引起动物的警觉，通道不要设置得太明显。当动物活动至陷阱附近时，要使它只能继续往前走向陷阱，而不能往两旁走。大多数动物都会往前走，很少有动物往后退。你不能在通道上设置完全无法通过的障碍，只需在动物通过通道的过程中设一些不便或阻碍。利用通道，将动物的路径宽度缩至仅宽于动物身体一点点即可，这样能达到最好的效果。这种限制所保持的距离，至少要达到从陷阱后部到通道入口处足以容纳动物体长的长度，然后朝喇叭口的方向逐渐加宽。

使用诱饵

有一个好办法可以提高捕获动物的概率，就是在套索或陷阱上放置诱饵。要想成功地利用没放诱饵的陷阱捕获动物，你所选择的位置十分重要。在陷阱上放置诱饵能有效地吸引动物。注意，你选择的诱饵应当是动物所熟悉并喜欢的东西。当然，不能将动物在陷阱四周轻易就能找到的东西作为诱饵。比如，如果你在玉米地里将玉米设为诱饵，这显然不会有效果。假如这块区域并不长玉米，而你用玉米作诱饵，那么吸引动物靠近的可能性就大大增加了。如果你设置的食物对它来说比较陌生，它在观察这种奇怪的食物时就会抱有一定的警觉性。通常，这种诱饵它可能不会去吃。我们平常吃的花生酱是一种对小型哺乳动物很有效的诱饵。用盐当诱饵，效果也会不错。如果你使用这类诱饵，应该也在陷阱四周撒一些，先给动物一个品尝诱饵的机会。一旦动物由此引发出对诱饵的渴望，它的警惕性就会放松下来。

如果你设置好陷阱和诱饵为了捕捉某种动物，结果诱饵却被另一种动物吃了，而且还没有成功将其捕获，你就应该设法弄清楚这种动物是什么。接下来，你就可以用相同的诱饵为这种动物量身制作一个陷阱。

注意 当你成功捕获一只动物时，你不仅会获得对自身能力的信心，还能得到更多关于设置诱饵和陷阱的新技能。

套索和陷阱的布置

套索和陷阱的基本功能在于压住、悬吊、捆绑猎物和使其窒息。通常，一个套索或陷阱应当具备2~3个这种功能。陷阱的威力通常来源于十分简单的原理——重力作用、动物的挣扎，或者弯曲树枝的张力效果。

触发装置是所有套索和陷阱的核心部分。在布置套索或陷阱之前，先考虑清楚你的装置将如何对猎物发挥作用，如何施展威力，如何制作最有效的触发装置。你得到的结果将对你设计出成功捕获某种动物的特制陷阱十分有用。捕获并控制动物或杀死动物是陷阱的目的。套索则是利用一个圈套来实现这两种目的。

简单套索。简单套索（图8–5）是一种在动物巢穴口或动物路径上设置的圈套，这个圈套牢固地连接在树桩上。如果你将圈套设计成一种置于动物路径上面的绳索套，则应该用草叶或嫩枝将其固定好。你可以利用蜘蛛网的细丝使圈套保持张开。确保你的圈套大小超过动物的头部。如果动物在被套住后还继续挣扎，那么其脖子上的圈套就会被拉紧。动物挣扎的幅度越大，圈套就套得越紧。这种套索的目的不在于将动物杀死，而是将动物控制住。如果你选择用绳子制作圈套，它有可能会在动物挣扎的过程中变松，从动物脖子上滑出来。制作简单套索最好的材料是金属线。

图8-5 简单套索

拖曳圈套。拖曳圈套通常用于动物的途经之处（图8-6）。在动物途经之处的两旁插入两根带叉的木棍，并找一根足够结实的横杠，放在两根木棍的叉上。在横杠上绑牢圈套，将其悬垂在略高于动物头部的位置（这种用来套动物头部的圈套不能放得太低，否则动物的脚可能会踏进去）。在圈套勒紧动物的脖子后，动物会本能性地拽着圈套逃跑，横杠就会被拉下来拖在地上。很快，地上的树枝草叶就会将横杆绊住，动物就会被缠得无法动弹。

弹发装置。弹发装置是其他各种套索的一种力量源。寻找

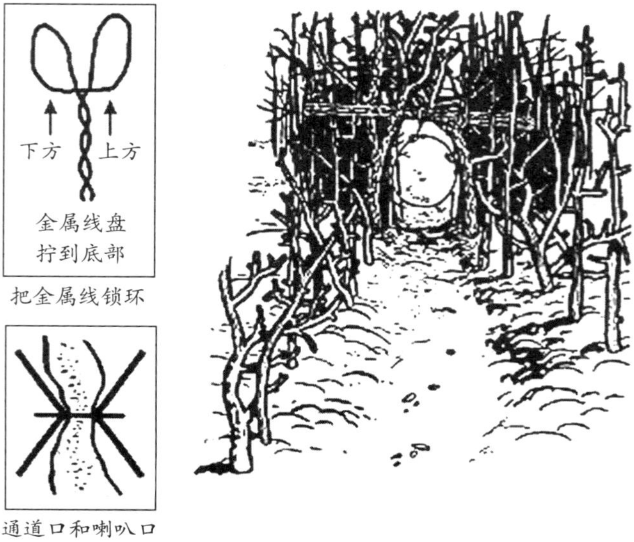

图8-6　拖曳圈套

一棵柔软的小树，使其弯曲下来，用触发装置固定好。在动物路径上找一棵硬木树苗（山胡桃或其他硬木），用其制作弹发装置。将树苗上的所有枝叶清除干净，这样能获得更快的弹起速度和更大的力量。

弹发套索。利用两根带叉的木棍就可制作一个简单的弹发套索，木棍上的叉子需要一长一短（图8-7）。将小树朝地面方向弯曲，标记好小树顶端指向路面上的点。在这个点上牢牢插

图8-7　弹发套索

入一根木棍上的长叉。使这根木棍的短叉的切口平行于地面。在小树顶端系一根绳子，将其与另一根木棍上的长叉系在一起，使其短叉与前一根木棍上的短叉勾在一起。在路面上展开放置一个圈套。当圈套牢牢套住动物的头部时，它就会拉开勾在一起的木棍，将小树弹起来，猎物就被成功吊起来了。

注意 不要用新鲜的树枝做触发装置。渗出的树液可能会将两个短叉粘在一起。

松鼠杆。在松鼠经常出没的树上放置的长杆子就是松鼠杆（图8–8）。将一些金属套布置在杆的侧面和顶端，这样松鼠在沿着杆子上下活动时就必须要从中穿过。将一个直径5~6厘米的套索固定在离杆约2.5厘米的位置上。为了避免松鼠的爪子蹭到树木或地面，杆的顶部和底部要与顶端和底端的金属套索之间相距45厘米左右。松鼠通常会咬断金属套。这种小动物的好奇心极强，最初还会小心活动，之后就会不断地沿着杆子上上下下，最终被套索套住。此时松鼠会不断挣扎，而后从杆子上坠落下来。发出的尖叫声会吸引其他松鼠靠近。你可以通过这种方法抓到不少松鼠。要想抓获更多松鼠，可以多布置几根松鼠杆。

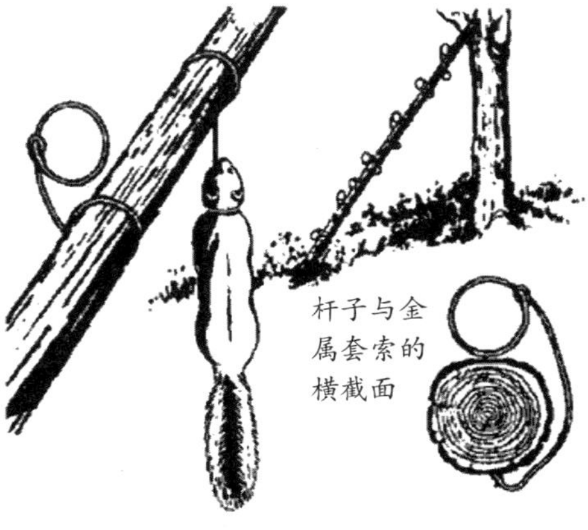

图8-8　**弹发套索**

欧吉布威捕鸟杆。这种捕鸟工具已经被土著美洲人使用了好几百年（图8–9）。要想得到更好的效果，你应该将捕鸟杆放置在远离高大树木的开阔区域。效果最好的地点是鸟类进食、饮水或者梳理羽毛的地方。找一根杆子，清除杆子上的树枝树叶，将其截为长1.8~2.1米的木杆。注意，不要选择松树一类有树脂的木头。削尖杆子顶端，在距离顶端5~7.5厘米处钻一个小孔。截一根长度10~15厘米的小棍，削尖小棍的一端，使其刚好能放入那个小孔中去。鸟的栖木就制作完成了。将长杆的尖端朝上插入地面。在一段绳子上系一个与鸟的体重相当的重物。将绳子另一端从那个小孔中穿过去，做成一个可在栖木上自由滑动的圈套。在绳子上打一个反手结，将栖木抵在孔上。将绳子穿过小孔，直到反手结滑至紧挨着栖木和长杆的位置。杆子和栖木受到反手结的张力会保持在固定的位置上。在栖木上方展开圈套，确保圈套顺着整个栖木长度方向展开并垂在两侧。大部分鸟类都喜欢在高过地面的物体上落脚，所以通常会停留在栖木上。一旦有鸟落下来，栖木就会顺势而倒，反手结松开，重物落下。圈套会把鸟的脚套住，鸟就被抓获了。假如重物太重，鸟的脚会被压断，也会趁机逃走。重物可以用树枝等有弹力的张紧装置代替。

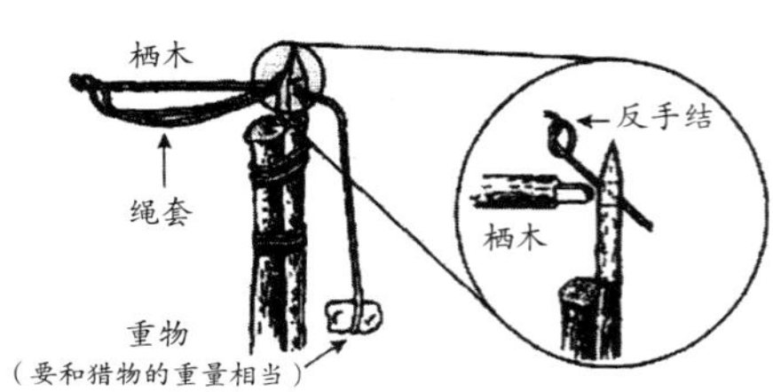

图8-9 欧吉布威捕鸟杆

套索棒。套索棒，或者称为套索棍，主要功能在于捕捉小型哺乳动物或者筑巢的鸟（图8–10）。

图8-10 套索棒

必须十分有耐心，才能妥善使用这个工具。相比套索来说，它看上去更像是一种武器。套索棒是一根带有硬绳或金属线滑动圈套的杆子，杆子长度以手握的舒适度为准。在捕捉动物的过程中，将坐巢的鸟的脖颈用滑动圈套套住并拉紧。你也可以悄悄把它放在动物巢穴口的位置，同时把自己隐藏好。一旦动物离开巢穴口，猛拉杆子，使其被圈套套住，再用结实的棍棒杀死猎物。

弹力踏板套索。对付小型动物可以利用在路径上设置踏板套索的办法实现（图8–11）。在路面上挖一个浅坑。将两根带叉（叉形向下）的棍子分别插入浅坑同一侧的路径和浅坑两边

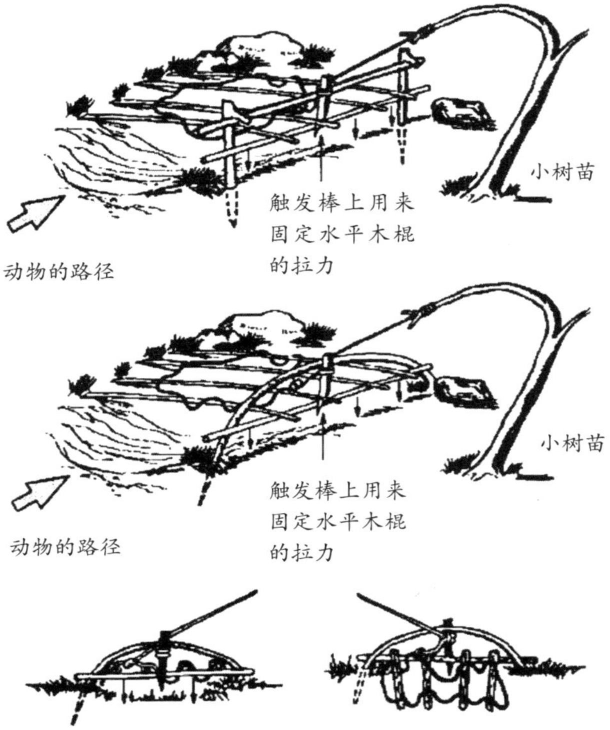

图8-11　弹力踏板套索

的地面上。在叉子上横放两根非常直的棍子。这两根直木棍的两端要能够碰到叉。将几根木棍放在浅坑上，把这些木棍的一端搭在浅坑另一侧的地面上，另一端搭在下面的横棍上。盖住坑时要用足够多的棍子，确保猎物至少能踩中其中一根，从而引发套索击发。在小树上系好绳子的一端，或将其系在树枝上悬吊的一个重物上。弯曲小树或者举起悬吊物，以确定设置触发棒的合适位置。触发棒的长度应为5厘米左右。在绳子的另一端做一个圈套。在浅坑上面的木棍上顺好这个圈套并使其张开。将触发棒靠在水平的木棍上，顺好绳子，使张力固定好触发棒。调整下面的横棍，使它刚好能固定并绊住触发棒。一旦动物踩中浅坑上面的木棍，下面的横棍就会掉下来，触发触发棒，圈套就会将动物的脚套住。由于浅坑已经破坏了动物的路径，所以动物的警觉性会有所提高。因此，你必须利用通道法。找一些诱饵放在浅坑底部引诱动物靠近，这样能够提高此方法的成功率。

4字形触发装置。4字形触发装置的原理在于利用落下的重物将猎物压住（图8-12）。选择什么类型的重物都可以，但前

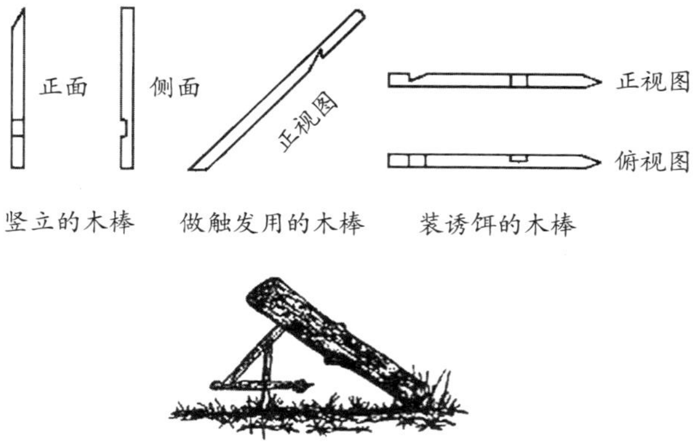

图8-12　4字形触发装置

提是必须保持足以将猎物杀死的重量，或者至少使猎物即刻丧失活动能力。制作这种触发装置需要三根刻槽的木棒。张紧的木棒在这些槽的作用下可以保持4字形状。这种装置的制作方式要提前练习；因为它对木棒之间的精确角度和紧密配合有一定的要求。

帕巫特触发装置。这种装置与4字形触发装置类似，只是使用了一个绊棒和一根绳子（图8–13），其优点在于制作方法比4字形触发装置更容易。找一根绳子，将其一端系在斜棍较低的一端，另一头系在一个约5厘米长的木棒上。这就叫作绊棒。在垂直棍上绕半圈绳子，使绊棒与垂直棍保持直角。将诱饵棍的一端抵在一个打入地下的短木上或重物上，另一端抵在绊棒上。一旦猎物碰到诱饵棍，棍子就会自然倒下，触动绊棒。斜棍会飞起来，释放重物，重物就会将动物压在下面。要想使这种办法更加有效，可以放置一些诱饵吸引动物。

图8-13 帕巫特触发装置

弓箭陷阱。最具致命性的一种陷阱就是弓箭陷阱（图8–14）。不管对动物还是对人，这种陷阱都十分危险。设置这种陷阱时需要制作一张弓，并利用木桩将其牢牢固定在地面上。

固定弓时注意调节瞄准点。将一个栓扣棒绑在触发棍上。将两根立柱插入地面，用来保持触发棍就位，并使栓扣棒绊住张紧的弓弦。在打入地面的一根木棒和栓扣棒之间设置一个绊棒。在绊棒上绑好一根绊发线，绕着立柱将其顺好，使其横跨在动物的路径上（图8–14）。一旦动物触碰绊发线，弓就会将箭发射出去。为了便于瞄准，可以在弓上开一个槽。

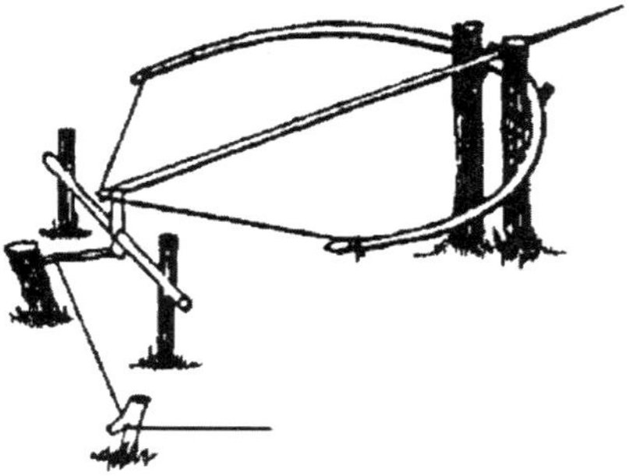

图8-14　弓箭陷阱

警告 这种陷阱具有致命性的危险。一定要从后面接近，并且万分小心。

猪尾矛杆。制作猪尾矛杆需要一根约2.5米（图8–15）长的杆子，杆子要足够结实。将几根小木棒捆绑在杆子较细的一端，在动物行走路线上的一棵树上紧紧绑好较粗的那端。在路另一侧的一棵树上绑一段绳子，绳子的另一端绑上一根结实、光滑的木棒。将一根绊发线绑在第一棵树上靠近地面的位置，线上绑一个绊棒，并拉到路的另一边。用蔓藤或类似材料做一个滑动环，用滑动环套住绊发线和光滑的木棒。将另一根光滑木棒的一端抵在第二棵树上，另一端则放进这个滑动环里。矛杆的细端拉到路径的另一侧，并固定在光滑木棒和短绳之间。一旦猎物触碰绊发线，滑动环就会被绊棒拉离光滑的木棒，张紧的矛杆被触动，猎物就被夹在树上。

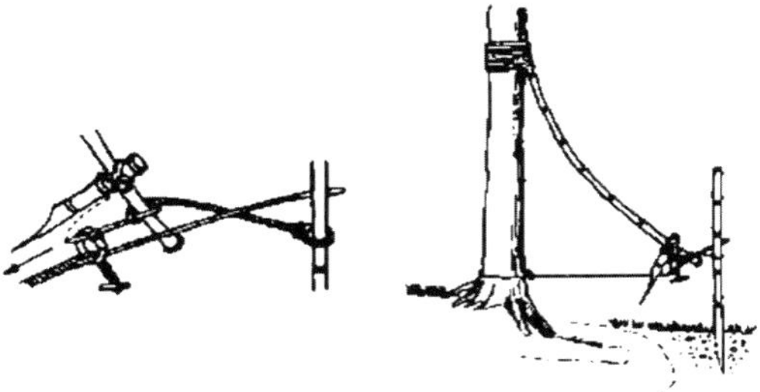

图8-15　猪尾矛杆

警告 这种陷阱具有致命性危险。一定要从后面接近，并且万分小心。

瓶形陷阱。瓶形陷阱是一种简单陷阱，主要功能在于捕捉野鼠和老鼠（图8–16）。挖一个坑，30~45厘米深，坑的底部要宽于顶部。尽可能缩小顶部的大小。在坑的上方放一块木头或树皮，将小石头垫在下面，使树皮离开地面2.5~5厘米。野鼠或

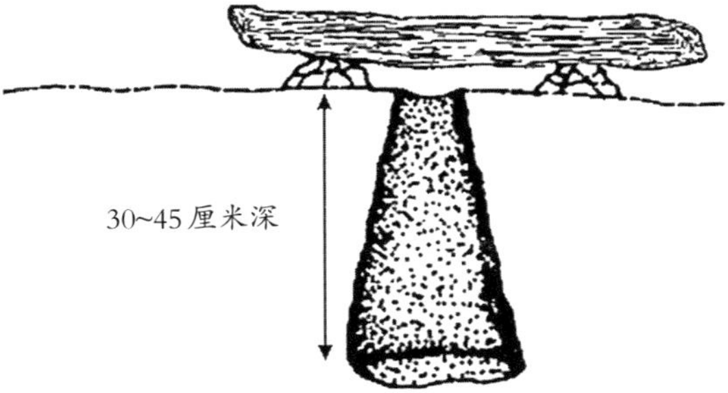

图8-16　瓶形陷阱

老鼠会躲到树皮下，从而掉进陷阱。由于坑壁是往中间倾斜的，所以它们无法爬上来。检查这种陷阱时要多加小心，这里可能会被蛇作为藏身之地。

陆地猎杀装备

为了使捕获的小动物生存下来，你可以制作以下几种猎杀工具：打兔棒、矛、弓和箭，以及投石器。

打兔棒

这是一种最有效、最简单的猎杀工具——一根长度约为手指尖到肩膀距离的木棒，木棒必须足够结实。你可以将它高举起来投掷出去，或者用力从身体的侧面扔出去。投掷木棒时，最好能让它横着飞出去，这样可以提高击中目标的概率。对那种遭遇袭击时会停在原地不动的小型动物来说，这种工具十分有效。

矛

要想有效地捕获鱼类和小型野生动物，可以制作一个矛。你并不是直接将矛抛出去，而是用它对准猎物猛戳。下文中有介绍用矛叉鱼的具体方法。

弓和箭

你需要花费大量的时间才能制作出一张好弓，但制作一张临时使用的弓就十分简单了。一旦弓断裂或者失去弹性，就可以随时制作一张新弓用以替换。找一根硬木棒，木棒上不要有分叉的枝丫，长度约为1米。比较木棒两端的粗细，小心刮擦较粗的一端，保证其拉张力与较细的一端相当。细心观察，你会发现木棒本身天然的弯曲朝向。拉开弓时木棒的哪一面朝向自己，你就刮擦哪一面，否则第一次拉弓时会很容易折断。新鲜的木棒没有干枯的木棒好。你还可以在弓上面对面地绑上另一张弓，使其侧面成“X”形，这样可以增加弓的拉力。同时，用绳子将这两张弓的两头绑在一起，然后只在其中一张弓上绑弓弦。

制作箭时，从四周寻找最直的干木棍。箭只需要有弓的一半长度就可以。刮擦干木棍，使其变得光滑。某些情况下，你需要想办法将木棍弄直。弄直木棍的方法也很简单：将其放在热炭上加热，注意不要让它被点燃或被烤焦。在木棍冷却之前，使其保持直的状态。

箭头可以用玻璃、金属、骨头或碎石片来制作，也可以直接削尖箭的顶端，并将它烧硬。事实上，这里用“烧硬”一词并不恰当。如何用火来烧硬木头？你应该将木头埋在热炭下面的热灰里，或者吊在热炭的正上方熏烤。注意，不能烧着木棍或烤焦木棍。用火“烧硬”实际上是指将木头里的水分烘干，然后逐渐变硬的一个过程。

为了便于在弦上放箭，箭的另一端需要开槽。在箭头相反的那段锉出或切一个小槽口，注意不能让箭劈裂开。在槽口处插上一根羽毛，这样可以使箭飞得更好。当然，不一定要加上羽毛，这里只是提一个建议，具体依情况而定。

投石器

制作投石器需要两根绳子，每根绳子长约60厘米：将两绳的一端系在一块布条或皮革（巴掌大小）上。在布里放一块石头，然后握住其中一条绳子，并在中指上绕一圈，用大拇指和食指夹住另一段绳子。你要将投石器抡几圈之后再掷出石头，投掷的同时还要松开大拇指和食指间的绳子。多练习几次就能熟练使用了。对捕捉小型动物来说，这种投石器十分有用。

捕鱼装置

鱼钩、渔网等捕鱼陷阱也可以自己动手制作。以下是制作捕鱼装置以及捕鱼方法的介绍。

鱼钩的制作

制作简易鱼钩可以用以下材料：缝衣针、大头针、小钉子、金属线或其他类似金属材料；还可用骨头、木头、贝壳、椰子壳、荆棘、燧石、海龟壳来做鱼钩。这些东西也可组合起来制成鱼钩（图8–17）：

木制鱼钩的制作：砍下一块直径6毫米、长2.5厘米的硬木。在硬木的一端切一个槽口，放入一小块尖物，钉子、电线或一块小骨头都可以。将尖物在切口处固定好，系牢使其不会松落。这个鱼钩体积比较大，制作小鱼钩则需要更小的材料。

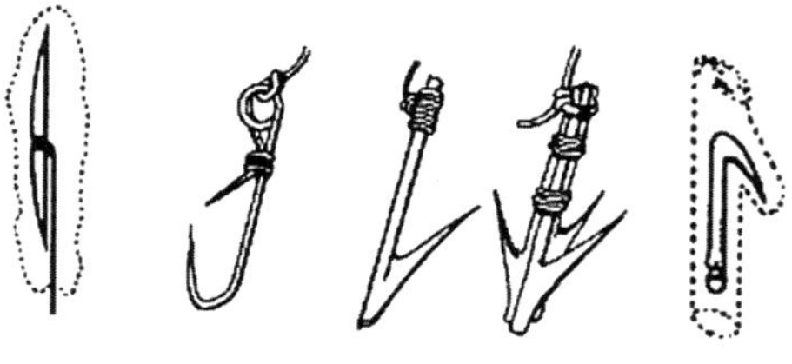

图8-17　制作鱼钩

制作吞钩、扦钩：由金属、木头或其他材料制成一个小短棒，短棒两端要削尖，中间部位切一个小槽口，将钓鱼线系在上面。诱饵需按照其纵向长度放置。鱼在吞食诱饵的同时，也会连同吞钩一起吞下。当你注视着钓鱼线的动静时，一旦发现有鱼咬钩，不要像使用普通鱼钩那样立即拉起钓鱼线。待鱼将吞钩吞到喉咙以下时，再拉钓鱼线。

立桩监视

在某些环境中，你可以使用立桩的方法捕鱼（图8–18）。立桩的制作步骤如下：在池塘、溪流或湖的底部插入两棵小树或长棍，使其顶端刚好位于水面之下。将一根绳子系在两棵小树之间，高度同样略低于水面。将两条带有鱼钩的短绳拴在这条绳子上，同时注意，确保短绳不会绕在小树上或是缠在一起，而且也不会在大绳子上滑动。将诱饵置于鱼钩上。

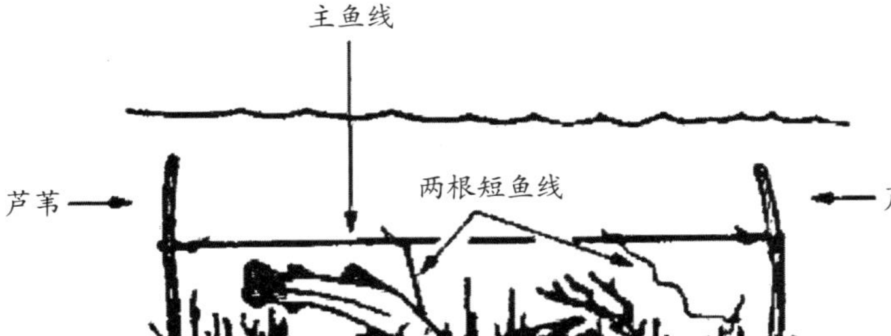

图8-18　立桩监视

制作刺网

你可以利用降落伞伞绳或其他材料来制作刺网（图8–19）。将伞绳中间的芯线抽出来，并在两棵树之间绑好伞绳的护套。

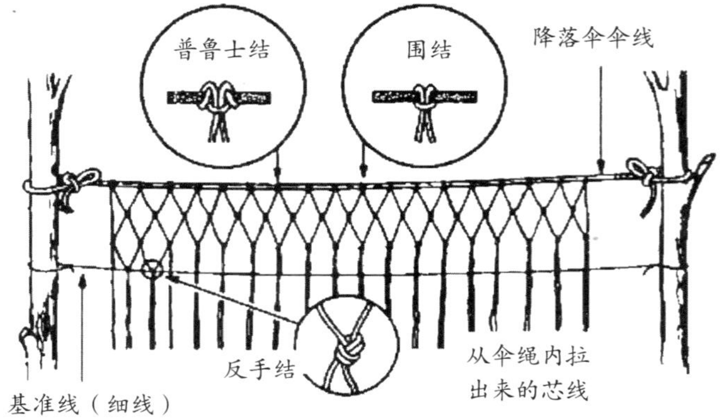

图8-19　制作刺网

把芯线折成双股，再用围结或普鲁士结将其绑在伞绳护套上。线长要达到制成后的网的6倍深度左右，举例来说，如果线长180厘米，在伞绳护套上用围结绑好后，就变成两条长90厘米的线，制成的网则需要深30厘米。你所需要的芯线数量、芯线之间的距离，都取决于网的长度和网眼的大小。建议将网眼制成约2.5厘米见方。然后，从伞绳护套的某一端开始，将第二根、第三根芯线用反手结绑在一起，接下来按照同样的方法，将第四根、第五根、第六根、第七根绑好，直到绑好所有芯线。这个时候，伞绳护套两端垂下来的芯线应该与所有的芯线成对连好。这时开始系第二行芯线，将第一根与第二根系好，以此类推。

要使做成的网眼大小基本相同，并且行间距相等，你可以在两棵小树间系上一根基准线。为了避免基准线妨碍你的工作，可以将其放在网的另一侧。每系好一行芯线，就把基准线往下移。线绳是成对悬挂的，你必须让每股绳子与邻近的另一股绳系牢。用这种方法继续系绳，直到全部完成。网的宽度可以根据需要自行决定。为了使网更结实，将一根伞绳护套从网的底部穿过去。图8–20说明了使用刺网的方法。要使刺网减少堆积垃圾的可能，可以将刺网倾斜一个角度。时常检查刺网的状态。

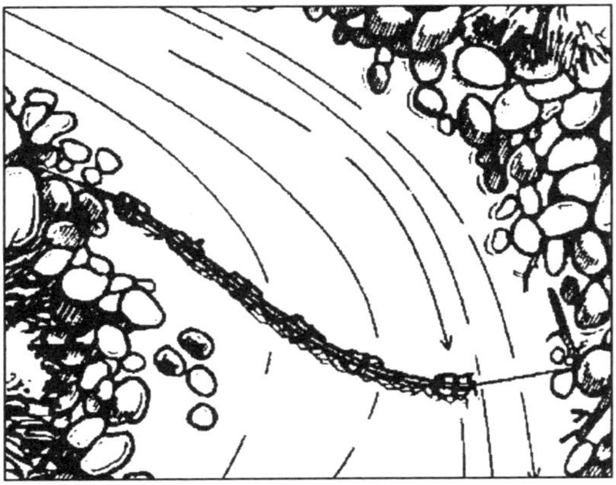

图8-20 在溪流中放置刺网

陷阱捕鱼法

还有几种陷阱可以用来捕鱼（图8–21）。鱼篮就是其中一种。找一些木棍，用蔓藤将其捆绑成漏斗状，封闭顶端，留一个开口供鱼游进去。

陷阱法也可以用来捕捉海鱼，因为随着海水的涨潮，鱼群会跟随浪潮涌向海岸边，并且常在海岸的平行区域活动。陷阱的位置需要在涨潮时选择好，进而在退潮之后布置。在岩石较多的海滨地区，岩石之间的水坑可以直接利用；设置在珊瑚岛上的陷阱也可以直接利用珊瑚礁表层的天然水坑——退潮时直接将水坑的出口堵住。沙质海岸则可以用沙坝，或者用沙坝围成一条沟渠。还有一种陷阱：沿着海水的方向一直向外延伸，围一圈低矮的小石墙，并与海岸构成某种角度。

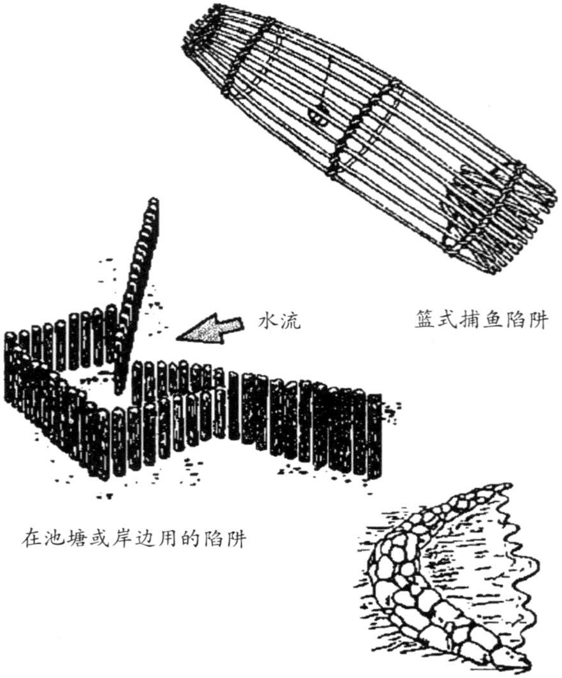

图8-21　不同类型的捕鱼陷阱

叉鱼法

假如你处于一个鱼的数量很多、体型又大的浅水区域（齐腰深），可以直接用矛叉鱼。砍下一根又长又直的树棍做叉鱼用的矛（图8–22）。削尖树棍的一端，并在这端绑好一把刀、尖骨片或者尖头的金属硬物。你也可以从木棍中间劈开几厘米的缝，插入一片木头，使劈开的两半张开一定的角度，然后将这两半分别削尖。叉鱼的最好地点是在有鱼群聚集的区域。把矛尖的那一头放入水里，悄悄向鱼靠近，然后对准目标用力猛扎，将鱼叉在水底。不要立刻把叉着鱼的矛从水里举起来，这很容易使鱼从矛上滑落，以至于白费一番力气。正确的做法是：一只手握紧矛，另一只手抓鱼。不要轻易将矛投掷出去，特别是带有刀子的矛。刀子在求生环境中十分重要，任何时候都不能丢失。找准水下物体的位置时，注意考虑光的折射因素等影响。通常，应对准鱼的下部猛刺，因为我们瞄准的位置要低于实际看到的位置。

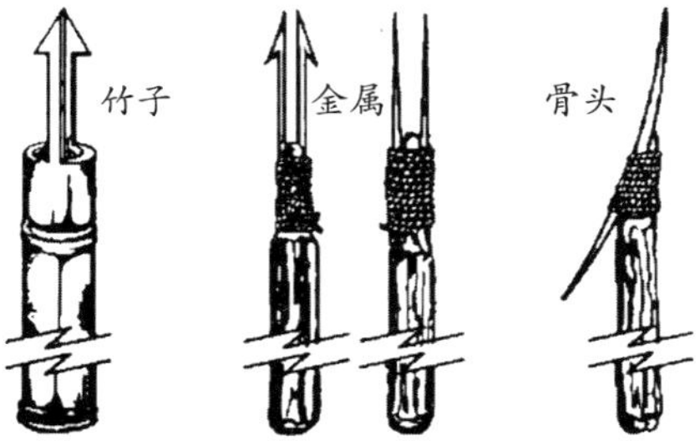

图8-22 鱼叉头的类型

砍鱼法

夜间，在鱼群聚集的区域，你可以利用光亮来吸引鱼靠近。不要直接用刀刃砍鱼，应用弯刀的刀背或类似工具对鱼猛击。这样可以避免尖锐的刀刃直接将鱼砍断，从而损失部分鱼肉。

药鱼法

使用毒药捕鱼也是一种可行的办法。这是一种见效快、隐蔽性强的方法，而且一次性可以得到大量的鱼。在使用药鱼法时，注意一定要捡起所有被药过的鱼，因为一旦大量的死鱼流入下游，极可能引起肉食动物的注意。有一种叫作鱼藤酮的物质能够有效麻醉甚至杀死冷血动物，但对食用这类动物的人却并无坏处。某些温暖地带长有含鱼藤酮的植物。通常，这类植物生长在小溪或池塘的上游，可以用它们来药鱼。水温最好在至少21℃，因为鱼藤酮在这种条件下起效最快，鱼也会很快丧失活力浮出水面。在温度处于10~21℃之间的水里，鱼藤酮的效用发挥得较慢，而在低于10℃的水中使用鱼藤酮是无效的。除此之外，如果合理使用以下这些植物，也可以达到同样的效果。

- ★ 防己属植物（图8-23）。一种木本藤蔓植物，生长于南亚及南太平洋岛屿上。可碾碎其豆状种子，然后撒入水中。
- ★ 巴豆属植物（图8-23）。一种灌木或小型乔木，生长于南太平洋岛屿的开阔荒地上，长有三角形豆荚。将种子碾碎并撒入水中。
- ★ 玉蕊属植物（图8-23）。一种高大的乔木，生长于马来亚及玻利尼西亚部分地区的海边，它们长有单种子的肉果。剥去种子外皮，碾碎种子并撒入水中。
- ★ 鱼藤属植物（图8-23）。一种热带灌木或木本藤蔓植物，是鱼藤酮的商业生产渠道的主要来源。研磨这种植物的根部，磨成粉后与水混合，将混合液大量撒入水中。
- ★ 澳茄属植物（图8-23）。生长于澳大利亚，长有白色簇状花，果实呈草莓状。将植物碾碎，之后撒入水中。
- ★ 灰叶属植物（图8-23）。一种生有豆荚的小型灌木，整个热带地区几乎都可找到。碾碎叶子和茎干部分，撒入水中。
- ★ 石灰。你可以从大量使用石灰的农业区或其他商业渠道获得石灰。你也可以自己制造石灰，焚烧贝壳或珊瑚就可得到。将石灰撒入水中。
- ★ 坚果壳。碾碎黑核桃或白胡桃的绿色外皮，撒入水中。

防己属植物

巴豆属植物

玉蕊属植物

鱼藤属植物

澳茄属植物

灰叶属植物

图8-23　有毒的植物

食物的烹调及贮存

在求生条件下，求生者必须了解鱼类和猎物的烹制方法、烹制前的准备工作，以及正确的贮存方式。错误的贮存方式和清洁方式极可能导致鱼类和猎物变质、腐烂，以致完全不能食用。

鱼 类

一旦发现变质迹象，鱼就不可再食用。即便是进行烹煮处理，也无法确定变质的鱼是否可食。变质表现为以下迹象——

★ 鱼眼往里凹陷。

★ 散发不正常的气味。

★ 呈现可疑的颜色（比如，正常的鱼鳃应当是红色或粉红色的，鱼鳞则应为明显的灰色，没有褪色现象）。

★ 用拇指按压鱼肉后会留下明显的凹印。

★ 鱼身变黏，而不是正常的潮湿。

★ 味道辛辣刺喉。

食用变质或腐烂的鱼肉，可能会导致恶心、呕吐、腹泻、腹部绞痛、麻木、瘙痒等症状，或者口腔里发出一种金属腥臭味。通常，这些迹象会在食用1~6小时突然出现。一旦出现这些迹象，要立即刺激喉咙，使自己呕吐。

鱼一旦死亡，很快就会开始腐烂，炎热天气下更是如此。因此，在捕到鱼之后应当尽快将其处理食用。把鱼鳃挖掉，脊椎下较大的血管也要取出来。超过10厘米长的鱼，要将其内脏全部取出。刮掉鱼鳞，或者直接撕掉鱼皮。

你可以用棍子把鱼穿起来，用明火烤熟。不过，最好的吃法是将整条鱼连皮一起煮熟，因为这样可以最大限度地保存其营养成分。鱼皮下面有鱼油和脂肪，烹煮后可以得到营养且美味的鱼汤。鱼的烹制方法可以参照植物类食物的烹制方法。用黏土裹在鱼身上，裹成球状埋在火的余烬里，等黏土变硬后，取出来敲碎黏土球，这样就得到熟鱼。在煮鱼的过程中，一旦鱼肉开始剥落就表明可以食用了。假如你准备将鱼贮存起来以备不时之需，可以采用晒干或烟熏的办法。在烟熏之前，将鱼头和脊椎部分取出来。

蛇　类

在剥下蛇皮前，要先砍掉蛇头。蛇的毒液囊通常都位于蛇头后面的部位，因此，蛇头下面10~15厘米的部位也要一同砍掉。埋掉毒液囊，以防不小心接触到毒液。接下来，在蛇皮上切开一个小口，长度为2~4厘米。从切口处用力往后翻，用一只手将蛇皮抓牢，另一只手抓紧蛇身，这样可以将蛇皮完整地剥下来（图8–24）。将蛇的内脏取出并全部丢弃。把蛇切为段状，然后烹煮或烧烤。

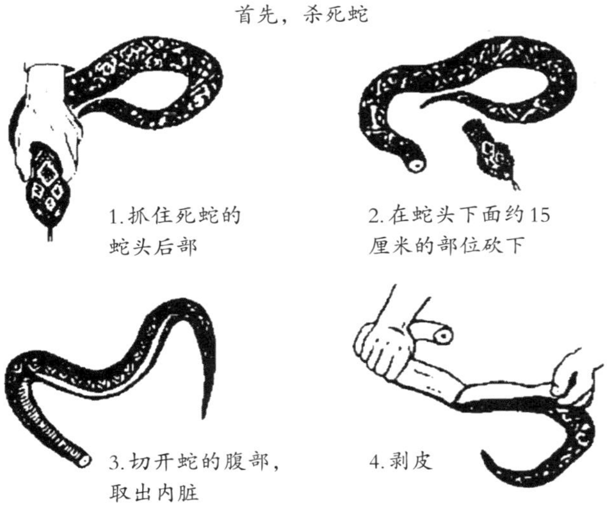
首先，杀死蛇
1.抓住死蛇的蛇头后部
2.在蛇头下面约15厘米的部位砍下
3.切开蛇的腹部，取出内脏
4.剥皮

图8-24　把蛇开膛去皮

鸟 类

杀死鸟之后，要拔光它的羽毛或者直接剥掉皮毛。注意，剥皮会丧失一部分营养成分。从腹腔处切开，扔掉内脏部分，将嗉子（以种子为食的鸟类喉下贮食器官）、肝脏和心脏留下。爪子切掉。之后进行烹煮或叉烤。对于食用腐肉的鸟来说，应先煮上20分钟以消灭其携带的寄生虫，之后再进行烹制。

猎物的屠宰及剥皮

可以将动物的喉咙割破，直至其失血而亡。在条件允许的情况下，将动物拎到邻近的河流中冲洗干净。剥皮的时候要腹部朝上，从喉咙处一直剥到尾巴，最好切除生殖器官（图8–25）。切掉从A点到B点的麝腺，以免这一部位影响整个肉的

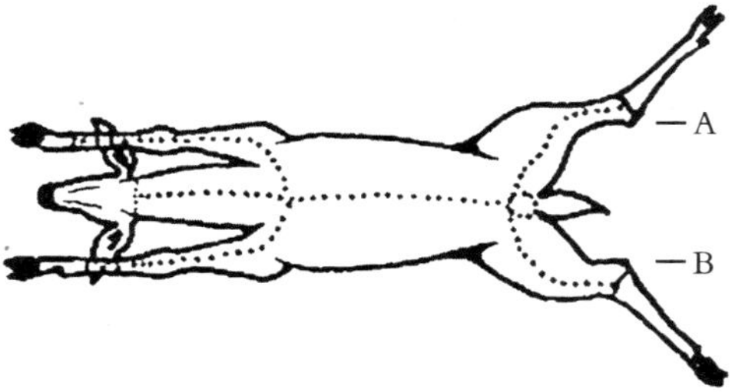
A
B

图8-25 较大猎物的剥皮和屠宰方法

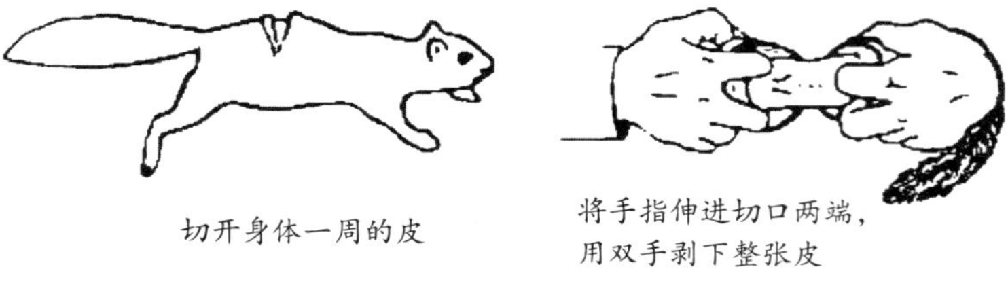
切开身体一周的皮
将手指伸进切口两端，
用双手剥下整张皮

图8-26 较小猎物的剥皮方法

味道。如果要给小型哺乳动物剥皮，先切开身体一周的皮，然后将手指伸进切口两端，用双手剥下整张皮（图 8–26）。

注意 在切割动物皮的过程中，先将刀刃插入皮下，再将刀刃朝上翻出来，这样可以避免动物的毛发粘在肉上，也能保证只切到皮的部分。

处理小型动物时，可以直接切开动物身体，然后用手指掏出内脏。记住，胸腔部位也要切开，并取出内脏。稍大型的动物要切分开食道和隔膜，让内脏从体内滑出来。从肛门处切开，一直切到下腹部的位置，用力拉出大肠。膀胱也要切除，将膀胱捏住，用刀子从手指捏住的部位开始切。如果其他部位的肉不小心沾上尿液，一定要尽快洗净，否则会影响肉的质量和味道。肝脏和心脏可以留下来，但也要切开，观察其是否携带寄生虫或蠕虫。肝脏的颜色应仔细查看，确保猎捕的动物不带有疾病。健康的肝脏表面应该是湿润而光滑的，呈紫色或深红色。如果肝脏看上去颜色不对，就将其丢弃，不要食用。但是，即使肝脏不健康，也并不表示其他部位的肉和组织也不能食用。

接下来，切开脚部，切口一直延伸到先前的切口处。粘连组织的地方用刀切开，这样可以剥下动物的整张皮。砍下头部和脚。

把大型动物切成块状，以便携带和贮存。第一步，切断前腿和身体之间的肌肉连接组织。四肢动物的前腿与身体之间没有关节或骨头相连。与身体连接的后腿和臀部也要切掉。先从后腿前端的大骨头四周开始切，一直切到臀部后面的球状关节处。切开关节周围的韧带，用力向后弯曲，使其分离开来。取出脊柱两边和周围的大块肌肉（背部、腰）。分开脊椎和肋骨。

首先切断肋骨，之后再沿着切口往下切，这样就不至于很费力。

烹制大块的肉时可以用水煮，也可以用火烤。小的肉块可以煮汤喝，连带一些骨头的小肉块会更有营养。至于动物的内脏器官，比如肝脏、胰脏、心脏、脾和肾脏等，也可以用同样的方法烹制。动物的大脑也可以烹煮食用。取出舌头，剥去外层的皮，将其煮软，之后就可以吃了。

熏　肉

先生火，之后在周围围成一个圈（图8–27）。将两块雨布围在一起就可以。火不需要很大或很热，也不需要火苗，其目的只在于产生热量和烟。不要用树脂木头类植物，以免木头产生

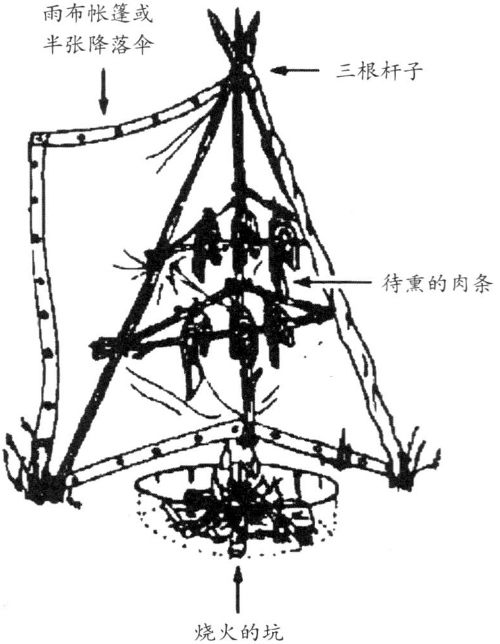

图8-27　圆锥形熏法

的烟影响肉的口感。用硬木来烧刚好适合。选择稍嫩一些的木头。假如木头太过干燥，可以提前浸泡一下。肉要切成小薄片，厚度不超过6毫米，然后将其悬挂在架子上方。肉片之间不要黏在一起，保持一定的距离避免相互碰到。仔细看火，围好雨布以防烟流失。不要把火烧得太热。肉熏过整整一夜后，基本上就能保存1周时间了。如果肉熏了两天，就可以保存2~4周。熏得刚好的肉看上去像一个卷曲的深色棍子，熏好之后就可直接食用。熏肉也可以放在深坑里保存（图8–28）。

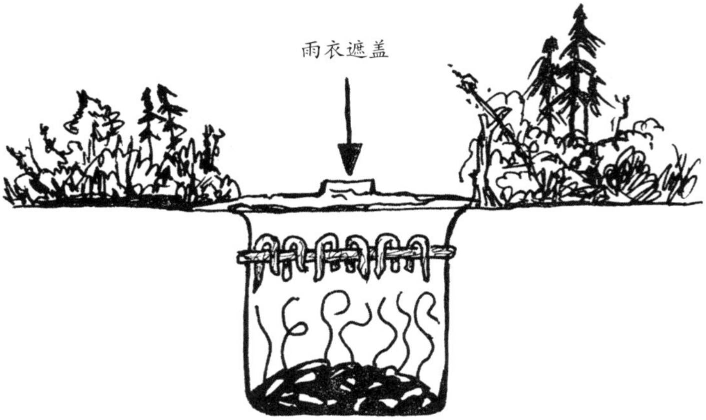

图8-28　在火坑上熏肉

制作肉干

肉类需要用干燥的方法贮存。将肉切成长约6毫米的条状。把肉条挂在架子上晾干，置于干燥通风且其他动物够不着的位置。盖住肉条，以防苍蝇等虫子叮咬。在食用肉条前，确保肉条已经彻底晾干。正确处理后的干肉条应该口感很脆，而且摸上去不会觉得冰冷。

贮存食物的其他方法

保存肉类也可以通过冷冻的方法，或者用盐和盐水。天气寒冷的时候，肉类可以长期冷冻保存。不过，冷冻并不是食用前的准备工作，还需进行烹煮才可食用。用盐水溶液将肉浸泡起来也是一种较好的保存方法。注意，盐水一定要完全淹没肉。直接在肉上抹盐也能达到保存的目的，但是食用前要确保盐已清洗干净。

第9章 可食用植物和药用植物

当你将避身所、水源和动物类食物的问题解决之后，下一步就该考虑可食植物了。在求生条件下，对于你熟悉的可食野生植物和非陆生生物，应时刻注意观察。

许多信息表示人即使几天不进食也没什么问题，这种说法显然是不科学的。在求生环境中，即便你不需要做任何事情，要想保持清醒的头脑和足够的体力，也必须摄入富含营养的食物来维持健康，这一点十分重要。

即便生存环境十分严酷，你也能从大自然手中获得可供生存的食物，当然，首先你需要了解哪些是不可食用或不该食用的。必须对你将要活动的生存地区足够熟悉，并尽可能多地了解该地区的植物群。在求生条件下，有些时候植物可以直接充当药材，或者用来建造避身所、生火，甚至是充当武器。你还可以从植物身上得到某些化学原料，这些材料可以用来药鱼、保存兽皮，以及伪装和武装自己。

注意 本章介绍的各种植物图例和说明见附录B和附录C。

可食用植物及检验方法

植物随处可见，并且容易获得，如果能够合理搭配，可以为你提供足够的营养成分。因此，植物是十分珍贵的食物来源之一。

警告 食用植物最关键的一点在于避免意外中毒。只能食用你确认可以吃的植物。

在准备食用植物之前，必须先仔细辨认。有一种野芹菜叫作“毒芹”，它常因为被误认为野生防风草或野生胡萝卜这类亲缘植物而致人毙命。

在某些生存环境中，你可能会发现，你有一定的机会去辨别当地的植物。条件允许时，哪些植物可以食用、哪些不可食用，都能通过“可食性通用检验法”来确认。

在求生困境中，不管是野生植物还是栽种植物，食用前都必须辨别出其可食性，这一点十分重要。本章主要内容就是直接说明辨别野生植物的方法，因为你很容易就能获得关于栽种植物的信息。

在准备食用野生植物之前，先参考以下采集植物的原则。

- 如果是水中生长的植物，注意水是否受到污染，是否有蓝氏贾第虫或其他寄生虫。这些植物需要消毒或烹煮才可食用。
- 某些植物会长出带毒性的真菌毒素，如果发现植物或水果开始腐烂、出现真菌或发霉迹象，不要食用。
- 某些植物虽属同一种类，但由于生长环境和基因不同，毒性也就不同。典型的例子就是普通花椒果的叶子。有些花椒果含有很高的氰化物，而有些只含极少一部分，甚至没有。很多马匹都因食用野樱桃的枯叶而死。一旦发现树叶、果实或杂草散发出杏仁气味，要立即远离，这是氰化物的典型特征之一。

★ 人对植物类食物的反应并不完全相同。许多人的胃部会对此产生不适感。如果你的肠胃比较敏感，要尽可能避免吃不认识的植物。比如，如果毒叶藤会让你产生过敏反应或不适症状，你就应当避免食用同一科属的植物或由其制成的食物，比如杧果、漆树和腰果等。

★ 许多可食植物的味道很苦，比如睡莲和橡树果，这种苦味源于一种叫作单宁酸的化合物。将这些植物放入水里多煮几遍，可以消除苦味，便于下咽。

★ 许多野生植物都含有大量草酸盐，即草酸。通常，草酸盐会让你的喉咙和口腔内产生很强的灼烧感，同时对肾具有损害性。草酸盐结晶一般可以用干燥或烘烤的方式去除。有一种“印度芜菁”（又叫天南星草）的球根（球茎）所含的草酸盐结晶，用慢慢烘烤或干燥的方式去除，之后才可食用。

警告 不要在野外生存环境中食用蘑菇！确定蘑菇是否可食的唯一有效途径，是在实验室中对其进行肯定特征识别，这显然无法完成。蘑菇可能造成的最危险的破坏是对神经系统的影响，而这些症状在食用几天之后可能才会显现出来。到那时再想治疗已经来不及了。

辨别植物

通过对植物细节处的仔细观察，比如叶子的形状、叶序、叶缘、根部构造等要素，你可以有效地辨别植物。仅仅记住植物的特殊种类并不是辨别植物的可靠方法。

植物的叶缘形状通常有：锯齿状、分裂状、全缘或无齿（图9–1）。

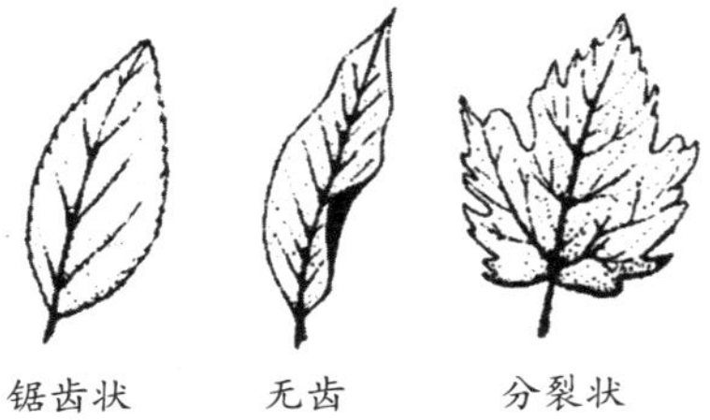

图9-1　叶缘

植物的叶子形状通常有：批针形、椭圆形、蛋形、矩圆形、楔形，三角形、尖长形以及倒圆锥形（图9–2）。

图9-2　叶子形状

叶序的基本类型分为：对生、互生、复生、单叶以及基生莲座叶丛（图9–3）。

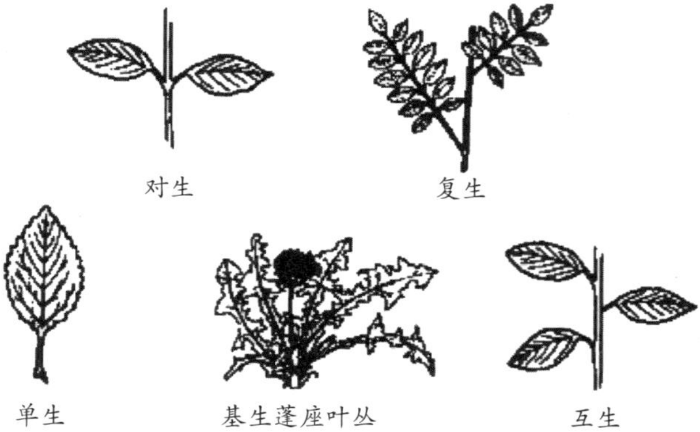

图9-3 叶序

植物的根茎类型分为：直根、块茎、鳞茎、根茎、小鳞茎、球茎和冠茎（图9–4）。鳞茎是我们较为熟悉的一种，它的外形像洋葱，从中间切开后能看到类似的同心环。小的鳞茎是球状的，切开后会自然呈一小瓣一小瓣，会让我们想起大蒜。这正是我们用以区分野生大蒜和野生洋葱的显著特点。直根的外形与胡萝卜类似，为单茎或有分叉的茎，一个根茎上通常只会生一根茎杆。块茎的外形与百合花和马铃薯类似。草本植物通常

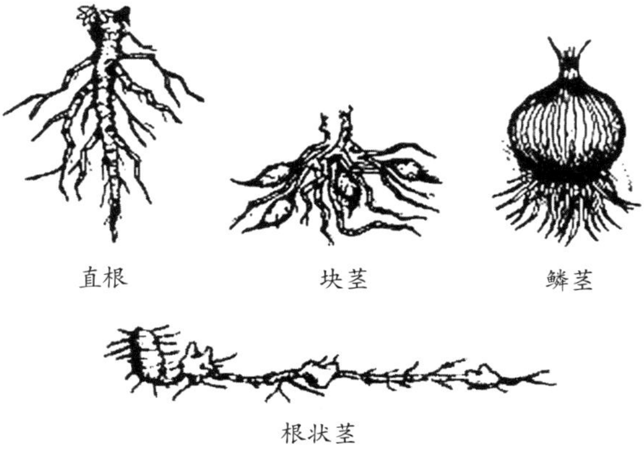

图9-4 根部结构

都有条形或丛状的块茎结构。根茎是一种从地下往上生长的大型根茎。有很多植物会从根茎的“眼”里爬出来。球茎类似于鳞茎，其不同之处在于切开后不呈环状、不变形。冠茎从下往上看极其像拖把头，芦笋的根就是一种典型冠茎。

对于可能成为你的食物的各类植物，尽可能对它们的独特之处多加了解。有些植物的某些部分可食，某些部位有毒。有些植物只能在一年中的某个特定时期食用。有些可食用、可作药材的植物，其外形却与有毒的亲缘植物极其相似。

可食性通用检验法

世界上的植物种类繁多，有些植物即便只食用一点儿，也可能引发极不舒服的生理反应，导致你的身体功能紊乱，甚至直接毙命。因此，只要你对准备食用的植物产生怀疑，就必须先通过以下可食性通用检验法进行检验。

1. 一次只对植物的一个部分进行检测。

2. 将植物的基本组成部分分开鉴别——叶子、茎干、根、芽和花。

3. 闻植物的气味，看是否散发出浓烈的酸味或异味，不过要记住，气味并不是检验植物可食性的绝对标准。

4. 检验前8小时内不要进食。

5. 禁止进食的8小时内，检验植物是否具有接触性毒性。取一片植物放在手肘或者手腕的内侧，如果有过敏反应，通常15分钟就能显示出来。

6. 在整个检验过程中，除了喝干净的水、吃要检验的植物以外，不能进食其他任何食物。

7. 从要检验的植物上取下一小部分，准备吃下去。

8. 将检验植物放入口中前，先用外嘴唇触碰一下，看是否出现灼烧感或麻痒感。

9. 如果3分钟后嘴唇没有过敏反应，可将植物放在舌头上面，含15分钟。

10. 如果没有反应，可嚼碎植物，继续含15分钟，不要吞下去。

11. 如果15分钟之内没有灼烧、痒、麻、刺痛或其他不适感，可吞下植物。

12. 如果8个小时中出现任何不适，应使自己呕吐并喝大量的水。

13. 如果没有不适，用同样的方法吃半杯同样的植物，再等8小时，如果仍然没有不适感，说明该植物可以安全食用。

警告 植物的每个部分都要检验，因为有些植物的某一部分可以吃，其他部分却不可以吃，也不要以为同一部分煮熟后可以吃，生的也就可以吃，生吃之前一定要检验，确保其安全性。

对植物进行可食性检验之前，确保该植物的量足够让你完成检验，以免白白浪费时间和精力。检验每一株植物的每一个部位（包括根茎、叶子、果实、花朵等）的可食性至少需要24小时。如果你要检验的食物在当地并不丰富，就不要浪费时间在这种植物上。

记住，吃太多植物类食物可能会导致恶心、呕吐、腹泻或腹部绞痛的后果。比如，食用过多野洋葱和青苹果就会导致这种结果。因此，即使你已通过检验确认了食物的安全性，食用也必须适量。

根据检验食物所需的时间和步骤，可以看出辨别植物的可食性有多么必要。

为了避免潜在的中毒危险，有如下特征的野生植物或你不熟悉的植物不要接触。

★ 有脱色的树液或乳白色液体。

★ 豆荚中的种子、豆子和球形物。

★ 有肥皂的味道或苦味。

★ 长有漂亮的荆棘或冠的、带刺的。

★ 长有形状像欧芹、欧洲防风草和莳萝的叶子。

★ 木质和叶子部分散发杏仁气味。

★ 头呈颗粒状，头上长着紫色、粉红色或黑色的刺。

★ 长成的形状为三叶形。

在采取可食性通用检验法来选择植物时，如果将以上原则作为其排除因素，可能会导致你错失一些可食植物，但是，更重要的一点在于，这样能保护你免受有毒植物的毒害，避免你因误食或触摸而中毒。

如果列举出所有的可食野生植物，那完全可以写成一本百科词典。由于篇幅限制，这里只列举出部分内容。对于你可能会途经的地点、工作区域或定期受训的地区，尽可能多地了解当地常见的野生植物。关于一些常见的可食植物和药用植物以及其他一些常见植物的介绍，附录B中有配图详解。

在温带以下植物可食用。

· 苋属植物
· 竹芋
· 芦笋
· 山毛榉坚果
· 黑莓
· 蔓越莓
· 牛蒡属植物
· 香蒲
· 栗子
· 菊苣
· 荸荠
· 蒲公英
· 荨麻
· 橡木
· 柿子

- 车前草
- 马齿苋
- 草莓
- 野生洋葱、大蒜
- 垂序商陆
- 檫树
- 蓟
- 野玫瑰
- 多刺梨形仙人掌
- 开红花的酸模
- 荷花和睡莲
- 酢浆草

在热带以下植物可食用。

- 金合欢
- 海枣
- 龙舌兰属植物
- 沙漠苋属植物
- 仙人掌

海　草

你绝不可轻易忽视海草。海岸边的水域里或者海岸上长有海生藻类，它们会生成一些淡水变种藻类，可以食用。海草含有丰富的维生素C、碘和其他矿物元素。不过，假如你的肠胃难以适应，食用太多海草会导致腹泻。

在收集海草的过程中，应选择漂在水上或是附着在岩石上的海草。海滩上搁浅的海草不要食用，因为你无法得知海草的搁浅时间，它可能早已腐烂变质。采集到新鲜的海草后，将其晾干贮存起来，以备不时之需。

针对海草的不同种类，应选择相应的加工方法处理。如果海草较为柔软、纤细，则可将其直接置于阳光下曝晒，或者用火烘干使其变脆，然后碾碎，做成鲜美的汤或放入肉汤调料。如果海草比较厚实、革质，则需要先煮一段时间让其变软，之后再与其他食物一起烹煮或当蔬菜食用。有的海草可以直接生吃，但必须提前检测其可食性。

常见的可食用海草的种类有掌状红皮藻、绿藻、角叉菜、海草、紫菜、马尾藻、糖海草等。

植物类食物的准备

有些植物可以直接生食，有些植物必须经过烹煮处理才可食用。“可食”，即表示这种植物类食物可以为你提供必要的营养成分；而“可口”则表示食用起来十分美味、令人愉悦。可食的野生植物很多，可口的却很少。因此，辨别、调制以及吃野生食物是个很好的建议。

以下几种办法可以改善食物的口感：浸泡、烹煮、调制，以及用过滤器沥滤。在沥滤处理时，先将植物（比如橡树子）碾碎再放入过滤器中，用流水浸泡或者浇入开水。

用开水将茎秆、叶子、叶芽煮软。为了有效去除植物的涩味，可以多煮几次。

将茎块和根放在火上烘、烤或煮。对于像疆南星属之类的植物来说，干燥能够有效破坏其根部的草酸盐。

在必要的情况下，将橡果放入水中滤洗以去除涩味。有些坚果可以生吃，而且口感还不错，比如栗子。当然，烤熟后口感更佳。

有些谷物在未完全成熟时可以直接生食。完全成熟后，这些谷物会变干变硬，这时只能碾成面粉或者彻底煮透才可食用。

许多树液都含有糖分，比如白桦树、枫树、胡桃树和小无花果树。这些含糖的树液可以煮成更甜的糖浆。每35升枫树树液能熬制出约1升糖浆。

植物的药用价值及疗法

在选择药用植物进行治疗时，与选择可食用植物一样，要先进行准确辨识。使用方法一定要正确，这点十分重要。

术语及其定义

药用植物的相关术语及定义如下。

- 药膏。药膏是由植物的树叶或其他部分捻制而成的碎末，可能需要加热处理，可直接用于外敷，也可用纸或布包起来敷于疼痛部位或伤口处。经过加热处理的药膏能加快伤口处的血液循环，植物中所含的药用化学成分可以增加伤口的愈合速度。干后的药膏能将伤口里的毒素吸出来。将药膏碾成与“土豆泥”类似的程度，在伤者能够承受的范围内尽可能采用热敷。
- 草药茶，草药汤剂。一种外敷和内服均可的药用植物的混合物。在容器中放入少量药草，浇上热水，盖上容器口浸泡一段时间后再使用。在治疗初期，必须注意一次不能喝太多，因为空腹服用过多的草药汤剂极易引起不良反应。
- 煎煮药剂。煎煮草药的叶子或根茎，提取其精华成分。将草药的叶子或根茎放入开水中煮，煮的时间尽量长，以使其所含的化学成分充分进入水中。草药与水的平均比例通常为28~56克草药比0.5升水。
- 榨汁。可以用手挤出植物中的液体，将其外敷于伤患处，或者添加到其他药剂中使用。

与你所熟知的药物相比，这些自然疗法的起效时间相对较长。因此，治疗初期的用药剂量要小，使药能够慢慢发挥作用。

特殊疗法

下面这些治疗方法仅适合于求生环境。尽量少用这类方法，因为其中潜藏的有害性我们无法控制，可能会引发某些严重的后果，甚至产生长期影响（癌症等）。

- ★ 腹泻的治疗。就求生者而言，伤害性最大的疾病之一就是腹泻。用黑莓及其亲缘植物的根泡制而成的茶有很好的止泻功能，也可以用含有单宁酸的树皮（比如白橡树皮）泡制成浓茶饮用。但是，这种方法只能在没有其他药物时小心使用，因为它可能会对肾脏产生副作用。在含有单宁酸的茶中混入木炭、白垩粉末、黏土、木灰、骨末和果胶等，得到的粉末混合物对腹泻也很有效。饮用时要注意，必须遵照每两小时一次、每次两汤匙的剂量标准。将果胶混入黏土中，可以得到一种具有止泻功效的高岭土果胶（kaopectate）。果胶源自于苹果的碎渣或柑橘类果皮的内侧。用榛树叶或蔓越莓泡制而成的茶也有不错的效果。这类方法具有一定的危险性，特别是对那些已经营养不良的患者来说，使用时需要更加谨慎；即便是身体健康的人，也极易在腹泻时出现脱水症状。所以，在治疗之前，必须先试验这些方法的可行性。
- ★ 止血。用车前草叶子可以制成一种很好的止血药剂。不过，效果最佳的是由西洋蓍草或其他常见治伤草制成的药剂。这些药都可以有效止血。去皮的生仙人掌果或金缕梅能够加速伤口的愈合，可以让血管产生有效的收缩。咀嚼枫叶可以减缓口腔疼痛或牙龈出血问题，也可用枫叶做牙签，它能够产生一些抗菌性化学物质。
- ★ 治疗感染。针对蛇咬伤、创口、疼痛或皮疹患处，可以用抗菌剂清洗。抗菌剂可由大蒜或野洋葱的汁液、酸模叶碎末或者繁缕叶的汁代替。抗菌剂还可以由白橡树皮（丹宁酸）、牛蒡根、锦葵叶或根煎汁而成。另外一些很好的抗菌剂源于仙人掌果、西洋蓍草、红榆树皮和枫香。以上这些只能当外用药使用。蜂蜜和糖是两种最好的抗菌剂。在伤口处直接敷上糖，待糖化为糖浆时清洗干净，再重新敷上。至今为止，处理烧伤和外伤最好的抗菌剂是蜂蜜，第二是糖。

★ 退烧。治疗发烧、发热，可以用接骨木的干花或果实的浸液、柳树皮泡茶、菩提树的花泡茶，也可以用大齿杨或红榆树皮做成的制剂。另一种退烧良药是西洋蓍草泡茶。薄荷茶也可以退烧。

★ 治疗伤风和咽喉疼痛。这些疾病可以用柳树皮或车前草的叶子煎汁治疗，还可以用西洋蓍草或薄荷叶泡茶，牛蒡根、锦葵或毛蕊属植物的花或根来治疗。

★ 止痛。可以外敷酸模、车前草、繁缕、柳树皮或大蒜制成的膏药治疗。枫香具有显著的止痛特性。最好的止痛方法是咀嚼柳树皮，或用其泡茶喝，因为柳树皮含有阿司匹林成分。这些植物的汁液也可以与植物油或动物脂肪混合在一起，制成一种镇痛软膏使用。

★ 瘙痒与接触性皮炎的治疗。昆虫叮咬或植物中毒性皮疹所引发的瘙痒，可以用凤仙花属植物或金缕梅制成的膏药来治疗。皮疹、常春藤的毒素、昆虫叮咬等可以用凤仙花属植物的汁来缓解。灼伤可以用凤仙花属植物和库拉索芦荟缓解，也可以用蒲公英液、大蒜末和香枫叶。使用碾碎的牛蒡叶子，但效果并不明显，而使用碾碎的嫩车前草叶子来治疗，几天后就可见到明显效果。在这类植物中，治疗效果最好的可能是凤仙花属植物。烟草能够缓解牙痛，但它的镇痛效果是基于杀死神经末梢的原理。

- ★ 镇静。用西番莲或薄荷的叶子泡茶喝，对睡眠有很好的辅助作用。
- ★ 痔疮。用橡树皮或榆树皮泡水擦洗患处，或者用玉竹根的汁液、车前草的汁液清洗患处。基于金缕梅和单宁酸的收敛性，也可用来减缓病症。
- ★ 痱子。金缕梅或单宁酸可以有效缓解症状，但在彻底清洗患处之后，要用玉米淀粉或其他无毒植物研碎的粉末擦拭患处，使患处保持干爽。
- ★ 便秘。缓解便秘可以用野玫瑰、蒲公英叶子或胡桃树皮煎汁喝。生吃黄花菜也具有不错的疗效。不过，缓解便秘的关键在于必须大量喝水。
- ★ 治疗肠内寄生虫和蠕虫。大多数治疗肠内寄生虫或蠕虫的办法都对人体有副作用，但是，寄生虫和蠕虫对人体的毒性则要更大。因此，所有的治疗都必须剂量适中。可以用野生胡萝卜和艾菊的叶子泡茶来治疗，注意，野生胡萝卜的叶子是有毒的。使用浓度很高的单宁酸时要多加小心，浓单宁酸在一定程度上会伤害肝脏。
- ★ 治疗胃部胀痛。缓解胃部的不适感，可以用薄荷的叶子或萝卜籽泡茶喝。
- ★ 清洗杀菌。足癣和香港脚可以用橡树皮、橡子或胡桃叶子煎汁治疗。将煎汁外敷于患处，然后直接放在太阳下面晒。记住，经常涂才有效。也可以用宽叶车前草，但只要条件允许，所有的方法都应该以太阳直晒为辅助治疗。用醋和凤仙花清洗是个不错的方法，只是这些材料并不容易收集。
- ★ 灼伤或烧伤。可以使用蜂蜜、糖和单宁酸进行治疗。
- ★ 治疗牙病。用香枫叶对患处进行镇痛、消炎和杀菌处理。

★ 驱虫。可以直接吃大蒜和洋葱，也可以直接在皮肤上涂抹其汁液或直接抹擦檫树叶子。要想驱赶避身所四周的昆虫，可以用雪松木片。

★ 基于单宁酸可以治疗大量疾病——烧伤、止血、祛除寄生虫、杀菌、止泻、抗真菌、治疗支气管炎、治疗皮肤发炎、驱赶虱子，你必须掌握单宁酸的提取方法。所有的纤维植物都含有单宁酸，尤其是树木。硬木树所含的单宁酸一般比软木树多。在硬木树当中，含单宁酸最多的要数红橡木和栗子树。橡树上的疣状树结含有高达28%的单宁酸，将树的内皮、树结和松针（切成2厘米左右的条）放入水中煮过后，能得到含有单宁酸的溶液。煮的时间可以自行决定，煮15分钟只会释放出较少的单宁酸，煮2小时可得到中等浓度的溶液，煮12小时就会获得很浓的单宁酸溶液了。树种不同，呈现出的溶液颜色也不同，颜色更深的浓度更深，味道也更重，不过，所有溶液都会渐渐释放出刺鼻的气味。

植物的其他用途

只要在使用植物时小心谨慎，它可以助你一臂之力。对于将要使用的植物信息及其用法，确保你有所了解。除此之外，植物还有一些其他方面的功能。

★ 染衣服，伪装自己的皮肤。你可以从不同的植物上提取染料用来染衣服，或者涂在身上为自己打掩护。一般来说，应该提前将植物煮一下，以便达到最好的效果。可以从洋葱皮中萃取黄色汁液，从胡桃壳中萃取棕色汁液，从垂序商陆果中萃取紫色汁液。

- ★ 制作绳索和纤维。你可以利用植物纤维来制作绳索和纤维。最常用的材料有丝兰属植物的树干和菩提树等树种的内皮、荨麻和马利筋属植物等。
- ★ 从雪松的树皮、香蒲的绒毛中提取火绒用来点火，从含树脂的树木中提取变硬的树液，或者从松树中提取引火结。
- ★ 将雌性香蒲头或乳香的绒毛抖开，可以获得一种隔热材料。
- ★ 将檫树叶放在避身所里，或将香蒲种子的细纤维点燃，可以驱逐昆虫。

不管你是将植物作为食物或药物，还是用来建造避身所和制造武器，必须先要准确辨认，这是安全使用的关键。

第10章 有毒植物

在求生条件下，能否安全使用并有效利用植物，关键就在于能否准确辨认。上一章我们认识了可食植物的重要性，本章则需要了解有毒植物的相关信息。认识有毒植物同样重要，能使你免受其害。

引起植物中毒的原因

植物中毒通常是由以下几种途径所致。

★ 接触。接触有毒植物，可能会引发皮炎、皮肤过敏等各种不适症状。

★ 摄入。误食有毒植物，以致摄入毒素。

★ 吸收或吸入。皮肤可以吸收毒素，有些情况下毒素也会通过呼吸系统被吸入体内。

植物中毒所引发的后果会从轻微的不适直至迅速死亡。常常听到这样的问题：“这种植物毒性如何？”这很难回答，植物的毒性很难被准确定义，有以下几点原因。

★ 有些植物在极少量接触的情况下就会致命，而有些则在大量接触后才会出现轻微的不良反应。

★ 每一种生长环境不同的植物，其所含毒素量也会不同，其各个亚种的毒素含量也不同。

★ 每个人抵抗毒素的能力不同。

★ 一部分人对某些特定的植物更为敏感，而其他一部分人并不如此。

对有毒植物的常见认识有以下几个误区。

★ 观察动物吃什么，将它们的食物作为自己的食物。大部分情况下，这种观点并没有错，但有些动物食用的植物对动物无害，却对人体有毒。

★ 植物中所含的毒素可以用水煮的方法去除。这种方法只能消除某些毒素，并不是对所有毒素都有效。

★ 红色植物一定有毒。并非所有的红色植物都有毒，有毒的只是其中的一部分。

事实上，关键问题在于没有一个标准的原则可供参考，可以帮助你辨别植物的毒性。因此，你必须尽可能多地掌握这方面的信息。

掌握有毒植物信息

许多有毒植物都与其亲缘植物或其他可食植物的外形十分相似。例如，毒芹菜看上去与野生胡萝卜十分相像。有些植物只能在特定的生长期或某个季节内食用，而在其他生长阶段或其他季节就会变成有毒植物。例如，垂序商陆叶子只能在生长初期食用，过了这个时期就不能食用了。有些植物和果实只能食用其成熟体，成熟之前则是有毒的。比如，你可以吃成熟的盾叶鬼臼的果实，但其绿色的果实和其他部位不能吃。有些植物一部分有毒，一部分无毒，最常见的是番茄和马铃薯——通常它们都可食用，但是绿色的部分是有毒的。

还有些植物在枯萎后会变得有毒。比如，黑莓在枯萎后会产生氰化钠，因此枯萎后的黑莓不能吃。一些植物在生长期间有毒，而用特殊方法进行烹制后就可食用。比如，将印度天南星的球茎切成薄片，进行彻底地干燥处理（通常需要一年的干燥时间），之后就可以吃了，但是，在彻底干燥之前不能食用。

你必须在进入求生环境之前掌握辨认植物的方法。你可以从小册子、书籍、电影、乡间小路、植物园、当地市场和当地居民那里获得这些信息。当然，仅靠这些信息并不能提供给你全部的正确资料，你要从各种来源收集你需要的内容，并进行相互印证。

避开有毒植物的准则

对有毒植物进行准确辨认、了解使用的正确方法、了解其危险性，这是避开有毒植物的最好办法。在求生环境下，基本不可能达到绝对的确定性。如果你对当地某些植物的了解少之甚少，甚至一无所知，谨记，要避开——

- ★ 所有的蘑菇。对蘑菇可食性的辨认本身就比较困难，而且这种辨认还必须十分精确，需要比对其他植物的辨认更精确。因此，尽量远离所有的蘑菇。有些蘑菇所含的毒素至今仍无解毒办法，有些蘑菇的毒素则可以在短时间内致人毙命。最常见的两种蘑菇毒素，是损害肠胃和破坏中枢神经系统的毒素。
- ★ 随意触摸植物，与植物进行不必要的接触。

接触性皮炎

在野外生存环境中，最麻烦的问题通常是因接触有毒植物而患上皮炎。皮炎可能会引发极为顽固的症状，瘙痒和抓挠会迅速扩散开来，如果皮炎发生在眼睛周围或是眼睛里面，情况则更加糟糕。

这种毒素的主要来源是皮肤通过接触植物沾染上的一种油。你的装备可能也会沾上这种油，它会使接触装备的人受到感染。

这类接触性有毒植物不可以用火烧，因为火烧产生的浓烟也含有大量毒素，其毒性丝毫不亚于植物本身。在天气炎热、极易出汗的情况下，你会受到更大的威胁。可能会造成局部感染，也可能会扩散至全身。

你可能会出现以下症状：变烫、发红、肿胀、瘙痒和长水泡。这些症状的持续时间通常为几小时到几天。

首次与有毒植物接触，或是首次出现中毒症状时，用冷水和肥皂将毒油彻底清洗干净。在没有水的情况下，用沙子和泥土反复擦拭沾染毒油的皮肤部位。已经出现水泡的皮肤部位不可用泥土擦拭。因为泥土可能会磨破水泡，让身体其他部位感染病毒。清除毒油后，让该部分的皮肤保持干爽。对于植物引发的皮疹，可以用单宁酸溶液彻底清洗，然后在感染处涂抹碾碎的凤仙花碎末。

以下这些有毒植物可以造成接触性皮炎：

- ★ 豆科攀缘植物
- ★ 毒常春藤
- ★ 毒栎
- ★ 毒盐肤木
- ★ 漆树
- ★ 美洲凌霄花

摄入性中毒

摄入性中毒可能会导致十分严重的后果，甚至会迅速致人毙命。除非你确定所食用的植物无毒，否则就不要吃任何植物。应将吃过的所有植物记录下来。

摄入性中毒会产生以下症状：恶心、呕吐、腹部绞痛、腹泻、头痛、呼吸和心跳变弱、口干、失去知觉、出现幻觉、昏迷和死亡。

一旦你怀疑植物中毒的情形发生，要尽快清除中毒者嘴里或胃里的有毒物质。在中毒者意识清醒的情况下，用温热的盐水使其呕吐，或者直接用手刺激喉咙后部，引发呕吐，之后将大量的牛奶或水灌入中毒者口中，用以稀释毒素。

食用以下植物会引起摄入性中毒：

- ★ 蓖麻
- ★ 马缨丹
- ★ 夹竹桃
- ★ 毒芹和野生水芹
- ★ 马钱子树
- ★ 苦楝
- ★ 毒番石榴
- ★ 马来亚大风子树
- ★ 相思子

附录C提供了许多有毒植物的图片和详细介绍。

第11章 危险的动物

与生存环境中的其他危险性因素相比，动物的威胁要小得多。但是，根据常识你知道必须避开熊、狮子等危险的大型肉食类动物。也要避开许多长有犄角和蹄子的大型草食类动物。如果你处于这些动物的活动区域内，必须时刻保持警惕。不要把食物放在你的帐篷周围，以免引来大型动物的注意。在深入森林或下水之前，先确保环境的安全性。

事实上，与大型动物相比，小动物的危险性反而更高。为了弥补小动物在体型上的先天弱势，大自然赋予它们更多的武器来进行自我防卫——尖刺、毒牙，等等。被熊攻击、被鲨鱼咬伤、遭受鳄鱼袭击等事件时有发生，而发生这些惨剧的大部分原因都在于受害者自身的某些错误。相比来看，每年被小型毒蛇咬死的人远远要多于被大型动物杀死的人。更多的人甚至仅仅因为被蜜蜂蜇咬后的过敏反应而毙命。你很容易在不经意间闯入小型动物的活动领地，而后遭到它们的突然袭击，它们也可能在你不注意的情况下悄悄潜入你的活动区域。

如果你能时刻注意周遭的环境，保持警惕和头脑清醒，并依照一个简单的安全程序行事，就可以有效地远离这种不幸。千万不要因为粗心大意和不该有的好奇心而受伤或送命。

户外节肢动物

一些节肢动物，除了蜈蚣和倍足纲动物之外，昆虫纲动物都有6条腿，而其他一些节肢动物则有8条腿。一旦这些昆虫叮咬或蜇伤你，它们也就无异于害虫。

蝎　子

蝎子的分布较为广泛，在热带和亚热带的森林地区和沙漠，以及温带地区的沙漠，你都能发现蝎子的身影。它们大多在夜间活动。从低于海平面的死亡大峡谷到高达3600米的安第斯山脉，你都可见到沙漠蝎子的踪迹。沙漠中的蝎子通常呈嫩绿色或黄色，而潮湿地带的蝎子则显现出明显的黑色或棕色。蝎子的平均体长为2.5厘米左右。但是，在新几内亚岛、美洲中部和南部非洲的丛林，有身长20厘米左右的巨型蝎。通常来说，蝎子叮咬还不至于使人丧命，但这种极端情况确实在儿童、老年人或病人身上出现过。蝎子的外貌类似于小龙虾，长有一个竖立着的肢节尾巴，尾巴的顶端有刺。鞭尾蝎（或称醋蝎）的外形与蝎子十分相似，但这类蝎子对人类无害，它们的尾巴并不像真正有毒的蝎子那样长着刺，而是像鞭子或线。

蜘　蛛

北美的棕色隐士蜘蛛（或称小提琴蜘蛛）有着显著的外形识别特征：其背部有明显的小提琴状斑点。这类蜘蛛的习性与其名称一致：喜欢躲在暗处。虽然其叮咬通常并不致命，却能导致伤口周围组织大量坏死，若不及时治疗，最终可能面临截肢的后果。

全世界各地都能发现各种各样的黑寡妇蜘蛛，而最知名的就属北美的黑寡妇蜘蛛。生长在温暖地带的黑寡妇蜘蛛体形较小，呈黑色，腹部常见沙漏状的红色、橙色或白色斑点。

漏斗网蜘蛛是一种体形较大的澳大利亚蜘蛛，呈棕色或灰色。这种蜘蛛的腿短而粗，能够在圆锥形蛛网上快速地来回上下爬动，也因此而得名。这种蜘蛛被当地居民视为致命敌人。它们会在夜间外出觅食，当它们到处爬行时，不要触碰它们。漏斗网蜘蛛叮咬人后的症状与黑寡妇蜘蛛叮咬的类似——出现剧烈疼痛，并伴有颤抖、出汗、虚弱无力、丧失活动能力等，通常会持续一周时间。

狼蛛常在宠物店出售，所以比较知名。这种蜘蛛体大而多毛。大多数狼蛛都生活在美洲热带地区，但欧洲也有一种狼蛛。通常来说，狼蛛叮咬只会对人造成叮咬疼痛。不过，南美有些狼蛛也含有危险的毒液。还有些狼蛛的体型甚至能达到餐盘那样大，这类大狼蛛都长有大毒牙，用来捕捉鸟、蜥蜴、老鼠等作为食物。如果被狼蛛叮咬，一定会出现疼痛和流血症状，若不及时处理，也极可能会感染。

蜈蚣和倍足纲动物

大多数蜈蚣和倍足纲动物都属于体形较小的无害节肢动物，不过，在有些沙漠和热带地区生长的种类可以达到约25厘米长。有几种蜈蚣叮咬人时会注入毒素，但最大的危险在于感染，因为蜈蚣长有极其锋利的爪子，能够直接钻进并刺穿皮肤。如果发现身上爬有蜈蚣，应该顺着蜈蚣的行进方向将其划拉下去，以免硬拉导致皮肤被刺穿。

蜜蜂、黄蜂

蜜蜂、黄蜂的种类多种多样，各自的习性和栖息地也截然不同。黄蜂身上几乎不长任何绒毛，而蜜蜂却长有浓密的绒毛。大部分蜜蜂属于群居昆虫。它们可以在野外的树洞或洞穴里生存，也可以人工饲养。有些蜂独自生活，比如，熊蜂在木头缝里独居，而大黄蜂在地上的洞里独居。蜜蜂腹部的蜂刺是最主要的威胁。一旦蜜蜂蜇了你，它也就没法活命了，因为它会把刺和毒液从腹部一起猛拉出来。除了杀人蜜蜂之外，大多数蜜蜂都要温顺得多。

避免被蜜蜂蜇咬的最好措施就是远离。注意避开蜜蜂可能觅食的果实或花蕾。在处理野味或鱼类的时候，小心避开食肉的胡蜂。对一般人来讲，被蜜蜂蜇咬后产生的疼痛或头晕症状在几小时后都能自行消除，这种反应期比较短暂，症状也较轻。而那些对蜜蜂毒液过敏的人就不可轻视了，他们可能会出现昏迷、过敏性休克等严重反应，甚至会死亡。在野外生存环境中，如果没有抗组胺剂或其他可以代替的药物材料，过敏体质的人就会陷入十分危险的处境。

扁虱

温带和热带地区经常可以见到扁虱的踪迹。大部分人都对它十分熟悉。扁虱是一种小型节肢动物，体态呈圆形。有些身体软，有些则很硬。扁虱的生存和繁殖依靠血液寄生来维持，这就使扁虱成为一种很危险的病菌携带传播者。它们可能会传播莱姆关节炎、洛基山斑疹热等这类足以致命的疾病。一旦人被传染上这些细菌，几乎无药可医。幸运的是，时间可以为你提供帮助——要想成功传播疾病，扁虱在寄主身上停留的时间必须超过6个小时。因此，你有足够的时间来检查身体上是否爬有扁虱。扁虱常常附着在浓密的植物上，所以横穿这些地带时一定要多加小心。食用扁虱寄生的动物前也要小心，彻底清洗干净以确保没有扁虱残留。同样，为搭建避身所而寻找材料时也要谨慎。如果条件允许，一定要喷洒驱虫剂。

水　蛭

水蛭是一种吸血性的生物，外形与蠕虫类似。水蛭通常生活在温带和热带地区。受污染的河水中也常有水蛭，所以在涉水过河或游泳时要小心。在泥沼地、热带植物林和湿地也常能遇到水蛭。清洗淡水生物（如龟等）时，也可能会发现水蛭。尽量避免在有水蛭依附的地方建造避身所或营地，因为水蛭能爬进极小的伤口里。记住，一定要将裤脚塞进靴子里，防止水蛭爬进去。定期检查身上是否有水蛭附着。如果不小心吞食水蛭，会产生十分严重的后果。因此，如果你的用水是从无法确定安全性的地方获取的，一定要先将水煮开再使用，或是用化学药剂进行处理。有些求生者不幸吞下水蛭，结果鼻腔或口腔里出现伤口，并进一步发展成更重的感染，导致严重后果。

蝙　蝠

有许多关于蝙蝠的恐怖传说，但是蝙蝠对人的威胁其实并没那么夸张。世界上的蝙蝠有很多不同种类，但真正的吸血蝙蝠只生长在美洲中部和南部地区。这种小型飞行动物的动作十分敏捷，吸血蝙蝠会在动物睡觉时出动，降落在它们身上（牛和马居多）将其咬死，然后吸食它们体内的血。蝙蝠在吸食动物的血时，其唾液会分泌出一种抗凝血剂，可以减缓血液流出的速度。人们通常认为，蝙蝠都携带狂犬病毒，所有与蝙蝠的身体接触的人都可能会感染狂犬病，而且它们还携带其他多种病毒，与人接触时极易咬人。实际上，最危险的并不是以上这些情况，而是在有蝙蝠出没的洞穴里藏身。因为在这种地方很容易吸入蝙蝠的粪便粉末，这些粉末携带大量致病生物，极其危险。对于其他的蝙蝠和旧大陆狐蝠来说，它们的肉必须经过彻底烹煮处理才可食用，不用担心会感染狂犬病或其他疾病，不过还需要特别强调一点，必须彻底烹煮。

毒　蛇

在求生环境下，辨认毒蛇并没有绝对可靠的标准可供参考，因为这些准则都只在近距离观察蛇或者把蛇拿在手里时才能使用。不要惊扰蛇，这是最有效的办法。在有毒蛇出没的多蛇区，考虑将其作为食物的价值远远低于避免被蛇咬伤的重要程度。当你穿越毒蛇出没区时，必须遵循以下安全准则。

★ 走路时保持警惕。落脚要小心，观察脚下是否有蛇。尽量少留下足迹以免遭遇毒蛇追踪。

★ 在水边停留或采摘水果时小心观察。

★ 遇到蛇时，不要试图侵犯、骚扰或挑逗它。蛇不能闭上眼睛，因此你无法确定它们是睡着还是醒着。有些蛇在防御攻击或被逼上绝境时具有极强的攻击力，比如树眼镜蛇、眼镜蛇和孪斑金花蛇。

★ 用木棍翻动岩石或圆木。

★ 穿的鞋袜要合适，夜间尤为如此。

★ 你的衣物、床铺和避身所都要仔细检查。

★ 碰见蛇时保持镇定，尽量避免发出声响。蛇听觉很差，偶尔可能会在晒太阳或休息的时候被人惊扰。通常来讲，这种情况下蛇会自行逃跑。

★ 在不得已的情况下必须杀死蛇以作食物或求生时，必须极其小心地行动。

★ 熟睡中温热的人体有时也会引来蛇，但这种情形不多见。

图11–1中列出的蛇在附录E中有详细介绍。

美　洲

· 北美铜头蝮蛇　· 南美巨蝮　· 珊瑚蛇　· 棉口蛇

· 矛头蛇　· 响尾蛇

欧　洲

· 欧洲蝰蛇　· 草原蝰

非洲和亚洲

· 非洲树蛇　· 眼镜蛇　· 加蓬咝蝰　· 竹青蛇

· 角蝰蛇　· 金环蛇　· 马来亚蝮蛇　· 扁鼻蝮

· 犀咝蝰蛇　· 拉塞尔蝰蛇　· 沙蝰　· 鳞树蝰

· 鼓腹巨蝰

澳大利亚

· 死亡蝮蛇　· 太攀蛇　· 虎蛇　· 长吻海蛇

图11-1　世界上的毒蛇

无蛇地区

由于特殊的环境和气候因素，极地属于无蛇地区。以下这些地区也被认为是无毒蛇地区：古巴、海地、牙买加、新西兰、爱尔兰、波多黎各、夏威夷和波利尼西亚。

蜥　蜴

吉拉蜥蜴是一种极其危险的有毒蜥蜴，生长在墨西哥和美洲西南地区。这种蜥蜴的皮肤颜色很深，带有桃色斑纹，表面粗糙。平均身长35~45厘米，长有又厚又粗的短尾巴。一般情况下并不咬人，除非被困住。

墨西哥珠蜥生长在从墨西哥到中美洲一带，是吉拉蜥蜴的亲缘动物，两者外形十分相似。不过，这种蜥蜴的皮肤外表并没有彩色斑纹，而是规则性的斑点。它同样有毒，但性情较为温良。

还有一种巨型蜥蜴叫科莫多龙，它可以长到3米多长。捕捉这类蜥蜴是项十分危险的任务。在印度尼西亚，这类蜥蜴的体重甚至超过135千克。

河流中的危险生物

躲开河马、鳄鱼、美洲鳄鱼和其他大型河流动物是常识性认识。除此之外，你还应该避开以下小型河流动物。

电鳗体型较大，能长到直径约20厘米、身长约2米。电鳗的身体器官可产生500伏特的高电压，因此一定要躲开它们。利用这种电击，电鳗可轻易击昏猎物或对手。通常，鳗鱼可在南美洲的亚马孙河和奥里诺科河流域见到。食物和氧气充足的浅水区是电鳗最喜欢待的地方。它们上半身呈黑色或深灰色，下腹部的颜色略浅一些，体形要大于美洲鳗。

亚马孙河和奥里诺科河流域还有另外一种危险动物——食人鲳，这种鱼的原产地在巴拉圭河内湾。它们的颜色和外形各不相同，但也有着相同的共性：腹部通常呈橙色，而背部的颜色较深。它们长有剪刀一样极其锋利的白色牙齿，看上去十分吓人，身长可达到50厘米左右。在横穿有食人鲳的水域时，必须时刻保持警惕。食人鲳会被血液的气味吸引过来。旱季时，浅水区最危险的动物就是食人鲳。

大型淡水龟也是十分危险的动物，捕捉或接触时一定要小心。南美洲的枯叶龟以及北美洲的甲鱼和蛇鳄龟等，这些龟在自我防卫时都会咬人，甚至能咬掉人的手指和脚趾。

危险动物的家族中还有一位成员——鸭嘴兽。鸭嘴兽极易辨认，它们的身体呈浅灰色，体表有短毛，嘴巴像鸭子，尾巴则类似海狸。鸭嘴兽的体形较长，可达到60厘米左右，看起来似乎可当作一种不错的食物。不过，作为世界上唯一一种产蛋类哺乳动物，鸭嘴兽的危险性绝不能轻视。雄性鸭嘴兽的后脚长有毒刺，一旦刺伤人，伤口处会产生剧烈的疼痛感。鸭嘴兽只能在澳大利亚见到，主要栖息在水域两边的河岸附近。

海湾和江口的危险动物

海湾和江口区域同样十分危险。在海洋与河流的交汇区，即海水与淡水汇合的地方，生活着许多具有攻击性的动物。这些动物能造成伤口疼痛，还能引发严重感染。比如，踩到海胆会导致伴有剧烈疼痛，且伤口很容易发生感染。穿越浅水区时，必须穿好鞋袜，不要抬起脚来迈步，应该擦着水底走路。

浅水区最大的威胁来自于黄貂鱼，在热带水域尤为如此。各种黄貂鱼的外形特征都不相同，单从尾部来判断，似乎它们彼此之间毫无关联。虽然它们的区别很大，但也有相同的特征：尾巴上都长有可能带毒的尖刺，如果踩在上面会受伤，还会引发剧烈疼痛。黄貂鱼的鳍刺与风筝的形状类似。它们的生活地在非洲、美洲和澳大利亚的海岸线上。

海洋中的危险动物

有些种类的鱼不能食用，还有些鱼甚至都不能触摸。

海洋中最令人害怕的动物就是鲨鱼。鲨鱼的攻击通常很难躲避，人们一般将鲨鱼攻击视为意外事件。你必须想尽一切办法避免碰到鲨鱼。鲨鱼也有很多不同的种类，但总体来看，危险性最大的鲨鱼都长有醒目的牙齿和宽阔的嘴巴。相对来说，危险性较小的鲨鱼，其嘴部也比较小。不过，一旦被任何一种鲨鱼咬伤，甚至仅仅是擦到其粗糙的皮肤，都会引发剧烈疼痛，还可能毙命。

在太平洋和印度洋的珊瑚礁上，常常可见到河豚和刺足鱼。它们的鳍上长有锋利的刺，并且可能有毒。最好不要与这种鱼有身体接触，如果必须用手拿，一定要小心。同其他的危险鱼类一样，当地居民认为这种鱼可以食用，但是，处理不慎也会置人于死地。在条件可能的情况下，尽量不要食用，寻找其他的无毒鱼作为食物。

刺尾鱼因其与外科手术刀类似的尾刺而得名。通常这类鱼都色彩艳丽，身长约20~25厘米，尾部的刺含有毒素。一旦被刺伤，就会导致感染、中毒或流血，并因此招致鲨鱼，后果不堪设想。

在中美洲和南美洲海岸以及美国海湾沿岸的近海热带水域可以发现蟾鱼。这些鱼颜色灰暗，背部长有锋利的刺，含剧毒，身长18~25厘米。蟾鱼通常会将自己埋在沙子下面，静静地等候其他鱼类或猎物靠近。

斑马鱼和毒蝎鱼多见于地中海和爱琴海水域，以及热带印度洋和太平洋的暗礁周围。这种鱼的颜色差异很大，从红棕色到紫色或棕黄色，身长平均为30~75厘米。它们的刺和鳍很长，呈波浪形，会对人造成极其强烈的疼痛感。这类鱼的亲缘动物常见于大西洋中，毒性相对较小。

在印度洋和太平洋里可以见到石头鱼。这种鱼的背部长有尖锐的刺，一旦不慎踩到，或是捉拿时不注意，它就会刺伤你并往伤口内注入毒液。石头鱼通体呈土褐色，因此极具隐蔽性，很难被人发现。其身长可达40厘米左右。

龙螣平均身长约为30厘米，生活在非洲、欧洲和地中海近海岸地区，常常躲在沙子里面。龙螣背部和腮长有毒刺，通体呈单一的棕色。

注意 这些有毒的鱼和软体动物在附录F中有详细介绍。

河豚对冷水的忍受力极强。所以，在全世界各个温带和热带海岸区域，以及非洲和东南亚的一些河流里都能见到河豚。河豚身体呈圆形，短而胖，长有很多短刺，在受到惊吓后或者警觉不安时，身体会鼓成球状。河豚的体长和颜色各不相同，最长能达到75厘米。其血液、性腺和肝脏都含剧毒，28毫克就足以致人死亡。

鳞鲀鱼分布较广，多见于热带海域。这种鱼的外形像一张薄薄的煎饼，背部长有又大又尖的刺，一般体长较短，有些也能长到60厘米（约24英寸）。鳞鲀鱼大多都有毒，所以不要食用。

梭鱼是一种十分凶猛的鱼类，人们通常都避之不及。大多数梭鱼都生活在热带海域，能长到1.5米。梭鱼有时也会主动攻击人类。有些梭鱼的鱼肉里含有雪卡毒素，能够致人死亡。

生活在江口、湖泊以及海岸附近的暗礁里的很多鱼都有毒，不能作为食物。不过，其中一部分鱼在特定的季节是无毒的。大部分有毒鱼都是热带地区的鱼类，但是，不管你身在何处，对于无法确定毒性的鱼都要始终保持谨慎。某些掠食性鱼类可能本身无毒，但因其在浅水区食用了有毒的鱼，自己也就会携带毒性，甲鱼和梭鱼就是典型的例子。毒性最强的鱼类有明显的身体特征：嘴部外形像鹦鹉嘴，皮肤像硬壳，身体长有刺且能鼓成气球状。不过，在一年当中的特定时间，当地的土著居民会将其视为一种美味。

其他危险的海洋生物

其他一些危险的海洋生物有蓝环章鱼、水母以及芋螺、锥螺等。在所有的水域行进时都应随时保持警惕，小心行动。

大部分章鱼在烹制后都十分可口，但是，这种蓝环章鱼会用类似于胡萝卜的嘴巴将人咬伤，并可致人死亡。不过，这种鱼体形并不大，而且只会在澳大利亚大堡礁里见到。它的身体呈灰白色，分布有不规则的蓝环，所以很容易识别。权威专家提出警告：必须谨慎对待所有的热带章鱼，因为尽管这些章鱼的肉可以吃，但一旦被它们咬到，就无法避免中毒。

被水母刺伤后会产生剧烈的疼痛感，但它们通常很少致命。僧帽水母的触须可以长到12米长，飘在身体的后面，就像海洋上漂浮的粉色或紫色气球一样。这些长长的大触须虽然看上去无害，事实上却是能够刺伤人的细胞群。大多数因水母而死的事故的罪魁祸首就是僧帽水母。其他一些水母也会刺伤人并造成剧烈疼痛。所有的水母触须都必须避开，那些看上去已经死亡、被搁浅在海岸上的水母触须也要避开。

芋螺生长在热带和亚热带海域。芋螺的壳上分布着美丽的网格图案，身体上长有鱼叉形的倒钩。外壳上的隔膜会让其颜色看起来比实际要暗一些。有些芋螺毒性较大，在太平洋和印度洋中生长的一些芋螺甚至能够致人死亡。所有圆锥形状的贝壳类生物都要避开。

锥螺是比芋螺更长更细的另一种螺，生活在温带和热带海域。这种螺几乎都可以致人死亡，而生活在太平洋和印度洋的锥螺则更易致人死亡，因为它们的倒钩含有更多的毒素。这些生物的肉很可能有毒，不要食用。

第12章 野外应急武器、工具和装备

身为求生者，你应当了解如何保管并正确使用武器、工具以及装备的重要性。尤其关键的是要使刀保持锋利。在求生环境中，最有用的工具之一就是刀。假想在求生环境下没有任何其他武器和工具，只有一把刀的情景。这种情况是极有可能发生的！你甚至连一把刀也没有。或许你会恐惧，会无助，但一旦你了解相关的知识，掌握必要的技能，你所需要的物品也能够临时制作出来。

为了生存下去，你可能不得不亲自制作任何类型、任何数量的临时武器和工具。你对一件物品的需求必须超过制作这件物品所需的工作。应时刻问自己："这件工具十分必要，还是只因为有比没有更好？"谨记这一点：鲁莽地忙活无异于浪费。绳子、衣服、背包和网是一些能使你的生存变得更加轻松的装备和工具（附录A）。

武器具有两方面的功能。第一，可以用来捕捉和处理食物；第二，可以进行自我防卫。武器能让你在行进的过程中猎取动物，同时让你有一定的安全感。

手 杖

你最先应该获得的工具之一就是手杖。手杖可以在走路的过程中发挥支撑身体的作用，让上下陡坡变得更容易。如果使用的方法正确合理，特别是当你遇到狗或蛇的时候，它还能充当武器。手杖的长度应该接近你的身高，至少要到你的眉毛处。太长了也不好，因为你要确保在自己营养不良或疲惫不堪之时，也能有效地使用手杖。穿越黑暗的荆棘丛和灌木林时，手杖还能对你的眼睛起到很好的保护和指引作用。

棍 棒

棍棒并不是用来投掷的，而是用来握的。棍棒能扩大你的攻击和防卫范围，将你的有效防御范围延伸到指尖以外的区域。除此之外，棍棒还能让你在确保自身安全的情况下增加攻击力度。棍棒有以下三种基本类型。

简单棍棒

简单棍棒就是一根简单的树枝或棒子。为了便于挥动，棍棒不宜太长，但也不能太短，长度必须足以伤到袭击你的动物，同时还要足够结实。棍棒的粗细应根据你的抓握情况来决定，太细的棍棒很容易在撞击中折断，太粗则不利于挥动。最好的材料是直纹的硬木，有条件的情况下尽量去寻找。

加重型棍棒

将重量加在简单棍棒的一端，就是加重型棍棒。这个增加的重量可以是人为加上去的，像一块石头等，也可以是自然重量，比如木头自身长出来的节。

在将棍棒加重之前，首先要找一块形状合适（能牢固地绑在棍棒上）的石头，外表像沙漏形状的石头比较理想。在你无法找到适合的石头时，就利用“啄击”的方法制作一块：用一块坚硬的石头对准准备绑在木棒上的石头反复敲打，将这块石头敲出一个凹槽来。

然后，找一块长度适中的木棒，直纹硬木最好。木棒的长度应与石头的重量相匹配。最后，参照图12-1描述的方法将石

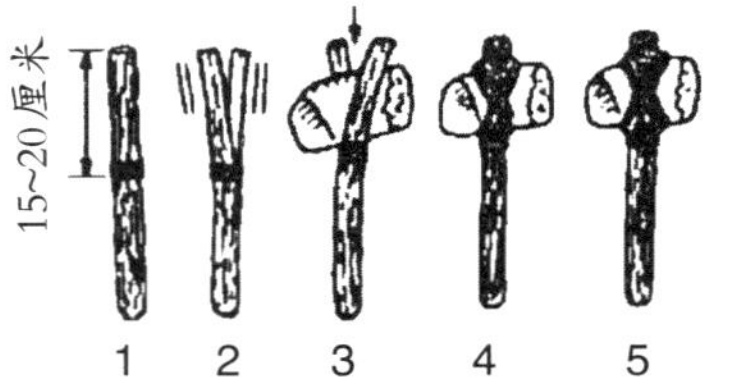

劈开棍棒捆绑技术

1. 捆绑处
2. 劈开一端至捆绑处
3. 在分叉处放入石块
4. 将石头上下交叉绑好
5. 将分叉处牢牢绑好，确保石头不致脱落

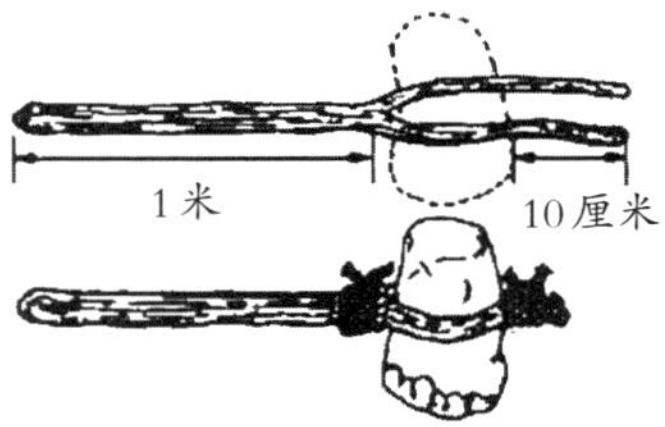

叉状树枝捆绑技术

牢牢捆绑分叉处的两端，以防其裂开

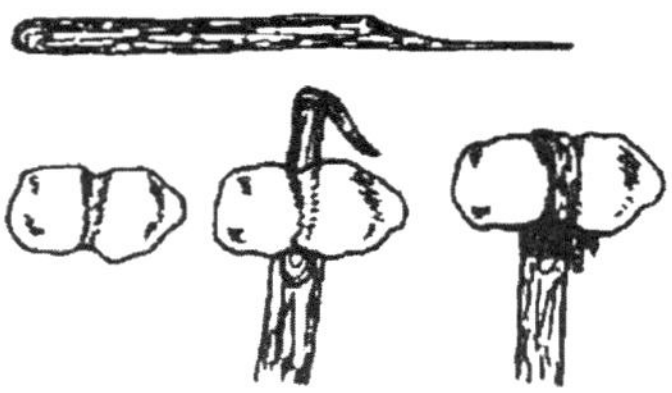

盘绕棍棒捆绑技术

1. 取一根长1米、直径2.5厘米的硬木棒，将一端削至直径1.3厘米左右
2. 取一块1.8千克重的有捆绑凹槽的石头，将削过的一端绕在石头上
3. 将其捆牢

图12-1　捆绑棍棒

头捆绑在木棒上。你选择的技术类型取决于棍棒的类型。

投石棒

投石棒也是加重型棍棒的一种。在木棒上悬挂一个重物，悬挂使用的绳子必须柔韧结实。木棒与重物应保持8~10厘米的距离（图12-2）。这种投石棒不仅使你的有效攻击范围得以扩大，也可使你的攻击力量大大增加。

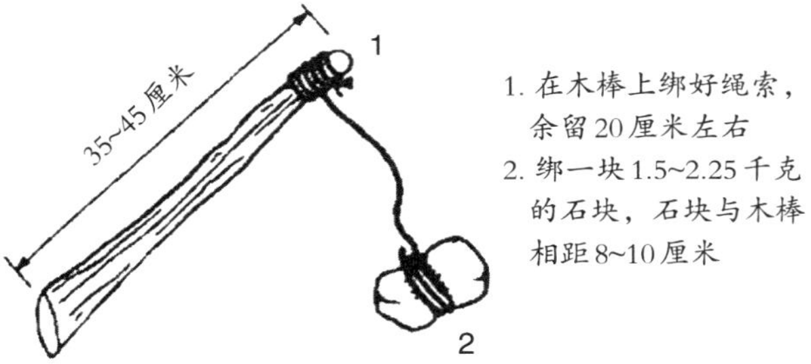
35~45厘米
1
2
1. 在木棒上绑好绳索，余留20厘米左右
2. 绑一块1.5~2.25千克的石块，石块与木棒相距8~10厘米

图12-2　投石棒

带刃武器及制作材料

带刃的武器包括刀子、矛刃和箭头。以下分别介绍了这些武器的制作方法。

刀　子

刀子的基本功能通常分为三种：刺，砍，削或切。在制造其他生存工具时，刀子也是必不可少的重要工具之一。在没有刀可用或者急需使用另一种刀或矛的情况下，可以利用木头、骨头、石头或金属等材料，制作一把供临时使用的刀或矛头。

选取石头作为制作材料时，需要一个凿具、一个刨具和一块边缘锋利的硬石。凿具的功能是除去小石块，它是一种较轻的钝边工具。刨具用来削平而薄的石头，是一种尖头工具。你可以用骨头、木头或金属来制作凿具，用软铁、硬骨或鹿角上的尖叉来制作刨具（图12-3）。

首先，用凿具打磨石头较为锋利的部分，将石头磨成你所需要的形状。刀应该尽量薄。接下来，将刨具压在刀刃上。这会让刀刃的另一面开始往下掉薄片，形成剃刀一样的锋利刀刃。用刨具沿着整个刀刃开始打磨。这样，你就得到一个可以当作刀使用的工具了。

将刀刃绑上某种类型的手柄（图12-3）。

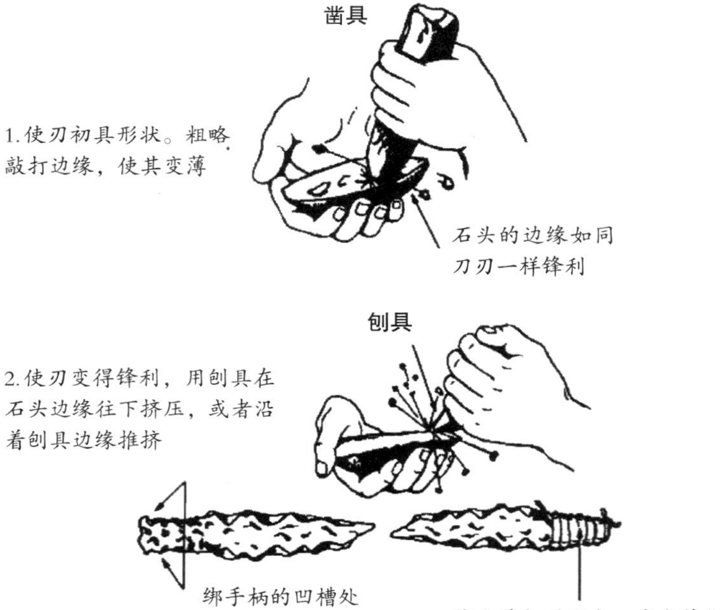
凿具
1.使刃初具形状。粗略敲打边缘，使其变薄
石头的边缘如同刀刃一样锋利
刨具
2.使刃变得锋利，用刨具在石头边缘往下挤压，或者沿着刨具边缘推挤
绑手柄的凹槽处
绑上手柄（硬木、鹿角等）

图12-3　制作石刀

注意 你也可以用石头做成十分好用的砍削工具和刺扎工具，不过工具的刃部都无法保持太长时间。用打火石或燧石等类似的石头做出的刀刃十分好用。

骨头除了用来制作刨具，还可以用来制作临时使用的利刃。第一步工作是找一根合适的骨头。大一些的骨头最好，比如鹿或类似大小的中型动物的腿骨等。找一个足够坚硬的物体，将骨头放在上面，然后用石头一类的重物将其击碎。从骨头的碎片中选出一块尖利的碎片，或者挑出一些较好的碎片，将其放在粗糙的岩石上打磨，使之更加锋利，并磨成你想要的形状。假如碎片太小以至于难以抓握，可以找一块合适的硬木头，将磨好的骨头碎片绑在一端，为碎片加上一个手柄。

注意 除了刺穿这一种用法，其他用法会使其折断或脱落，无法保证刃部的尖利。

临时使用的带刃武器也可以用木头制作。不过，你只能用这种武器去刺扎动物。要想制作出好用的刀刃，唯一合适的木材就是竹子。用这种方法制作刀，首要步骤就是选一根长约30厘米、直径约2.5厘米的直纹硬木，将其削尖。不要用木头上的木髓或木芯部分，只能用有直纹的部分，否则做出的刀刃极易折断或损坏。制作的刀刃长度约为15厘米。

如果条件允许生火，将尖部放在火上烧硬。用火慢慢烘干刀刃部分，直至出现轻微的烧焦。越干的木头，刃尖也会越硬。待尖部轻微烧焦后，将其放在粗糙的石头上打磨，以使尖部更加锋利。如果你选择竹子作为材料，在刀刃做好之后，去掉竹子中空部分的其他木质，使刀刃变得更薄。竹子最硬的部分就是最外层，所以你要除去其他部分。尽可能使最外层完好地保留下来，使制作的刀刃足够硬。在火上烘烤竹子时须注意，外层不能烤，只能烤竹子内层。

在所有可用来制作临时带刃武器的材料当中，最好的就是金属。如果你能够设计得合理可行，刀的三个功能——刺、砍、削或切都可以通过金属实现。第一步，选一块合适的金属，金属形状要尽可能接近你最终想得到的东西的形状。根据其原始形状和尺寸，你可以将其放在粗糙的石头上打磨，做出合适的刀刃和刀尖。只要金属的软度足够，你还可以在金属冷却期间锤打出一个刃。平整的硬表面如果合适，可以做成砧，而小块的金属或硬石头可以做锤子，并锤出刀刃。做这些工作时须要小心，为了避免手被砸伤，可以用骨头、木头或其他不会伤害手的材料做刀把。

带刃武器也可以用其他一些材料制成。如果条件有限，玻璃也能当作很好的替代品。挑选玻璃的方法与挑选骨头一样。玻璃本身就带刃，但却容易碎裂，不耐用。你也可用塑料来制作带刃武器，将塑料的一边削尖，做成刺戳工具。当然，塑料同样需要足够的厚度和硬度，这样才会更加耐用。

矛　刃

你可以用制作刀刃的方法来制作矛刃。选择一根木杆或较直的小树，长1.2~1.5米。具体长度由你是否能自如挥动决定。在竹子上绑好矛刃。以下这种方法比较适用：劈开竹子的一端，将矛刃插入进去，然后牢牢绑紧。你也可以用其他材料，而不需要另外加上矛刃。选择一个直的硬木杆，长度为1.2~1.5米，削尖硬木的一端。如果条件允许，利用火烧法将其尖端烧硬。用竹子也可以做成很好的矛。找一根长1.2~1.5米的竹子，从一端的8~10厘米处开始削尖，削成45度角（图12-4）。记住，你只能削内侧的部分，以确保刃部足够锋利。

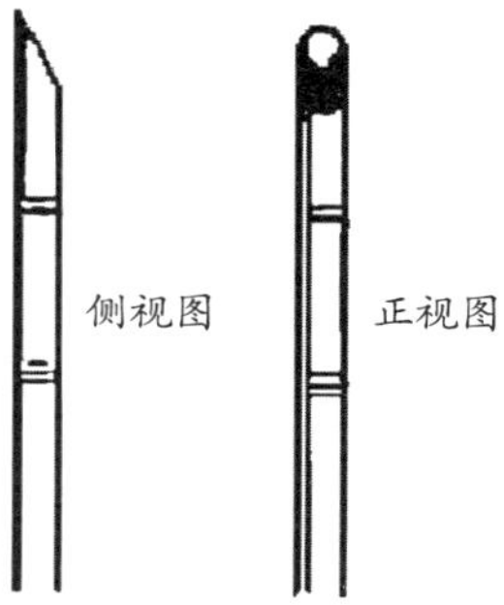

图12-4　竹矛

箭　头

箭头的制作过程与石刀刃的制作过程相同。制作箭头最好的材料是打火石、燧石和贝壳形状的石头。削骨头的方法也与削石头的方法相同——利用刨具。制作一个尖锐的箭头，可以选择碎玻璃等类似的材料。

其他应急武器及制作方法

你可以用手边的材料制作投掷棒、弓箭、流星锤等其他应急武器。这些武器的制作方法如下。

投掷棒

投掷棒通常还被称为“猎兔棍”，它能够有效地对付多种小型动物，比如兔子、松鼠和花栗鼠。投掷棒由一根天然呈45度角左右的钝树枝做成。首先，找一棵橡树等类似的重硬木树，仔细观察，从树上选一个角度合适的树枝砍下来。把竖直的两边削平，让其外形类似于一个飞镖（图12-5）。你必须反复练习投掷的技巧，以确保投掷更快速、更准确。练习步骤如下：第一，伸开另一个手臂（非投掷臂），使其与投掷目标的正中间或下部位于一条直线上，以此瞄准目标。将投掷臂逐渐向后上方抬起来，使投掷棒与后背保持45度角。向前伸出投掷臂，让投掷臂停留在非投掷臂稍上方的平行位置上。这个位置就是投掷棒的投出点。要想投准目标，必须反复练习。

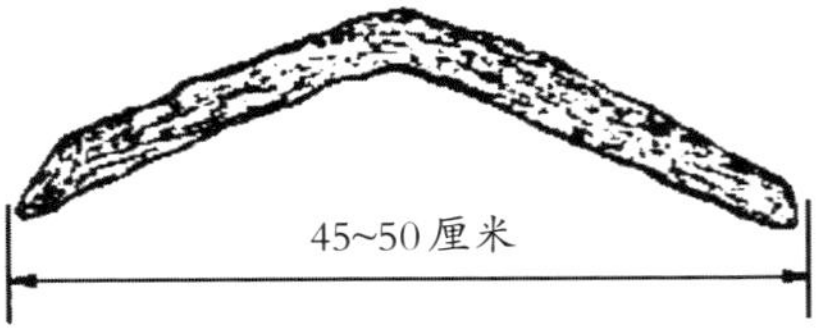

图12-5 猎兔棍

弓 箭

利用求生环境中的天然材料，你也可以自行制作弓箭（图12-6）。弓的制作方法可以参照第8章讲述的步骤进行。

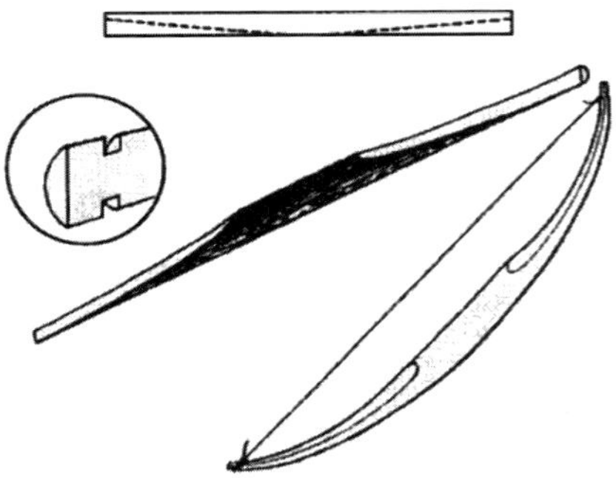

图12-6 弓箭

与使用弓箭比起来，制作弓箭要更加容易。要想确保准确地击中目标，你必须长时间不断地练习。除此之外，临时制作的弓很容易损坏，使用时间不会很长，很快你就不得不制作一个新的弓替换。由于制作和使用弓箭涉及的时间较长，工作量也较大，可能你会选择其他的工具作为应急武器。

流星锤

另一种易于制作的应急工具就是流星锤（图12-7），这种武器可以有效地捕捉低飞的禽鸟和奔跑的猎物。流星锤的使用方法如下：首先，握住中心结，将流星锤旋转在头顶上方；然后，在合适的时期迅速放手，使其朝目标飞过去。在你放手之时，

1.将3条60厘米长的绳索用反手结系在一起　2.每条绳索的一端栓一块0.25千克的重物　3.抓住绳索在头顶上方旋转，然后松开，直击目标

图12-7　流星锤

挂有重物的绳索会分散开来，打中动物或禽鸟，并将其紧紧缠住使之无法逃脱。

绳索和捆扎绳的制作

你可以利用很多材料来制作绳索或捆扎绳，只要这些材料足够结实。在求生环境中，可以找到一些人工或天然的材料。比如，你可以拆开一个棉质编织背带，拆下来的线、编织背带等都可以有更多的用途，如可以用来制作钓鱼线、捆扎绳或缝补线。

天然绳索

制作绳索之前，先要通过几项简单的测试来确定你选的材料是否耐用。首先，沿着长度方向将其用力向上拉伸，以此确定材料的强度是否足够。其次，用你的手指将其折弯并在指间

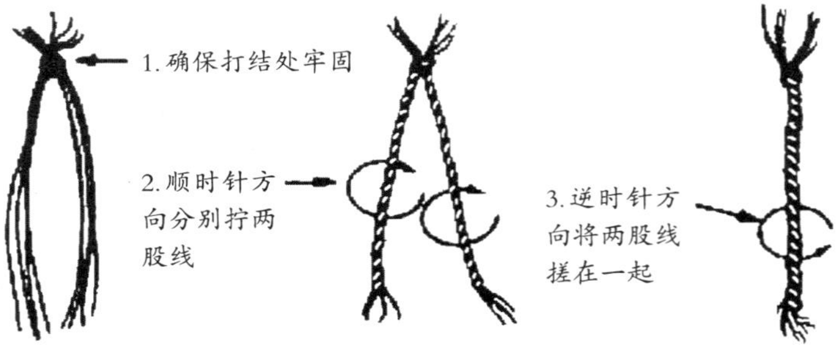

图 12-8　用植物纤维制作线绳

捻一捻。如果这种动作并没有使它折断或损坏，这些纤维就可以用反手结系在一起。将反手结轻轻拉紧，如果系的结足够牢固，就可以使用这种材料了。制作绳索的几种不同方法见图 12–8。

捆扎绳

动物的筋腱是捆扎小物品最好的天然材料。大型动物的筋腱可以用来制作筋，比如鹿的腱。将动物的腱从体内取出来，彻底晾干。拍打干筋腱使其分成纤维。弄湿纤维，将其绕成绳股。将绳股编制在一起，可以作为更结实的捆扎材料使用。由于湿润的筋具有黏性，干了以后会变得很结实，所以，在用筋捆扎小物品的时候，不需要再打结。

你可以利用一些树的内皮来制作绳子：将内皮剥下来，然后把纤维编制在一起。树种可以选择山胡桃、白橡树、桑树、菩提树、榆树、栗子树和红、白雪松。制作完成后，要测试绳子的强韧度，确保绳子符合你的要求。要想增加这些材料的强度，可以将几股绳子编在一起。

用来捆扎大物体的绳子可以利用生兽皮来制作。可以用大型动物身上的生皮，也可以用中型动物的生皮。剥下动物的皮，剔除皮上粘黏的多余的脂肪和肉，将皮进行干燥处理。如果皮的表面较为平整，没有容易吸收水分的褶皱，就不需要再铺开晾晒。皮上的毛同样也不需要去除。晾干皮之后，从皮的中间做一个环形切口，按照顺时针方向一直切到皮的边缘，切口宽约6毫米。将皮浸泡2~4小时，或者直到泡软为止。皮潮湿的时候尽量拉伸。干了之后的皮会更耐用、更结实。

背包制作

选择制作背包的材料就容易多了，基本上所有的材料都能被利用起来。比如植物纤维、布、木头、绳子、竹子、动物皮、帆布，等等。

背包的制作方法也有很多种。许多方法都十分精致，但在求生条件下，只能选择简单易行的方法实施。

马蹄背包

制作这种背包十分简单，使用方法也很简单。它很适合单肩背，背起来比较舒适。找一块正方形的材料，毯子、雨衣或帆布都可以，将其在地上平铺开来。把要装的物品放在材料的一边。把衬垫加在硬物品上，连同物品一起朝另一边卷起来，然后扎紧两头。用绳子绑好沿长度方向的其他部位。联结好一根绳子的两端，这样就可以把包背在肩上了（图12-9）。

方形包

只要你有绳子，这种包就很容易制作。如果没有的话，首先你得制作绳子。你只需用树枝、竹子或木棍做一个方形的框架来制作方形包。框架大小依具体情况而定，比如所装东西的多少、人的体型和身高等（图12-10）。

图12-9 **马蹄背包**

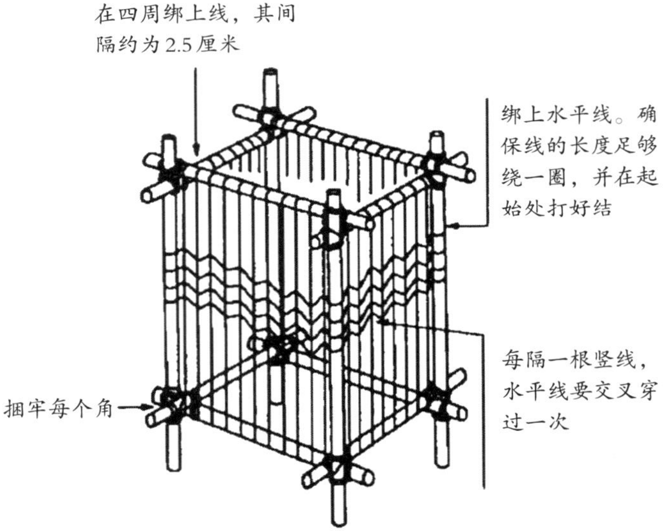
在四周绑上线，其间隔约为2.5厘米
绑上水平线。确保线的长度足够绕一圈，并在起始处打好结
每隔一根竖线，水平线要交叉穿过一次
捆牢每个角

图12-10 **方形包**

衣服与保暖物及制作

许多材料都可以用来制作衣服和保暖物。比如各种植物、动物皮毛等天然材料，以及降落伞之类的人工材料。这些材料比较容易得到，而且具有非常好的保护作用。

降落伞

整个降落伞都可以被利用起来，可作为一个十分有用的材料来源。降落伞可利用的材料包括伞绳、伞蓬、降落伞背带和接头连接器。在利用降落伞制作工具之前，你要检查你的所有生存装备，并对降落伞每一部分的用途做好规划。例如，拆开降落伞之前，你要考虑制作背包的需求、避身所的需求以及衣物或保暖需求。

动物皮

在求生条件下，你能捕获的动物种类会在一定程度上限制你对动物皮的选择。但是，如果当地有很多不同类型的野生动物，你的选择范围就会大得多。尽可能选那些脂肪多且皮厚的大型动物。如果条件允许，尽量避免使用生病的或受到感染的动物皮。在野外环境下，跳蚤、扁虱和白虱之类的害虫会寄存在动物身上。所以，在使用动物皮之前，必须将其彻底清洗干净。如果水源不足或者没有水，至少要把皮彻底抖干净。如果用的是生皮，则应去掉皮上所有的肉和脂肪。将皮进行彻底干燥处理。袜子、鞋和手套可以利用臀部及后腿部位的皮制作。将毛向内披在身上也可以保暖，抵御风寒。

植物纤维

有些植物具有很好的御寒保暖功能。香蒲就是一种极好的材料，常常生长在沼泽地带，也长在湖边、河流和池塘的回流处。香蒲茎秆的顶端长有绒毛，这种绒毛能够形成一种空气滞停区，如果将其放在两种材料之间，会形成一种类似于羽毛的保暖层，具有很好的保暖效果。马利筋属植物的种子像花粉一样，也可以当作保暖材料。椰子外壳的纤维可以用来编织绳子，将其干燥处理后，可以用来保暖，还可以当火绒材料。

烹调和食用器具及制作

烹制、进餐和贮存食物的工具可以用多种材料制成。在求生条件下，要最大限度地利用所有可使用的材料，使其发挥最大作用。

碗

碗的制作需要利用骨头、木头、皮、角或其他类似材料。木碗的制作比较容易，你只需截下一段中空的木头，足以盛装足够的食物和水，能在火上加热就可以了。将食物和水装进木碗，把木碗吊在火上，在碗中放入热的石头。待石头冷却后将其取出，放入更多热的石头，直到食物煮熟为止。

警告 沙石和石灰石等有气泡的石头不能使用。因为当你用火加热这些石头时，很可能有爆炸的危险。

利用树叶或树皮制作容器也可以采用相同的办法。但是，这种容器位于水线上面的部分很容易被点燃，除非你能始终保持一个足够低的火苗，或使容器保持湿润。

适合煮食物的另一种材料就是竹子的竹节。不过，要确保你切下的竹子是两个竹节之间的部分（图12-11）。

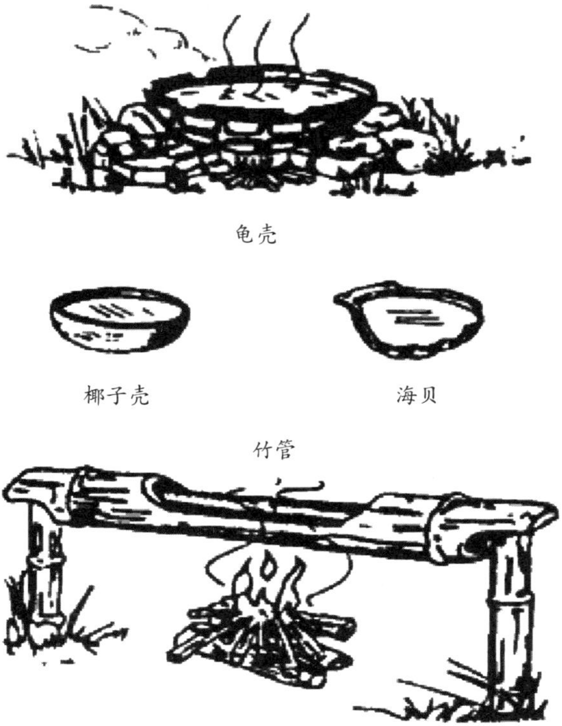

图12-11　煮食物用的容器

警告 加热封闭的竹节很可能引发爆炸，因为封闭的竹节内可能留有空气和水。

叉、餐刀、勺

叉子、餐刀和勺子要从不含树脂的木头上截取，否则会留下浓烈的树脂味，破坏食物的味道。白桦树、橡树等其他一些硬木树不含树脂。

注意 树皮上有树液或切开时流出树脂一样的汁液的树，不要使用。

锅

木头或龟壳可以用来制作锅。与使用木碗的方法类似，只需要将热的石头放进去就能得到非常好的效果。制作炊具最好的材料是竹子。

如果你使用的是龟壳，应先将壳的内面彻底煮好再使用。接下来，将食物和水放入龟壳，吊在火上加热即可（图12-11）。

水　壶

制作水壶极好的材料就是大型动物的胃。必须先将其彻底洗净才可使用。将底部打好结作为壶底，顶部作为壶口，要设法把口扎紧。

第13章 沙漠生存

身处干燥酷热的沙漠地区时，你需要及时了解你所处的环境的具体状况，这对你做好充分的准备迎接生存挑战极为重要。该地区的具体状况会对你产生很大的影响，会决定你将要采取的策略和使用的装备。你的求生意志是否强烈，你对该区域常规天气状况和地形地貌是否了解，你在遇到突发状况时的处理方法是否正确，这些都将决定你能否在沙漠中生存下去。

基本地形

在较为干旱的地区，有5种地形的分布较为广泛。

★ 海拔较高的沙漠或山地　　★ 岩块较多的高原

★ 沙丘　　★ 盐沼　　★ 深裂地形

在沙漠中，地形会使行进变得异常费力。沙漠中极少有明显的地面标志，陆地导航也因此变得十分困难。

山地沙漠

通常情况下，贫瘠的山脉或小山会广泛分布在山地沙漠中，山与山之间的区域则形成了平坦、干燥的盆地。有些平坦的区域会逐渐或者突然升高，最高处甚至可以达到海拔数千米的高度。高地通常雨量较小且不频繁，但一旦下起大雨，则必会引发强烈的山洪。峡谷和沟渠都会被山洪侵蚀，盆地的边缘地带会沉积由洪水带来的砾石和沙子。雨后，一些生长期较短的植物可能会在此时长出来。不过，由于雨水蒸发速度太快，所以在很短的时间内，地面就会变得像洪水来临之前一样贫瘠而缺乏生气。假如有足够的水流进山地间的盆地，以弥补蒸发掉的水分，这里也许会形成一片浅浅的湖泊。死海和犹他州盐湖的形成原因也是如此。这类湖泊均含有十分丰富的盐分。

多岩块的高原沙漠

这些高原沙漠上往往松散地分布着或高或低的平地，大量碎裂或坚硬的岩块散布在这些平地的地表或地表附近的区域。某些地方还有被中东地区称作“洼地斯”（Wadis）、被墨西哥和美国称作峡谷的陡峭的风蚀山谷。峡谷底部的表面较为平坦，一般情况下很适合作为队伍的集结地。但这些地方在雨天会非常危险。下过雨之后，峡谷底部会瞬间出现洪水，狭窄的山谷对水流的加速作用会加大洪水的破坏力，处于峡谷底部的人将会处于极其危险的境地。多岩石沙漠地形的一个典型范例就是戈兰高地。

沙丘沙漠

一片平坦、广阔、覆满砾石和沙子的地区就是沙丘沙漠。用“平坦”来形容沙丘沙漠只是相对沙漠的具体地形而言，在某些地区，沙丘的长度可达16~24千米，高度可达300米。这种地形是否能安全通过，一部分取决于沙子的质地，另一部分则取决于沙丘斜坡相对风向是正向还是逆向位置。然而，在其他某些区域，平地的高度可能会超过3000米。有些地方也许没有植物生长，却有高达2米的灌木丛。阿拉伯沙漠的部分地区、撒哈拉大沙漠的边缘区域、南非的喀拉哈里沙漠、新墨西哥和加利福尼亚沙漠，均属于此种类型的沙漠。

盐　沼

盐沼通常较为平坦，其中的高盐分使它变得十分荒芜，除了某些地方零散长有一些杂草，几乎没有任何其他植物能够存活下来。在干旱地区，雨水汇聚在一起，蒸发后会留下大量高盐量的水甚至是碱盐，盐沼就是这样形成的。因含盐量过高，盐沼的水完全无法饮用。在盐水的上层，有时还会形成2.5~30厘米厚度的盐壳层。

在一些干旱地区，盐沼地绵延数百平方公里，这些地方生长着大量的昆虫，且多数种类的昆虫都对人具有攻击性。行进时要注意，尽量避开盐沼地，这种类型的土地极易对皮肤、衣服和靴子造成严重的腐蚀。

深裂地形

深裂地形广泛分布在每一个干旱地区。这种地形来源于松软的泥土被暴雨侵蚀后所形成的小峡谷。旱谷可能仅深2米、宽3米，而在其他一些地方，其深度、宽度则可达到数百米。与其深度和宽度一样多样化的是它的方向，其蜿蜒曲折的路径形成一个个独特的迷宫。旱地可以成为属于你的优质避身所，但为了保证你的安全，一定不要试图穿越它，这种地形极难通过。

环境要素

在干旱地区，想要躲避危险逃出生天，你必须对你所面临的环境状况有足够的了解，并为所有可能发生的危险做好准备。你要慎重挑选将采用的策略和使用的装备，你还要充分了解环境会如何影响你和你的策略及装备。

身处干旱地区时，以下7种环境要素必须仔细考量。

- ★ 降雨量极少
- ★ 太阳暴晒和高温
- ★ 昼夜温差大
- ★ 植物稀少
- ★ 地表矿物含量极高
- ★ 沙暴及沙尘暴
- ★ 海市蜃楼

降雨量极少

干旱地区最为明显的环境特征即为极其稀少的降雨。在某些沙漠地区，年降雨量甚至还不到10厘米。由于沙漠的干旱特性，降雨会迅速渗入地面以下。如果你没有足够的水，在气温极高、阳光强烈的沙漠中，你的生命很难维持太长时间。所以，当你需要在沙漠中生存一段时间时，必须首先考虑水源问题：你有多少水？可以使用的其他水源在哪儿？

太阳暴晒和高温

在任何一个干旱地区，暴晒和高温都是你肯定会遇到的问题。白天，大气温度可高达60℃。炙热的含沙流风、强烈的阳光直射、岩石和沙子上直接传导的热量以及阳光照在沙子上反射的热量，均是大气热量的来源（图13–1）。

通常情况下，岩石和沙子的温度比大气温度高16~22℃。假如大气温度达到43℃，沙子的温度则可能会达到60℃。

暴晒和高温会增加你的身体对水的需求。这时，你需要寻找一个避身所来缩短暴露在高温下的时间，用以保存能量和体液。如果想进一步减少身体水分的消耗，可以选择在夜间行进。

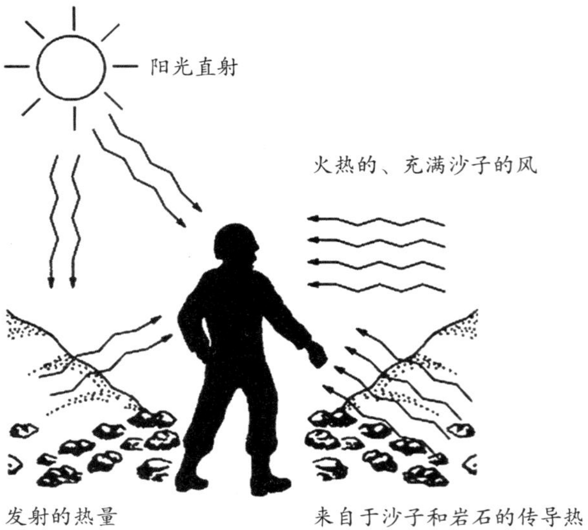

图13-1 热量的几种来源

此外，如果敏感设备（如无线电设备）直接在强烈的阳光下曝晒，很容易导致设备故障。

昼夜温差大

在某些干旱地区，白天的大气温度甚至可达到54℃,夜晚却可能会降至10℃。假如你缺乏用于保暖的衣物，你会因为夜晚迅速下降的气温被冻得发抖、麻木而无法行动。然而，行进或工作的最佳时机正是凉爽舒适的夜晚。如果你打算在夜晚驻扎休息，那么你需要一条长裤和一件较厚的毛衣。如果有一顶羊毛帽子，将会更好。

植物稀少

干旱地区通常植物较为稀少，所以，利用植物来掩饰行进路线或躲避危险就十分困难。在白天尤为如此。白天的能见度很高，可视范围广，很容易暴露。

如果你要躲避危险，以下沙漠藏身原则可以参考执行。

- ★ 尽量不让自己被发现，可以在植物较为茂密的干旱的旱谷或冲蚀地里藏身。
- ★ 可以利用石头、灌木或露出地面的岩石等物品投射下的阴影。同时，阴暗处的温度会比阳光直射下的大气温度低11~17℃。
- ★ 盖住你身上能够反射阳光的物品。

准备行进之前，你需要事先观察可能要经过的地形，寻找地形中能够为你提供遮蔽和掩护的地点。在观察中，对距离的估算可能会出现一些问题。沙漠地区较为空旷开阔，大多数人都会将距离估算得较短，而通常估算出的距离只有实际距离的三分之一：目测的距离为1千米，事实上却有3千米。

地表矿物含量极高

在任何干旱的地区都会有这样一些区域，其地表的泥土中所含的矿物质——如碱、盐、石灰、硼砂的含量非常高。这些区域的水的硬度很高，无法作为饮用水。此外，与这类泥土接触后的物品也很容易坏掉。假如你为了凉快一点而用这些水沾湿衣服，会很容易染上皮疹。有一个典型的例子就是位于美国犹他州的盐湖，那里的土壤和水里的矿物质含量非常高。基本上没有任何植物生长，因此你很难在这样的地形中找到避身所。在可能的情况下，最好避开这类地区。

沙暴及沙尘暴

简而言之，沙暴就是含沙子的风，在大多数沙漠地区均有发生，且频率相当高。位于阿富汗和伊朗境内的锡斯坦沙漠，曾经连续吹了长达120天的沙暴。在沙特阿拉伯境内，沙暴的风速平均为3.2千米~4.8千米每小时，刚过中午或下午时，风速甚至可达到112千米~128千米每小时。每星期至少发生一次比较大的尘暴或沙暴。

在漫天风沙中迷路是一件相当危险的事情。在这种天气行进，你需要戴上护目镜，并将口鼻都用衣物遮挡起来以免沙子进入造成严重的咳嗽。假如缺乏天然的避身场所，你需要做下记号，标记你将要行进的方向，然后躺下来，等待风暴停止。

风中的沙子和尘土会影响无线电设备的通话质量，这时你需要采取其他的方法发送信号。在条件允许的情况下，可以使用烟柱、火堆、信号布板或信号镜。

海市蜃楼

海市蜃楼是一种典型的光学现象，它的产生是由于石质或沙质地表的热空气上升，导致光线发生折射作用的缘故。离海岸线约10千米远的沙漠地区通常是海市蜃楼常发生的地点，这种景象会使观察者认为是1.5千米以外或更远地方的物体在移动。

海市蜃楼使远处的视野轮廓变得十分模糊，同时也会让人觉得很难辨明远处的物体。你会感觉像是被包围在一片水域当中，而高出来的那部分区域看上去非常像水中的“岛屿”。

海市蜃楼还会令你很难看清物体、识别目标，让活动变得十分困难。但是，假如你能到达一个高出沙漠地面约3米的地方，以此避开贴近地表上升的热空气，眼前的海市蜃楼幻境就会被克服。在海市蜃楼幻境中，天然特征都会变得模糊而难以识别，因此陆地导航也会变得极其困难。

与其他地形中的光线水平相比，沙漠地区的光线水平要强得多。在有月光照射的夜晚，风也停止了，空气变得格外清澈明净，刺眼的阳光和烟雾都不见了，视线也会因此变得分外清晰。这时，你可以看见红色信号灯或远处的灯光，甚至是照明不足的光亮。在这种环境下，声音也可以传到很远的地方。

与此相反的是，在缺乏月光照射的夜晚，能见度会变得极低，视线可及范围十分有限，行进会变得非常危险，你必须更加小心。要防止自己迷失方向，避免掉进沟渠等地，或者误打误撞闯入野兽的领地。在这种条件恶劣的夜晚，除非你拥有一个指南针，而且白天已经得到了充分的休息。一定要观察并记住地形，挑选好路线，否则就不要轻易行进。

水的需求

处于干旱地区时，另一个生存的关键点在于要了解大气温度、水的消耗和身体活动三者之间的相互关系。为了保持身体活动的某种水平，一定温度条件下，人体需要保存一定量的水。比如，在43℃的气温下，一个人进行一整天的高强度工作需要耗费19升水。假设水的摄入量低于人体的需求量，人的有效工作能力就会大大降低，做决定的能力也会相应下降。

正常情况下，人的体温约是36.9℃。为了排除多余的热量让自己感觉凉爽，身体会选择出汗的方式进行调节。无论是出于气温、锻炼还是工作的缘故，身体的温度越高，出的汗就会越多；出的汗越多，身体就会流失越多的水分。人体水分流失的主要因素就是出汗。白日里，人在气温很高的条件下进行高强度锻炼或工作，却没有出汗，就很容易因身体温度调节不当而中暑。这是十分紧急的情况，需要立即进行医疗救治。

以下几种活动每天的需水量在图13-2中均有详细说明。在清楚了解身体活动和大气温度是如何影响人对水的需求之后，你就能实施正确的策略，充分地利用你的水源储备。你可以采用以下措施。

★ 寻找一个阴凉的地点，避开强烈的阳光。

★ 在炙热的地面和你自己相隔的区间放置一些物品。

★ 限制自己，不要做过多的活动。

将你的汗水储存好。穿上你携带的全部衣服，T恤衫也要穿上。将衣服的长袖展开，保护好头部，脖子也要用围巾或类似的物品保护起来，这样可以减轻毒辣的阳光和炙热的风沙对你

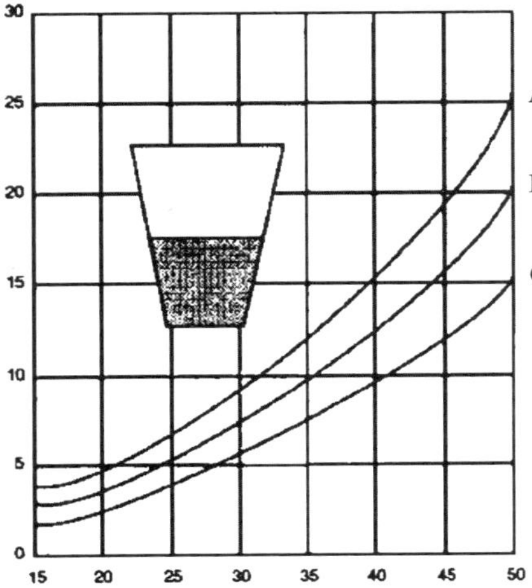

A：阳光下的高强度活动（携带装备进行攀缘、匍匐等活动）

B：阳光下的中等强度活动（清洗、维护装备）

C：在阴凉处休息，恢复体力

一个人进行这三种活动时，日平均气温与身体所需摄入的水量的关系在这张曲线图上有明确标示。假设在阳光充足的日子里，一个人在户外进行了8小时的高强度活动（曲线A），当户外平均气温为50℃时（垂直线），这个人一天需要喝下约25升水

图13-2 三种活动每天的需水量

的伤害。你的汗液会被衣服吸收，这能让你的汗液保留在皮肤上，而汗液蒸发产生的冷却作用会给你带来凉爽的感觉。最好能安静地待在阴凉地，闭紧嘴巴不要说话，用鼻子呼吸。这样能够大幅度减少身体对水的需求量。

假如严重缺乏水的来源，就不要食用任何东西。食物的消化需要水的辅助作用，所以吃饭会调用你身体中原本用于冷却降温的水。

口渴并不完全代表你的身体需要水分。假如以感觉口渴作为身体需要水分的指令，那么，一个人每天获得的水分只有所需水分的三分之二。为了避免这类“自动”脱水现象的发生，你可以参照以下标准摄取需要的水：

★ 当气温低于38℃时，每小时摄入0.5升的水。

★ 当气温高于38℃时，每小时摄入1升的水。

按一定规律定时喝水可以让你的身体长时间保持凉爽。即便在水分供应不足的情况下，定时少量地喝水也会让身体变得凉爽，减少出汗带来的水分流失。注意减少身体活动以储存汗水。喝水不要定量，否则你很可能会因为试图定量喝水而造成热伤害。

热伤害

由于压力、受伤以及缺乏必要的应急装备，身为求生者，你受到伤害的可能性非常大。以下是一些常见的热伤害类型，以及在水分供应较少甚至不足且没有专业医疗救助的情况下，发生热伤害事故时应采取的急救措施。

热痉挛

大量出汗引发的身体盐分流失将会引起热痉挛。热痉挛的症状主要表现为手臂、腿部或腹部的中等或严重的肌肉痉挛。最初期的症状可能多表现为肌肉的轻微不适感。症状出现时，你应该停下一切正在进行的活动，到阴凉的地方补充水分，以恢复体力并放松肌肉。假如忽略初期的不适症状而继续参加活动，将会导致剧痛和更为严重的肌肉痉挛。救助方法与下面讲到的热虚脱相同。

热虚脱

身体盐分和水分的大量流失将会引起热虚脱。热虚脱的症状主要表现为虚弱、头晕、痉挛、头痛、大量出汗、精神错乱、躁动不安、面色苍白、皮肤潮湿冰冷等。发现此类症状时，应立即将病人平稳抬放于阴凉的地点，让病人躺于担架上或类似物品上，并保证离开地面约5厘米高。先将他的衣服解开，然后在他身上泼洒一些水，往他身上扇风。每隔三分钟给他饮用少量的水。留专人看管，确保他不要随意移动，让他得到充分的休息。

中　暑

典型的中暑是身体严重缺盐、缺水，自身无法进行冷却作用所引起的较为严重的热伤害。病人可能会因为身体热度不能立即减下来而死亡。中暑的症状主要表现为恶心、呕吐、不出汗、头痛头晕、皮肤滚烫干燥、脉搏加速跳动、精神错乱以至失去知觉。此时，应立即将病人抬放到阴凉地，让病人在担架或类似物体上平躺下来，保证他的身体与地面距离约45厘米。把他的衣服解开，向他身上浇水。不用过多考虑水的洁净程度或所含成分，因为它与这些因素关系不大。继续往他身上扇风，按摩他的腿部、手臂及身体其他部位。一旦病人的意识恢复，每三分钟让他补充少量的水分。

预防措施

当你需要在沙漠中生存或逃脱时，一般情况下，你无法通过医生的帮助或其他医疗设施来治疗各种意外状况所引发的热伤害。因此，你需要极为小心，尽最大可能避免热伤害。通常情况下，炎热的白天，你可以充分休息；到了凉爽的晚上或夜间，再继续行进或工作。同时，你还可以利用同伴来防止受到热伤害。以下指示可以帮助你远离热伤害。

- ★ 一定要记住，将你要去的地方和返回的时间告知同伴。
- ★ 留心同伴是否出现热伤害的迹象。假如有人抱怨行进太累，或者总走在队伍后方，他极有可能已经患上了热伤害。
- ★ 每一小时至少补充一次水分。

★ 想休息时，一定要找一个阴凉的地方，千万不要直接躺在太阳直晒的地面上。

★ 白天工作时千万不要脱去衣物。

★ 根据尿液的颜色深浅来判断。颜色较浅意味着你已摄入足够多的水；颜色较深则说明你还需要摄入更多的水。

干旱地区的潜在危险

各种各样的昆虫在广阔的沙漠里生活。作为昆虫的水源和食物源——人，可能会引来螨、蜂、虱子、苍蝇等五花八门的昆虫。这些昆虫可能携带引发严重疾病的病毒，并且让人感觉极不舒服。在沙漠地区驻扎和生存一定要戴着手套。必须先查看是否隐藏着什么东西，之后再去接触你想了解的地方；躺下或坐下之前，必须先检查你准备坐下的地点。当你站起来时，将衣服和靴子抖一抖，检查是否有什么东西藏在里面。在所有的干旱地区，你都会发现蛇的踪影。村庄、废墟、洞穴、垃圾堆以及露在地面上的天然岩石间都是它们的藏身地点。不要贸然穿过你没有仔细检查的地方，更不能光脚走，因为可能有蛇藏在里面。还要留意你的手触摸的地方和你站立的地方，碰到蛇或者踩到蛇是大多数人被蛇咬伤的原因。必须尽力避开蛇类，发现蛇时，一定要迅速远离。

第14章 热带生存

通常，在一般人看来，热带就是可怕而广袤的热带雨林地区，在热带地区每前进一步都充满了危险，每移动一寸都要披荆斩棘。事实上，现今大部分的热带地区已经在一定程度上被人类开发了。

要想增加生存可能，你需要尽可能多地掌握野外生存技巧知识，加强应急准备能力，并学会有效使用生存原则。记住，即便你孤身一人在热带地区生存，也不要恐惧或惊慌。这种消极情绪会让你精疲力竭，大大削弱你的生存意志。

不管是繁殖速度极快的寄生虫，还是令人警惕的病菌，丛林中的所有生命都在旺盛生长。你所需要的食物、水以及避身场所的建造材料，都可以从大自然中获得。

那里有生活了数千年的土著居民。这些土生土长的当地人依靠采集植物和打猎为生。但是，作为一名外来者，要想在热带地区生存下去，需要花费一定的时间来适应当地情况。

热带气候

除了海拔较高的部分地区以外，亚热带和赤道地区的显著气候特征就是大雨、高温以及非常压抑的潮湿。海拔低的地区气温变化相对较小，通常不会低于10℃，一般都在35℃以上。海拔1500米以上的地区，夜间常常会结冰。雨水具有降温作用，雨停之后气温迅速升高。

这里常下暴雨，还伴随着电闪雷鸣。突如而至的大雨敲打在树枝上，细小的雨流汇聚成奔腾而泻的急柱，流入河中，引起河面的大幅上涨。但是，这来势汹汹的大雨会突然停止，仿佛从未出现过一般。在夏季即将结束的时节，有时也会发生肆虐的风暴。

海面上形成的龙卷风、飓风和台风会急速登上内陆，汹涌的浪涛席卷而来，冲走岸上的一切。当你在选择驻扎地点时，一定要保证所选地点高于洪水的水位线。夏季的风力与冬季相差很大。在干旱时节，可能一天只下一场雨，而当雨季来临时，大雨倾盆，下个不停。从印度洋刮来的风会为东南亚带来漫长的雨季，而从中国大陆刮来的风则会让这一地区变得十分干燥。

在热带地区，夜晚和白昼一样长。白天会迅速到来，黑夜也会突然降临。

热带丛林类型

丛林的类型划分没有什么绝对标准。通常，热带地区的丛林可分为以下几种。

★ 热带雨林 ★ 次生林

★ 半常绿季节性森林和季风森林

★ 热带灌木林 ★ 热带稀树大草原

★ 盐水沼泽 ★ 淡水沼泽

热带雨林

热带雨林主要分布在刚果盆地和亚马孙的跨赤道地带、几个太平洋岛屿以及印度尼西亚的部分地区。这里全年高温多雨，无明显气候变化。全年的气温变化范围从白天的32℃到夜晚的21℃，而全年的降水量足足可达到3.5米。

热带雨林中的植物通常被分为五层（图14–1）。在荒无人烟的地区，树木可以从最初的板状根一直长到约60米高。这些高树下面生长着许多低矮的树木，矮树丛形成了一片厚厚的树蓬，阳光很难从中穿过，矮树在阳光照射不到的地方艰难地挣扎着。

图14-1 热带雨林的五层植物

蔓藤植物缠绕在一起拼命往上爬，希望享受太阳的照耀。苔藓、蕨类植物和其他一些草本植物，透过厚厚的叶子在地上铺成地毯，树枝落在叶子上，为大量的菌类提供了滋生的温床。

生长在丛林地表上的低矮植物缺少阳光，所以它们基本不会阻碍你的行动。但是，这些茂盛浓密的植物将周围的能见度降至50米左右，处在这种丛林中，你所面临的主要困难就是容易迷失方向，而上空的救援飞机也很难发现你。

次生林

次生林的特点与雨林相似。这里的植物普遍生长茂盛，阳光只能透过厚厚的枝叶零星地照在地上。丛林边缘、河岸边以及被人类清除过后的雨林地是次生林的主要分布范围。被开垦的雨林在废弃之后很快会长出大量的盘结植物，将这些区域通通占领。你还经常能在这种次生林中发现农作物。

半常绿季节性森林和季风森林

非洲和美洲的半常绿季节性森林与亚洲的季风森林特征类似，它们有以下几种特征。

- 树层分为上下两层，上层的树木平均高18~24米，下层的树木平均高7~13米。
- 树木的直径平均为0.5米。
- 在干旱时节，树木的枝叶会枯萎凋零。

生长在这种地区的可食植物与热带雨林地区的可食植物基本相同，除了椰子树、西米、聂帕榈。

这种森林在南美的委内瑞拉、哥伦比亚部分地区以及亚马孙盆地都可以见到，还可以在非洲肯尼亚的东南海岸的部分地区、坦桑尼亚和莫桑比克见到。除此之外，亚洲的印度东北部、缅甸的大部分地区、印度支那地区、泰国、爪哇以及印度尼西亚其他地区的岛屿上也有分布。

热带灌木林

热带灌木林有以下几个主要特征。

- ★ 旱季时间确定。
- ★ 旱季时，树木都会凋零。
- ★ 地面上几乎全是光秃秃的，只长有少量的束状丛生植物。禾本科植物几乎见不到。
- ★ 生长的大部分植物都有刺。
- ★ 火灾时常发生。

热带灌木林的主要分布地区：尤卡坦半岛、委内瑞拉、墨西哥西海岸以及巴西；非洲内陆地区以及非洲西北海岸；亚洲的印度和土耳其。

你很难在热带灌木林的旱季时期找到可食植物。而当雨季来临后，到处都能采集到植物类食物。

热带稀树大草原

热带稀树大草原具有以下几种特征。

- ★ 只有在非洲和南美的热带地区才能见到。
- ★ 中间零星分布着一些树木，看上去很像繁茂而广阔的牧场。
- ★ 通常都是红色的土壤。
- ★ 零星分布着一些粗糙、矮小的树木，外形与苹果树类似。也可以在稀树大草原上找到棕榈树。

热带稀树大草原主要分布在以下地区：南美洲的委内瑞拉部分地区、巴西、圭亚那；非洲的撒哈拉南部（喀麦隆中北部、加蓬以及苏丹南部地区）、贝宁、多哥、尼日利亚大部分地区、刚果共和国东北部地区、乌干达北部、肯尼亚西部地区、马拉维部分地区、坦桑尼亚部分地区、津巴布韦南部地区、莫桑比克以及马达加斯加西部地区。

盐水沼泽

盐水沼泽通常分布在容易受海潮影响的海岸区。这些地区长有茂密高大的红树林，红树林的高度可达12米。这些高树错综纠结的根会极大地阻碍你的行进。由于这种沼泽地的能见度相当低，人的任何活动都会变得十分困难。在某些情况下，你必须先徒步穿越沼泽地，才能利用筏子渡过由沟渠形成的小溪或河流。

这种盐水沼泽可以在西非、马来西亚、马达加斯加和太平洋岛屿、中美洲和南美洲以及印度恒河河口发现。位于亚马孙河和奥里诺科河的河口、圭亚那河的沼泽地，主要由叶少的树木和湿泥形成。盐水沼泽的涨落水位相差甚至可达到12米。

对求生者来说，盐水沼泽中的任何生物都极具危险性，无论是水蛭、昆虫等小型生物，还是凯门鳄等大型猛兽。盐水沼泽地里的任何一种危险动物都要避开。

如果条件允许，尽可能远离盐水沼泽地。如果沼泽地中有可通过的水道，你可以利用筏子逃离出去。

淡水沼泽

淡水沼泽主要分布在低地内陆地区。这种沼泽地的特征是长有大量的芦苇、草、棕榈树以及其他多刺低矮植物，这使该地区的能见度变得相当低，行动极其艰难。这些沼泽中央常常零星地点缀着各种岛屿，这为你离开水面提供了一定的机会。许多野生动物都生活在这种沼泽里。

穿越丛林地区

经过一定的训练和练习之后，穿越这些浓密的丛林和矮树丛就不那么困难了。记住，行进时一定要穿长袖衣服，避免树枝刮伤或划伤外露的身体皮肤。

要想在丛林中自如行动，你必须练就一双"丛林眼"，这就是告诉你：你必须尽量打开你的视野范围——不能只将视线放在眼前的树木和灌木丛上，而要集中精力观察更远的地方，并留意植物之间存在的缝隙。你不能只是盯着丛林看，而要看穿它。时不时停下脚步，弯下腰从地面朝远处看过去。这样便于你找到动物的行动踪迹，可以依循它们的痕迹往前走。

在穿越浓密的丛林和森林时，步伐要稳健，不要走太快，记住随时保持警觉。隔段时间要停在原地等一等，听听四周的动静，并对你的身体姿势稍做调整。带好弯刀，从阻挡你前进的浓密植物中砍出一条路，但不能挥舞着弯刀四处乱砍，否则你很快就会精疲力竭。砍蔓藤植物时，你应该用弯刀从下往上砍，因为丛林中的声音可以传到很远处，而这可以减少你发出的声音。利用手杖将植被分开，也可以用手杖帮你驱逐可能会咬人的蜘蛛、蚂蚁或蛇。记住，不要在爬坡的时候直接用手去抓蔓藤或灌木丛，因为这些植物上的刺或锋利的荆棘会刺伤或扎伤你。

大多数森林和丛林动物的踪迹都可以被有效追踪。虽然这些踪迹蜿蜒曲折，但最终几乎都能将你带到水源地或开阔地。假如你确定这种踪迹与你要去的方向一致，就继续追踪下去。

在很多国家，当地一些人烟荒芜的丛林往里几千米的范围内，都已经接入了电话线和电线。一般情况下，只要你遵循正确的路线，都可以轻松前进。

在浓密的树林或丛林中前进时，你必须时刻对四周的环境保持警惕。以下建议可以提供给你一些帮助。

★ 尽可能将你最初所在的位置精确定位，以此确定一条能安全抵达目的地的行进路线。

★ 带上装备和水。

★ 朝着一个方向行进，但并不意味着必须沿一条直线走。所有的障碍都要尽量避开。利用天然的遮挡物为自己打好掩护。

★ 在丛林中行进时要保持平缓。快速迈步只会让你在低矮植物间跌跌撞撞，被荆棘或刺划伤、擦伤。尽量弯下身体前进，调整臀部，扭转肩头，根据情况调整合适的步伐。

注意事项

如果不幸落入丛林中，或是在丛林中迷失方向、遭遇危险，人们很难像在其他野外环境下营救你那样将你救出来。

如果你遇到飞机失事，你应该从失事地点拿出以下重要物品：指南针、弯刀、急救包、降落伞，以及其他可以制作避身所和蚊帐的材料。

热带地区的烈日、暴雨和昆虫要尽可能避开。这些地区的蚊子和其他昆虫常常携带疟疾，极具危险性，要保护自己不被蚊虫叮咬。

不要擅自离开飞机失事的区域，直到你已经为自己仔细标明逃离路线。为确保自己所走的方向正确，应随时使用指南针。

不管多大的伤口，即便是很小的擦伤，也要马上进行治疗。因为在热带地区，多轻的伤都可能很快感染。

水源的获得

在大部分的热带环境中，水源都比较充裕，但找到水源却不是件轻而易举的事。即便你有幸发现了水，也未必能够安全饮用。水主要来源于树根、蔓藤、棕榈树和凝结水。某些时候，追随动物的行动踪迹能找到水。你还可以在离湖泊岸边或浑浊的溪流1米远的沙地上挖一个坑，通常都能得到看上去十分清澈的水。水会自动渗入这个小坑中慢慢聚集起来。但是，在饮用这些水之前，必须先进行净化处理。

动物——水源地的标志

动物常常是一种很好的水源标志。跟随动物的足迹，几乎都能让你发现水。大部分动物都会常饮水。草食类动物（诸如鹿等）一般不会离它们的饮水地太远，而且在日出日落之际通常都要饮水。你也可以根据密集的动物足迹找到水源，这是一个很好的指引。相比草食动物来讲，将肉食动物作为水源标志往往并不那么可靠。因为它们可以长时间不饮水，而且通常都能从自己的猎物身上获取足够的水分。

鸟儿有时也能成为不错的水源标志。许多以谷物为食的鸟类会始终停留在水源附近，比如鸽子和雀。它们需要在日出日落之时补充水分。当你发现它们以直线在低空飞行时，通常就是在飞向水源。当鸟儿从水源处饮饱返回时，会时不时地在树木之间停落以作休息。但鸟儿也不能成为绝对可靠的水源标志。因为它们可以毫不停歇地连续飞很远的路程。而且，像鹰和其他肉食性鸟类，它们都能从自己的猎物身上获得足够的水分。

昆虫可以成为很好的水源标志，特别是蜜蜂。蜜蜂通常都在巢穴或蜂箱周围6千米的范围内活动。这个范围内一般都会有水源。蚂蚁也是不错的水源指引。如果你发现一排蚂蚁在往树上爬，则可以判断它们正是往树洼里的小水坑行进。即便处于干旱地区，这样的小水坑也能找到。大部分苍蝇都会待在离水源100米的范围内，特别是欧洲梅森苍蝇。这种苍蝇通体呈彩色一样的绿色，极易辨认。

通常，人的踪迹会将你带到一个水坑或水井旁。这些储水点可能会覆盖着灌木或石头以减少蒸发。用过之后需换上新的覆盖物。

植物——水的储存器

在不同的生存环境中，你所碰到的植物类型也各不相同。还有几种植物可以作为很好的水源，比如蔓藤、树根和棕榈树。

蔓藤 粗壮的蔓藤和新枝（5厘米粗）可以作为不错的水源。但是，并非所有的蔓藤植物都有可饮用的水，有些甚至含有有毒的树液，所以你必须依据经验来判断哪些蔓藤上有水，是否可以饮用。将蔓藤的树枝切开，如果流出的树液是牛奶状的黏液，就是有毒的；流出的是比较清澈的树液，则无毒。有些蔓藤在接触后会造成皮肤发炎等症状。因此，不要把嘴直接放在蔓藤上，而要将蔓藤放在嘴巴上方，让其中的液体滴入口中，以避免直接接触。最好用容器来装水。从蔓藤上取水的方法在第6章有详细介绍。

根 澳大利亚的红木、水树和沙漠橡树等树的根都离地表较近，很容易探测到。从地里挖出这些根，切成长约30厘米的小段。剥下树根上的皮，直接将里面的液体吸出来。你也可以把树根削成薄片，然后放在嘴的上方用力挤出液体，将其滴入口中。

棕榈树 椰子、婆里椰和尼巴棕榈的树液味道很好，因为这些液体都含有糖分。你只需找到开花的树干，抓住树干使其弯下来，并将顶部砍下，就能得到这种液体了。每隔12小时从树干上切下一小片薄片，这可以让液体重新聚起来，通过这种方法，每天得到的水可达1升左右。你也可以从地面附近获得尼巴棕榈的嫩芽，因为它是从树的根部开始生长的。至于其他的成年树木，可能你必须爬上去才能够着开花的树干。椰子所含的水分十分丰富，但成熟椰子所含的水分可以导致轻微腹泻。一旦过量饮用导致腹泻，你摄入的水分可能还不足以弥补身体流失的水分。

水——凝结水

从地底下挖出植物的根作为水源，这种方法十分费力。相比之下，让植物产生凝结水的方法就容易得多。在一个有绿色枝叶的树干上绑好一个干净的塑料袋，这样，树叶上蒸发的水分就会在塑料袋上形成凝结水。在塑料袋里放入一段切下的植物也可以获得凝结水。这就是之前提及的“日光蒸馏器”（见第7章）。

食 物

通常来说，热带生存环境都有十分丰富的食物来源。至于获得动物类食物的方法，可参照第8章的内容。

除此之外，植物类食物也能为你提供饮食，补充你所需要的能量和营养成分。河流和溪流的岸边是寻找这类食物的最佳地点。阳光能照射到的丛林一般都生长着大量植物，但相比而言，最容易接近的地方还是河岸边。

地面附近就能找到许多食物，这些食物也较容易获得。假如你已经感到虚弱无力，就不要再浪费力气通过爬树或砍树来获得食物。采集的食物能满足你的需求即可，不要过多地摘取。因为食物在热带地区的条件下会很快变质。让植物继续生长，还可以让你在下次需要时采到新鲜的食物。

可食植物的数量和种类几乎是无限的，所以很难有绝对的标准。不过，如果你不能保证准确识别那些植物，更安全的办法还是先从竹子、棕榈树和常见水果开始。关于热带地区最常见的可食植物的详细介绍见附录F。

有毒植物

与世界上其他地方相比，热带地区有毒植物所占的比例并没有多高。但是，人们通常会直觉性地认为热带地区大部分植物都是有毒的，这主要是因为某些热带地区的植物拥有极多不同的种类（附录C）。

第15章 寒冷气候生存

人类面临的最恶劣的生存环境之一就是寒冷气候。寒冷气候就像一个实实在在的敌人一样危险。当你处于寒冷气候地带时，说明你已经置身在一个危险的敌对环境中。想要克服这种困难，在寒冷气候下生存下来，你需要了解这种环境的全面知识、制订恰当的计划以及准备必要的精良装备。假如你忽略了这其中的任何一个或几个要素，那么你在这种环境下的生存就会变得异常困难。记住，寒冷的气候总是充满了变化。刚刚还是阳光灿烂或晴空万里，下一秒就可能风云突变，迎来暴风雪。

生存在寒冷气候区时，我们总是比自己想象的更加脆弱。在寒冷中，你的思维能力会下降，原本坚强的意志也可能会被削弱，而你最想干的事就是取暖。这是一个非常阴险的对手，你清醒的意识和正常的身体知觉都会因为它的进攻而发生改变，这是对你的求生意志的完美摧毁。

在寒冷中，你可能会轻易放弃自己的终极目标——生存。

寒冷气候

北极地带、亚北极地带以及周围地区都属于寒冷地区。寒冷地区甚至可以涵盖整个北半球大陆48%的面积，这些地区的空气温度会发生很多变化，而这些复杂变化将会影响该地区的温度变化。冬季来临时，大气环境受到海流的负面影响，从而使该气温带内的很多地方变得寒冷，这些地方也就被纳入了寒冷地带的范围。另外，不同的海拔也同样是影响气候变冷的重要因素之一。

虽然同样是寒冷地区，但你感受到的寒冷气候却不尽相同。有些地方是湿冷，有些地方则是干冷。这些不同的环境需要你用不同的计划和行动去应对。

湿冷气候环境

湿冷气候环境的地区是指24小时内平均气温保持在-10℃左右的地区。一般来说，这些地区夜晚的气温较低，可以结冰，但白天的气温较高，结冰会有一定程度的融化。虽然气温能够融化一部分冰，但也因此地面变得泥泞不堪，非常湿滑。在这种环境中，你要注意免受湿滑地面、冻雨或者冰雪的影响而发生意外。

干冷气候环境

干冷气候环境地区是指24小时内平均气温低于-10℃的地区。比起湿冷气候地区，虽然这些地区的气温非常低，但至少没有泥泞湿滑的路面可能造成的危险。当然，在这些地方，厚外套里也须要多加几层内衣，因为气温可能会低至-60℃。否则，在这种低温且伴有强劲寒风的环境下，你的身体健康和生命安全都会面临极大的危害。

大风与降温

在寒冷地带，大风和降温无疑会增加人体所面临的危险，流动的空气将会严重损害暴露在外的皮肤。举例来说，如果一个–9℃的地方刮起风速16千米每小时的大风，你所感受到的寒冷程度，与你站在–18℃但没有风的地方感受到的没什么差别。在图15–1中，我们可以看到各种温度与风速下的冷风因数。

不过，还要注意一点，有时虽然并没刮风，但其他的运动比如滑雪、奔跑或者乘坐雪橇滑行，甚至是附近飞机升降产生的气流，也同样会造成风的效果。

寒冷气候的保暖原则

在寒冷的气候下，人将会更难获得足够的食物、水和避身所，这与温暖气候下的生存差异十分明显。即使人体这些基本需要能够被满足，要想在寒冷气候下生存下去，还需要依赖适合此气候的保护性衣服以及求生意志。不要忽视求生意志，它的价值并不低于人的生存基本需要。因此，虽然有些人接受过良好的训练、拥有精良的装备，但还是在寒冷的气候下死于非命。事后调查，他们大多数是因为没有具备强大的求生意志。相反，还存在一些因强大的求生意志而在寒冷气候活下来的例子。这些人虽没有出色的训练和装备，却成了最后的胜利者。

严寒温度的冷却效果																						
		温度（℃）																				
无风	无风	4	2	-1	-4	-7	-9	-12	-15	-18	-20	-23	-26	-29	-32	-35	-37	-40	-43	-45	-48	-51
节	风速（千米/小时）	相同效果的严寒温度																				
3-6	8	2	-1	-4	-7	-9	-12	-15	-18	-20	-23	-26	-29	-32	-35	-37	-40	-43	-45	-48	-54	-57
7-10	16	-1	-7	-9	-12	-15	-18	-20	-26	-29	-32	-37	-40	-43	-45	-51	-54	-57	-59	-62	-68	-71
11-15	24	-4	-9	-12	-18	-20	-23	-29	-32	-35	-40	-43	-45	-51	-54	-57	-62	-65	-68	-73	-76	-79
16-19	32	-7	-12	-15	-18	-20	-26	-32	-35	-37	-43	-45	-51	-54	-59	-62	-65	-71	-73	-79	-82	-84
20-23	40	-9	-12	-18	-20	-26	-29	-35	-37	-43	-45	-51	-54	-59	-62	-68	-71	-76	-79	-84	-87	-93
24-28	48	-12	-15	-18	-23	-29	-32	-35	-40	-45	-48	-54	-57	-62	-65	-71	-73	-79	-82	-87	-90	-96
29-32	56	-12	-15	-20	-23	-29	-35	-37	-40	-45	-51	-54	-59	-62	-68	-73	-76	-82	-84	-90	-93	-98
33-36	64	-12	-18	-20	-26	-29	-35	-37	-43	-48	-51	-57	-59	-65	-71	-73	-79	-82	-87	-90	-96	-101
风速大于64千米/小时，基本上不再有其他影响		基本上没有危险					危险增加（皮肤会在1分钟内冻僵）						十分危险（皮肤会在30秒内冻僵）									
		对于暴露在外的皮肤的危险程度																				

图15-1 冷风因数图

现在的户外生存活动拥有多种可以抵御不同寒冷气候的装备。如果你能遵循寒冷气候中的生存基本原则行动，即便是旧式衣物也可以达到保暖效果。这并不是要你故意放弃新式衣服，有新的当然穿新的。如果没有新式装备，你的衣服至少也要是全毛的，风衣例外。

足够的衣物防寒只是其中一部分，更重要的是能最大限度地利用这些衣物达到保暖效果。比如，把头部包裹起来。头部如果保护不好，40%~45%的身体热量就会散失，如果颈部、腕部和脚踝没有保护好，失去的热量则会更多。这些身体部位都能轻易接收热量辐射，但却没有很多脂肪。最容易受寒冷气候影响的是人的大脑，大脑所承受的寒冷只能是非常轻微的程度。许多血液循环都在头部得以完成，且基本上在皮肤表层，所以一旦没有保护好头部，将会导致大量的身体热量散失。

保暖的基本原则有4个。下面列出一个简单方法帮你记住这4个原则，即根据单词COLDER（更冷的）来记忆：

★ **C**（Keep clothing clean）——让衣物保持干净。不管是从卫生还是舒适角度来说，这一点都非常重要。从冬天保暖的方面来看，保持衣物干净一样重要。如果一件衣服带着尘土或油脂，它的隔热性能会大大降低。当衣服之间的空气层被填满或被挤压时，身体热量会散失得更快。

★ **O**（Avoid overheating）——不要太热。太热就会导致出汗，这些汗水会被衣服吸收，无论是出汗，还是衣服因吸收汗水而变潮变湿，都会影响你的体温：衣服的隔热保温性能因为汗水浸湿而降低；出汗则使身体中的水分蒸发进而导致体温下降。因此，需要不时地调节自己的衣服厚度，避免因为太热而出汗。可以将大衣或夹克部分敞开，也可以将里面的衣服脱掉一件，将手套摘掉，或者将大衣的帽子脱掉，让包裹头部的衣物减少一些。手部和头部是你感觉过热时十分有效的散热部位。

★ **L**（Wear your clothing loose and in layers）——衣服应当宽松且分层。太紧的衣服或鞋袜都会让血液循环受到影响，而这在寒冷气候下可能会导致冻伤。除此之外，太紧和不分层会让衣服与衣服之间的空气量减少，这将导致衣服的隔热功效降低。只穿一件厚衣服与多穿几件薄一点但总体厚度相当的衣服相比，保暖效果并没有更好，因为单层的衣服并不会像多层衣服那样在衣服之间有一个流动的空气层。这个空气层可以实现一定程度上的隔热保温，也便于你增减衣服，避免出现由于太热而出汗的情况。冷的时候可以随时加衣，使身体保温。

★ **D**（Keep clothing dry）——让衣物保持干燥。出汗会让里面的衣服变潮，而外套则会因为不防水被雪霜润湿。尽量穿一些外面防水的外套，这样落在衣服上的雪霜就不会让外套变湿。当你到一个较热的避身所时，要先把身上的雪霜抖掉。不过，衣服总会不可避免地被弄湿。因此，如何让潮湿的衣服变干也是一个重要问题。当你行进的时候，应将潮湿的袜子和手套放到背包之上，这就可以在不太冷的情况下，利用风和阳光的作用将它们弄干。也可将它们贴身放好，凭借体温来焐干。如果是在营地，则可以将衣服挂起来晾干。还可以生一堆火，烘干潮湿的衣物。注意，如果是皮革制衣物，烘干时要慢，不能太急。如果靴子湿了，因为不好弄干，所以可以将它们搁在睡袋外层和衬里，你的体温将有助于烘干靴子。

★ **E**（Examine）——检查。主要检查衣服是否出现破损，是否干净。

★ **R**（Repair）——修补。在衣服上的破洞或裂口变大之前，或者在不得不打补丁之前进行。动物骨头、植物纤维和大刺可以当临时针线使用。

羽绒睡袋因其厚度和保暖性而成为寒冷气候中最有价值的生存工具之一。务必保证羽绒干爽。否则，湿的羽绒睡袋会严重降低其隔热性。倘若没有睡袋，你可以自己动手制作一个。只需要一块降落伞布或者其他类似材料，用一些干燥的天然材料，如树叶、松木针叶、苔藓等，将它们塞到两层伞布之间，一个简单的睡袋就制成了。

除了上述物品，一把刀、防水火柴，最好再有一块打火石，加上一个质量尚佳的指南针、地图、手表、防潮布、手电筒、望远镜、墨镜、应急食品、收集食品的工具、信号装置，等等，这些都是确保生存的重要工具。

一定要清楚：在十分寒冷的气候条件下，生存环境很可能也十分恶劣，因此，在准备适合的生存装备时一定要给自己充分的时间。如果你手里是一件未使用过的装备，就需要你在出发前在相似的环境中进行测试。另外，选定好必备的生存装备后，要注意保管，不要在寒冷气候中将其遗失。

个人卫生

在寒冷的天气里洗澡会比较困难，而且也会不舒服，但是洗澡仍然十分必要。洗澡可以预防皮疹，而皮疹常会导致严重的疾病。

在某些情况下，洗雪浴是可以选择的形式之一。用雪擦洗容易积存汗水的地方，比如腋下、大腿根部等，然后再将身体擦干。最好每天都洗脚，并穿干净的袜子，当然这需要条件允许。每周至少更换两次内衣。假如清洗内衣是件不现实的事，可以在脱下内衣之后抖动几下，并晾晒一到两个小时。

如果你所在的避身所是别人曾经使用过的，那就需要每天晚上对自己的身体和衣服进行一次检查，注意是否有虱子。如果发现虱子，用杀虫粉将有虱子的衣服处理干净。在没有杀虫粉的情况下，可以把衣服置于冷空气中不断拍打、拂拭，这会让成体虱子从衣服上掉下来，但并不能彻底清除虱子的卵。

刮脸最好选择在睡觉前进行。这会让你的皮肤在暴露野外之前得以恢复。

保持身体热量平衡

人体处于健康状态时，人体的躯干温度，即位于身体内部的中心温度会长时间保持在37℃左右。由于人体其他部分不像躯干附近有那么多的保护组织，因此相对而言，头部和四肢的温度会有所不同，可能无法达到身体内部的中心温度。

人体有一个智能温控系统，它可以自动做出反应，对身体温度进行一定程度的调节，使体温长时间保持平衡状态。热量的产生、蒸发和散失是影响体温平衡的三个主要因素。热量产生的速度是由环境温度和人体温度两者间的差别所决定的，但是，与热量的产生相比，热量的散发对人体而言更容易做到。此外，出汗也会对保持体温平衡起辅助作用。与用力时身体产生热量的速度一样，出汗时身体散发热量的速度也很快。

颤抖能为身体带来一定的热量，同时也会导致身体疲劳，并且，后者还会使体温下降。身体热量会因为身体附近空气的流动而丧失。人们曾经观察过，温度在0℃左右且空气保持静止时，一个赤裸的人站在其中，为了保持身体热量平衡，只要他尽力颤抖就能做到。但是在现实中一个人不可能永远颤抖下去。

此外，在气温较低的环境中，人要休息，只需穿上所有能穿的御寒衣物。在温度略微低于冰点的环境中，一定时间内也能使身体的热量保持平衡。但是，如果想在较长的时间里抵挡外界的低温，他就必须颤抖或进行一些活动。

冷伤害及应对措施

提前预防是对伤痛和疾病最好的治疗方法。在身体出现伤病之后，为防止进一步恶化，一定要尽快治疗。

保持身体健康的关键在于团队互助的能力以及对疾病征兆的充分了解。下面介绍了一些在生存环境中可能会遇到的冷伤害情形。

体温过低

体温过低是指身体产生热量的速度远远低于体温降下的速度。引起体温过低的原因有很多，比如突然掉进水池或湖泊里、燃料或其他液体喷洒在身体表面导致全身湿透，或衣着较少时长期暴露在寒冷环境中等。

发生体温过低的情况时，最先体现出的症状就是颤抖。这种颤抖严重时可发展至无法控制的地步，连照顾病人的医护人员也无法帮助病人减轻痛苦。当病人身体的中心温度降低到35.5℃左右时，可能会出现这种情况。如果患者的中心温度继续降低至35~32℃，则很容易发生对温暖的错觉以及思维的迟缓和混乱。当患者的中心温度降低至32~30℃甚至更低时，症状则表现为肌肉僵硬、失去知觉，此后，大部分的生命体征会逐渐消失。假如中心温度降低到25℃或更低的水平，几乎无法避免病人的死亡。

治疗低温症的原理非常简单，就是尽量让病人的体温在你的帮助下重新回到正常范围。在条件允许的情况下，用37.7~43.3℃的温水浸泡病人身体的躯干部分。

警告 上面提及的用温水浸泡病人身体的躯干以帮助体温回升的方法，只能在条件允许的医院中进行，因为这个方法有一定的危险性，病人很可能出现意外状况，比如心跳停止、休克等。

温水灌肠法是帮助病人回升体温最快的方法，这个方法需要医护人员直接将温度合适的水灌入病人体内。这种方法在求生环境中基本不可能使用。还有另外一种方法，将另一个体温较高的人和病人一起裹进温暖的睡袋中，但是有一点很重要，这两个人都不能穿衣服，必须要赤裸着身体。

注意 假如在睡袋中，一个低温症患者与另一个健康的人待在一起的时间太长，可能会导致这个健康的人也患上低温症。

另外，还可以给低温症病人喝一些热糖水，但前提是这位病人的意识要清醒。最好给病人葡萄糖或蜂蜜冲调的液体，当然也可以使用可可粉、糖或其他类似的可溶性增甜剂。

警告 在病人毫无知觉时，一定不要强迫他喝水。

有两个典型的危险状况在治疗低温症时很容易出现：体温回落和体温回升太快。体温回落是指将病人躯干部分从温水中捞出来后出现的体温急剧下降，发生这种情况是因为病人在温水中回升体温后，血液开始在全身重新进行循环，停滞在四肢中的血液又再次回到身体躯干部分，这些温度较低的血液导致病人体温的再次下降。体温回升太快会使病人的血液循环出现问题，最终导致心脏衰竭。正确的做法是先使身体的躯干部分回暖，同时刺激四肢，促进血液流动，以减少血液循环带来的体温回落。在可能的情况下，最好的治疗措施是用热水而不是温水来浸泡病人的躯干部分。

冻　伤

由组织冻僵所造成的伤害即冻伤。轻度冻伤只涉及人的皮肤，冻伤的皮肤会失去光泽，变得灰暗，皮肤颜色略呈白色。深度冻伤不仅涉及皮肤，还会延伸至皮下组织，导致体内组织变僵、变硬。最容易冻伤的是你的手、脚，还有暴露在外的脸部。

假如你身边还有其他人，彼此帮助是防止冻伤的最好办法。经常让同伴检查你的脸部，同时检查对方的脸部。假如只有你一个人，那么要频繁地用戴手套的手将你的脸和鼻子下半部分捂住。

当你的衣物不够，或者天气太过寒冷时，以下几点忠告将有助于你身体保暖并防止出现冻伤。

- 脸部。为了保持脸部的血液循环，你可以做做“鬼脸”。用你的双手暖和脸部。
- 耳朵。拉扯、揉搓你的耳朵。用你的双手温暖耳朵。

★ 双手。在手套中活动双手。贴近身体也可以为双手取暖。

★ 双脚。在靴子中活动脚趾，并活动双脚。

你的手脚失去知觉，是你患上冻伤的标志之一。如果四肢失去知觉的时间不算太长，那么冻伤程度可能还不太重，否则就要假定你的冻伤是深度冻伤。用手套或双手捂住耳朵和脸，这是帮助你从轻度冻伤中恢复过来的一个有效办法。还可以把你的双脚放在同伴的肚子上取暖，或者把双手放在你的腋窝下取暖。需要注意的是，冻伤再次发生，会对你造成更严重的伤害，没有经过专业医疗训练的人是无法处理这种伤害的。在处理冻伤时，不能采取的措施和需要采取的措施在图 15-2 中有详细说明。

要	不要
经常检查身体，看是否出现冻伤 某个部位发生轻度冻伤，设法使其温度升高，暖和起来 对已经受伤的地方进行细致的保护，不要使其再次冻伤	冻伤的部位不要直接用雪擦拭 不要饮用含酒精的饮料 不要吸烟 现场没有专业的医疗护理人员和设备时，不要试图自行对身体上的深度冻伤进行解冻处理

图 15-2 处理冻伤该做和不该做的

足浸病

之所以会患上足浸病，是因为在周围气温为冰点的情况下，人体长时间（数小时甚至数天）暴露于潮湿环境中。出现这类病症后，脚部外表会呈蜡状，出现肿胀并变得冰冷，双脚出现麻木和沉重感，行走变得十分困难。这类病症的主要损伤对象是你的身体肌肉和神经，有时也可能会产生坏疽。病情严重时，肌肉组织会坏死，最坏的情况是你也许不得不切除整个腿或脚部。将备用的袜子随身带上，并用防水效果较好的包装包好。可以把洗净的湿袜子放在身上（前胸或后背），用体温将其慢慢焐干。每天都要洗脚，并换上干爽的袜子。

脱 水

在寒冷的气候环境中，穿着厚重的衣物，可能会使你无法意识到身体内部的水分正在流失；你身上的厚衣服会将身体的水分吸收，这些水分最后会通过衣物蒸发到空气中去。这些流失的水分必须通过饮水来补充。你对水的需要与气温的关系不大，在气温较高的环境中与在寒冷的环境中，人体对水的需求是基本相同的（见第13章）。检查尿液在雪上的颜色，这是查看你是否出现脱水症状的方法之一。假如尿液在雪上呈现深黄色，表明你已经开始脱水，需要及时补充饮水了。如果你体内的水分处于平衡状态，那么尿液在雪上会显现为无色或者浅黄色。

低温多尿症

排尿会因为暴露在寒冷的环境中而增加，排尿的增加也会加速你体内水分的流失，必须及时给予补充。

日光灼伤

即使你所处的环境温度在冰点以下，暴露在空气中的皮肤也很可能会被强烈的日光晒伤。强烈的阳光照射在水面、冰面和雪上时，这些平面会以多个角度反射太阳光，眼皮、鼻孔、嘴唇等敏感部位的皮肤可能会因为这些反射光而受到损伤。同样暴露在阳光下，相对于低海拔地区而言，处于高海拔地区的人更容易晒伤。当你处于阳光直射的环境中，应该在脸上涂抹一些唇膏或者防晒霜。

雪 盲

雪盲是指雪地反射的太阳光中含有大量紫外线，这些紫外线对眼睛造成了一定程度的刺激，从而导致眼睛出现暂时性失明的病症。眼睛疼痛、感觉眼中有沙粒是雪盲的主要症状，同时伴有流泪、头痛、眼睛发红、眼球运动加剧等，这些会因为你持续暴露在阳光下不断加剧。如果你长时间暴露在这种光线下，你的眼睛可能会出现永久性的损伤。治疗雪盲时，要将眼睛用纱布包起来，直到完全治愈。

为了预防雪盲，你可以戴太阳镜。假如没有合适的太阳镜，可以利用身边的材料临时制作一副：在树皮、木头、纸板或其他任何可用的材料上切出两道细细的裂缝（图 15–3）。还有一个减弱强烈光线的方法：在你的下眼睑上涂一点煤灰。

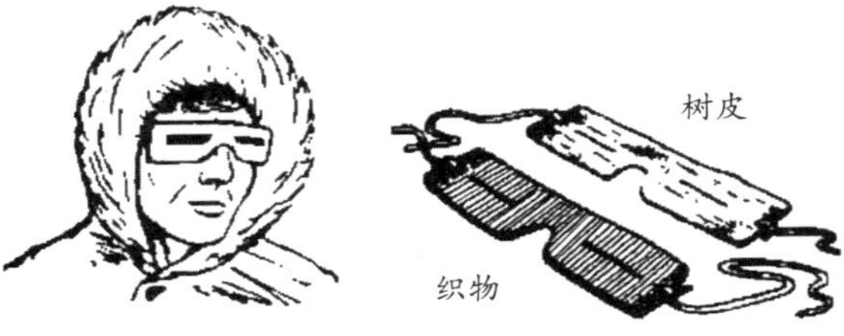

图 15-3 临时做的太阳镜

便 秘

有一条很重要的生活常识：在你有需要时就立即排便。千万不要因为寒冷环境的限制就不排便。引起便秘的原因有很多，例如饮水太少、吃脱水的食物、因寒冷而推迟排便、饮食习惯不规律，等等。虽然便秘不会对你的正常功能造成太大影响，但它还是会让你的身体有不舒服的感觉。应该适当地增加液体的摄入量，通常情况下，每天至少需要摄入2~3升水。一旦出现便秘，你要在此基础上再增加2升或更多的水。如果条件允许，多吃一些有助于通便的食物。

昆虫叮咬

频繁而长期的抓挠会导致昆虫叮咬处发生严重的感染。苍蝇是多种致病病菌的常见携带者。为了防止昆虫叮咬，你可以使用蚊帐、驱虫剂等物品，还可以穿一些适当的衣物。昆虫叮咬的具体细节在第11章有介绍，相对应的治疗方法可以参照第4章的说明。

避身所及其搭建

你要建造的避身所类型是由你携带的装备和所处的环境决定的。避身所的地点可选在荒原、开阔地或森林地带。其中，搭建避身所的最佳地点是森林地带，森林中有可作为搭建材料的各种树木，你还可利用木头抵御风寒、生火、躲避敌方的侦察。

注意 在极为寒冷的环境中，千万不要使用类似飞机机身的金属等材料来做避身所的建筑材料。金属的导热性极好，它会将你产生的不多的热量传导到避身所之外。

一定要注意，必须使这个封闭的避身所保持良好的通风，尤其是当你准备在里面生火取暖时。在可能的情况下，为了防止风刮进来、保存好避身所的热量，最好能用雪块或背包封上避身所的入口。为了减少需要加热的空间，避身所的面积不要太大。当你处于寒冷地带时，最容易犯的一个致命性错误，就是在搭建避身所时将其建得太大，导致它帮人体保存的热量远远大于它从人体中带走的热量。切记：即使为了避风也不应把每个出口都封上。你需要良好的通风，尤其是生火的时候。

直接睡在地上是另一个一定不能犯的错误。为了防止地面带走你的身体热量，可以在地上铺一些软草、大松树枝或其他有隔温效果的材料。

切记，睡觉之前将灯或炉子熄灭。身处不通风的避身所中，燃烧的火堆会产生大量的一氧化碳，浓度过高时会造成一氧化碳中毒。一氧化碳极为危险，因为它无色无味，达到一定量时就会致命。有明火的地方就会有一氧化碳。及时检查避身所里的通风装置。你要注意，即使在通风情况较好的避身所里，导致一氧化碳中毒的原因也还可能是物品的不完全燃烧。通常情况下，一氧化碳中毒并没有明显的中毒症状，人在没有任何预兆的情况下就会陷入昏迷，继而死亡。但是，有时也会出现以下症状：头痛、恶心、困倦、脉搏跳动猛烈、眼睛有灼烧感、太阳穴有压力等。有一个一氧化碳的中毒征兆是可以观察到的：人的嘴、双唇和内眼皮出现樱桃红色。只要发现以上任何一种症状，就应该立刻到避身所外呼吸一些新鲜空气。

以下提到的几种临时避身所可以快速搭建和使用。很多人会利用雪来搭建避身所，达到保暖目的。

雪洞避身所

由于雪具有保暖特性，雪洞（图15–4）就成了在野外所能找到的最有效的住所。需要记住一点：建造雪洞避身所需要花费大量的时间，而且很可能在搭建的过程中弄湿自己。起初，你需要一个能向内部挖约3米深的雪堆。在搭建这类避身所的时候，为了使融化后产生的雪水能够顺着顶部侧边流下来，最好将顶部做成拱形，这种设计还可以增加顶部的强度。出入口要比睡觉的平台低一些。雪洞的墙面要与睡觉的平台保持一定的距离，或者你可以在墙面和睡觉的平台之间挖一条小沟。这个平台的作用在于防止融化的雪将你的装备和身体弄湿。假如你的雪洞中有非常好的热源，那么，搭建这种构造来保存热量就显得尤为重要。为了使你能够坐在睡觉的平台上，还要确保雪洞的洞顶有一定的高度。将洞口用雪块或其他类似的材料封住，你可以选择在洞口周围地势较低的地方做饭。洞顶和墙体的厚度至少要达到30厘米。此外，还需要安装一个通风杆。当附近没有足够大的雪堆可用时，你可以现场堆一个大雪堆，之后在这个雪堆上掏一个雪洞，按上面的方法做一个避身所。

雪沟避身所

这类避身所（图15–4）的保暖原理在于利用雪的保暖特性，利用较低的地势使你处于风和雪经过的平面以下，从而达到保暖目的。假如你所处区域的雪比较结实，可以将雪块切割下来，避身所的顶盖可以用这些雪块充当。假如雪不是十分结实，你也可以选择雨衣或其他类似材料。你只需要建造一个入口，门可以用背包或雪块充当。

雪块和降落伞避身所

你可以用降落伞做避身所的顶部，雪块做四个墙面（图15–4）。假如雪下得非常大，为了防止降落伞被雪压塌，你必须定时检查顶部的积雪程度，进行清扫。

雪房或圆顶雪屋

在某些特殊的地方，当地居民在外出捕鱼或打猎时经常会建造这类避身所（图 15–4）。这类避身所需要实际操作的经验才能做好，但是用起来效果非常好。此外，你所处地方的雪块必须要适于切割，且要有用来切割雪块的工具（雪锯或刀）。

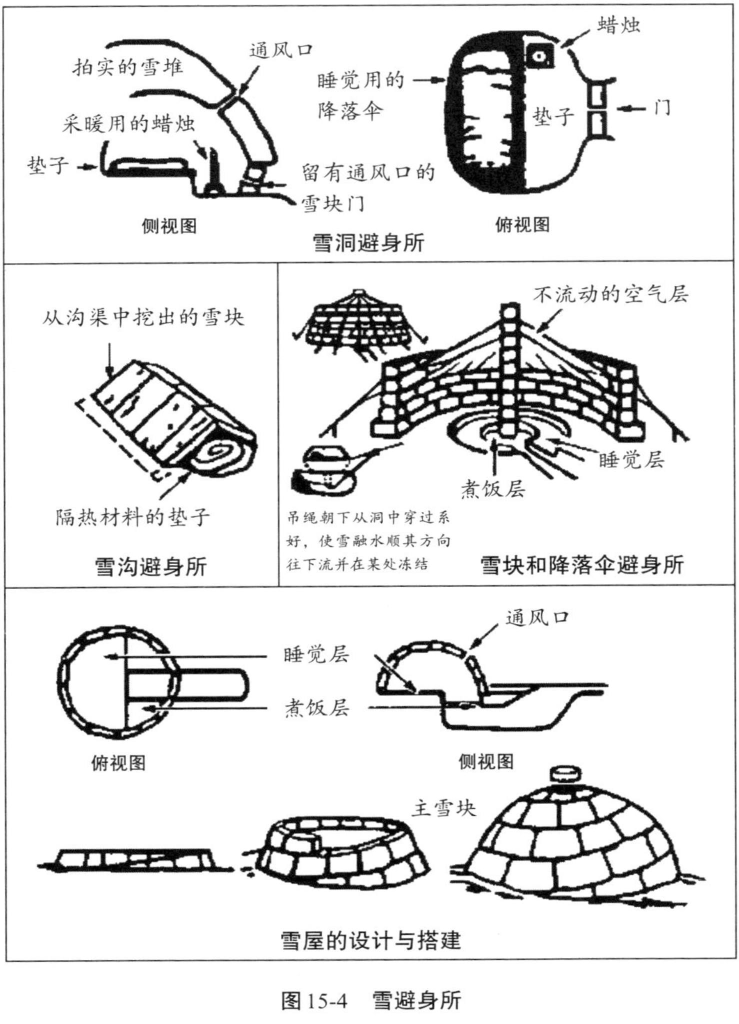

图 15-4　雪避身所

单坡屋顶的避身所

建造这类避身所的方法与在其他环境建造避身所，并无二致。不过有一点应注意，为了取得良好的保暖效果，你要在避身所周围堆一些雪（图 15–5）。

图 15-5　利用天然材料搭建的单坡屋顶避身所

断树避身所

搭建这类避身所的第一步是找到一棵断开的树木，并挖出树下的积雪（图 15–6）。树木下方的雪不会堆积得太厚。假如因为隐蔽或其他需要必须砍掉这棵树木上的树枝，那么还可以将它们利用起来，例如充当避身所内部的地板。

图 15-6　断树避身所

雪地树坑避身所

挑选一棵粗细合适的树，挖出树下的积雪——最深处到地面就可以。在树坑上放一些砍下的树枝。顶盖可以使用一个薄薄的被单，顶盖的主要作用在于防止树上的积雪掉进避身所。假如你建造得够好，那么你就能拥有360度的全方位视野。

火

身处寒冷的环境中，火显得尤为重要。火不仅可以使冰雪融化，让你得到你所需要的水源，还可以用来取暖和烹调食物。在野外，火能够为你增加安全感，向你提供重要的心理激励以帮助你生存下去。

生火的方法可以参照第7章的介绍。假如你要躲避野兽，务必记住，你的行踪很可能因火发出的光、烟雾和气味而暴露，危险还存在于附近的岩石和树木对光的反射所产生的间接光。在无风且低温的天气中，烟雾会以笔直的姿态向上升，在白天，这些烟雾会像烽火一样明显，但在晚上的时候，烟雾可以帮助你掩盖一些气味。在气温较高时，尤其是身处树木繁茂的地区时，烟雾多数时候会贴近地面，白天也不容易发现你的存在，但在这种情况下，气味会迅速扩散开来。

假如你想让救援者发现，挑选使用的木柴时应砍那些生长在较高位置的树枝，可以将整棵树都砍倒。从空中来看，倒地的树木是一个很大的目标，极易被发现。

森林中所有的树木都能够燃烧，区别在于有些树木燃烧时释放的烟雾相对更多，比如松柏科的树木，相比于落叶类的树木，这类树木中含有柏油和树脂，它们燃烧时释放出的烟雾会更浓、更多。

身处极地的高山地区时，你必须了解，这里可用来当木柴的材料几乎没有，你可能会找到一些苔藓和草，但是数量也十分稀少。海拔越低的地方，能为你所用的薪材就越多。在林木线以上的地区，你或许还能找到一些矮小的云杉或灌木柳。

当你身处海冰上时，几乎找不到任何可用的薪材。在亚极地区域、荒凉的海岸或极地地区，你能够找到的唯一燃料可能是动物脂肪或漂流的木头。

在林木线以内的地区，有以下丰富的薪材。

★ 内陆地区，最常见的一种薪材是云杉。云杉属松柏科树木，在冬天和深秋时燃烧几乎不会产生烟雾，但是在夏季和春季燃烧则会释放大量的烟雾。

★ 同属松柏科树木的还有美洲落叶松，这是在秋季唯一一种会落叶的松柏科树木。落叶松的针叶落光之后，外表看上去与枯死的云杉非常像，但与云杉不同的是，有很多疙瘩似的松果和芽长在落叶松光秃秃的树枝上。美洲落叶松燃烧时会释放大量的烟雾，因此，当你需要发送信号时，它是一个很好的选择。

★ 桦树是一种落叶树木，燃烧的速度非常快，火势猛烈得就像在汽油或石油中浸润过一样。通常情况下，桦树生长在湖边或河边；在某些远离水域、地势较高的地区，偶尔也能发现一些桦树。

★ 通常，湖泊、溪流或湿地周围生长有极地的杞木和柳树。这些树木燃烧时产生的烟雾较少，但火势很猛，燃烧的速度也非常快。

除了以上提到的树木，还有一些植物可以用来当作薪材，比如灌木柳、干的草和苔藓等，这些植物通常都生长在冻原地区（没有树木且较为开阔的平原）的溪流附近。为了使草或其他类似的矮小植物能够提供更多的热量，并且减缓燃烧的速度，可以将其拧成或捆成一束。

假如坠毁的飞机或废弃的汽车上有燃油或燃料，你可以拿来充分利用。在油箱中将这些燃料妥善保管，需要时再取出一点。在气温较低的环境中，燃油会冻结起来。为此，假如你能肯定没有爆炸的危险，那么最好将它们从飞机或车辆中取出，避免它们因为低温而冻结在油箱中。假如你没有装载燃油的容器，可以让燃油流在冰面或雪地上，需要时挖出来使用。

警告 在温度非常低的环境中，不要让石油或润滑油等与你裸露的皮肤接触，它们会导致皮肤出现冻伤，一定不要被它们的液体状态所欺骗。

你还可以利用一些塑料产品，这些塑料制品极易被点着，哪怕只用一根火柴。而且，塑料可以持续燃烧，这样会有足够的时间帮你生火。你随身携带的塑料制品可能有防护罩、防护帽帽檐、泡沫橡胶，甚至是速食食品中的汤匙。通常情况下，一把塑料制的汤匙能够燃烧长达10分钟。

在气温较低的地区，不管你利用火来煮饭还是取暖，都具有一定的危险性。

- ★ 生火时，火堆与避身所的距离不宜太近，因为火堆在燃烧时会对附近物体的表面造成侵蚀作用。
- ★ 如果你建造的是雪地避身所，火堆产生的多余热量会使你用以伪装的冰雪层融化。
- ★ 假如避身所不能充分换气和通风，避身所内的火堆产生的一氧化碳会逐渐累积起来，浓度过高时可能造成中毒甚至致人死亡。

★ 用火烘干衣物或取暖时，假如你不够小心，你的装备和衣服可能会被烤焦或点燃。

★ 雪会因火堆产生的过多热量而融化，火可能因此熄灭，你的装备和你自己还可能会被打湿。

一般情况下，如果你要做饭，一个炉子和一个小火堆就能够满足你的需求了（图15-7）。身处极地地区时，霍伯炉是一个很好的选择。这类炉子制作起来很简单，一个马口铁罐头盒就可以，而且燃料还能得到很好的保存。做饭时，最好的加热方式是采用一堆热炭。为了使炭能均匀地释放热量，你需要将薪材交叉放置，这样火堆产生的炭就能达到你的要求。生一堆这样的火只需要将木柴交叉放置。能够用来煮饭的还可以是一个支撑在叉状树枝上的简单吊架，在吊架上吊上炊具，注意使其悬在火堆的正上方。

为了获得热量，在较为封闭的避身所内部，一根蜡烛也可以满足你的需要。对于想尽量隐蔽的求生者来说，理想的火苗

图15-7 做饭的火和炉子

为手掌大小。这种火可以产生足够多的热量，而且它需要的燃料非常少，提供的热量却很足，还可以用来加热液体。

饮用水

当你身处亚极地和极地地区时，获得水的途径有很多。你从什么地方获得水源以及你以何种方式获得水源，均由该地当时的季节和你所在的位置决定。

亚极地和极地地区独有的环境和气候决定了该地水源的卫生状况要比地球上其他地区好很多。但是在饮用之前，你还是须要先净化处理。如果是夏季，小溪、池塘、泉水、河流和淡水湖泊是可供你选择的最好水源。湖泊和池塘里的水可能会略显浑浊，但你仍然可以使用它们。通常情况下，河流、小溪以及冒泡的泉眼里的活水都十分干净，适合作为饮用水。

夏季还有一种不错的水源，就是在冻原地区发现的表面呈棕色的水，你须要先将其过滤，再净化处理。

你还可以把冰雪融化成水，但须要先确定这些冰雪是由淡水冰冻而成。一定要完全融化之后再饮用。如果你将冰雪含在嘴里，它在融化时会将你体内的热量带走，这样可能会导致你的身体因温度降低而冻伤。假如你的环境周围有大片海水浮冰，还可以把陈年的海冰融化成你需要的水。海冰冻结的时间越长，其中所含的盐分就越少。这种海冰可以通过其浅蓝的颜色和圆角来确认。

融化雪可以利用你的体温。在水袋中装入一些雪，然后在几层衣服中间放入封装好的袋子。使用这种方法时，融化的过程比较漫长。这种方法可以在你没有火时或行进过程中使用。

注意 假如周围能够取得其他可饮用的水源，那就不要浪费宝贵的燃料来融化冰雪。

假如你能获得冰，相对融化雪来说，融化冰是一种更好的选择。一杯雪融化后得到的水比一杯冰融化后得到的水要少，雪也比冰融化得更慢。你可以将冰雪用即食食品包装罐、水袋或者临时做好的容器装起来，然后放置在火堆边。在容器中先放置少量的冰雪，等这些冰雪融成水后，再添加新的冰雪。

还有一个将冰雪融化成水的方法。在一个多孔的渗水材料的袋子中放入冰雪，之后在火边将其悬挂起来，放一个容器在袋子的正下方接水。

在气温较低时，睡觉前不要摄入太多的水分。半夜时从暖和的睡袋中爬出来上厕所，不仅增加了身体暴露在低温中的时间，还减少了你的休息时间。

获得宝贵的水后，为防止其再次结冰，一定要将它带在身边。还有一点须要注意，不要将水罐完全装满，水的持续晃动对防止其再次结冰也有一定的帮助。

食　物

在亚极地和极地地区，你拥有好几种食物来源，例如动物、植物、禽鸟和鱼类。你的位置和当时的季节决定了你的食物种类和你获取食物的难易程度。

鱼　类

夏季时，河里、湖里、小溪里或海岸边都能轻易抓到鱼类或其他水生动物。捕捉方法可参见第8章的介绍。

北太平洋和北大西洋沿岸水域中的水产十分丰富。例如蛤、牡蛎、蜗牛、螃蟹、小龙虾等，这些水生动物随处可见。在某些低潮水位和高潮水位差别很大的地区，低潮时很容易找到贝类，可以在近岸的礁石或退潮后形成的水洼中寻找，也可以在潮水退后所形成的地势平坦的沙地挖掘寻找。在低潮水位和高潮水位没有太大差别的地区，贝类经常会被暴风雨引发的海浪冲到沙滩上。

有一种非常美味的食物，是生活在阿拉斯加南部海域以及阿留申群岛的多刺海胆的卵。在潮水退后形成的水洼中，你可以找到这种海胆。将它放在两块石头的中间，将壳挤碎。这种海胆的卵是鲜黄色的。

除了杜父鱼卵和北极鲨鱼以外，多数生活在北方的鱼卵和鱼类都是可以食用的。

通常情况下，蜗牛一类的螺旋形壳类动物不如贻贝、蛤蜊等双壳类动物美味。

可食用的海洋动物还有海参。它的味道与蛤蜊肉的味道相差无几，可食用的部分是体内5条长长的白色肌肉。

警告 北方有一种常见的软体动物叫黑贻贝，但是在任何季节它都可能含有致命剧毒。有时，黑贻贝的肌肉组织中所含的毒素与马钱子碱一样危险。

初夏时节，海边的浪花中可能会有胡瓜鱼产下的卵，有时你甚至可以用手把它们从水中捞上来。

仲夏时节，在海草上，你还经常能发现一些鲱鱼卵。还有一种长长的带状海草叫巨藻，它们和一些生长在岸边岩石上的、小一点的海草都可以食用。

海洋冰上动物

北极内陆地区基本上见不到北极熊，但是几乎在所有的海岸地区都可以发现它们的踪影。一般情况下，你要尽量避免和北极熊接触，在所有的熊类动物中，它们是最为危险的。它们是聪明而不知疲倦的捕猎者，有极其敏锐的嗅觉和特别好的视力。假如你必须将一头北极熊变成你的食物，要特别小心地接近它，一定要瞄准熊的脑袋再进行射击，射在它身上其他地方的子弹对它而言基本没有威胁。食用熊肉之前一定要完全将其烹熟。

警告 北极熊的肝一定不要食用，因为其中含大量高浓度的、有毒的维生素A。

另一种美味则是无耳海豹的肉。但是，要有相当的技巧才能接近一头无耳海豹并将它杀死。春天的时候，海豹需要用冰洞来呼吸，冰洞附近的冰面上经常躺着一些海豹，它们会随时抬头观察它们的敌人——北极熊是否在附近，每次观察的时间间隔约为30秒。

接近海豹可以选用因纽特人的传统方法：趁海豹在冰面上睡觉时，沿着其下风的方向，动作缓慢而轻柔地向它靠近。假如海豹移动了，你要立刻停止前进，在冰面上以与它一样的姿势平躺，不停地低头抬头，并且将你的身体微微扭动。接近海豹时要侧着身体，将手臂贴紧身体，尽量让自己的形象在海豹的眼里看上去像另一头海豹。海豹透气所用的冰洞边缘非常滑，并且朝洞里倾斜，海豹只要稍微一动身体就可以滑进水里。所以，你要尽量将你与海豹的距离缩短到22~45米，并且要极为迅速地瞄准它的头部将其杀死。要设法较快地捕捉到它，以防它滑进水里。通常情况下，冬天里的死海豹会漂浮在水面上，但是要将其拖到冰面上来却非常困难。

假如你的皮肤被损伤或擦伤，一定不要让你的伤口碰到海豹的皮肤和脂肪，否则你的手指可能会因此肿胀得十分厉害，患上经常提及的“肥手指”病。

你还须记住，通常情况下，北极熊会出现在每个有海豹的地方。众所周知，海豹杀手就是北极熊。

在亚北极的南部地区，你可以在长有较多树木的地方发现豪猪。豪猪的食物是树皮，所以，一旦你发现某个地方的树枝被剥得光秃秃的，那么在那里很可能会发现豪猪的踪迹。

极地地区的冬季仅有极少的鸟类，例如松鸡、雷鸟、猫头鹰、大乌鸦和加拿大樫鸟，即便是在林木线以北的地区，它们也极为罕见。与其他野禽一样，猫头鹰和雷鸟也非常美味。大乌鸦非常瘦，所以它们不太值得你费大量的力气去捕捉。雷鸟与变色龙有些类似，它们也会根据环境颜色的变化而改变自身颜色，这个特点使得它们很难被发现。石雷鸟出现时总是成双成对，接近它们并不困难。柳雷鸟总是群聚在一起，在河边低地的柳树丛中生活，捕捉它们也很容易。在夏季，有2~3个星期是所有的极地鸟类脱毛的阶段，捕捉这一阶段的鸟类都很容易，因为它们不怕人。捕捉方法可参照第8章的介绍。

将猎物屠宰、剥皮需要趁猎物的体温还没完全散去的时候进行（见第8章）。假如你没有足够的时间剥掉动物的皮毛，在贮存前至少要将猎物的味腺、内脏和生殖器清除干净。时间允许的情况下，将肉切割为独立的片状，并分开冷冻，有需要时就取出一片。除了海豹的脂肪，其他动物的脂肪都可以留下。

在冬天，放在室外的动物很快就会被冻硬。在夏天，你可以在地下的冰洞中贮存动物的肉。

植　物

尽管在气温较高的季节里，冻原地区也长有很多植物，但是，与气候温暖的地区生长的植物相比，这里的植物都更为矮小。比如，与其说极地桦树和柳树是树，还不如说它们是灌木。附录B介绍了部分生长在亚极地和极地地区的植物性食物。

附录C中介绍了食用以后可能会中毒的部分极地植物，你最好只挑选那些你了解的能够食用的植物，假如你对此并不确定，可以参照第9章介绍的可食性检验法。

行进注意事项

在亚极地或极地地区行进时，很多障碍你都可能会遇到。你将要遇到何种危险和障碍是由当时的季节和你所处的位置决定的。以下提及的事项需要引起你的注意。

- ★ 尽量避免在暴风雪天气向你的目的地行进。
- ★ 要十分小心地穿越较薄的冰层，为了分散你对冰面造成的压力，最好能够平卧在冰面上匍匐前行。
- ★ 穿过河流时，最好等到河流处于最低水位时再行动。正常情况下的解冻、结冰也许会在一天中使河流的水位变化达到2~2.5米。一天中的任何时刻这种水位变化都可能发生，温度、地形以及河流到冰川的距离都会对其产生影响。你要先考虑河流的水位变化，再决定你在河边的扎营地点。

- ★ 极地清澈的空气也是你要考虑的因素。你对距离远近的估计会受到它的影响，你往往不会高估你与目的地的距离，而是低估这段距离。
- ★ 前往目的地时尽量避免“乳白天空”的环境。在这种颜色失去对比度的情况下，你将无法准确地判断将要经过的天然地形。
- ★ 经过雪桥时，你只能通过那些和其跨越的障碍成直角的雪桥。用雪斧或棍子将雪桥上最为结实的部分找出来。你可以从雪桥上爬过去，或者穿上滑雪板、雪鞋，这样可以分散身体的重量。
- ★ 为了保证建造避身所的时间足够，你要尽早开始搭建。
- ★ 在考虑行进通道时，你可以选择未结冰或结冰的河流。但是，有一些看上去已经结冰的河也可能有没结冰或冰层很软，你不能在上面滑冰、行走或乘坐雪橇，否则通行会因此变得十分困难。
- ★ 要穿上雪鞋，再从覆盖厚积雪的地区行走。因为达到或超过30厘米的积雪会加大行走的难度。假如你没有携带雪鞋，可以临时做一双，可以用布条、皮革、柳树或其他合适的材料。

假如你没有滑雪板或雪鞋，你几乎不可能在积雪很厚的雪地上行走。你会在雪地上留下极为明显的、深陷的足迹，对所有野兽而言，这是你向它们提供的、极好的线索。假如在非常厚的积雪中行进是你无法避免的选择，一定要避开有积雪覆盖的河流。非常厚的积雪具有良好的隔热效果，雪下的水面可能并没有结冰。假如你身处的地区有山，务必要远离那些可能发生雪崩的地区。如果必须通过有雪崩危险的地方，最好将行进时间安排在凌晨。在山脊上背风的一面，雪会逐渐积聚起来，形成垂悬在空中的雪堆，这种雪堆被称为雪檐。在山脊上，雪檐通常会延伸很远的距离，假如你踩在雪檐上面，它可能会发生断裂，对你造成伤害。

天气征候

在多数情况下，你都能够确定天气状况对你的基本生存需要可能产生的影响。预测天气变化有很多有效的方法，以下是几种简单的方法。

风

需要辨明风向时，你可以观察树的顶部，也可以向空中扔些草或几片树叶。一旦风向得以确定，即将到来的天气状况也就可以预测到。如果风速很快，可能表明大气层处于不稳定的状态，在这种情况下，天气很可能会出现较大的变化。

云

云因其特性而呈现出各种不同的样式和形状。充分了解云及其所代表的大气状况的相关知识，这将有利于你预测天气。附录H中详细解释了各种云的特性。

烟

天气晴朗的情况下，上升的烟柱又直又细；暴风雨即将来临的征兆为烟柱沿着水平方向运动，或者烟柱的位置非常低。

鸟类和昆虫

在潮湿且沉重的空气中，昆虫和鸟类会飞得更低，这种现象说明最近一段时间可能会下雨。暴风雨来临前的一段时间内，大多数昆虫会更加频繁地活动，但蜜蜂是一个例外，在天变晴之前，它们才会变得非常忙碌。

低气压锋

低气压锋的表现形式在于空气潮湿且沉重，风速缓慢到甚至让人难以察觉。如果出现低气压锋，近期的天气一定会变得很糟糕，而且这种糟天气可能会持续一段时间。低气压是你能够“听到”和“闻到”的：相比高气压来看，荒野的味道会因为低气压造成的潮湿、滞缓的空气而更为明显。此外，与高气压相比，声音在低气压环境下可以传得更远、更清晰。

第16章 海上生存

最困难的生存状况可能就是海上生存了。无论你将在海上生存多长时间，其决定性因素都在于你的装备、给养以及智慧和计谋。你必须学会随机应变。

地球表面被水覆盖的面积大约占75%，其中海洋就占70%。某一天你可能需要穿越茫茫水域生存下来——假定这种情况会出现，而且这种可能性也总是会存在：你无法预料你所乘坐的船只是否会碰上失火、风暴、碰撞等事故。

远海求生

当你处于远海的求生环境中，你所要面对的威胁主要来自海浪和海风。酷暑或严寒都可能会来临。必须提前采取预防措施，以防这些自然威胁演变成威胁生存的严重问题。将你所能获得的所有资源充分利用起来，最大限度地保护自己免遭酷暑、严寒、极度潮湿或其他因素的影响。

当然，仅仅保护自己免遭上述影响并不足够，除此之外，你还需要获得充足的水和食物。对这些基本需求的满足能够帮助你预防严重的生理和心理问题。对于可能出现的种种健康问题，你还必须掌握正确的应对方法。

预防措施。海上生存的决定性因素有以下三种。

★ 对求生装备的了解和使用能力。

★ 应对危险的特殊技术和能力。

★ 求生意志。

在你登上船只之后，首要任务就是找到所有的生存装备，了解其放置的地点、有哪些工具及其组成部分。比如，救生筏、救生艇等救生用具有多少？它们放在什么位置？它们装载了多少食物、水和药物？它们包括哪种生存装备？它们能够承载多少人？如果你有其他同伴，还需要了解同伴所在的方位，同时保证他们了解你所在的具体地点。

坠入海中

假如你乘坐的飞机坠入海中，不管是在救生筏上，还是在水里，你应该遵循以下步骤采取行动。

- ★ 尽可能迅速远离飞机，转移到飞机上风的位置，不过不要离失事地点太远；在飞机完全沉下去之前，停留在附近的水域。
- ★ 远离漂浮着燃油的水面，防止燃油着火。
- ★ 尽可能找到其他的幸存者。

通常，水上救援搜寻活动会在失事水域及其附近区域进行。有些失踪人员可能已经失去了知觉，漂浮在水面之下。图16-1介绍了三种救援程序。

最好的水上救援方法是将一个系在绳子上的救生工具扔给受困者（A）。另一种方法是派出一名救生员，在他身上绑一个可以支撑其体重的漂浮装置，然后去营救落水者（B）。在救生员进行救援活动时，这个装置可以帮助其保持体力。第三种办法是派一名没有系漂浮装置的救生员去营救，这名救生员身上只系有一根绳子（C）。不管采取以上哪种救援措施，救生员都必须穿上救生衣。完备的准备工作可以最大程度降低救生员受伤的可能性。

救生员最好从遇险人员身后靠近并采取营救，这样会避免被遇险者抓、踢或拖入水下。救生员应该从遇险者的正后方游过去，抓住救生装置的后带，使用侧泳姿势将遇险者直接拖到救生筏上。

假如你是遇险者，你需要尽力游向救生筏所在的位置。如果附近没有救生筏，那么你应该尽力找到一块能够支撑你漂浮在海面上的漂浮物，然后攀附在这块漂浮物上，使自己暂时得到休息。在海水中，了解如何放松自己能降低溺亡的危险。人体具有的天然浮力至少可以让头顶露在水面上，如果要让脸部浮出水面，你还需要做一些动作。

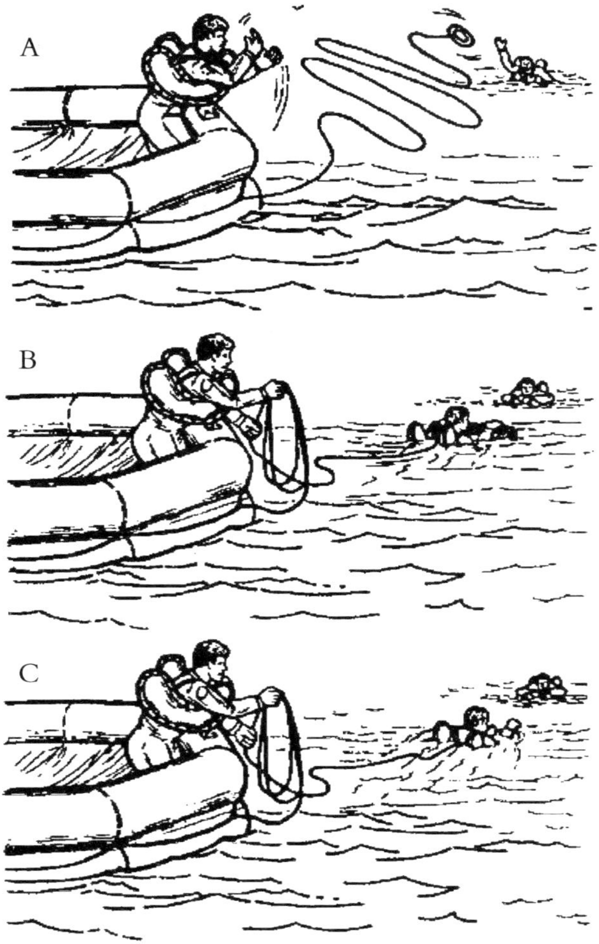

图16-1 海上救援

消耗能量最少的姿势是身体仰浮在水面上。在水面上平躺，背朝下，四肢伸开且将后背弓起。通过对呼吸的控制和调整，你的脸部可以长时间保持在水面之上，当你感到特别困乏的时候，你甚至能利用这个姿势睡上一段时间来恢复体力。这种漂浮方式使你头部的一部分浸在水里，但脸可以露出水面。假如你不能仰浮或者海浪很大，可以试着使用图16-2的漂浮方法，脸朝下地漂在水中。

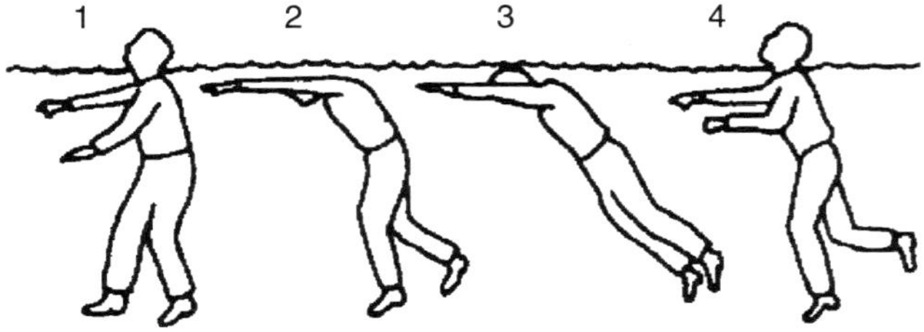

1. 头朝上浮在水中，深吸一口气
2. 闭上嘴把脸埋进水中，向前伸开双臂，放在水面上
3. 保持这种放松姿势，直到需要再吸气时
4. 将头抬出水面，踩水并呼气。吸一口气，恢复放松姿势

图16-2 漂浮姿势

在求生环境下，最好的游泳姿势有以下几种。

- ★ 狗刨。假如你身穿救生背心或者其他普通衣物，这种游泳姿势是最好的，它不需要花费你太多力气，尽管前进的速度有些缓慢。
- ★ 蛙泳。在水下可以使用这种游泳姿势，当海浪很大或者在需要穿过浮于水面上的残骸或油层时，你就需要用这种姿势。如果游泳的距离较长，蛙泳也许是最好的选择，因为蛙泳能在保持合理的前进速度下为游泳者保存较多的体力。
- ★ 侧泳。这是一种很好的使人放松的泳姿，因为维持所有浮力和动力都只需要一只手臂。
- ★ 仰泳。这是特别好且极为放松的游泳姿势，你可以用这种游泳姿势来放松在其他游泳姿势中需要使用的身体肌肉。假如可能发生水下爆炸，那么你也需要用这种游泳姿势来保护自己，减轻爆炸可能带来的伤害。

当你所处的水域表面有油层燃烧时——

★ 将有浮力的救生背心和脚上穿的鞋子扔掉。

注意 你需要保存好没有充气的救生背心，不要将其扔掉。

★ 将眼睛、鼻子和嘴巴遮好，以最快的速度潜到水下。

★ 在水下要尽你所能，能游多远就游多远，然后再浮出水面呼吸。

★ 准备浮出水面呼吸时，需要注意，先用双手将正在燃烧的油层推离出你准备浮出的地方。只有在没有燃烧油层的水域中，你才可以浮出水面。呼吸之前，为了保证你的安全，脸部朝向下风位置。

★ 完成呼吸之后，脚先潜入水中，之后再重复以上步骤，直到你远离正在燃烧的油层。

假如油层将水面污染后并没有燃烧，这时，你需要抬高头部，避免油污进入眼睛。在手腕处系上救生用具当筏使用。

假如你有救生装置，你就可以始终漂浮在水面上。在这种较为有利的情况下，你可以采用“热量溢出减少姿势（HELP）”（图16-3）。采用这种姿势并保持静止有助于减少身体热量的流失。人类身体热量的50%都是通过头部丧失的。所以，你要尽可能将头保持在水面以上。至于身体的其他部位，肋骨、脖子和腹股沟

图16-3 热量溢出减少姿势

的热量丧失速度也比较快。

假如你身在救生筏上（参见后面的“登筏步骤”），你需要——

★ 将救生筏上所有人的生理状况检查一遍。必要的情况下，实施相应的急救措施。假如随身携带晕船药，应尽快服用。将药片放在舌头下面使其溶解，这是这类药物最好的服用方法。此外，注射液和栓剂也可以应对晕船。之所以要避免晕船，是因为晕船所造成的呕吐都会加速人体脱水，从而带来生命危险。

★ 你能看到的漂浮在海面上的所有装备都要尽力打捞——罐头、给养、热水壶及其他容器、坐垫、衣服、降落伞等，包括其他任何对你有用的物品。打捞到的物品可以放在救生筏里，或将其固定在救生筏的外部。必须确定这些打捞来的物品没有尖锐的边角，以免救生筏被它刮破或刺破。

★ 假如附近还有其他救生筏，你需要将救生筏系在一起，使救生筏之间的距离保持在7.5米左右。如果你听到飞机的声音或看到飞机飞过，就将这些救生筏拉到一起。对于飞机上的救援人员来说，发现分散的救生筏比发现拉在一起的救生筏的难度大得多。

★ 一定要牢记，海上的救援需要通力合作。你要使用各种能引起外界注意的视觉信号，并使用无线电信号设备发出求救信号或者以此与救援者保持联系。比如，为了引起救援者的注意，你可以将反光材料或一面旗帜绑在桨上并将其尽量举高。

★ 最好能找到紧急无线电收发机，收发机上附有操作说明，将其调整为可操作状态。注意，使用紧急无线电收发机时，你应确定对你友好的飞机会出现在该地区，否则不要轻易使用。

★ 将其他可用的信号装置准备妥当，使其处于能够随时发射的状态。

★ 将救生筏的充气情况检查一遍，注意识别可能被磨坏或者可能漏气的地方。确定主浮舱的气体充足，但不能过于充足（图16-4）。定时对救生筏的充气情况进行检查。在炎热的天气中，空气会受热膨胀，因此需要释放部分气体；假如天气较为凉爽，需要适当为救生筏多充些气。

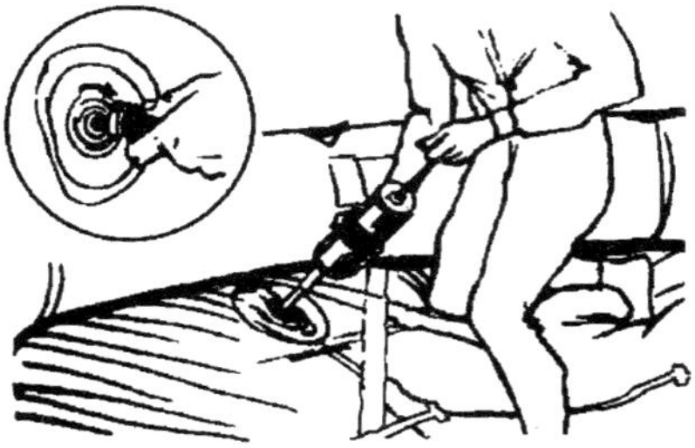

图16-4 为救生筏充气

★ 将救生筏上的所有燃料清理干净。汽油会毁坏救生筏胶粘部位并腐蚀救生筏的表面。

★ 将海锚放下，或者在救生筏外系上一个物件，比如一卷衣服或一个水桶。海锚能够帮助你停留在离逃生点较近的地方，让你更容易被搜救人员发现。在没有海锚的情况下，一天之内，你的救生筏会漂出很远，甚至可以超过160千米，这会使搜救人员很难找到你并成功实施援救。你可以适当调节海锚，使之成为救生筏的拖曳，降低救生筏顺流漂走的速度，当然，通过关闭或打开海锚的顶部，也可以加快救生筏顺水漂流速度。打开海锚顶部时（图16-5），它就成了救生筏的拖曳；关闭海锚顶部时，海锚就成了承受水流冲击的一个容器，能够牵引着救生筏沿海水的流动方向前进。

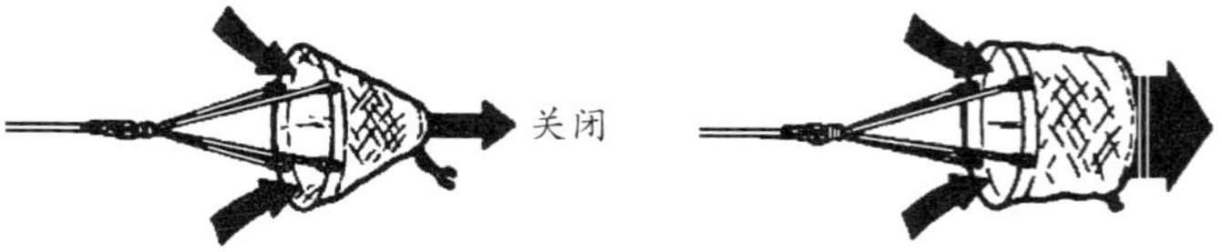

图 16-5 海锚

此外，你还能调整海锚的顶部，使救生筏处于波峰的同时，海锚正好处于波谷（图 16–6）。

图 16-6 海锚的使用

- ★ 为了避免拖锚的绳索磨坏救生筏，要用布把它包裹起来。此外，海锚还能帮助你长期保持救生筏的头部顺着海浪和海风的方向前进。
- ★ 如果所在地区出现暴风雨天气，你须要立刻为救生筏装上风挡和天篷。在设有20座的救生筏中，要始终保持天篷直立，并尽可能保持救生筏干爽。救生筏上的所有人员都必须坐着，体重最大的人坐在救生筏的中部。
- ★ 为了决定你和你的同伴应该采取何种措施才能生存下去，首先你要冷静地考虑你所在环境的各个方面。清点所有的水、食物和装备，检查可能会因海水而损坏的防水物品，包括手表、火柴、指南针、打火机和六分仪。此后，将水和食物定时定量分配给每个人。

★ 分派任务给每个小组或每个人，比如，某人负责收集水，某人负责收集食物，某人充当信号员、瞭望员或无线电操作员，某些人员负责将救生筏中的积水向外汲出去等。

注意 **一个人负责担任瞭望员的时间不能超过2小时。生存的关键之一在于通力协作，这一点须要牢记，并且要及时提醒同筏的其他人。**

★ 撰写航行日志。记录弃船时间、配给一览表、船载导航系统显示的最后方位、人员的名字及具体身体状况，并记录天气、日出和日落时间、风和海浪的方向，以及其他航行所需的重要数据。

★ 当你须要决定是继续前行还是停在某一位置时，以下问题需要多加注意——发生意外前你已对外发送了多少信息？你的位置是否已经传达给搜救人员？天气状况是否适合搜救？你是否了解自己现在所处的位置？水和食物能维持多少天的生存？其他飞机或船只是否可能路过你现在的位置？

当你处于天气极冷的地区时，应遵守以下注意事项。

★ 将防寒服穿上。假如没有携带防寒服，那么尽量多穿些衣服。同时还要保持衣服的宽松和舒适。

★ 注意不要让鞋子或其他尖锐物品划破救生筏。将修补救生筏所用的工具箱放在伸手可及的地方。

★ 为救生筏装上天篷和风挡。

★ 长时间保持救生筏内部干燥。用衣服或者帆布垫在身体下面隔温。

★ 为了保持体温，最好和其他人抱在一起。此外，为保持血液循环你还需要有适当的运动。在队员身上盖上多余的帆布、油布或者降落伞。

★ 假如有多余的物品，将其中最好的物品分配给因天气寒冷而觉得不舒服的人。

在温度较低的水域，体温过低致死是你面临的最大威胁之一。全世界海洋水温的平均值仅有11℃。此外，温暖的水域也许会将你愚弄一番，你要知道，即便是在温度达到27℃的水中，你也可能会出现低温症。当你全身浸入冷水中，因为湿衣服的隔热性非常差，而且水代替了你身体四周的静止的空气层，很快就会让你出现体温过低的症状。在同样的温度下，水中的热交换速度与空气中的热交换速度相比要大25倍。图16-7中列出了人在浸入水中后可以存活的时间长短。

水温	时间
21.0~15.5℃	约12小时
15.5~10.0℃	约6小时
10.0~4.5℃	约1小时
4.5℃	少于1小时
注意：穿一套海上救生服最多可以将时间增加至24小时	

图16-7　人浸在水中能够存活的时间

身处冷水中时，保持身体干燥并设法尽快进入救生筏。尽可能将你的身体与寒冷的救生筏底隔离，这些是最好的保护措施。假如以上措施均无法做到，穿一套海上救生服也可以大大延长你的存活时间。需要牢记，当水温低于19℃时，要保持你的颈部和头部在水面以上，将冷水可能产生的影响与你隔离开来。还有一种方法可以增加存活机会、延长存活时间：穿上救生衣。

炎热天气中的注意事项

身处天气炎热的地区时，你需要注意以下几点。

★ 为救生筏装上天篷或遮阳板。留出足够的空间用来通风。

★ 遮盖住所有可以遮盖的皮肤，以免阳光将你的皮肤灼伤。假如携带了防晒霜，在所有裸露的皮肤上均匀涂抹。在强烈的阳光下，皮肤很容易被晒伤，尤其是眼皮、下颚下方和耳朵后面的皮肤。

登筏步骤

大多数救生筏都能够满足各种行进方式、个人有效保护和逃生的需求。

注意 在登上救生筏之前，务必要带好你的救生衣，不管你是把它绑到救生筏上还是你身上。此外，检查你的装备或衣物上有没有其他尖利的或金属制造的物品，避免救生筏被划破或损坏。待登上救生筏、确保安全后，再重新穿上救生衣。

如果你是第一批登上救生筏的人，首先要做以下几件事。

- ★ 检查救生筏的充气状况——是否已将所有充气舱充满气；是否已关闭所有的充气阀；在完全充气后，是否已经拧紧平衡管的夹子（配置在25、35或46人的救生筏上）。
- ★ 协助他人登上救生筏——将兜里所有带尖刺的、可能将救生筏刺破的物品全部取出来，然后在后背上装上漂浮装置。使用正确、高效的登筏工具，例如25、35或46人筏的登筏垫与7人筏上的登筏环等。
- ★ 海锚——确定海锚放置的位置是否正确。在25、35或46人筏上，海锚应该位于与平衡管夹角为180度的位置。
- ★ 配件包——确定好配件包所在的位置。应该把它绑在登筏垫与二氧化碳瓶之间、最靠近放置登筏垫的位置。
- ★ 评估——评估形势的未来走向并努力保持积极的心态。

单人筏。单人筏中有一个主气囊。如果单人筏漏气或者二氧化碳瓶出现故障，你可以用嘴来给它充气。

海水、海风和寒冷都可以用遮挡板来遮挡。在某些特殊情况下，你也可以用它来隔热。救生筏底部的隔热功能可以减少热量的流失，保护你不被低温症困扰（图16–8）。

为使你的航行效率更高，风或海流的力量都可以利用起来。你可以给救生筏放气或充气以达到这个目的。遮挡板可以当作船帆使用，同时，为了增加水对单人筏的压力，也可以用压舱桶。使用海锚可以控制筏的方向和速度。

单人筏上都有一条较短的绳索，它可以将落在水中的求生者与救生筏连在一起。你或其他求生者落入水中后，就需要给筏充气。利用这条短绳将筏拉过来，而不是你自己向救生筏游过去。在水中，救生筏也许会被打翻，要把救生筏翻过来，应

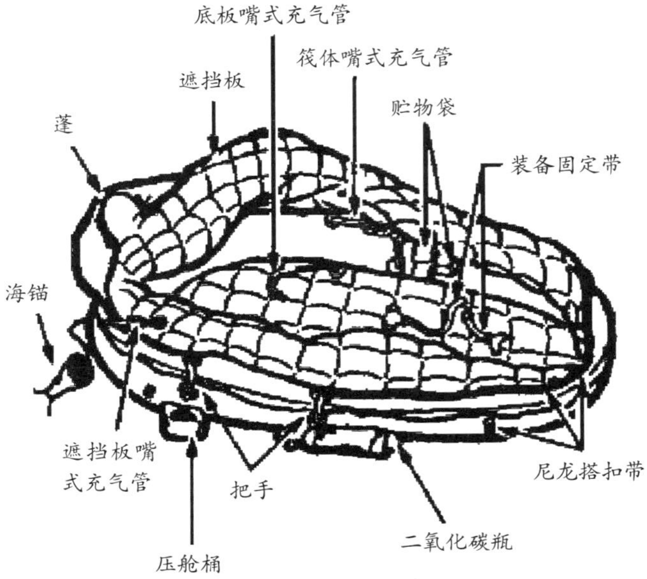

图16-8 带遮挡板的单人筏

当靠近系瓶子的一侧，然后着手翻筏。为了使登筏者把手露在外面，必须将遮挡板放在筏里。之后，参照前面所述的登筏步骤登上救生筏（图16–9）。

假如你的手臂已经负伤，你应该将后背朝向筏子较小的一端，将单人筏向下压到低于臀部的位置，然后身体向后躺，这是你可以采取的最好的登筏方法。或者将单人筏较小的一端向

图16-9 登单人筏

下压到你的膝盖可以进入筏子的位置，然后整个身体向前趴下（图16–10），这是另外一种比较方便的登筏方法。

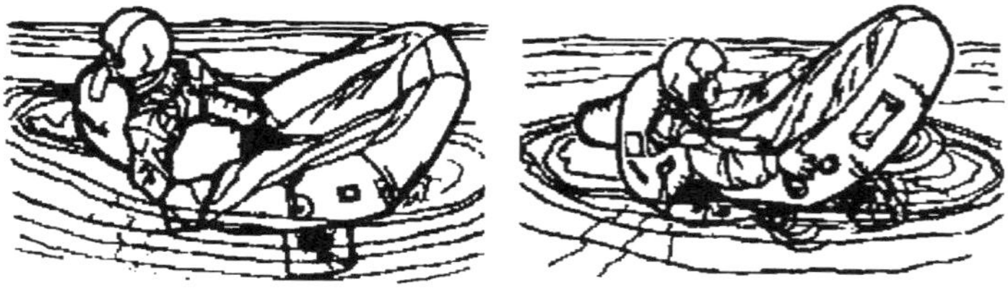

图16-10　登单人筏的其他方法

在风急浪高的海上，抓住单人筏较小的一端，采取俯卧位姿势踢着水爬进筏里，这对你来说可能更加容易。当你躺在筏里且面部朝下时，将海锚打开进行调整。为了能在筏里坐起来，你不得不打开一侧座位上放置的工具箱，然后向前翻滚到那一侧。之后，你要将遮挡板进行适度调整。改进型单人筏上有可以充气的地板和遮挡板，其隔热性能能够为你提供额外的保护。遮挡板的作用在于能够在炎热的气候里帮你遮挡强烈的太阳光，在冰冷的海洋上帮你保持温暖和干燥（图16–11）。

图16-11　带充气遮挡板的单人筏

7人筏。一些座位较多的飞机上往往配有7人筏，它是生存工具箱的组成部分（图16–12）。这种筏在充气后可能会底面朝上，登筏之前需要将它翻正。翻正时，一定要从带有瓶子的一侧进行，以免造成不必要的伤

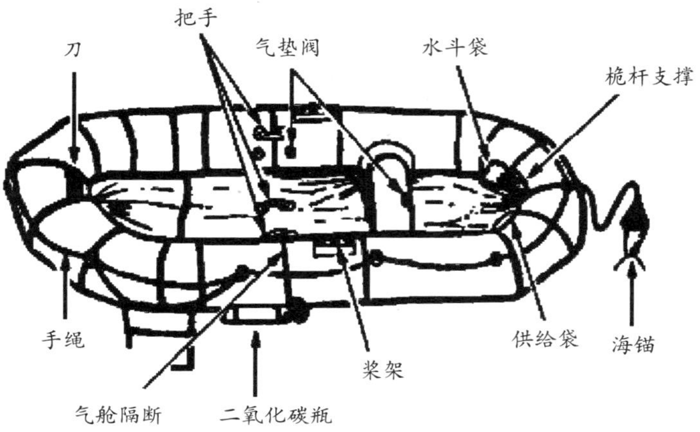

图16-12 7人筏

图16-13 翻正救生筏的方法

害。最好可以面对风向进行，在你翻起救生筏的时候，风的力量可以起一些辅助作用。登筏时须要抓紧筏内底部安装的把手（图16–13）。

如果有人帮你抓住筏的另一侧使其保持正面朝上，那么登筏时可以使用登筏垫。如果没有人帮助你，登筏时则要选择有瓶子的一侧，并且要顺着风向，借助风力放倒单人筏。一定要依照登筏步骤逐步进行。之后，抓住登筏把手和桨架，用力踢腿，使身体向水面方向俯卧，将自己从水中推进筏里。假如你的身体已经负伤或较为虚弱，可以将筏里的气体放掉一部分，使你更容易地登上救生筏（图16–14）。

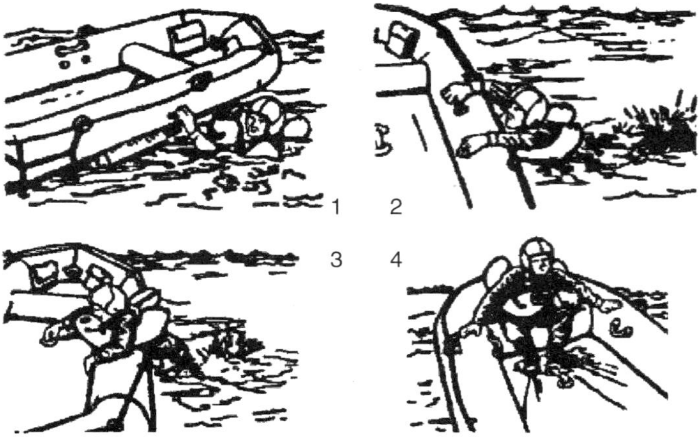

图16-14 登上7人筏的方法

不要将救生筏过度充气。可以利用手泵来保持横座的坚实、稳定和气舱的浮力。

25、35或46人筏。多座飞机上通常都配备有25、35或46人座的救生筏（图16–15）。目前已经不再使用20人筏了。一般情况下，放置有救生筏的筏仓都在机身外侧，通常在机翼上方沿飞机左侧的上半部分。筏的空间足够大，能够容纳。假如筏的最大容量无法装载所有人员，那么可以将更多的救生筏用中心线捆扎到筏仓的地板上。有一些筏能够自动安放在货舱区或驾驶员座舱，这个位置通常在机长座位附近，有些救生筏则需要手动安放。不管筏以怎样的状态落在水面上，你都能随时进行登筏作业。用一段短绳将筏和工具箱连在一起，你可以用手拉扯绳索，找到这个备用的工具箱。对中心气舱充气必须采用人工作业，此时需要使用手泵。可能的情况下，在飞机上就可以登上25、35或46人救生筏。如果不能在飞机上登筏，可以参照以下方法。

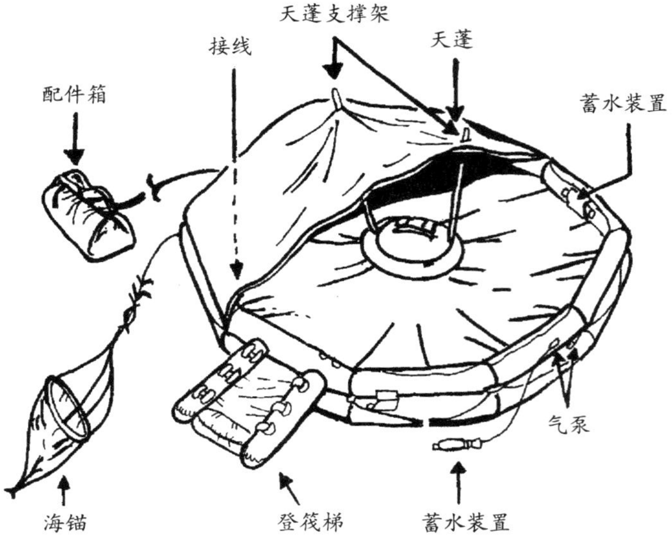

图16-15 25人筏

- ★ 走近登筏垫位置较低的一端，遵照筏外部印制的箭头去做。
- ★ 将救生衣取下并捆绑在身上，让它拖在你的身后。
- ★ 抓住登筏所用的扶手，双腿踢水，使身体面向水面，呈俯卧姿势；然后用力踢水直到你成功登上筏。

相对而言，登充气不足的筏更加容易。靠近登筏梯和筏上下连接的部位，抓住上方的登筏扶手，摆腿跨在筏上，该动作与上马时使用的动作相像。

登筏成功后，立即拧紧平衡夹，防止筏体上出现破口而放掉整个筏的气体（图16–16）。

利用手泵为救生筏的中心环和气舱充足气。中心环和气舱需要充到很鼓，但又不能绷得太紧。中心环的作用在于能使筏

1. 拧紧平衡夹
2. 放开海锚
3. 放下救生绳，让水中的人员抓住
4. 竖起筏的天篷

图16-16 紧急行动——多座救生筏

底不凹陷下去，并使筏内所有人员的脚部得到一定的支撑，防止筏内人员因海水的晃动而滑向救生筏中心。

驾驶筏

因为救生筏没有龙骨，所以不能在风中驾驶。但是，能在顺风的时候驾驶救生筏。与风向呈10度角时，你可以成功地驾驶7人筏。但是要注意，除非你已经离陆地的距离很近，否则千万不要试图驾驶救生筏。假如风朝向你的目的地方向并且你已经决定要驾驶救生筏，那么为救生筏充满气，坐在筏的较高处，将海锚收起，装上船帆，并用桨作为筏子的舵。

在7人筏子里，横木和桅杆都可以用桨来代替，将一个方形帆（图16–17）竖立在船头。船帆的制作材料可以选用降落伞或防水布。如果筏上没有桅座或桅孔，可用绳子将桅杆牢牢绑在筏中的横座上并将其竖起来。不管筏上是否设有桅孔，都要在桅杆底下加上衬垫以防止筏底被刺破或划破。在桅杆底下

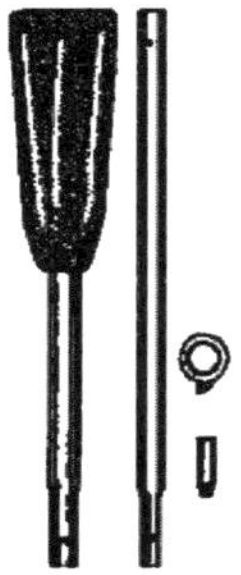

1.取两个铝质桨、两根加长杆、两个桨的橡胶锁紧环

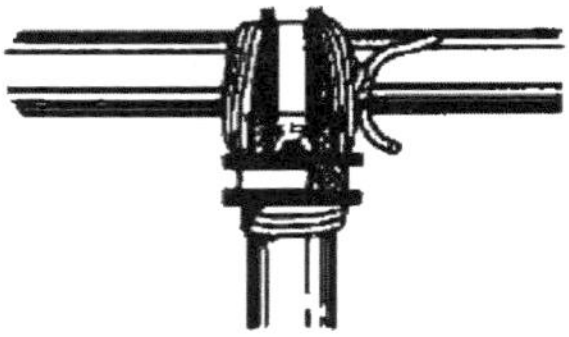

2.将锁紧套入桨的插入端并绑好

3.将桨头包住，以保护筏底

4.在框架上罩好防水布

图16-17 制作船帆

塞一只楔形塞，鞋跟就是一个不错的桅座。帆的下角不要固定。两个角上都绑好线，然后用手将线拉住，这样可以防止阵风撕裂船帆或折断桅杆，甚至将救生筏掀翻。

注意，为了防止救生筏被掀翻，你需要采取多种预防措施。身处恶劣的天气时，要尽量使海锚远离船头。为了抵挡向上的风力，救生筏里的人都要坐下，保证身体重量的均匀分布。不要站在筏子里或坐在筏子边上。此外，千万不要在未告知筏上其他人员的情况下突然起身活动。不使用海锚时将它固定在筏子上，绑的方式非常重要，要做到在救生筏倾覆时它能立即为你所用。

水源

无论身处哪种生存环境，你最重要的需求都是水。当水的配给不足、供应有限，且没有机械或化学手段来补充水的储备时，你要提高水的利用效率。一定要将淡水妥善保护，不能使其被海水污染。让身体处在阴凉的地方，避免海水反射的光和强烈太阳光的照射造成身体水分流失。保持空气畅通，在一天中气温最高的时候用水浸湿衣服。不要让自己太过劳累，尽可能地放松自己或者睡一觉。在综合考虑脱盐工具和太阳蒸馏器的产水量、人员数量与身体条件以及现存的总储水量后，需要确定每人每天的用水配给量。

没有水的情况下最好不要再进食。如果你每天的用水配给量至少为2升，你才可以随心所欲地吃自己捕捉到的小虾、鸟、鱼等或配给食物。你的焦虑和救生艇的颠簸也许会让你感到恶心。在恶心头晕的时候进食，会导致呕吐。这时，你需要尽量休息并放松身体，只能饮水。

将衣服浸入海水，拧干后再穿上，这可以减少因出汗而流失的水分。在较为炎热的天气中，假如没有遮阳篷等避暑装置，不要过于频繁地这样做。这种为身体降温的方法会有得皮疹和海水疮的危险。还有一点很重要，不要将筏底弄湿。

随时观察云彩，注意抓住可能下雨的机会。为了能够随时接水，把防水布放在触手可及的位置。假如防水布上起了一层盐壳，那就放到海水中洗一洗。一般情况下，雨水与少量的海水混合在一起是很难被注意到的，这样做也不会引起身体上的任何不良反应。在环境如此恶劣的大海上，要想得到没被污染过的淡水，十分困难。

在夜间，要把防水布的边朝上卷起来，像遮阳篷那样支开以收集露水。把布块或海绵放在筏边也能收集到露水。你可以在下雨的时候尽量多收集和饮用雨水。

太阳蒸馏器。假如你有太阳蒸馏器，应该仔细阅读它的使用说明，然后立即将它利用起来。根据阳光的情况和筏里的人数，尽可能多使用几个太阳蒸馏器。在救生筏中，要将蒸馏器小心平稳地放置。太阳蒸馏器只能在非常平静的海面上使用。

脱盐工具。假如除太阳蒸馏器以外，你还携带有脱盐工具，它也能帮助你获得淡水。但是你只能在天气长期不晴朗导致不能使用太阳蒸馏器，或者情况十分紧急的时候，才可以使用脱盐工具。其他任何情况下，都应好好保存应急水储备和脱盐工具，一旦不能使用太阳蒸馏器或无法接收雨水，可以用它完成。

鱼身上的水。大型鱼类的眼睛里和脊椎上的水状液体可以饮用。从中间将鱼劈成两半，它脊椎周围的液体是可以饮用的，也可将其眼睛里的水吸出来。在淡水源紧缺的状况下，你可以用这种方法喝水。但是，千万不要饮用鱼身上其他部位的液体。这些液体含有大量的脂肪和蛋白质，从这些液体中摄入的水分比消化这些脂肪和蛋白质需要的水分要少很多。

海冰。当你处于北极水域时，还可以使用陈年的海冰化水。这种陈年的海冰呈浅蓝色，圆角、易碎，含盐度几乎为零。新生成的冰非常坚硬且呈灰乳白色，含盐量较高。你也可以将冰山上的冰融化成可供饮用的淡水，但要注意，接近冰山是一件十分危险的事情。只有在非常紧急的情况下才可把冰山作为水源。

与身处任何求生环境都相同的一件事情——代替必需品所使用的替代品都存在不同程度的危险。即使你非常渴求最基本的需求之一——水，以下几件事情也不能做。

★ 饮用海水　　　★ 饮用尿液
★ 饮用酒　　　　★ 吸烟
★ 在没有水喝的情况下吃东西

度过少食缺水阶段最好的方法就是休息和睡觉。但是要注意，白天要在足够阴凉的地方睡觉。假如海上天气十分恶劣，应将自己捆绑在救生筏上，关上救生筏上所有的盖子，尽全力让自己安全平稳地度过风暴期。放松非常关键——至少你要尝试放松自己。

获得食物

在远海地区，最主要的食物来源是鱼。有许多危险和有毒的鱼生活在远海，但一般情况下，在见不到陆地的地方，鱼都能作为你的食物。海岸周围的鱼既有毒又危险。有一些鱼，比如梭鱼和红鲷鱼，一般情况下可以吃，但珊瑚礁或珊瑚岛上的这两种鱼有毒。有时，飞鱼甚至会主动跳进你的救生筏中来。

钓鱼。钓鱼时千万不要光用手抓着钓鱼线，也不要将它系到筏子上或缠在你的手上。沾在渔线上的盐会使它成为一把锋利的刀，对救生筏和你的手来说都非常危险。有手套就一定要戴上，或者在手上裹一块布，以免锋利的鳃盖和鱼鳍刮伤手。

在较为温暖的地带，抓到鱼后要马上将鱼的血放掉，并取出它的内脏。把不会立即食用的鱼切成又窄又细的长条，挂起来晾干。干鱼在保存好几天后依然可以食用。没有完全晾干或清理干净的鱼在半天之内就会坏掉。很容易腐烂的鱼肉会呈黑色。如果没有一次性吃完，剩下的鱼肉不要再吃。这些肉可以用作下次钓鱼的鱼饵。

不要食用两眼凹陷、腮部发亮、皮肤苍白、味道难闻或肉和皮肤十分松弛的鱼。特征与之相反的才是好鱼。海鱼有一种海水的腥味。不要混淆海蛇和鳗鱼，海蛇尾巴扁平，形状像船桨，有明显的鳞片。海蛇和鳗鱼都能食用，但抓海蛇的时候一定要小心，因为它们有毒，被其咬伤后会感染毒素。大部分鱼的血液、心脏、肠壁和肝脏都能食用。鱼肠在食用前要加以烹制。在大鱼胃中发现的已经被消化一部分的小鱼也能食用。除此之外，还可以食用海龟。

还有一个很好的食物来源是鲨鱼的肉，不管是烹制、生吃还是风干后吃都不错。鲨鱼的肉极容易腐烂，因为它的血液中含有浓度很高的尿素。因此，抓到鲨鱼后要立即将其放血，然后浸泡在水中，并且水要更换好几次。除了格陵兰鲨鱼，很多鲨鱼都可以食用，格陵兰鲨鱼的肉含有非常丰富的维生素A。注意，含有丰富维生素A的肝脏不能食用。有几种鲨鱼作为食物是人们普遍比较偏爱的。

捕鱼辅助工具。备件箱中通常还有一种十分好用的捕鱼工具，这种工具能满足你在世界上任何一个地方的捕鱼需要。此外，依照下面的介绍，你还可以使用各种材料来制作捕鱼用的辅助工具。

- 钓鱼线。你可以使用从帆布或防水布上裁剪下的布条，拆下线股，以三股或更多股的线作为一组，将其一段一段连接起来。降落伞绳和鞋带也是一个不错的选择。
- 鱼钩。捕鱼工具应该是身处海上的每一个人都应拥有的工具，但假如你没有捕鱼工具，那么就依照第8章讲述的方法临时制作一个钓鱼用的鱼钩。
- 带钩鱼饵。将一块闪亮的金属绑在一个双钩上，这样就能制作一个诱饵。
- 抓钩。可以用抓钩来钩海草。小鱼、螃蟹、小虾等生物都可以从海草中抖出来。

这些收获可以作为你的食物，也可以用来做下一次钓鱼的诱饵。你可以吃些海草，但前提是必须有充足的饮用水。临时抓钩可以用木头制作。主杆可以用一根重木头充当，抓钩可以用三根短一些的木棍捆在上面制成。

★ 诱饵。为了捕到大鱼，你可以用一些小鱼做诱饵。捕捉小鱼时可以用网捞。如果身边没有网，可用某种布料制作一个网。将网放在水下，用手抓住网用力往上提。诱饵可以使用鱼或鸟的内脏。使用诱饵时，要想办法使诱饵在水中保持一定的移动速度，以便让它们看起来像活的。

以下这些重要提示如果你能全部记住，捕鱼行动的成功率就会很高。

★ 要小心长有刺和牙的鱼。
★ 将较大的鱼放生，不能冒着救生筏倾覆的危险去抓大鱼。
★ 千万不要让类似鱼钩的锋利物品划破或刺破救生筏。
★ 不要在周围有大鲨鱼时捕鱼。
★ 平时注意观察鱼群的活动；让救生筏尽量靠近鱼群。
★ 在夜晚，捕鱼时要学会使用光。鱼会被光亮吸引。
★ 白天时，某些鱼会被阴凉吸引。你在救生筏的下方能发现它们。
★ 在桨片上绑一把刀，做一个可以临时使用的矛。这个矛可以帮你捕捉较大的鱼，但要注意，你必须极其快速地将矛拿进救生筏，否则在这过程中鱼可能会滑掉。此外，刀要绑结实，否则刀会被鱼带走。

★ 你的捕鱼工具要始终看管好。钓鱼线要晾干，鱼钩要清洗干净并保持锋利，不要让钓鱼线在鱼钩上缠成一团。

海鸟。任何一种海鸟都可以食用。你可以吃所有能抓到的海鸟。有些时候，海鸟还会落在你的救生筏上，但通常情况下，海鸟都保持着较高的警觉性。当你想吸引鸟靠近救生筏时，可以在救生筏后面拖一片闪亮的金属片。这样可以让海鸟进入你的有效射程范围，不过射击的前提是你有一把枪。

如果有一只海鸟落在伸手可以够到的范围内，你就可趁机抓住它。假如鸟落在救生筏的另一头或落的地点离你不够近，可以利用套鸟索抓它们。将诱饵放在套鸟索的中间，等待海鸟落下。等到海鸟的脚进入套鸟索中间时，拉紧套鸟索。

海鸟的各个部分你都可以充分利用。羽毛可以用于隔热，爪子和内脏可以用作诱饵等。在这件事情上，你可以充分发挥你的想象力。

海上生存的医疗问题

在海上长时间漂荡，你可能会因此患上海水疮或晕船，或者产生与陆地上相同的疾病，比如日光灼伤、低温症或脱水。如果不及时进行治疗，这些问题在未来一段时间可能会变得非常严重。

晕船。救生筏的摇晃颠簸引起的呕吐和恶心，可能会进一步导致以下几种情况。

★ 身体极度疲劳、水分流失严重。

★ 求生意志开始模糊直至消失。

★ 使同船的其他人员也开始出现晕船。

★ 救生筏周围出现被此吸引的鲨鱼。

★ 其他不明情况。

治疗同行人员的晕船症，你需要做好下面几件事。

★ 将救生筏和病人身体清理干净，将呕吐物及其气味彻底去除。
★ 在恶心症状消失之前，不要让病人进食。
★ 让病人平躺，休息。
★ 假如携带有晕船药，应立即给患者服下。如果患者已经不能口服，就将药片塞入患者直肠以供身体吸收其有效成分。如果你已经晕船，就不要服用晕船药了，这个时候晕船药会加重病症。服用晕船药的正确时间是在症状出现之前。

注意 有一些常年生活在海上的人称，盯着一朵云或地平线看或者将天篷竖起均有助于克服晕船。也有些人说，治疗晕船还可以让患者跟着救生筏游一小会儿泳，不过在游泳时要非常小心。

海水疮。皮肤上的伤口若长时间与海水接触则会形成海水疮。腕部、腰部、脚踝等皮肤与衣服紧贴的部位也会生疮。疮口在一段时间后可能会结痂，严重的可能会化脓，但不要尝试将痂揭开或者挤出其中的脓水。假如身边有淡水，可以用淡水将疮口冲洗干净，然后让疮口在空气中自然干燥。假如携带有消毒剂，可涂抹一些在疮口上。

冻伤、浸泡腐烂以及低体温症。在严寒环境中，你也会遇到这些问题。在第15章有其具体症状和相应治疗方法的介绍。

头痛或失明。假如眼睛里进了烟雾、火焰或其他污染物，你需要立即用海水将眼睛冲洗一遍，如果有淡水，再使用淡水冲洗一次。假如携带有眼药膏，立即抹上。假如情况较为严重，则两只眼睛包扎的时间应为18~24小时。假如来自水面和天空的强光使你的眼睛红肿、充血，则应轻轻地将眼睛包扎起来。为了防止此类情况发生，你可以戴上太阳镜。在必要的情况下，可以自己制作一副太阳镜。

便秘。在救生筏上生活，便秘是一种极为常见的疾病。需要注意的是，千万不要服用泻药来帮助排便，因为泻药会加速身体水分的流失。应该饮用足够量的水，并尽可能多运动。

排便困难。这个问题在救生筏生活中同样十分常见，它主要是由脱水引起的。最好不要实施治疗，因为这会造成身体的进一步脱水。

日光灼伤。对于海上生存来说，日光灼伤是一个非常严重的问题。为了防止这一问题出现，你最好遮盖好皮肤和头部，并待在有阴影的地方。此外，你还可以使用急救箱中保存的护唇膏或防晒霜。须要记住，通常太阳不会灼伤眉毛、鼻子、耳垂、下巴、腋窝等部位的皮肤，但水面反射的光线会对这些部位的柔嫩皮肤造成灼伤。

鲨　鱼

无论是在船上还是在救生筏上还是在水里，你都可以在周围看到大量海洋生物。其中一些海洋生物较为危险。鲸、刺魟、鼠海豚以及其他动物，也许表面看上去非常危险，事实上，生活在远海的这些生物并不是什么严重威胁。

在已知的数百种鲨鱼中，袭击过人类的只有20种。最危险的鲨鱼是虎鲨、灰鲭鲨、大白鲨和锤头鲨。其他有过袭击人类前科的鲨鱼包括蓝鲨、牛鲨、锥齿鲨、白鳍鲨、护士鲨、半皱唇鲨、短吻柠檬鲨。任何一条体长超过1米的鲨鱼都应被视为危险生物。

发现鲨鱼的踪迹很容易，很多鲨鱼都在深水中生活，有些鲨鱼则生活在离水面较近的地方，这些鲨鱼高高的背鳍会经常伸出水面，所以你可能会频繁发现它们。相比温带水域中的鲨鱼来说，生活在亚热带和热带海洋中的鲨鱼的攻击性更强。

基本上每一条鲨鱼都可以被看成是吃东西的机器。所有类型的动物都是它们的正常食物，无助的或受伤的动物也会受到它们的攻击。声音、光亮或气味都能帮助它们找到猎物。鲨鱼的味觉非常敏感，水中的血液会让它们变得兴奋。鲨鱼对水中发生的任何异常变化也很敏感。吸引鲨鱼的因素有很多，水下的爆炸、受伤的人或动物的挣扎，甚至是鱼上钩后在钓鱼线上的挣扎都可能将鲨鱼吸引过来。

鲨鱼可以选择任何位置发起进攻。它们不需要转过身体再咬噬猎物。有些体型较大的鲨鱼下巴前突，为了咬到一个漂浮的物体，它们甚至连身体都不需扭动。

鲨鱼也许会单独捕食，但是有关鲨鱼捕食的大多数报道都提到过鲨鱼群攻的事例。体型较小的鲨鱼喜欢成群行动，对猎物发起攻击时也是集体作业。只要有一只鲨鱼发现猎物，其他鲨鱼会马上赶来加入攻击行列。鲨鱼还会毫不犹豫地将伤残的同类吃掉，与吃掉其他猎物毫无二致。

鲨鱼捕食猎物不分昼夜。相关报道中多数鲨鱼攻击和接触的事件都发生在白天，也有很多事件发生在傍晚时分。为了能在水中保护自己，减小被鲨鱼攻击的可能性，以下一些方法可以帮助你。

★ 游泳时与其他游泳者在一起。你们可以组成一个团队，构成360度全方位的视野。为了击退鲨鱼的攻击或吓走鲨鱼，一个团队的力量要比一个人大得多。

- ★ 时刻对鲨鱼保持高度的警惕。穿上你携带的所有衣服，鞋子也要穿上。从已知的情况来看，一般情况下，鲨鱼首选的攻击对象是一群人中没有穿衣服，并且将脚部裸露在外的人。假如鲨鱼从身边游过时蹭到你的身体，衣服能够很好地保护你不被擦伤。
- ★ 避免在水中排尿。如果必须排尿，也要尽可能少排。在排出尿的间歇要使尿液尽快消散。如果想大便，也应尽可能少排，然后将其尽可能扔到离你非常远的地方。假设你必须呕吐，也要注意前面所说的事项。

当你身处水中，并且鲨鱼对你的进攻已经迫在眉睫时，大声喊叫或击打水花能够让鲨鱼无法靠近你。在某些时候，反复拍击水或在水中大喊也可以吓走鲨鱼。要注意保存足够的体力以备鲨鱼真的对你实施进攻时与其搏斗。

假如你被鲨鱼攻击，一定要反击或踢打鲨鱼。在可能的情况下，尽量击打鲨鱼的眼睛和鳃部。假如你想击打鲨鱼的鼻子，你的手很容易从鲨鱼的鼻子上划过而打到它的牙齿，这会对你的手造成伤害。

假如你身处救生筏上，并且已经看到附近的鲨鱼时，不要做下面几件事。

- ★ 不要继续钓鱼。如果钩上已经有鱼，将其放跑。务必不要在水里清洗鱼。
- ★ 不要向水中扔垃圾。
- ★ 不要将腿、胳膊或船上的装备伸进水中。
- ★ 不要动，保持安静。
- ★ 尽快将船上的死者埋葬好。假如附近有很多鲨鱼，那么等到晚上再埋葬。

假如身处救生筏中，并且鲨鱼正在不断向你逼近，使用你能找到的除了手以外的任何物品击打鲨鱼。假设你直接用手击打鲨鱼，那么受伤的不是鲨鱼而是你。假如你用的是桨，要注意不要将桨弄断或遗失。

探测海上陆地

你须要仔细观察可能预示着陆地出现的任何迹象。要知道，一旦靠近陆地，就会出现各种不同的征兆。

天气晴朗的时候，如果大多数云彩都在朝某个方向移动，而其中一团堆积云却静止在某处，则表明云的下方可能有一片陆地。堆积云经常处在稍稍偏离陆地的地方，有时也盘桓在陆地上方或者陆地下风的位置。

在热带地区，天空呈现青色，可能是由珊瑚礁或者较浅的礁湖水面反射阳光造成的。

在极地地区，假设云层中有颜色较浅的映像，那么在云层下方很可能有积雪覆盖的陆地或广阔的冰面。这与开阔的水面在云层中造成的深灰色映像相比，差别很大。

深水一般呈深蓝色或深绿色，假设你看到的海水颜色较浅，则说明水的深度值不大，这表示附近很可能有陆地。

在夜间、下雨或有雾时，你还可以使用声音和气味探测陆地。海浪拍击海岸所发出的巨大声音，在离海岸很远的地方，甚至没看见海浪之前就能够听到。某一个方向有海鸟的叫声不断传来，则说明你距离它们栖息的陆地已经不远了。海边淤泥地和红树林沼泽地散发出的霉味也能传至非常远的地方。

相比远海地区，通常在陆地周围会发现更多的海鸟。陆地所在的方向与黎明时分海鸟飞来的方向以及黄昏时分它们飞去的方向基本相同。在白天，海鸟随处觅食，它们的飞行方向不具有特别的意义。

在地球的任何纬度都可能出现海市蜃楼，但出现在热带地区的可能性相对更高，尤其是在中午时段。注意，不要将虚幻的海市蜃楼当成你所要寻找的陆地。事实上，识别海市蜃楼现象的方法很简单，只要从不同的高度稍微仔细看一下，海市蜃楼会消失，或者它的高度和外观会发生改变。

探测陆地的方法还可以依据波浪的运动方式：在靠近陆地时，波浪会被陆地反射回来（图16-18）。跟随着波浪的方向前进，由于波浪间的相互作用，地图上标有“×”的水面会产生一些轻微的漩涡，沿着平行于漩涡水面的方向前进，你就能够到达陆地。

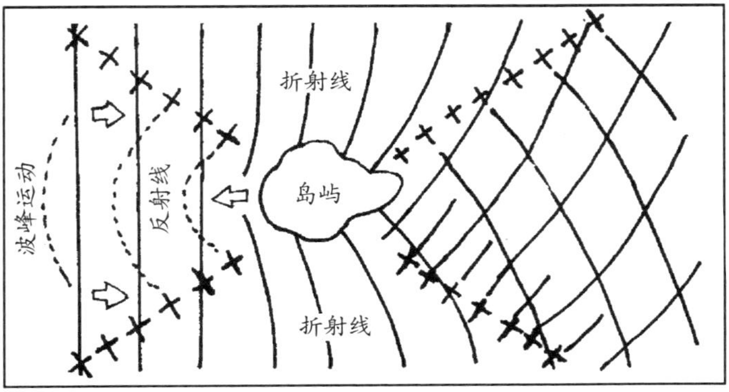

图16-18 岛屿附近的波浪运动方式

靠岸技巧

如果你已经发现陆地，那么接下来要确保你能够安全登陆。假设乘救生筏登陆，一般情况下，单人筏的危险很小。但是，跟随较大的波浪上岸有很大的风险。登陆的地点还需要花费时间仔细选择。尽量选在伸入大海的一块陆地或岛屿的背风一侧，不要选择在太阳角度很低且在你的前方直射你的时候。仔细观察浪头之间有缺口的地方，向着这些缺口行进。沿途注意绕开岩石峭壁和珊瑚礁。此外，淡水河口附近不会生长珊瑚礁。当你发现能够将你冲入大海很远的强离岸潮流或离岸海流时，一定要避开。可以向岸上的人员发送信号以获得帮助，也可以沿着小岛附近航行并寻找波浪较小的平缓海滩。

如果必须穿过海浪才能上岸，你须要先取下桅杆。为了避免严重的划伤，你一定要穿好鞋和衣服。将救生衣充好气并穿戴妥当。在船头将海锚放下，把拖锚的绳索放至最长。用短桨或桨调整海锚的位置，直到绷直海锚绳。这样使筏行驶的方向与向着海岸的方向保持一致，防止筏被海浪从船尾掀翻。利用桨使救生筏冲上波浪向海的一侧。

海浪的速度随时会发生变化，海浪本身也非常不规则，所以你应根据具体情况的变化随时调整。让一半的人与另一半的人背对背分坐在救生筏的两侧，这是穿越海浪的一个好方法。当一个大波浪退去的时候，在波浪落下之前，一半的人朝向大海的方向划船；在下一个波浪过来之前，另一半人朝着岸边的方向划船。

在与强风大浪对抗时，尽可能以最快的速度让救生筏冲过浪尖，避免救生筏被大浪抛上抛下或发生侧向。在可能的情况下，尽量避免让救生筏碰上大浪碎开。

假如海浪的强度适中，且没有风的干扰，那么救生筏最好不要以太快的速度冲上海浪。假如救生筏速度太快，在冲过海浪浪尖之后就会突然下降。如果这时波浪将救生筏打翻，你要抓牢救生筏以保存性命。

与海岸距离较近时，将救生筏冲上一个较大的海浪，之后用力划水，使救生筏向岸边前进，尽量利用这个海浪的力量，划得越远越好。只有救生筏的底面接触到陆地地面，你才能从救生筏中跳下，然后将筏靠岸，妥善存放。

如果尚有选择的余地，那么最好不要选择在夜间上岸。假设你有一定的理由确认岸边有人居住，你需要和岸边的人员保持一定的距离，并对其发送信号，等待居住在岸边的人出来带你上岸。

假如遇到海冰，想要上岸就只能选择那些平稳的大浮冰。一定要避开流冰，它们很可能会倾覆，为你带来伤害。你还需避开那些看上去明显分裂的浮冰或其他的小块浮冰。用手或桨使冰的边缘和救生筏保持一定的距离，以免冰和筏发生摩擦。将救生筏拖到冰面上，妥善放置在远离冰的边缘的地方。保持救生筏始终处于气体充足的状态，随时可以将其拉进水中使用。你要知道，任何一块浮冰都可能会突然裂开而引发危险。

游泳上岸

如果救生筏不能靠岸而必须通过游泳上岸，那么一定要穿上鞋，并且至少穿一层衣服。为了保存足够的体力，你最好选择蛙泳或侧泳姿势。

假设波浪不大，你可以借助一个较小的波浪，利用它的力量向前游，在波浪减弱至快要消失时潜入海水中。

假设波浪较高，你要选择在两个涌向岸边的波浪中间游向海岸。假设往海洋方向行进的波浪朝你涌来，你应面对着它潜入水中，等它已经过去了，继续在下一个波谷中向岸边游过去。假设你被相当大的回头浪拖入海中，你要尽力离开水中，游向水面，然后按照以上讲述的方法继续朝岸边游去。

假设上岸的地点有很多岩块，你要避开浪花四溅的地方，寻找那些波浪能够冲刷过去的岩块。慢慢向岩石游过去，因为你需要一定的体力攀上岩石并坚持一段时间。这时，为了降低受伤的概率，你应该全身都穿好衣服并穿上鞋子。

挑选好上岸的地点后，要等待一个大的波浪碎成小一点的浪花，然后跟在碎浪花的后面向岸边前进。这时你应该将面部朝向岸边，身体呈坐姿，脚部朝向前方，比头部低60~90厘米，这样是为了当你撞到或登上水里的礁石或大石头时，脚部会吸收一部分来自石头的冲击力，从而减小整个身体因此受到的冲撞。假设跟在波浪后没能成功到达岸边，你要用手，而且是只用手向岸边游过去。在下一个波浪来临的时候，再次使身体呈坐姿状，脚部朝向前方。不断重复以上步骤，直到你登上岸边。

在满是海草的背风面，海水相对平静很多，你可以利用这一点上岸。但是要注意，不要穿过海草，而是要从海草上方慢慢游过去，行进时可以抓住海草往下划水。

在穿越珊瑚暗礁或岩石暗礁时，可以使用与在多岩石的海边上岸一样的方法。将双脚并拢，微屈双膝，放松身体并呈坐姿，以减缓身体撞上珊瑚礁所产生的冲击力。

搭载或救援

在发现有救援飞机或船只（船、舰只、直升机或常规飞机）靠近你所在的位置，来搭载你离开的时候，你要迅速将所有绳子（脱盐工具绳、钓鱼线等）或者其他在救援时可能会缠绕在一起的物品清除。为了保证安全救援，你需要放下帆和天篷。将所有的东西固定妥善后，如果携带有头盔，将其戴好，然后为救生衣充满气。除非接到其他指令，否则你需要在救生筏中安静等待，去掉除救生衣之外的所有装备。在可能的情况下，你能获得下到水中的救援人员的帮助。需要牢记的是，一定要完全依照救生人员的指示行动。

假设直升机的救援装置中没有帮手帮忙，那么以下的事情在搭载前必须要做。

- ★ 固定好救生筏上、口袋中或备件袋里所有没固定的装备。
- ★ 放下海锚、备件袋和稳定袋。
- ★ 放掉一部分救生筏中的气体，灌入一部分水。
- ★ 将生存工具箱从降落伞上解下来。
- ★ 抓住救生筏上附着的把手，从筏中翻滚到水里。
- ★ 让救援人员将救援绳或救援装置放到水面上。
- ★ 抓住筏上的把手不要放开，除非你的另一只手已经抓住了救援装置。
- ★ 爬上救援装置，避免救生筏和装置缠绕在一起。
- ★ 一只手臂向外伸直，竖起大拇指的同时握住其他4根手指，以此向直升机提升间里的操作员发出向上的信号。使劲拍打水面，然后伸直手臂，保持“拇指向上”的姿势。在直升机进行救援的过程中，不要试图伸手去够驾驶员或机上其他机组人员并尝试去配合他们，你应完全听从指挥，由机组人员将你拉进直升机。

海岸求生

搜寻的舰船和飞机并不总是能够发现游泳的人或漂浮的救生筏。从水中被救起来之前，你也许不得不先沿着海岸寻找一个登陆地点。在远海中和海岸上的生存方式有很多不同。在海岸上，水和食物更充裕，避身场所的选择和搭建帐篷也简单得多。

比进入内陆更好的办法是沿着海岸走。在不必要的情况下不要离开海岸，除非你找到一条确定的通往人类居住地的小路，或者是为了避开类似峭壁或沼泽的障碍。

特殊的健康危险

在海岸上生存自然可以满足你更多的生存需要，但危险依然无处不在。海星、海绵、鳄鱼、海葵、海胆、潮涌、回流、珊瑚礁和那些有毒并具有攻击性的鱼都会给你的健康带来特殊的威胁，你应该深入了解这些危险，并精通相应的处理办法。

珊瑚礁。无论是死的还是活的珊瑚礁都会对你造成割伤。在水中，有上百种危险可能对你造成刺伤、严重的失血和感染。珊瑚礁造成的伤口须要进行彻底清洗。预防感染不要使用碘酒。有些珊瑚水螅的食物就是碘，假如你用碘酒消毒，可能导致它们寄生在你的体内。

有毒的鱼。很多暗礁鱼的肉都含有毒素。有些鱼在一年当中特定的时间有毒，有些鱼一直有毒。这些鱼的全身都有毒素，但毒素较为集中的部位是肠道、肝脏和卵。这种鱼含有毒素是因为它们长年食用一种只生长在暗礁里的有毒细菌。这种细菌对人体也有毒。

鱼肉中的毒素能够溶解在水中，不论烹煮多长时间都不能够将其中和。这些毒素本身没有味道，所以无法对其进行使用标准的可食性检验。鸟类几乎不会因为这类毒素受影响。因此，不要单纯地认为，因为鸟能够食用这种鱼，所以这种鱼对你而言也是安全的。

毒素会造成舌头、脚趾、嘴唇和手指尖奇痒、麻木，以及身体对温度的相反感觉。热的东西显得冷，冷的东西显得热。

伴随以上症状可能出现的还有头晕、失语、恶心、呕吐，以及最终可能导致你死亡的瘫痪。

除了有毒的鱼之外，还有一些危险动物也不能碰。有一些鱼自身能产生电压，自卫时会电击入侵者。许多黄貂鱼的尾巴上还有带毒素的钩子。还有一些珊瑚鱼，比如蟾鱼和石鱼，如果被它们的毒刺刺中，虽然很少有致命的伤害，但伤口会感觉到极大的疼痛。不仅如此，从这些毒刺中释放出的毒液会造成严重的灼烧感，还会引起难以忍受的痛苦，这痛苦比伤口本身的疼痛更加难受。通常情况下，水母虽然不会造成致命的危险，但是假设你无意碰触到它们的触须，也会给你带来极大的疼痛。第11章和附录F详细描述了生存在海岸和海里的危险鱼类。

具有攻击性的鱼。那些具有强烈攻击性的鱼也要避开。有戴着闪亮物品的人曾经被好奇心强又冒失的梭鱼攻击过。在夜间，它们可能会进攻那些闪亮或发光的物品。海鲈鱼是应当避免接触的另一种鱼，它们可以长到1.7米。海鳗身长可以达到1.5米，长有很多尖锐的牙齿，在受到惊扰时也会发起攻击。

海蛇。海蛇是一种有毒的动物。有时你可以在海中央发现它们。除非是在被挑逗的情况下，否则它们一般不会对人进行攻击。海蛇也要尽力躲避。

鳄鱼。鳄鱼长年生活在热带的盐水湾中，广泛分布于生长着红树林的河口到65千米外远海的沿途。有人居住的地区很少见到它们的踪影。人们经常在东南亚和东印度的偏远地区发现鳄鱼。判别鳄鱼是否危险可以看它的身长是否超过1米，超过1米的都非常危险，尤其不能惹守卫巢穴的雌鳄鱼。不过，鳄鱼肉是一个很好的食物来源。

海胆、海星、海绵和海葵。尽管这类动物的伤害很少致命，但它们能给人体造成极端的疼痛。热带浅水区的珊瑚构造

附近通常是海胆的聚集地，其外形像圆形的小豪猪。假如踩到海胆，它们会将硅酸盐质或石灰质的尖刺扎进你的皮肤，并在皮肤里将其折断，导致伤口化脓。在条件允许的情况下，为了防止伤口感染，一定要将刺取出并加以治疗。此处提及的其他动物也能对人体造成类似的伤害。

潮涌和回流。一旦被卷入波浪的回流，一定要向水面游去或远离海底，并在波浪与波浪之间低潮的时候向岸边游去。不要与回流逆向搏斗。应往与其垂直的方向或顺着它的方向游，直到回流失去力量，之后再朝着海岸的方向游过去。

食　物

如果你沿着海岸寻找食物，那么食物的供应将不会成为问题。你会很容易找到很多海藻和其他可食植物。关于这些植物的讨论在第9章和附录B中有详细说明。在这种特殊的生存环境中，还有很多其他的动物可以满足你对食物的需求。

软体动物。蛤、章鱼、海螺、蚌类、帽贝、蛞蝓和鱿鱼都可以食用。在海岸生存环境中，人对蛋白质的大部分需求都可由贝壳类动物提供。其中，你须要避开毒芋螺和蓝环章鱼（第11章和附录F中有相应介绍）。此外，你还要注意，“赤潮”会使软体动物带毒。在准备食用这些动物之前，每一种软体动物都要进行可食性检验。

蠕虫。通常情况下，海边的蠕虫也是可以食用的，但是它们最好的用途是用来做鱼饵。你要避开像毛毛虫一样带毛的蠕虫。带有尖边管的管状蠕虫也要远离。还有一种叫矢虫的虫子，并不是真正的蠕虫。你可能会在沙子中发现它们，它们是一种极好的食物来源，无论晒干还是生食都很不错。

螃蟹、龙虾和藤壶。这些动物是极好的食物来源，很少对人产生大的危险。大龙虾或大螃蟹的钳子能够夹断人的手指。很多品种都在壳上长有硬刺，最好戴上手套再捕捉它们。藤壶会造成割伤或刮伤，并且你很难将它们从栖息的地方拿下来，但是大藤壶是一个不错的食物来源。

海胆。海胆极为常见，一旦接触或踩到它们都会造成疼痛极严重的伤口。它们也是一个非常好的食物来源。要戴上手套再进行处理，去掉海胆上所有的刺。

海参。在印度洋—太平洋地区，海参是一个相当重要的食物来源。把沿其体长的5条肌肉取下或将其内脏剥离后，可以整个食用。煮着、熏着吃或者腌着吃都是不错的选择。

第17章 渡 水

在野外生存环境中，你会遭遇各种水的障碍：一条溪流、一条河、池塘、湖泊、湿地、流沙、沼泽地或者厚苔地。即便是身处沙漠之中，也可能遭遇洪水，这些水流都可能成为阻碍你前进的因素。无论你面对什么样的水流阻碍，都必须提前掌握安全渡水的方法。

河水、溪流、急流

对于河水与溪流的概括，你可以找到各种不同的描述方法。可能是急流、深潭，也可能是缓流、浅湾，水域也有宽有窄。无论情况如何，你都要提前做好安全渡水计划。

首先，观察周边的环境，找到一块高地，从高地上观望整个溪流或河面的状况，寻找渡河地点。假如周边没有高地，那就试着爬上树。理想的渡河地点有以下几种。

- ★ 叉出几条水道的平坦水面。一般来说，过一条宽河远不如过几条窄水道更加容易。
- ★ 沙洲或浅滩。在条件允许的情况下，选择位于沙洲或浅滩上游的地点渡河，这样即便你不小心失足落水，也会被水流冲到沙洲或浅滩上。
- ★ 往下游流的跨河水道。你应当选择与这条水流呈45度角的方向渡河。

以下这些地点存在潜在的危险，应尽可能避开。

- ★ 位于对岸的障碍物。要选择最容易行进、最安全的地点渡河，避开那些可能会阻碍你的障碍物。
- ★ 河中横亘的岩礁。通常来说，这些横在河中间的岩礁表明附近有危险的峡谷或急流。
- ★ 水流湍急的、很深的瀑布或深水道。这些地点及其附近区域都绝对不能过河。
- ★ 岩石丛生的地方。这些岩石很容易让你跌倒或滑倒，导致你严重受伤。通常，水里的石头都长有许多青苔，十分光滑，让你在水中很难保持身体平衡。但是，你可以借助一些零散的隔断水流的石头来过河。

★ 河口。河口的水流量通常都很大，而且河口也较宽，所以极易出现潮汐。离河口好几公里远的地方都会受到潮汐的影响。因此，你应该到上游去寻找其他更易于过河的安全地点。

★ 漩涡。漩涡产生的巨大的拉力会将你卷入水中，你可能会溺水身亡。

只要你能在河流或溪流中站稳脚，水的深度就不足为惧了。实际上，深水区常常比浅水区更安全，因为深水区的水流速度要缓和很多。你可以在过河前先制作一个小筏子，将衣物、轻装备等放在筏子上。如果觉得太麻烦，你也可以选择蹚水过去，之后再把衣服弄干。

当河流或溪流里的水温很低时，千万不要试图涉水或游过去。你可能会因此丧命。必须设法制作一个筏，利用筏来过河。当水深只到达脚部高时，你才可以涉水过河。一旦登上对岸，要立刻擦干双脚，尽快晾干鞋子。

在紧迫的情况下，你也能够安全渡过很深的急流。如果你决定游过去，千万不能逆流而上，要顺着水流的方向游。为了降低被暗流拖入水中的危险概率，尽量使身体保持与水流平行的方向。

如果要渡过浅的急流，游泳时应采取脚朝向下游、背部向下的姿势，用两手从臀部两侧迅速拍打水面，这样可以使身体的浮力增加，以免撞到水下的礁石。尽量将双脚抬高，防止撞上石头或被石头擦伤。

如果要渡过深的急流，游泳时应保持头朝下游、腹部向下的姿势，尽可能让身体与河岸呈一定的角度。注意小心避开水流汇集处和回流，绕开障碍，因为这些地方经常会出现危险的漩涡。在水流遇到某些较大的障碍——比如水流因小岛而转向，或碰到其他水流的入河处等，常会发生水流汇集的危险。

你可以遵循以下步骤来渡过危险的水流或急流。

- ★ 为了减少水流与身体之间的摩擦，应脱掉衣服，但是仍然要穿好鞋袜，这样可以使你在水中立稳，同时保护你的脚踝和脚部免受石头的伤害。
- ★ 把脱下的衣物和其他物品在背包上绑牢，假如没有背包，就将这些东西绑在一起。因为一旦你需要解下装备或者要用某样物品时，在各个地方找琐碎的东西总比不上在一个大包中找更方便；至少你的所有物品都放在一起，找起来更容易。
- ★ 把背包背在肩膀上，在不得已的情况下必须能够立即解下背包。一旦你遭遇突发险境，如果不能很快脱下背包，即便你是再强壮的游泳者，也可能会被拖入水中。
- ★ 找一根足够结实的棍子，长为2.1~2.4米，直径约7.5厘米，将这根棍子当作手杖使用，为自己提供一个支撑。将棍子紧紧握住，过河的时候把它插入位于你上游的水下，这样能够短暂地为你阻断水流，减缓水流对你的冲击力。每前进一步都要踩实脚下，每往前移动一次，应该将棍子插入比上一次插入点稍稍往下游的位置，但是棍子仍然要在你的上游。你的脚要始终踩在棍子下游。使棍子的方向保持倾斜，棍子会因为水流作用而抵住你的肩膀（图17-1）。
- ★ 你的前行方向应与水流成45度角。

运用上述方法，对这种水势较急、一般人难以渡过的河流，

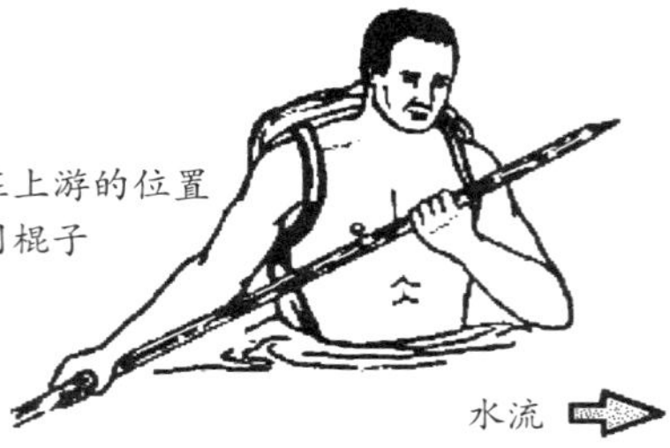

图17-1　单人过急流

你就能够安全渡过。背包的重量不是问题，因为它实际上并不会阻碍你，反而有助于你过河。

先过河的应当是队伍中最强壮的人。过河者先将绳子系在胸部，其他两个人用手拉住绳子，不要把自己拴在绳子上。这样他们能根据情况放松或拉紧绳子，同时还能防止最先过河的人被水冲走。

第一个过河的人上岸之后，解开自己身上的绳索，第二个人将绳索绑在自己身上开始过河。不论有多少人，都可以采取这种方法过河。

如果选择与同伴同时过河。首先，每个人的衣服和背包都应确保像上文说的那样准备好。然后，体重最轻的人应站在上游位置，握紧杆子的前端，体重最重的人应站在下游位置，握紧杆子的末端。位于上游的人会在一定程度上阻断水流，其造成的漩涡会使后面的人在通过时相对更容易些。假如上游的人突然滑倒或立足不稳，也不会影响到后面的人，等上游的人重新站稳后，所有人即可继续前行（图17-2）。

假如团队超过3个人，还有一条绳索，也可以用图17-3所示方法过河。这里有一个必要条件：绳索长度必须达到河流宽度的3倍。

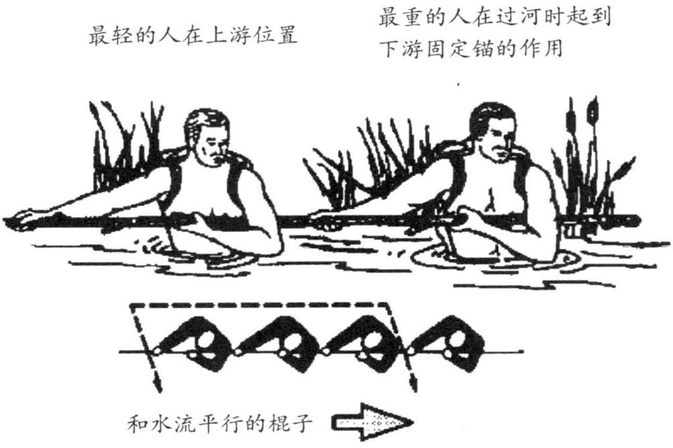

图17-2　多人过急流

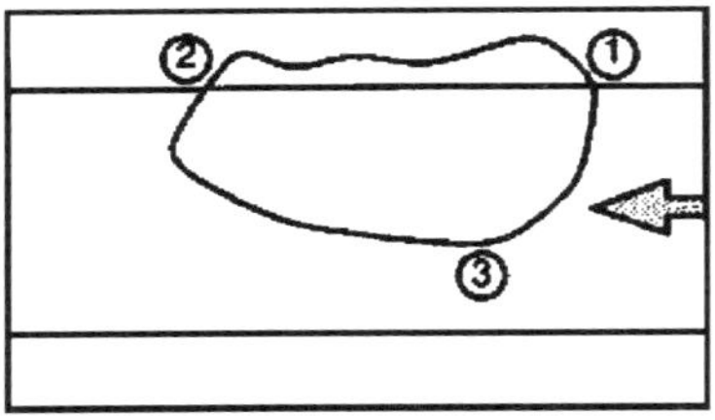

先过河的应当是队伍中最强壮的人。过河者先将绳子系在胸部，其他两个人用手拉住绳子，不要把自己拴在绳子上。这样他们能根据情况放松或拉紧绳子，同时还能防止最先过河的人被水冲走。

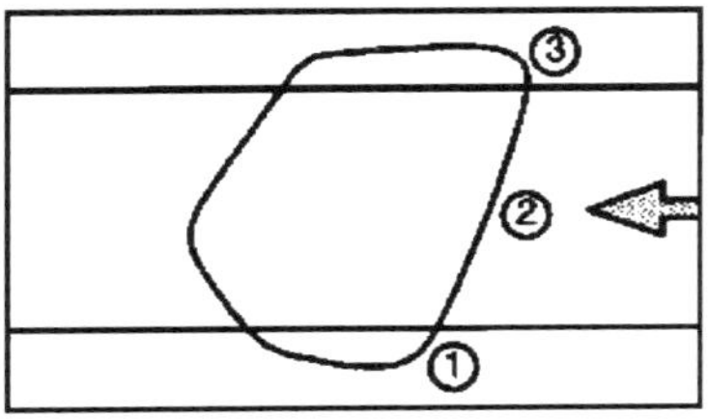

第一个过河的人上岸之后，解开自己身上的绳索，第二个人将绳索绑在自己身上开始过河。方法同样，第二个人在过河时，其他两个人掌握好绳索的拉松。不论队伍有多少人，都可以采取这种过河的方法。

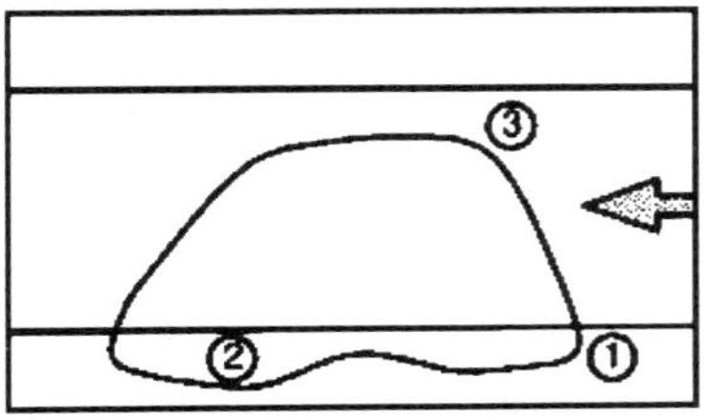

在第二个人上岸后，第三个人把绳子绑在自己身上开始过河。绳索交由第一个人主控，同时第二个人要随时做好准备以应对可能出现的危急情况。

图17-3　几个人绑在一起过溪流

制作漂浮装置

如果条件允许，两张雨披就可以制作一个灌木筏或澳大利亚雨披筏。不管你用哪一种筏，只要水流不是特别急，你的装备都能被安全地运送过去。

灌木筏

做得非常好的灌木筏足以承受重约115千克的物品。你需要新鲜的嫩灌木、雨披、一根绳子、两棵小树来制作灌木筏。如果没有绳子，可用藤条代替。具体制作步骤如下（图17–4）。

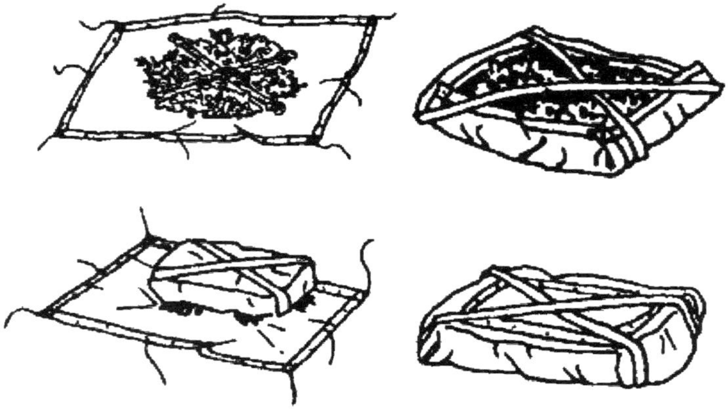

图17-4　灌木筏

★ 将两个雨披的帽子通通扎进雨披里面，用拉线拉紧每张雨披的颈部。

★ 在雨披中间和边角的扣眼上系好藤条或绳子，藤条或绳子要足够长，以对边或对角的藤条或绳子能够系在一起为准。

★ 在地上铺好其中一张雨披，雨披内侧朝上，在雨披上堆好新鲜的嫩灌木（注意，不能用粗树枝），堆到大约45厘米高即可。向上提拉线，使其穿过灌木堆。
★ 用两棵小树制作一个X形架子，在灌木堆上放好架子。然后用雨披颈部拉线固定X形架。
★ 在X形架上堆一个高约45厘米的灌木堆，轻轻压一下灌木堆。
★ 将灌木堆用雨披的四边包起来，然后把雨披中间扣眼和边角上的藤条或绳子边对边、角对角地系紧。
★ 将另一张雨披平铺在灌木堆一旁，雨披内面朝上。
★ 将灌木堆滚到第二张雨披上，打结的一边要朝下。用第二张雨披包好灌木堆，用包第一张雨披的方法来打结系紧。
★ 将灌木筏放入水中，第二个雨披打结的一面朝上。

澳大利亚雨披筏

当你的时间有限，不足以收集足够的灌木制作灌木筏时，你也可以制作澳大利亚雨披筏。这种筏只能承载约36千克的重量，但它的防水性比灌木筏好。这种筏的制作材料如下：两张雨披、两个背包、两根长约1.2米的树枝或杆子。树枝也可以用藤条、绳子、鞋带或其他类似材料代替。具体步骤如下（图17–5）。

★ 将两个雨披的帽子通通扎进雨披里面，用拉线拉紧每张雨披的颈部。
★ 在地上铺好其中一张雨披，雨披内侧朝上。在雨披中间放上两根长约1.2米的杆子，两根杆子之间相隔45厘米左右。
★ 在杆子之间放置好包裹、帆布背包和其他装备，你不希望被弄湿的其他物品也可以考虑放入其中。合上雨披的两边。

★ 接下来的制作如果有同伴的帮助能更快完成。提起已经合起来的雨披，然后往下卷，直到将所有装备全部裹结实，确保雨披已经全部卷好。

★ 抓住卷好的雨披的两端，将其往相反的方向扭成辫子状。把扭好的两头朝上折叠，放到雨披卷上面，然后用藤条、绳子或鞋带等将其牢牢绑住。

★ 在地上铺好另一张雨披，雨披内侧朝上。根据情况需要，你可以在上面放一些新鲜绿灌木，以增加雨披的浮力。

★ 在第二张雨披上放好已捆牢的装备，打结的一面朝下放置。用第二张雨披包好装备包，与第一张雨披包裹装备的方法相同。

★ 在离辫子两头大约30厘米的地方，各用藤条、绳子、鞋带或其他类似材料捆扎好。将武器在筏上面放好并绑紧。

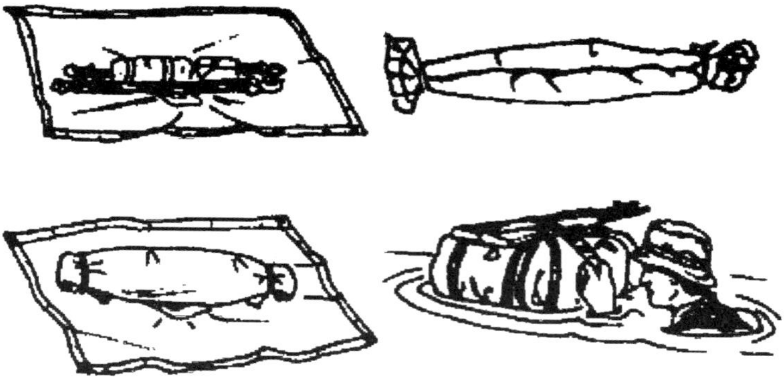

图17-5 澳大利亚雨披筏

★ 将空水壶系在一根绳子的一端，绳子的另一端绑在筏上。这根绳子会帮助你牵拉这个筏。

雨披圈筏

制作雨披圈筏花费的时间相对更多，但它的效果也更好。制作雨披圈筏需要以下材料：一个雨披、柳树枝、小树枝或攀缘植物，鞋带、藤条、绳子或其他捆绑用的物品。

★ 将几根木桩钉入地下，排成一个圆形框架，有大致的外圆和内圆。

★ 绕着木桩所形成的圆框，利用柳树枝、嫩树枝或其他攀缘植物做一个圆圈。

★ 在圆圈上每隔30~60厘米处分别缠上几条绳子，并捆扎结实。

★ 把雨披的帽子放到里面，拉紧雨披颈部的拉线。

★ 在地上铺好雨披，里面朝上。在雨披的中央位置放好圆圈，用雨披将其包裹起来，扎好雨披的扣眼。

★ 将空水壶系在一根绳子的一端，绳子的另一端绑在筏上，便于你拖拽（图17-6）。

图17-6 雨披圈筏

不管你使用哪一种筏渡河，将筏放入水中时都要多加小心，防止雨披被撕坏或刺穿。准备渡河之前，先在水中试验一下筏是否好用，确保它能够完好地漂浮在水上。

因水太深而只能选择游泳的方式过河时，你应该把筏放到你的前方，推着筏前进。以上设计的这几种筏都只能当漂浮物使用，可以将你和你的装备安全地运送到对岸。

渡水前先要进行一项准备工作：检查水温。如果水温极低，且没有可以涉水而过的浅水区，一定不要冒险涉水，而应利用其他渡水方法以确保自身安全。比如，你可以推倒一棵大树，将其架在河上搭建一座临时使用的木桥。如果条件允许，你还可以制作足够大的筏，足以承载你和你的装备一起过河。不过，制作这种筏比较麻烦，你不仅需要一把刀、一把斧头、一条绳子或藤条等材料，还需要充足的时间和精力。

木 筏

制作木筏最好的材料是圆木。圆木可以用直立的干枯树木来做。最好的圆木是两极以及两极附近区域生长的云杉木。木筏最简单的制作方法是将圆木固定成一排，用两层横木将其两端牢牢绑在一起（图 17–7）。

图 17-7　固定横木的使用

其他漂浮设备

假如水的温度足够温暖、合适，并且你没有足够的材料或时间来制作雨披筏，为了通过各种水障碍，你可以使用各种漂浮装置。以下是部分能用来制作漂浮装置的材料。

★ 裤子。将裤脚打成一个结，再扣上纽扣。双手提起裤腰，为了使裤管充满空气，需要在空气中晃动几下。然后立即收起裤腰，抓紧，放入水中。现在你可以轻松过河了，因为你有一对漂在水中的“翅膀”。

注意 为了能更好地保存空气，在给裤子充气前最好能把裤子弄湿。当你需要过河面较宽的河流时，要对这条裤子进行数次充气。

★ 空的容器。将中空的水壶、盒子、汽油罐或其他能够保存空气的物品绑在一起，过河所使用的漂浮物可以用这些物品充当。但是要注意，只能在水流较为和缓的河流中使用。

★ 雨披和塑料袋。将空气灌入两个或多个塑料袋中，在空气充满袋子时扎紧袋口。在雨披中放一些绿色植物，然后紧紧地将雨披卷起来，雨披卷的直径不能小于20厘米。雨披两端都要扎紧。你可以把它斜背在肩上，也可以系在腰间。

★ 圆木。假如你能找到这种材料，可以到附近找一根圆木或者用搁浅的浮木来做漂浮物。但是，渡水前一定要先对其进行测试，以确定圆木能漂浮在水面上并能承受你的体重。类似棕榈的一些树木比较特殊，即使它们是干枯的，也无法漂浮在水上。还有另一种方法，将两根圆木以间隔60厘米左右的距离绑在一起。你可以坐在这两根圆木的中间，双腿跨在其中一根上，后背靠在另外一根上（图17-8）。

图17-8　圆木漂浮

★ 香蒲属植物。将香蒲的茎干收集起来，把它们捆成一束直径至少是25厘米的香蒲捆。有许多充满空气的小巢分布在香蒲茎干内部，这些小巢能使香蒲漂浮在水面上，直至它完全腐烂。渡水前你需要对这个香蒲捆进行测试，确保它足以安全地承受你的体重。

充分运用你的创新力和想象力，很多特殊的漂浮装置你都可以制作出来。只是有一点要牢记，在使用之前一定要先对其进行测试。

其他水障碍

还有一些水障碍你也可能会遇到，比如湿地、沼泽、流沙地或者厚苔沼。千万不要试图徒步穿过这些障碍。站立时试图拼命往上抬你的脚，这只会使你下沉得更快、更深。尽可能绕开这些障碍，假如不能避开它们，可以在上面架一些树叶、圆木或树枝架，再从上方穿过去。

还有一种穿越沼泽的方法：将四肢展开，脸朝下趴下，用你的衣服形成一个空气袋或者制造一个能承担你体重的漂浮装置，动作缓慢地从沼泽上方爬过去或游过去。注意，要使你的身体保持水平状态。

在沼泽地，通常那些长有植物的地点都足够坚硬，可以支持你的体重。但是，这个方法在较为开阔的水面或泥淖地则不太适用，因为通常情况下并没有植物生长在这些地区。假如你的游泳技能达到了普通水平，匍匐或游几公里应该没什么问题。

流沙是一种会移动的沙子，是由水和沙子组成的混合物。外力很容易使流沙塌陷，塌陷后它上方的物品会被吸入沙子内部，并被完全吞没。流沙深度各有不同，通常都具有明显的地方性。假如你无法确定眼前的沙地是否是一片流沙地，可以往沙地上扔一块石头，如果是流沙地，石头就会被流沙吞没。相比腐土和泥淖而言，流沙更容易让人陷进去。一旦必须要穿过流沙，你也可以采取通过沼泽的方法：脸部朝下，伸展四肢，缓慢地向前移动。

有些水域可能存在一些漂浮的植物或暗流，这会为你游泳过河增加很多困难。但是，只要你能保持冷静，尽量避开那些植物，即使植物较为密集，你也能游泳通过那片水域。通过时，身体越贴近水面越好，用蛙泳式，手部和腿部的动作幅度要小。将你周围的植物拨开，它们可能会将你盖住。假如你感觉疲惫，可以换用仰泳的姿势，等恢复足够的体力后再继续用蛙泳姿势前进。

另一种类型的障碍是红树林湿地，这种湿地常见于热带地区的海岸边。红树，无论是灌木还是乔木，它们的根部都向树干之外的地方延伸，长有很多分布密集的支撑根。当你准备通过红树林湿地时，要先等待潮水退去。假如你处在陆地这边，需要先找到一片狭窄的小树林，然后从小树林走向海边。你也可以寻找树木间的水道，沿着水道到达海边。假如你处在靠海的这边，你也能沿着水道或溪流到达陆地。当你在沟渠或浅水区域时，一定要小心其中出没的鳄鱼。一旦发现周围有鳄鱼，应立即离开水面，爬到最近的红树根部上。穿过红树林湿地时，在树根上或潮水留下的水坑中，你都可能采集到食物。

通过一片大湿地你需要付出更多的努力和时间。因此，假如你必须通过一片大面积的湿地，最好做一个筏子来辅助你。

第18章 野外辨识方向

在你所处的野外生存环境中，假如你手中刚好有指南针或地图，这将是一件非常幸运的事。你可以利用这两件工具来辨别方向。如果你现在仍然不太擅长使用指南针或观察地图，为了确保你在野外的安全，必须提前练习它们的使用方法。

此外，还有其他能帮你辨别方向的方法，比如利用星星或太阳进行定位。但是，这些方法都只能告诉你大致的方位，并不足够精确。假如你充分了解所处地区的地形、地貌，你就可以更加精确地定位和辨别方向。

在你前往一个国家或地区时，你需要提前了解该地的地形，尤其是该地区最主要的地标建筑或地貌特征。下面将要提到的方法在这些知识储备的辅助下会帮助你更快地找到正确方向，使你尽快到达目的地。

利用阳光及阴影

地球与太阳之间固定的绕转关系在一定程度上有助于你确定自己的大致方位。太阳从地球的东方升起，从西方落下。但要注意，升起和落下对应的方向均不是正东方或正西方，而且，在不同的季节太阳所指的具体方位也有一定的差别。然而，太阳的移动方向和阴影所指的方向一定是相反的。在北半球，阴影自西往东移动，正午时阴影指向正北方。在南半球，正午时阴影则指向正南方。通过长期的实践，你可以通过阴影指向来确定此时的时间，辨明当地的具体方向。用阴影辨明方向有两种方法，分别是利用影子末端的指向以及利用手表指针的夹角。

利用影子末端的指向

利用阴影辨明方向的方法的第一种方法，你需要找一根很直的长约1米的木棍，将其放置于一个没有树木的水平地面上。这样你可以清晰地看到木棍投射出的阴影。这种方法很简单，得到的结果也较为精确。你可以通过以下4个步骤来制作简易指南针（图18-1）。

- ★ 第一步。在一个水平的地面上插入一根树枝或木棍，木棍能够投下足够清晰的阴影。你需要用木棍、石块或其他物品标记阴影顶端所在的位置，无论你身处地球上的何种方位，这个标记所指向的总是西方。
- ★ 第二步。在10~55分钟之后，阴影的顶端会有几厘米的变动。这时，需要你用同样的方法将此时阴影的顶端标记下来。这个标记所指的方向为东方。
- ★ 第三步。用一条直线将两个标记连接起来，这样就得到了大致的东西方向。

★ 第四步。站在你刚做好的两个标记中间，你的站位要使得第一个标记（西）在你的左手方向，第二个标记（东）在你的右手方向。这时，你正面所对的方向即为北方。在地球上的任何地方以这种方法确定方位都是正确的。

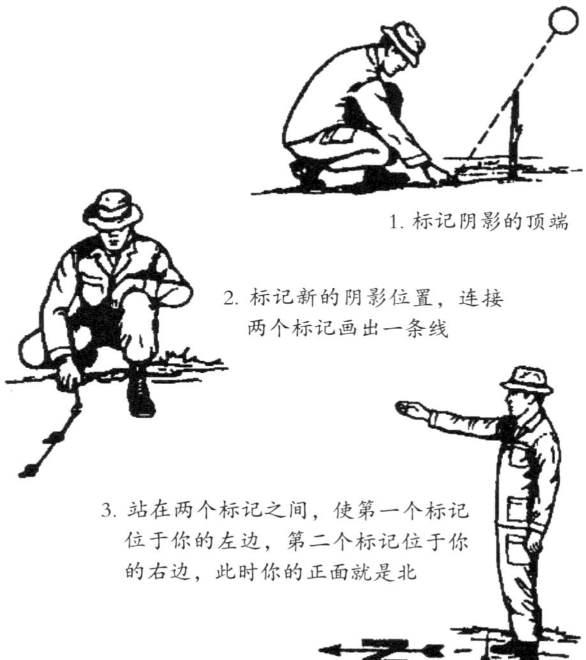
1. 标记阴影的顶端
2. 标记新的阴影位置，连接两个标记画出一条线
3. 站在两个标记之间，使第一个标记位于你的左边，第二个标记位于你的右边，此时你的正面就是北
N

图 18-1　利用影子末端辨别方向

此外，辨别方向还有一个更精确的方法，只是这个方法会占用你更多的时间。将木棍竖立起来，在早晨太阳刚升起时记录下第一个标记。以木棍为圆心，用一根细线作半径围绕木棍画一个圆弧。注意，该圆弧需要经过你所做的第一个标记。接

近正午的时候，木棍的阴影会逐渐缩小直至消失。等到下午，阴影又会逐渐变长，当阴影再次接触到圆弧时，在相接触的那一点记录第二个标记。画一条线将两个标记连接起来，你就可以得到一根相对精确的标示东西方向的线条。

利用手表指针的夹角

除了使用木棍的影子，你还可以使用一些有指针的东西来辨别方向，例如普通的手表或其他类似物品。为了得到精确的结果，你最好使用真正的当地时间而不是你所在国家的时间。与赤道的距离越远，这种方法就越能准确地指明方向。假如你携带的是一块没有指针的数字手表，你可以在白纸上画一个简易的手表表盘，并标上正确的时刻。之后，你就可以用它来确定那个时刻的方向了。你也可以将手表放置在地面上或者直接在地上画一个手表表盘，这样会使读数变得更加精确。

当你身处北温带时，首先让手表保持水平，使时针指向太阳所在的方向。然后，将12点的标记和时针之间所成的角分为两等份，这时你就得到了指向南北的线条（图18–2）。如果你无法确定这根线条的哪一端是北方，记住，太阳始终从东方升起，于西方落下，北回归线以北地区，正午时太阳始终位于正南方。正午之前，太阳位于东边，下午则位于西边。

注意 如果你将手表的时间设定为夏时制，在确定南北线时则需要使用1点标记和时针之间的中点。

当你身处南温带时，指向太阳的将是表上12点的标记，南北线则是时针和12点标记之间的中间线（图18–2）。

此外，还有一种确定方位的方法叫24小时时钟法。首先，

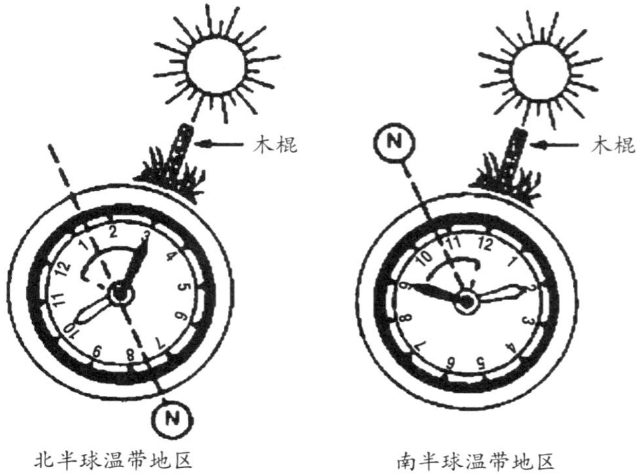

图18-2 表盘法

使用当地的时间，并将其除以2。将这个结果想象为代表此刻时间的时针。身处北半球时，将这根时针直指太阳，此时，指向北方的则是12点的标记。例如，现在时刻是14点，14除以2得到7，7就代表现在的时间是7点。将手表水平握住，然后把7点的标记指向太阳所在的方向，此时指向北方的则是12点的标记。身处南半球时，将12点的标记指向太阳所在的方向，推算出的时针指向就是南方。

利用月光

月亮不是恒星，自身不是可以发光的光源，所以我们看到的月光是因为月亮在不断反射太阳光。月亮围绕地球公转的周期为28天，在这个固定的周期内，根据月亮所处位置的不同，其反射的太阳光的形状也在不断发生变化。当地球处于月亮与太阳中间并挡住月亮，使其不能将太阳光反射到月亮上时，我们将这时的月亮称为新月，或者说此时没有月亮。当月亮缓慢地从地球的阴影中再次旋转出来时，它的右侧反射太阳光，此后将逐渐充盈，直至再次月亏时，月球左方则会呈现出一小片亮区即残月。这个知识可以帮助你在黑夜中辨别方向。

如果在太阳落山之前月亮就已升起，月亮发光一侧的指向是西方。如果月亮升起的时间为后半夜，则发光一侧的指向为东方。这个明显的区别可以帮助你得到一个大致的东西方位。

利用星辰

需要确定南北方向时，你是身处南半球还是北半球将决定你在接下来的辨别中使用哪个星座。以下是详细解释。

北半球星空

身处北半球时，你必须了解的星座主要是仙后座和大熊座（图18–3）。大熊座也被称为北斗七星或大勺星。你可以利用这两个星座来确定指北星，也就是我们通常所说的北极星。一般来说，我们认为北极星是静止的，实际上它也只围绕北天极旋转了1.08度。很多时候我们容易将北极星与大熊座混淆，事实上北极星是小熊星座手柄上的最后一颗星。组成小熊星座的7颗星星非常暗淡，不容易被观察到，只有当你远离所有城市或乡镇的灯光时才可能看到。为了避免观察时发生混淆，可以尝试将仙后座和大熊座一起使用。仙后座和大熊座通常处于相对的位置，并且以北极星为中心，逆时针围绕北极星转动。组成大熊座的7颗星星的排列形状像一把长柄勺。组成这个勺外缘的

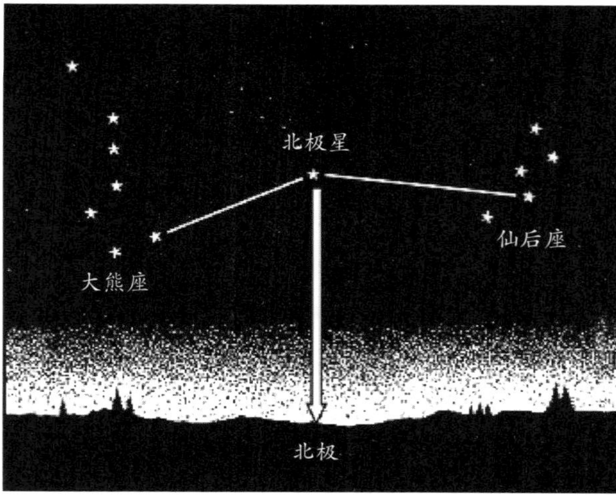

图18-3　大熊座和仙后座

两个星星被称为“指极星”，因为它们始终指向北极星。你可以试着想象用一条线将勺最外侧的一颗星和最下面的一颗星连接起来。将这条线延长5倍，你可以顺着这条线的延长线找到北极星。此外，你可能还会观察到，北极星的位置基本是固定的，北极星与地平面所成的夹角度数与你所处位置的北纬线的度数大致相同。例如，假如你所处的位置在北纬35度，沿着与地平线呈35度角的方向，你会很容易在天空中找到北极星。在寻找北极星、仙后座和大熊座时，这种方法可以帮你有效地缩小寻找范围。

组成仙后座的是5颗排列形状像一个“W”的星星，“W”的其中一侧看起来像是被拉平了。将这一侧形成的角度平分，再将这条平分线延长5倍。这样你可以找到位于大熊座和仙后座之间的北极星。

北极星的具体位置确定之后，在想象中沿北极星向地面划一条垂直线，这样可以帮你确定正北方或北极的位置。

南半球天空

南极附近的天空缺乏独立的、容易辨认的、亮度较高的星星。辨认时，你可以借用南十字星座。它可以作为指向南方的路标（图18–4）。南十字星座主体的十字形是由4颗星组成的。指导线可以由构成十字形长轴的两颗星星来充当。为了准确定位南方，可以在想象中用一条线将这两颗星星连接起来，然后将其延长4.5~5倍。以下两个技巧是位于南十字星座左方的指极星所特有的。其一，你可以额外得到一条指南线。这需要你想象出一条线，这条线连接着星星，朝向地面。其二，假如你无法确定假的南十字星座与真正的南十字星座之间的差别，指极星可以帮助你精确区分。这两颗星星与南十字星座之间的区域非常暗淡，没有其他星星。所以，煤袋成了这个区域的名字。然后，你需要从这个想象的点往地面看，选择一个足够明显的地标作为你的方向标。在环境保持稳定的情况下，假如夜晚时

图18-4　南十字星座

你在地面上钉入一根木桩，且木桩指向刚才观察的方向，那么在白天你也可以确定这个位置。

制作简易指南针

制作临时的简易指南针需要准备以下物品：一个双刃刮胡刀片或一片能做成针状的铁片，一根长头发或有韧性的线（能把刀片或铁片吊起来）。首先，你需要将金属磁化。小心地将金属置于你的头发中摩擦，或按照同一个方向在一块丝绸上慢慢摩擦。当然，你也可以用一块磁铁反复摩擦。需要牢记，摩擦金属时应始终保持一个方向。假如你携带有电线和电池，还可以用电流来磁化金属。普通电线通常都有绝缘层。假如你的电线绝缘层已经破损，你需要用一片树叶或一张细纸条将金属妥善包好，以免直接接触电线。此外，电池电压至少要达到2伏。用电线绕一个线圈，然后将电线的两头连接到电池的正负两极，在线圈中反复插拔金属物体的一端。这样做的目的在于把针变成一个电磁石。当你在一条非金属线上悬吊电磁石，或者将其放在水中漂浮的软木、树叶或木头上时，它就会为你指出南北方向。

除此之外，你还可以做一个更精致的指南针。所需材料有：一张薄金属片或一根缝衣针、钢笔镀银的笔尖、一个非金属的容器（可以将软饮料瓶或塑料容器的底部切下来充当容器）。将缝衣针从中间折成两段，一段作为支点，另一段作为指针。在容器底面的中间部位，将作为支点的一段穿过其中；须要注意，尽量让这一部分与底部齐平，且不要将其插入容器内部。在钢笔的镀银笔尖上，用树液、胶水或融化的塑料牢牢粘好另一段的中间部分。在支点上将两端中磁化的一端放置稳妥。

确定方向的其他方法

古老的谚语中有这样一种说法：长在树上的苔藓能够指明北方方位。此后这个说法被认为是不准确的，因为某些树木的每个侧面都附着有苔藓。事实上，在位于北半球的树木上，向南一侧的苔藓会生长得更旺盛，而在南半球情况正好相反。假如有几棵树倒在地上，你可以将它们进行比较，观察其树桩的生长状况。通常情况下，朝向赤道生长的一边会更加茂盛，年轮之间的距离也更远。另一方面，朝向北极的年轮间距会比较近。

如果某些地方经常刮同一个方向的风，而你已经对此有所了解，那么，风向对树木的影响也能够帮你辨明方向。

能帮你辨别方向的还有南北方向土坡的湿度和植被的差异。在北半球，朝南的坡比朝北的坡接收到的阳光更多，所以相对较热，也较为干燥。夏季时，地理位置偏北的一些地区，朝北的坡上会存留一部分未化的积雪。冬季时，朝南的坡和岩块或大石头上的积雪，以及开阔地上生长的树上的南侧的积雪会最先融化。由于太阳不断提供热量，朝南一面地上的积雪量会比较少。当你身处南半球时，看到的则正好相反。

第19章 发信号的技术

在野外生存环境中，建立联系是你须要着重关注的任务之一。一般情况下，上面所指的建立联系即是信息的接收和发送。处于野外生存环境中，首先，你必须能够引起救援者的注意；之后，将你所要表达的想法转化为救援者可以理解的信息并发送出去。通常，在无人居住的地区布置一些具有强烈视觉效果的东西能够引起救援者的注意，比如几何图形X、圆、直线或三角形形状；颜色或阴影对比；移动较缓慢的能发出光亮的物体，比如大火或闪光等。你需要依据你所处的环境来决定应该采取何种方式发送信号。

发信号前的准备与注意事项

在没有其他威胁的情况下，你需要在附近的最高处找一块空旷且足够大的平地。尽最大的能力摆出最显眼的信号。摆放信号的地方要能从空中清楚地看到，但是，还须确保周边有比较安全的藏身地点。

无论你即将使用何种装置或技术来发送信号，你都须要精通使用方法，并且能立即上手。条件允许的情况下，最好不要采用可能对你的身体产生不良影响的信号或信号发送方法。

最快捷、最有保障使你接收到救援者信息，并让别人知道你身在何地的方法，应该就是无线电。应充分了解你所在区域的无线电频率等重要信息，并精通操作方法，了解接收和发送信息的正确步骤。

此外，你还可能发现一些其他能够发送信号的工具、物品或技术的有关说明。最好精通它们的具体使用方法。找出办法来改变或调整这些工具，以适应不同的环境。实际使用这些工具之前，你要不断练习。提前将发送信号的技术有计划地安排好，这可能会增加你被成功救援的机会。

发信号的方法

声音和视觉是获取救援人员注意的两种主要方法。你能够得到的材料和你当时所处的环境将决定你所采取的方式。要使听觉和视觉信号处于即时可用的状态。本章自始至终都提到了“三个一组”。这是因为“三个一组”的事物在大自然中很少存在。通常情况下，人工制造的视觉或声音信号就是“三个一组”。

视觉信号

视觉信号涵盖的范围很广，包括火、烟、烟雾手榴弹、信号枪等各种发送信号的方式。具体来讲，视觉信号是为了让救援者找到自己的装备或材料。

火。身处黑暗中时，为了发出最有效的视觉信号，你可以使用火。国际通用的求救信号是三角形，你可以生三堆火并将它们围成三角形；或者将它们排成一条直线，两堆火之间的距离大约为25米。在形势较为安全且时间允许的情况下，你要尽快堆起柴堆，并保护它们不被恶劣天气影响，保证在你需要时就能直接使用。如果你独自一人在外，要保持三堆火持续燃烧可能有点困难，但至少要保护好一堆火。火堆燃烧后余留下的热煤炭堆能够被装有热敏探测仪或红外线的飞机侦察出来。

还有一种引起救援者注意的方法：做一个树火炬（图19–1）。你可以选择含有树脂的树木，因为它们即便还是绿色的也能被点燃。如果是其他类型的树木，可以放一些干木头在较低的树枝上，

图19-1　树火炬

将这些干木头点燃，这样，火苗会不断往上蹿，渐渐就能点燃整棵树。在树木没有烧光之前，往火里添加一些绿色的小树，这样可以产生更多的烟雾。为了避免树火炬危及自身安全或引发森林火灾，务必选择距离其他树木较远的树木。

烟。白天时，你可以制作一个烟雾发生器，用烟雾吸引救援者的注意（图19–2）。国际上通用受困信号为三柱烟雾。使用烟雾时，你需要尽力让烟雾的颜色与附近背景的颜色显现出明显的区别来：假如背景颜色较深，就选择白烟，反之则使用黑烟。需要使用白烟时，可以在火上浇一点水，或者加一些绿色的苔藓和树叶；需要黑烟时，可以往火里加一些浸过油的碎布或橡胶等物品。

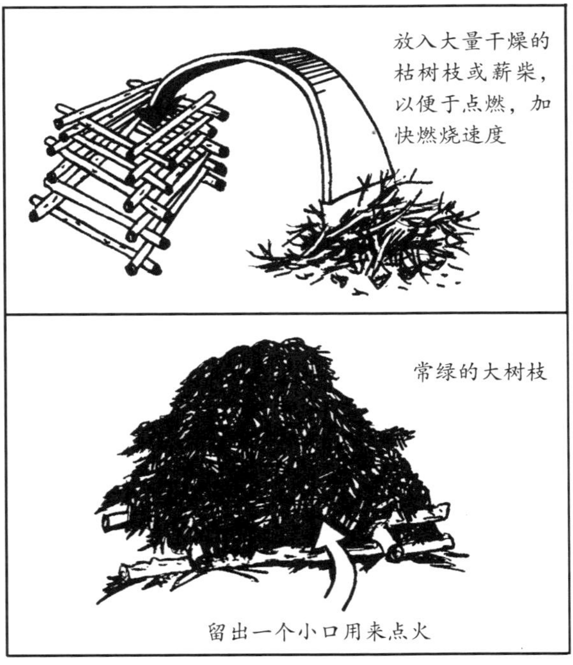

图19-2 烟发生器——地面

注意 在沙漠地区，烟雾总是盘桓在地面附近，无法升向高空。但通常沙漠地带较为空旷，飞行员也可以看见你制造的烟雾。

通常，只有在相对风和日丽的天气里才能使用烟雾做信号。雨、雪和大风都会驱散烟雾，降低你被成功救援的可能性。

星状烟火信号弹。国际通用的求救颜色是红色，因此，在可能的情况下尽量使用红色的烟火信号弹。不过，不管你使用何种颜色，救援人员都能很容易发现你的位置。星状烟火信号弹的射程高度区间为200~215米，下落速度为14米每秒，空中燃烧时间为6~10秒钟。

星状伞投信号弹。这类信号弹的射程高度区间为200~215米，下落速度为2.1米每秒。M126型（红色）的燃烧时间约为50秒，M127型（白色）的燃烧时间要短一些，约为25秒。在夜晚，这类信号弹的可视距离区间为48~56千米。

接下来要提到的是MK-13和MK-124。飞机和救生筏通常都配有这类信号装置。这类装置的一端能够产生火焰，可在夜晚使用；另一端会产生橙色烟雾，可在白天使用。火焰持续的时间为20~25秒，烟雾的持续时间约为15秒。虽然设计这两种信号装置的初衷是为了装备于救生筏，但它们不能漂浮在水上。它们被设计为手持使用，但在发射信号的过程中，即使手持远端也不能完全保证你不被烧伤。需要注意，一端发过信号之后，另一端并没有失效，仍然可以继续使用。所以，在两端发送过信号之前，不要将其扔掉。装置的两侧有许多不厌其烦的说明，这些说明能指导你在夜晚和白天都发出正确的信号。装置两端的盖是一种彩色的凸起盖，其拉环上有垫圈，用于区分这端是晚上使用还是白天使用。

反光镜或闪光物。在光照较好的白天，你所拥有的最好的信号装置是镜子。假如没有镜子，可以将你的皮带扣、水杯或者其他类似物品的表面磨光，使之能够良好地反射阳光。为了避免暴露在危险中，最好将这些反光集中在一个点上。现在，你可以开始练习使用闪光物或镜子等来发射信号，不要等需要立即使用时才开始练习。假如你携带有MK–3型信号镜，它背面注明的操作信息（图19–3）可以帮助你很好地使用。还有一个使信号镜瞄准目标的更容易的方法：让反射光投射到你的手掌中，或是呈胜利手势V字形的两根手指中间。这时，缓慢地

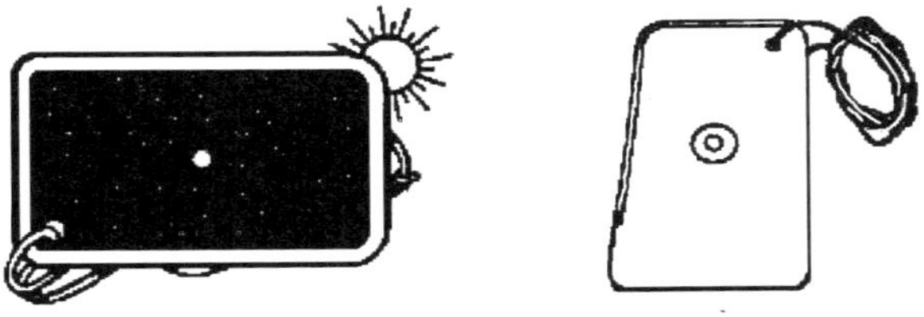

如何使用MK-3信号镜

1. 用镜子将阳光反射到附近一个物体的表面（如筏、手等）。
2. 缓慢地将镜子举到眼前，靠近观望小洞，你会看到一个十分明亮的光点，就是目标显示器。
3. 缓慢地转动调整眼前的镜子，使那个明亮的光点停在目标上。
4. 如果是在相对安全地区，确定只会出现救援队，建议自由使用信号镜，即使没看到飞机或船只，也要继续在地平线上扫描。如果在危险区域，则只能将信号镜当做瞄准信号使用。

图19-3 MK-13信号镜

移动你的手掌，将其移动到目标点正下方的位置，或者使这个点处在你两根手指所形成的V字形中间，眼睛一定要盯紧手掌；之后，像图19–4和图19–5展示的那样，有节奏地、缓慢地上下移动你的手掌，并始终保持信号与目标点对准。

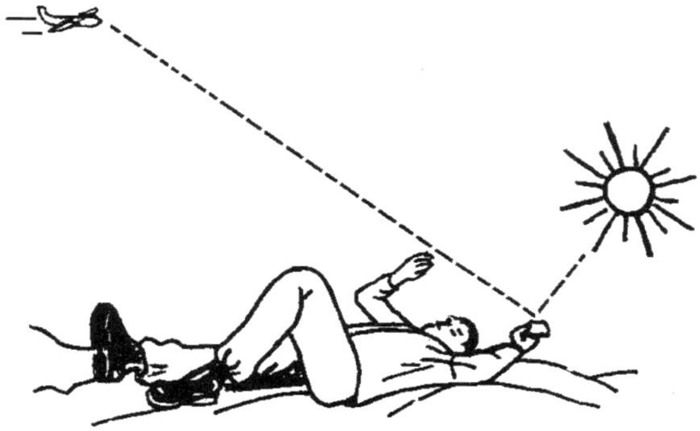

图19-4 用临时信号镜对准目标

图19-5 用固定物作为参照对准目标

用链子或绳子将信号镜稳妥悬挂在脖子上备好，以便随时都可使用。不过要注意，一定要让反射光线的那一面贴近你的身体，避免因其不断反光而暴露于周边危险环境或引起周边的攻击者注意。

雾气、阴霾的天气都可能干扰飞行员的视线，使他们很难看到你的闪光物发出的信号。所以，在可能的情况下，发送信号时要到附近地势最高的地方。如果你因天气较差而无法看清飞机，在发送信号时可以朝向飞机发出声响的位置。

注意 据飞行员的报告称，在较为理想的状态下，在160千米之外的距离，他们就能发现镜子等物品的反射光。

频闪灯或手电筒。在夜晚向飞机发出SOS信号时，你可以使用频闪灯或手电筒。注意，使用频闪闪光灯时，尽量避免让飞行员误认为是向他袭击的枪弹。频闪闪光灯的闪光频率为一分钟60次。一些特殊的频闪闪光灯外带有镜头和红外线外罩。蓝色闪光瞄准仪也能接收频闪光，这有利于飞行员区分枪口射击时发出的光和频闪光，同时，飞行员还能使用频闪闪光灯来指示方向。

激光装置。武器上装备的激光瞄准装置具有极高的可视性。商用激光笔和瞄准镜的可视性也相当高。

萤火灯。这些约1厘米厚、3厘米见方的小灯需要9伏的电池维持工作。它们可以产生多种可见的红外光，既能产生稳定的光，也能产生闪烁光。灯泡的使用方式和数量决定电池的寿命以及灯光的可视范围。

VS-17信号布板。白天发送信号可以使用VS-17信号布板。将布板中橙黄色的一面朝向空中，相对来说，在空中，紫罗兰色比橙黄色更不容易被发现。为了让飞行员更容易发现你，可以不停地晃动布板。此外，需替换VS-17信号布板时，你可以使用任何一种紫罗兰色或鲜橙色的布料。

衣服。还有一种发送信号的方法是将衣服放在树顶上或地上。挑选一些与附近环境颜色对比鲜明的衣物。为了更能吸引飞机机组人员的注意力，还需要将它们排列成足够大的几何图形。

天然材料。假如暂时没有其他可用的办法，为了组成能从空中看见的信息或符号，你也可以利用一些天然材料。可以利用任何类型的树叶、灌木、雪块或岩块，或者堆一些能够投射阴影的土堆。

在覆满积雪的区域，你可以用力踩踏积雪，在积雪上踩出一些符号或字母。之后，将一些能够形成鲜明对比的材料，如树枝等物品放入符号或字母中。身处沙地时，可以用植物、海草或砾石来组成图案。

在灌木非常茂密的地区，你可以将灌木砍下，拼成你想要的图案，或者直接将地面烧焦。身处苔原地区时，将草皮整个儿翻过来或者挖出一条沟渠。

最重要的是，不管身处什么地区，布置符号时都要使用有强烈对比的材料，这样才更容易让飞机机组人员看到。最好是按南北方向排列信号，因为太阳能为图案创造出阴影，这样可以形成一种对比，增加成功辨认的概率。

海水染色剂。飞机被指派去执行水上任务，或者去附近的水域地区执行任务，都会配备一个救生箱，其中一定备有海水染色剂。处于水上生存困境时，在白天，你可以使用海水染色剂来标识你的位置。除非在波浪滔天的大海里，通常3小时内，被染色的区域都会极为明显。所以，只能在友好区域使用该类染色剂。将染色剂包裹好，直到需要在水中使用时再打开。海水染色剂的效果十分明显，位于600米左右高度的飞机从11千米之外就能看见，最好选择在看到或听到飞机位于附近位置时再使用。为了可能的再次使用，不要一次性用完。将染色袋浸入水中，直到海面出现长约30米的色膜。身处雪地时也可以使用染色剂，用它来染求救代码的字母也是一个十分有效的方法。

注意 曾有传言说使用海水染色剂会将鲨鱼引来。对此，美国海军进行了一些研究，至今仍然没有找到任何可靠的科学证据足以支持这个传言。鲨鱼天生具有强烈的好奇心，极容易被新鲜奇特的东西吸引。因此，不论有没有使用海水染色剂，鲨鱼都可能将人作为它的食物来源。你不要因此而害怕使用海水染色剂，这可能是你向救援飞机发出求救信号的唯一或最后的机会。

音频信号

向救援者发送信号也可以使用音频信号。哨声、无线电设备都能够向救援者表明自己的位置。

无线电设备。无线电设备，既可以传送声音，又能够传达指令。接收信号的飞机所处的地形、天气、纬度、干扰、电池状况、植物密度以及无线电种类都会影响信号的传输距离。要想得到最好的效果，可以遵循以下步骤。

- 想办法在较为开阔的、没有障碍的地方传送信号。无线电是一种视距通讯装置，接受者与无线电设备之间存在的任何地形阻隔，都会对信号传输产生一定的影响。
- 天线顶端的信号非常弱，注意让天线和救援飞机之间的角度保持在90度。
- 假如你使用的无线电设备能够发送信令，将它放在一个向上凸起的平台上方，以便你可以同时进行其他求生行动，加大被援救的概率。

★ 发送信号时，注意永远不要让天线的任何一个部位与你的身体、衣服、树叶或地面相接触。这种接触会大幅度降低信号的传送距离。

★ 妥善保护电池。不使用无线电的时候，要把设备及时关上。不要长时间连续接收或发送信号。

★ 在天气较为寒冷、不需要使用无线电的时候，将电池放进你的衣服里。寒冷的天气会导致电池的能量迅速流失。不要将电池暴露在如沙漠的烈日下等极为炎热的环境下，过高的温度会使电池发生爆炸。虽然许多无线电设备采用防水设计，但也应尽量保持电池和设备干燥，因为电路会被水损坏。

★ 国际救援机构已经开发出可在全世界范围内应用的卫星监测系统，以帮助救援者尽快确定求救者的位置。在和平时期，启动这种全球范围的搜救，其信号至少要传送30秒。

哨子。哨子是距离较近时发送信号的一个极好的办法。在一些案例记录中我们得知，哨声甚至可以传送至1.6千米左右。人吹出的口哨声比制作的哨子吹出的声音传送的距离更近一些。

代码和信号

现在你已经了解了让别人找出你的位置的具体方法，你还需要了解如何才能向他们提供更多的信息。相对来说，拼出整句信息比拼出一个符号困难得多，所以你必须学习以下的符号和代码，所有的飞行员都能辨认出这些符号和代码。

SOS

发送SOS信号时，可以使用旗帜或灯光——三个点，三个破折号，三个点。国际通用的无线电摩斯码求救信号是SOS。一个尖锐且短促的脉冲是一个点，一个较长的脉冲是一个破折号。要连续发送该信号。使用旗语求救时，在身体左侧放置旗帜代表破折号，在身体右侧放置旗帜则代表点。

地对空紧急代码

事实上，这些代码（图19-6）是5个有明确意义的符号。

信息	代码、符号
需要支援	V
需要医疗援助	X
不或否定	N
是或肯定	Y
朝这个方向前进	↑

图19-6 地对空紧急代码（图形信号）

这些符号的长度至少要达到6米，宽4米。如果你希望做得更大，也应保持它的长宽比例为3：2。符号的笔画宽度要在1米以上，这样才能最大限度地保证让高空中的救援人员看到。一定要记住直线、比例、尺寸、方角和尖角。提前考虑并确保地面与符号形成强烈的反差。制作信号可以利用各种材料，例如树叶、圆木或飞机零件。你还可以把高草或作物弯曲折断成信号的模式，或在沙土上或雪地上踩踏出信号的形状。一定要把信号放在易于从空中发现的开阔地面上。

身体信号

假如飞机与你的距离很近，飞行员可以清晰地看到你，这时可以使用正确的身体姿势或运动（图19–7）来传送信息。

布板信号

假如你有船帆、救生筏罩或者类似毯子等其他替代物品，发送信号时图19–8中的符号都可以使用。

飞机回应

固定机翼飞机的飞行员会通过闪烁灯光或飞机的移动来表示他已经看到你了，如图19–9所示。只要飞行员回应表明他已经收到并理解你的第一个信号，你就需要立即把其他信号布置妥当。如果你携带有无线电信号设备，进一步发出求救信息；如果没有无线电，就用前面已经介绍过的信号。

可以立刻前进，
如果可以请等待
在这儿着陆
（指向着陆地点）
机械故障，需要帮助
或零件，已延时多时
一切顺利，
不要再等
不要在这里着陆
请带上我们，
飞机已被弃
可以降落
肯定（是的）
否定（不）
我们的接收
器正在工作
急需医疗救助

图 19-7　**身体信号**

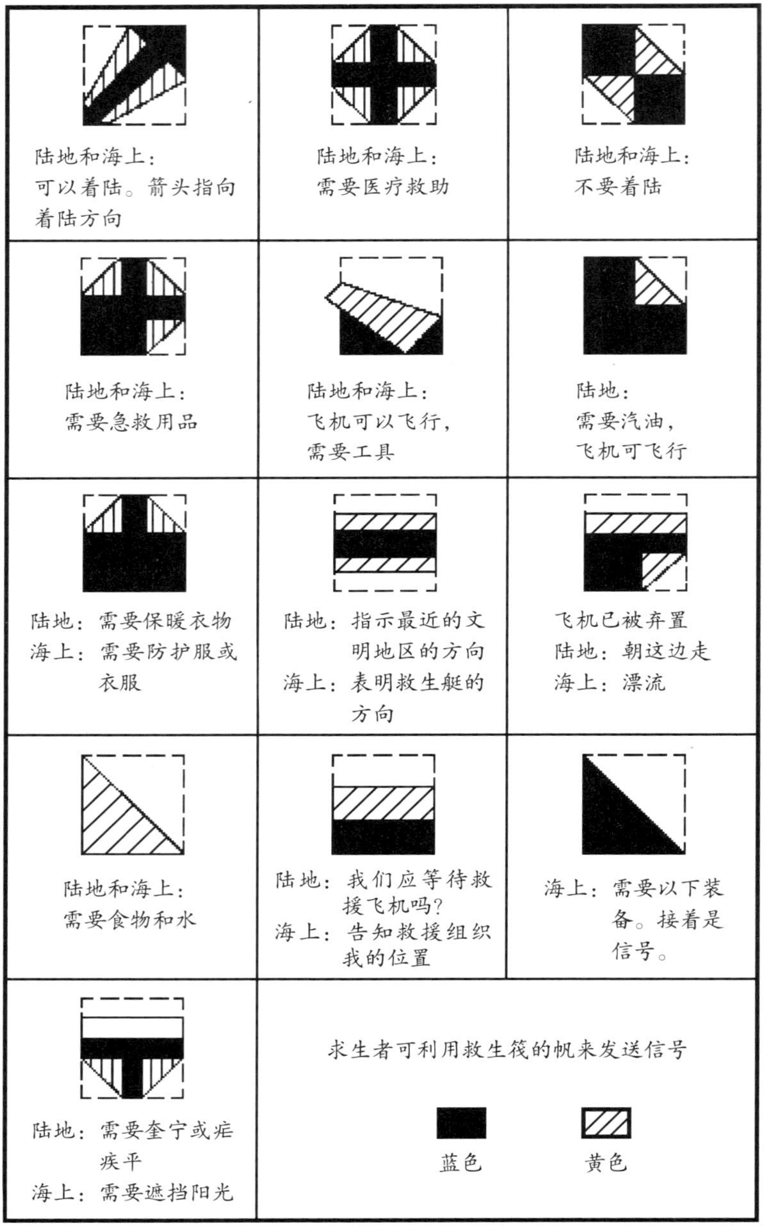
陆地和海上：
可以着陆。箭头指向着陆方向
陆地和海上：
需要医疗救助
陆地和海上：
不要着陆
陆地和海上：
需要急救用品
陆地和海上：
飞机可以飞行，
需要工具
陆地：
需要汽油，
飞机可飞行
陆地：需要保暖衣物
海上：需要防护服或衣服
陆地：指示最近的文明地区的方向
海上：表明救生艇的方向
飞机已被弃置
陆地：朝这边走
海上：漂流
陆地和海上：
需要食物和水
陆地：我们应等待救援飞机吗?
海上：告知救援组织我的位置
海上：需要以下装备。接着是信号。
陆地：需要奎宁或疟疾平
海上：需要遮挡阳光
求生者可利用救生筏的帆来发送信号
蓝色
黄色

图 19-8　布板信号

信息已收到并理解

飞机会用以下方法表明已经看到地面信号并且理解信号

白天或有月光的夜晚：飞机左右摇摆

夜间：用信号灯发出绿色信号

信息已收到但不理解

飞机会用以下方法表明已经看到地面信号但是不理解信号的含义

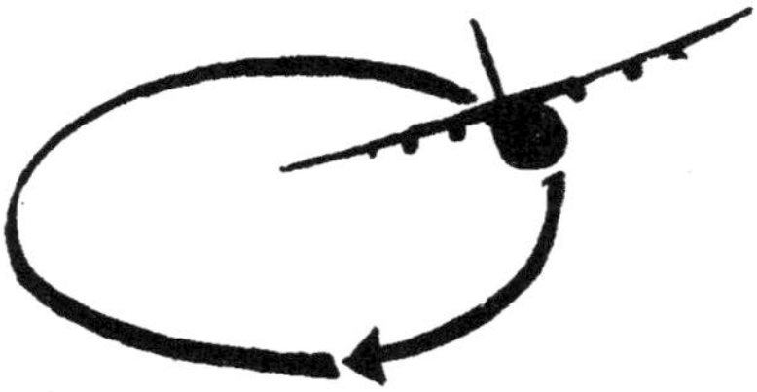

白天或有月光的夜晚：绕圆圈飞行

夜间：用信号灯发出红色信号

图 19-9　飞机回应

引导飞机的程序

为了能及时与飞机机组人员取得联系，你需要先利用灯光联系15秒，再利用声音联系15秒，例如：求救！求救！然后仔细听15秒。当你与飞机机组人员成功取得联系后，要引导救援人员飞到你所在的位置上。

★ 姓名。

★ 具体位置（逆时针或顺时针，以及你所处位置与飞机之间的大致距离）。

★ 需要获得救援的人数。

★ 可供飞机降落的地点。

★ 其他急需的帮助，如急需的医疗救助。

★ 为避免飞行员因视角原因发生飞行错误，你需要向飞行员发出方向校正指令或引导指令。比如，为了到达你所在位置的正上方，飞机需要往左转，你要告诉飞行员左转舵。当飞行员即将到达正确位置时，你要告诉他稳住。为了让飞机对准你，你要连续进行必要的校正。你还要告诉飞行员你估测的自身位置与飞机之间的距离，并准备好当飞机抵达你的位置时开始倒数。这样可以帮助飞行员估计你所在的具体位置。牢记，飞机设计所带来的局限会使飞行员无法直接向飞机下方看，只能看到飞机前方的某个角度。

与救援者成功取得联系并不代表你已经绝对安全了，你仍须要遵循指令，继续使用你所知道的脱险和生存技术，直到你被真正搭救。

第20章 伪　装

在求生条件下，尤其是处于野兽环伺的环境中，有一件事情对你来说非常重要，那就是对你的身体、行动和装备做好伪装工作。假如你会使用潜行一类的行动和伪装技巧，它们或许还能帮助你运用捕猎技巧和原始武器来捕获动物，作为维持生存的食物。

个人伪装

进行个人伪装时，一定要考虑到这一点：人类特有的某些形状可能会暴露你的藏身地点。比如头盔、帽子或黑靴子的形状。人体侧影的特点也一样，即使是动物对此也十分了解，一旦发现附近有这样的形状它们就会立即逃走。为了改变这种特有的身体轮廓，你需要在周边找一些植物放在你的帽子上、武器上和衣服里。尽可能减少装备和皮肤折射的亮光。你应仿照附近环境的质地来伪装自己，最好将自己与四周环境融为一体。

外形与轮廓

为了改变装备和武器的轮廓，你可以绑一些布条或植物。有一点需要注意，必须确认装备能够正常运作，其功能不会因为绑上伪装物而受到影响。隐蔽时，要将你的身体和装备遮盖好，可以选软草、树叶或其他现成的废弃物。信号装置要随时保持可用状态，同时也必须妥善地藏匿起来。

颜色和质地

世界上的每一个温度带（如热带、温带、寒带）和每一种地形（如山地、高原、平原）都有其特殊的质地和天然的色彩。色彩的特性和差别毋庸赘言：观察某个物体时，该物体所呈现的表面特征就是它的质地。物品的质地种类非常多，可能是多叶的、粗糙的、光滑的、多岩石的，也可能是其他很多种类的组合。你应充分且合理地利用所在地区的质地和色彩，将自己有效地伪装起来。在岩石丰富的区域或黄土漫天的沙漠进行伪装时，用绿色植物遮盖自己起不到任何作用。与此类似，用枯萎的棕褐色植物在绿色植被覆盖的田野里进行伪装，同样起不到任何保护作用。

在世界上某些特定的地区进行伪装和隐藏时，你使用的物品必须极为接近四周环境的质地和色彩。伪装材料可以选择人工材料，也可以选择天然的材料。以下列举了部分材料，包括软草、泥土、布条、树叶、松树枝、粗麻布、迷彩服、掩护漆、木头和纸张燃烧后产生的炭。

要遮盖好所有裸露在外的皮肤，包括脸部、耳朵、脖子和手。伪装自己时可以选择泥土、木炭或伪装漆。额头、颧骨、鼻子、耳朵和下巴等比较明亮、突出的身体部位，可以用较深的颜色遮盖。身体其他部位，尤其是下巴下面和眼睛周围等凹陷下去并有阴影的部位，用较浅的颜色遮盖。用于遮盖的图形必须是不规则的。在你的衣服上和装备上粘上颜色合适的布条或当地的植物。如果使用植物，要随时注意植物是否枯萎，是否需要用新的植物替换。当你在一个地区进行穿越行动时，必须保持高度警惕，要敏锐地察觉周围环境的色彩变化，必要的情况下，更换自己的伪装色。

地区	方法
温带落叶森林	斑点
针叶树森林	斜条
丛林	斜条
沙漠	斜条
北极	斑点
草地或开阔地	斜条

图 20-1　特定地区的伪装方法

图20–1列举了不同气候和地区使用伪装的具体差异。针对你所处的环境挑选合适的伪装色彩。斜条和斑点有利于伪装质地。

发　光

皮肤出油后能较好地反射光线。掉漆的装备也会非常闪亮。即使物品表面涂有油漆，只要表面光滑，物体反射光线的能力也依然很强。能发光的还有玻璃物品，例如眼镜、镜子、望远镜和双目镜。不使用这类玻璃物品时，务必遮盖好。你的藏身位置会因任何一种发光物品而暴露，这些反射光线会引起野兽的关注。

在条件允许的情况下，清洗皮肤上的油脂，并重新伪装自己。你需要频繁地对自己进行伪装，因为皮肤伪装色经常会被油脂稀释。如果必须佩戴眼镜，也要将眼镜伪装起来，可以在镜片的外层涂一层薄薄的泥土，镜片对光的反射在这层土的作用下能够大幅减弱。将泥土或伪装漆涂在武器的发光点上，或者用带子或布条裹住这些发光点。首饰、手表、靴子上的鞋带眼、拉链以及制服上的徽章、装备上的金属扣环都需要特别注意，必须将其盖好。将信号镜放在口袋里或套子里，注意，放置时让镜子的玻璃面对着你的身体方向。

阴　影

一定要待在阴影的最深处再前行或者隐藏。阴影深处一般比较暗，而外缘会相对较亮。记住，如果你所处的地区植被较为丰富，那么，在潜在的野兽与你所处的地区之间，覆盖越多植被对你来说就越安全。由于植被的遮盖作用，野兽很难发现你的踪影。这会迫使野兽在观察时要穿过多层植被，它的眼睛会很快进入疲劳状态。

运　动

通常你的行动，特别是快速运动，很容易引起注意。在可能的情况下，如果你必须采取行动，一定要尽可能缓慢地离开隐藏地点，最好不要发出任何声音。在野外生存环境里缓慢地行动，能够降低你被觉察的危险性，并能帮助你保持充沛的体力，从而完成距离较长的脱险行动或保证你的长期生存。

穿越障碍时，最好不要贸然翻越。假如你不得不爬过障碍，为了避免身体的侧影显现出来，应使障碍物的顶部与你的身体保持平行。在翻越山体的过程中，不要让身体的侧影在天与山的交界处显露出来。在整个行动过程中，通常你会很容易忽视附近动物的行动。你要随时停下行动，听一听是否有特殊的声音，仔细观察一下附近的情况。

声　音

声音会吸引很多注意力，特别是一些类似折断树枝的较为连贯的声音。一般情况下，尽可能不发出任何声音。当你在躲避可能出现的威胁或在藏身所附近活动时，为了确保不发出声音，尽可能缓慢地行动。

行动所发出的声音可以用背景声来掩盖。行动时的全部或部分声音可以用雨声、大风声、雷声或动物叫声来遮盖。不过，利用背景声的掩盖作用时，你对附近地区潜在的危险所发出的声音的侦察能力也会降低。

气　味

不管是躲避危险还是进行捕猎，明智的做法是妥善地伪装你所发出的、与人类相关的气味。初始时期，你可以在洗衣服和洗澡时不使用肥皂，这种做法能很好地避免人体和肥皂的气味。不要食用类似大蒜等味道浓烈的食物。此外，不要吃糖果和口香糖，烟草制品也在禁用品之列。

你可以选择气味芬芳的植物洗衣服或洗澡，或擦拭衣服或身体。为了将你的呼吸也进行一定程度的伪装，你还可以咀嚼它们。在动物面前，能够帮助你伪装气味的植物有薄荷、松针或其他任何一种类似的气味芬芳的植物。此外，还有一些防止动物闻到你的气味的方法，例如，你可以站在物体燃烧所产生的烟雾里。新的烟雾所发出的气味是动物害怕的，森林大火过后散发的味道与旧烟的味道类似，动物不会被这种气味吓跑。

一定要注意所在地区的风向，如果条件允许，靠近动物并准备捕捉时选择下风处，之后再围拢或进一步接近。

潜行的方法

在某些情况下，你需要不被察觉地到达或离开某地。如果要成功转移，伪装所能带来的效果是相当有限的。有一种能力至关重要——潜行的能力，这可以解释为运动时不发出任何大声音或做出任何突然而迅速的动作。为了使自己得到较好的掩护，你必须对将要通过的地点进行仔细挑选，勘察地形。掩藏物可以选择茂盛的植被，也可以利用地形的起伏。

为了使潜行能够有效地帮助你，你必须经过一定时间和一定强度的练习。练习时可以选用以下方法。

直立潜行

用直立姿势潜行时，你的步幅要比正常行走时小一半。这种步伐的好处在于它能帮助你保持身体平衡。直立潜行时，要做到可以随时停下来，并且可以在必要长的时间内维持这个姿势。在脚落地时，抬起脚趾，使得接触地面的第一个部位是大脚趾底部肉球的外缘。当你可能触碰到被踩断的树枝或木棍时，先用脚感觉一下。如果确实踩中一个，先抬起你的脚，再把树枝捡起来。先接触地面的是大脚趾底部的肉球外缘，之后是其内缘，再将脚后跟放下，最后放下脚趾。然后，缓慢地将身体重心转移到前脚上，将位于后面的脚抬高到膝盖附近的位置。重复以上步骤。

为了避免碰到途中的植被或进行有幅度的挥动，你的胳膊和手一定要贴近身体。当你采取蹲伏潜行时，把手放在膝盖上方，这样能够为你的前进提供额外支撑。通常情况下，前进一步需要耗费1分钟时间，但当时当地的具体情形会对时间有较大的影响。

爬　行

如果途经地区的植被高度太低，为了不被野兽观察到，你不得不放弃直立姿势行走，改用膝盖和双手爬行。每次只移动一条腿或一只胳膊，确保放下时动作轻柔，要提前判断一下落地点是否有任何会被折断并发出声响的物品。还有一点必须要注意，不要让任何植物缠住你的脚后跟或脚趾。

俯卧潜行

选用俯卧姿势潜行时，尽量放低你的身体，用脚趾和手做出另一种俯卧撑姿势，之后向前方轻柔地移动身体，再重新将身体缓慢地放低。不要在地表上拖拽自己的身体，这样会留下极为明显的移动痕迹并发出较大的声音，留下被跟踪的线索。

向动物潜行

事先挑选一条最好的路线向草食动物潜行。如果草食动物自身正在移动，你要选一条能够将其拦截下来的路线。为了较好地掩护自己，选一条特殊的路线，该路线中有一些障碍物可以挡在动物和你之间。这样做的好处在于当障碍物遮挡你时，你能够快速行动。有一些类似树木或岩石的较大的物体能够将你完全遮挡起来，草丛和矮灌木等其他物体只能遮挡你身体的一部分。你选择的路线要最节省力气，且有遮盖效果最好的障碍物。

行动时，眼睛要不停地盯着你的目标动物。注意，当它把耳朵转向你所在的位置或朝着你的方向看过来时，要立即停止行动，特别是当发现它可能怀疑你的存在时。当你与动物的距离很近，为了隐藏你眼睛中发出的光以及眼球和眼白的深浅对比，要将眼睛眯起来。为了避免动物发现你牙齿的白色和牙齿的反光，还要把嘴闭上。

第21章 与人接触

在你找到有人居住的地方并准备接触当地居民的时候，最常见且效果最好的建议是尊重、理解、接受并逐渐适应这些居民的生活方式。也就是我们通常提到的“入乡随俗”。这个建议会起到很好的效果，本章会提到一些注意事项，你需要在真正付诸实践时对其仔细考量。

与当地人接触

务必认真考虑应该怎样与当地人接触。他们是渔民还是农民？是敌人还是朋友？他们是否保留着原始文化？在你所处的求生环境里，由于人群构成不同和地域差异问题，你会发现“跨文化交流”显示出人与人之间的巨大差别。这种交流可能是与一些拥有较多现代文化的人群进行，也可能是与部分保留原始文化的人进行。通常情况下，一种文化的界定标准是它的成员对其表示认可或觉得某种行为在可以接受的范围之内。这类文化可能与你认可的标准存在差别，也可能相当一致。不管与你交流的人是谁，你都要考虑到他们所处地区的法律法规、宗教信仰与政治环境、经济与社会价值观，这些也许都和你之前所接受的完全不同。在你出发之前，你需要大量了解和学习这部分文化方面的差异。假设你必须与当地人接触，为了更好地避免意外状况，提前准备和学习十分必要。

当地人可能很不友好，也可能很友好，或者他们对你的存在根本毫不在乎。你很难得知他们的态度。假设你了解到他们持有友好态度，尽可能对他们表达你的礼貌以及对他们的政治、宗教、习惯、社会习俗以及当地文化等其他方面的尊重，使他们继续对你保持友好态度。假设你不了解这些居民的态度，或者已经知道这些居民是你的敌人，你要尽可能避免和他们接触，并且不要将自己的任何一点痕迹留在当地。为了达到这个目的，必要的一点在于，要了解当地人的基本日常习惯。如果经过一番观察之后，你能够确定这些原来不甚了解的居民足够友好，那么，在你想要他们施以一定的帮助时，可以选择同他们接触。

通常情况下，如果你接触的是中立国家或友好地区的本土居民，为了减少恐惧感，你需要保持谨慎和尊重，这会使你受益匪浅。假设你已经熟悉了当地的民风民俗，在接触中要注意礼节，最为重要的一点是，你要对他们的习俗表现出足够的尊重，这样做的好处在于，你可能会得到你需要的帮助并且避免一些不必要的麻烦。假设你需要与当地居民接触，最好挑选周围只有一个人的时候，可能的情况下，不要先接近他而是让他先接近你。大多数情况下，你可以装作需要帮助的样子，人们基本上都会乐意向你提供力所能及的帮助。

对当地居民表现出足够的耐心、友好和礼貌是成功接触的关键。如果当地居民对你表示恐惧，可能是因为你做出有威胁性或突然的动作以及表现出你的恐惧心态。敌对反应会因为你的这种举动被激发出来。因此，尽可能地在接触时保持微笑。很多当地居民看上去好像无法接近，也许只是因为他们比较害羞。你的存在可能会被他们忽视。无论如何，千万不要鲁莽行事，接近他们时要缓慢一些。

生存行为

和当地居民进行交易时，使用盐、烟草或类似的东西要极为谨慎。全世界都了解并熟悉的是纸币。为了避免双方尴尬或者招致生命危险，一定不要多付钱。不要嘲笑或欺负当地居民，要始终表现出你的尊重态度。

非常有效的一个交流方式是表演或使用手语、肢体语言，你的问题或需要能够得到很好的理解。很多人在使用这类无须词汇的语言时感到舒服，并时常用它进行交流。对当地人的文化表示尊重的最好途径之一就是尽可能说当地人的语言。此外，也许会有部分居民了解一些英语单词，因为英语已经在全世界得到了广泛使用。

有些地区有当地独有的禁忌。这些禁忌不仅存在于祭祀场所或宗教场所，也存在于某些危险地区或流行病地区。比如，在某些区域，一定不能宰杀某些动物。你要对这些规矩充分了解并遵循规则行事。对周围多观察，尽可能多学习当地的习惯，这样可以帮助你巩固与当地人建立起来的关系，并且为你提供一些新技能和新知识，这些对你今后在此地的生存非常重要。有一点要始终牢记，人们在不了解来自远方的或拥有不同文化的人之前，会坚持认为这些人对他们充满敌意。通常情况下，这同邻居与我们的关系一样，人们会比较信任自己的近邻。

与我们一样，当地居民也会遭受传染病的侵袭。在条件允许的情况下，你要建造一个属于自己的完全独立的避身所，并且在没有得到当地居民的明确表示之前，尽可能避免任何身体接触。在不冒犯当地人的情况下，尽可能自己准备水和食物，要么就只能食用当地人提供的食物。通常，你可以用“宗教或个人习惯”来为你的孤立行为做出解释，当地人一般会接受这个理由。

在相对比较原始的地区，实物交易或交换极为普遍。通常，最受居民欢迎的东西是硬币，这可能是因为可以将其作为饰品或珠宝，或因其本身所具有的交换价值。在与外界交流较少的地区，比任何形式的货币都更有价值的，可能是在你看来很不起眼的盐、布料、烟草、火柴、空容器和剃须刀片等生活必需品。

必须保持谨慎，特别是当你触碰别人的时候。对很多人来说，“触碰”是一种禁忌，并且这种行为可能十分危险。尤其要避免与异性之间的性接触。

热情好客是某些人群所具有的强烈的文化特性，这种强烈程度甚至到了他们可以给陌生人提供食物，而甘愿让自己忍受饥饿的程度。一定要接受他们给你的物品，并要与在场所有人平分这些东西。食用时依照他们平日的方式，其中最重要的一点是，尽可能吃掉他们给你的所有食物。

此外，一定要严格遵守你曾经向他们许下的诺言。即使当地的礼貌和习俗非常奇怪，你也要尊重他们，还要尊重他们的个人隐私和个人财产。得到当地人给予的食物或物品时要付钱。还有，一定要事先接到别人的邀请，才能去别人家。

第22章 人为危害中的生存

任何一个现代战场的潜在现实都是生物武器、化学武器和核武器的存在。使用持久性化学或生物战剂后产生的污染和辐射沉降物会对环境造成严重的危害，对这类武器的使用可能潜在地加剧了人类的生存问题。

如果你希望在这种人为危害中安全地生存下去，你必须要对此采取相当特别的预防措施。假如你遭遇化学战争、生物战争或核战争，能够拯救你生命的或许就是本章为你提供的建议。本章向你提供的内容包括每一种战争类型的危害及一些背景知识，以便你能更好地将这种危害的本质认识清楚。为了使你能够成功地活下来，了解本章知识并将其中的常识付诸实践，这一点非常重要。

核武器环境

首先，你要为自己可能在核环境中求生做充分的准备。确定你清楚接下来将会发生什么，以及你应该对核危害做出何种反应。

核武器产生的后果

核武器的使用后果包括初始后果和剩余后果。在爆炸现场并在爆炸后第一时间造成严重危害的，即初始后果。持续时间为几天甚至好几年的且能够导致死亡，即剩余后果。初始后果主要表现为核辐射和冲击波两个方面。

冲击波

在爆炸的第一时间，空气从爆炸中心点迅速且耗时极短地向周围运动及其快速运动所带来的压力，即冲击波。伴随冲击波的还有十分强烈的风。强烈的冲击波会将人和瓦砾都抛向高空，并且致人耳膜爆裂、肺部崩溃，附近的阵地和建筑物会被严重损毁，而且，由其带来的毁灭性影响，可直接导致人员受伤或当场死亡。

光辐射和热辐射。光辐射和热辐射会随着核爆炸的火球释放出来。热辐射会造成大火、闪光盲和皮肤灼伤。光辐射包括可见光，还包括不可见的红外线和紫外线。

核辐射。核辐射主要分为初始辐射和剩余辐射两种。

初始核辐射中包含爆炸发生后第一时间里产生的中子流和强烈的 γ 射线。这种辐射对人体的伤害极大，足以破坏人体内的所有细胞。初始辐射带来的损伤可能会造成恶心、呕吐、头痛、腹泻等症状，甚至直接致人死亡。人体受辐射的剂量决定具体的损伤程度。为了保护自己不受初始辐射的影响，你需要面临的最大问题就在于，在采取任何一项保护措施之前，你可能已经被迫接受了足以致残甚至致命的辐射剂量。在初始辐射中接受致命剂量的人员，很可能已经被热辐射或冲击波造成严重伤害，甚至直接毙命。

爆炸第一分钟后产生的全部辐射被称为剩余辐射。相比于初始辐射，剩余辐射的影响会更严重。在本章后面，我们将对剩余辐射作进一步的讨论。

核爆炸的类型

核爆炸分为三种类型：地表爆炸、地表下爆炸和空中爆炸。你的生存受爆炸类型的影响会非常大。

发生在水面或地面的核爆炸被称为地表爆炸。伴随地表爆炸而产生的大量沉降物会对你的身体造成长期的严重影响。对人体而言，最大的核危害即地表爆炸。

地表下爆炸完全发生在水下或地下。它对外界的影响仅限于爆炸地点塌陷所造成的地表深坑，爆炸威力较小时只会对地表以下造成影响。地表下爆炸极少甚至不会对你造成放射性危害，除非你已经进入爆炸现场的大坑里。

发生在爆炸目标上空的核爆炸被称为空中爆炸。就直接核影响而言，空中爆炸覆盖面积最广，空中障碍物最少，所以对目标区域所产生的核辐射的影响最为严重。对你而言，空中爆炸是最危险的，必须高度警惕。

核损伤

在核环境中，造成你身体上绝大多数损伤的是核爆炸的初始核影响。这些损伤的类型可以分为三种，分别是热损伤、放射损伤和冲击波损伤。假如你在面对沉降物时没有采取正确有效的预防措施，你的身体会受到进一步辐射伤害。所有这三种类型的损伤，处在核爆炸现场周边的人员都可能接触到。

热损伤。造成身体热损伤的是伴随核爆炸的火球释放出的光和热，根据烧伤程度分为一度、二度或三度不等。火球带来的强光会导致闪光盲。这种失明可能是暂时性的，也可能是永久性的，受伤的严重程度与眼睛暴露的程度呈正相关。为了避免受到热损伤，远离爆炸地点和拥有结实的覆盖物相当重要。衣服对你的保护在防止热损伤方面同样重要。在核爆炸发生之前，尽你所能遮盖住可能会暴露在外的皮肤。你可以采用应对烧伤采取的急救方法来处理热损伤。二度烧伤、三度烧伤需要将伤口包上，以此预防放射性粒子进入身体造成更大的伤害。在遮盖伤口之前，必须先将伤口清洗干净。

放射损伤。中子、β 射线、γ 射线和 α 射线都会对你造成放射损伤。中子是一种极具穿透力的、速度极快的粒子，能够瞬间将你体内的细胞击碎。与X射线类似的 γ 射线也颇具穿透力。在核爆炸产生火球的初始阶段，第一时间产生的中子和 γ 射线，对你而言，是最严重的威胁。通常情况下，α 射线和 β 射线是放射粒子，它们与沉降物带来的放射性尘埃有关。它们都是短程粒子。要想防止它们带来的伤害也很容易，采取一些预防措施即可。后文讲述的“身体对辐射性的反应”就是放射损伤的具体症状。

冲击波损伤。与传统高爆武器的使用后果类似的是核武器爆炸所产生的冲击波损伤。人体内部器官爆裂及肺部崩溃都是由核爆冲击波的超强压力所致。爆炸产生的巨大力量会将瓦砾卷起来直接砸到你身上，这同样会对你造成严重的投掷伤。体积较大的瓦砾击打会直接造成大量内伤，甚至导致肢体骨折。此外，冲击波带来的超强压力能够把你扔出很远，如果撞到其他硬物或坚硬的地面，也会使你受到严重的伤害。远离爆炸地点和藏身于结实的覆盖物下面，是保护你免受冲击波影响的最好选择。要尽快将冲击波的超强压力带来的伤口遮盖住，以防带有放射性的微尘进入身体进而造成更大伤害。

剩余辐射

爆炸发生一分钟后所释放的全部辐射被称为剩余辐射。剩余辐射包含部分感生辐射和沉降物。

感生辐射。这一词语描述的是一个辐射性很强、面积相对较小的区域，位于核武器爆炸后产生的火球的正下方位置。在很长一段时间内，该区域中受到辐照的土壤会保留极强的辐射性。因此，千万不要进入受过辐射污染的地区。

沉降物。沉降物包含水粒子、武器碎片和放射性泥土。在地表爆炸中，假如空中爆炸的火球落在地上与地面相接触，接触的瞬间会有大量水分和泥土随着炸弹碎片一起蒸发，并被气流推向高达25 000米甚至更高的地方。这些蒸发物质在高空冷却后，能够形成200余种各有特性的放射物。蒸发后的炸弹残片会凝结为很细微的放射粒子，随风飘散直至再次落回地面，然后会形成具有放射性的危险尘土。沉降物微粒释放的射线包括β射线、γ射线和α射线。相对来说，β射线和α射线对付起来比较容易，爆炸后一分钟内所产生的γ射线要比剩下的γ射线辐射强度大得多。假设初始射线的致命剂量没有对你造成大的伤害，你最需要小心的放射性危害则是沉降物。

身体对辐射性的反应

辐射会对身体产生急性和慢性两种不同的影响。暴露于辐射环境长达几年时间才逐渐显现的被称为慢性影响，例如基因的缺陷，癌症的出现等。在辐射环境中，你的生存不会因为慢性影响而在当下立即受到威胁。从另一方面来说，对你的生存而言，至关重要的是急性影响。有些急性影响在人暴露于辐射中的几小时之内就会出现。急性影响的危害来自核辐射对身体器官和组织的直接破坏。β 射线烧伤和辐射病是急性影响的典型病例。颇具穿透力的 β 射线会导致放射性烧伤，伤口的症状与火焰烧伤十分相似。辐射病的症状包括腹泻、呕吐、恶心、虚弱、疲劳、脱发。

恢复能力。在辐射中暴露的时间长短和具体身体部位以及你自身体能的恢复能力决定你身体的受损程度。肾脏和大脑的恢复能力非常弱，而身体的其他部位如骨髓和皮肤的恢复能力相对较强。通常情况下，假设剂量600厘戈瑞的辐射被整个身体吸收，几乎可以肯定这必然会致命。假设只用手部去接受同样大的剂量，将不会对你的整个身体和你的健康产生巨大的影响，尽管这种情况下你的手会遭受十分严重的损伤。

外部和内部危害。造成身体损伤的，有时仅仅是一个内部或外部的危害。能造成外部损伤的有穿透力相对较弱的、能引起烧伤的 β 射线，以及具有高穿透力的 γ 射线。如果让具有放射性的、能够发出 β 射线和 α 射线的微粒进入身体，则会导致严重的内部损伤。外部危害对身体的损伤在于 β 射线烧伤及其对全身的辐射。内部危害则表现为对关键器官如骨头、甲状腺和胃肠道的辐射。进入身体的放射性物质即使十分微量，也会对以上提及的器官及其他内脏造成极大的损伤。内部危害可能来源于从皮肤上的擦伤或割伤处进入人体的放射性物质，也可能是摄入被污染的食物或水。通过呼吸进入身体的放射性物质所带来的危害相对要小得多。通过认真地对受污染的食物和水进行净化处理以及细心注意个人卫生，可以大大降低放射性物质进入身体造成的辐射危害。

症状。恶心、呕吐和腹泻都是遭受放射损伤出现的典型症状。放射损伤的症状之所以比较严重，主要是因为胃肠道对放射物质极其敏感。暴露于辐射后发作的速度和症状的严重程度是辐射对身体损害程度的一个很好的指标。外部辐射和内部辐射都可能对胃肠道造成损伤。

具有穿透力的外部辐射的防备措施

对于在沉降物地区的生存，以上所提及的辐射危害知识非常必要。另外一个关键点在于，你必须清楚怎样才能使自己免受最为危险的剩余辐射形式——极具穿透力的外部辐射的影响。

你可以利用距离、时间和屏障来保护自己免遭具有穿透性的外部辐射影响。为了增加你的生存机会并降低辐射水平，你可以将自己暴露在辐射中的时间控制在较低的水平上。此外，你要尽可能远离产生辐射的地点。之后，在你与辐射源之间放一些能够阻挡辐射或吸收辐射的物品或材料。

时间。在你所处的求生环境中，从两个不同的意义上来看，时间都显得相当重要。首先，辐射剂量会随着时间的流逝不断积累。暴露在辐射源中的时间越长，吸收的辐射剂量就越大。显而易见，在辐射区停留的时间越短越好。其次，随着时间的推移，辐射水平会渐渐降低直至完全消失。这在科学中被称为放射性物质的半衰期。所以，在固定的一段时期内，放射性元素的放射性会相应减少一半。放射性物质的衰退法在于，从物质放射性的最强时期开始计算，每增加7倍的时间，辐射强度会减弱为原来的1/10。例如，在爆炸的沉降物形成并降落于地面之后，假设一个核沉降区内的最大辐射率为200厘戈瑞每小时，在7小时后，辐射率就会降至20厘戈瑞每小时；而到了49个小时后，辐射率会继续下降，达到2厘戈瑞每小时。即使是没有受过专业训练的人，也能明白爆炸刚刚发生的时期是沉降物危害最大的时期，其危害在相对较短的时间内会迅速降低。为此，在辐射减小至安全水平之前，你的行进应当尽量躲开有沉降物的地区。假如你可以在足够长的时间内避开有沉降物的地区，等到该地区大部分的辐射都已经衰退，你就为自己的生存增加了砝码。

距离。面对具有穿透力的 γ 射线时，距离也能为你提供有效的保护，辐射源与你之间距离的平方同辐射的强度成反比。例如，假设你位于距辐射源30厘米的地点，接受到的辐射是1000厘戈瑞，当你离放射源60厘米时，你接受到的辐射只有250厘戈瑞。这样看来，距离每增加一倍，辐射就会减少为原来的1/2或1/4。对于面积较小的区域中较为集中的辐射源来说，这个公式非常有效，但是对于面积较大的辐射区，例如沉降物区域，问题就会更加复杂。

屏障。针对颇具穿透力的辐射的各种应对方法中，最重要的一种就是使用屏障。应对穿透性辐射的三种常用措施中，能为你提供最大保护措施的是屏障，这也是生存环境中最容易实施的办法。综合来说，这是可以使用的最理想的方法。假设你无法利用屏障，就需要将其他两种方法最大程度地利用起来。

屏障能够减少到达你身体的辐射量，其工作原理在于吸收或减弱具有穿透性的辐射。想要屏障的效果好，就需要厚实的屏障材料。铁、铅、水泥都是可作屏障的优良材料。

特殊的医疗。周围存在较多的沉降物，这需要你改变急救程序。你必须遮盖好所有的伤口，避免伤口沾上任何放射粒子或其他被污染的物体。首先且必要的一点是，清洗 β 射线所造成的烧伤创口，之后的处理可以与普通的烧伤治疗方法相同。此后，为了预防感染，你还需要采取其他额外的措施。你的身体会因为血液中的化学成分而变得对感染极为敏感。此外，还需要勤做个人卫生以预防感染，密切注意身体状况，预防呼吸道感染和感冒发烧症状。为了防止粒子进入眼睛，一定要戴上临时制作的护目镜。

避身所

在前面的章节我们提到，屏障物的密度和厚度会决定它的有效性。为了将辐射量降低到可以忽略不计的程度，你应选择一些厚度足够的屏障物。

在有限的时间内，尽快保护自己不受 γ 射线沉降物初期的高强度辐射，这是你寻找和建造避身所的主要目的。最好在5分钟内挑选好，以最快的速度找到合适的避身所，这对你的生命非常重要。如果缺乏避身所的庇护，身处污染区的前几个小时，你所受到的辐射剂量会远远超过这一周余下的时间里所受到辐射的剂量。在这里待一辈子受到的辐射剂量都比第一周内受到辐射的剂量要小。

屏障材料。你选择用来阻挡初始的 γ 射线辐射的材料需要极厚，相对来说，用于降低源自沉降物的 γ 射线辐射的材料所需厚度要小得多。因为初始辐射的能量比沉降物所辐射的能量更大。从沉降物的辐射对人体的伤害来看，对人体的合适保护可以由相对少量的屏障材料提供。图22–1清楚地标示了为使剩余 γ 射线辐射传输水平降低50%，你可能会用到的不同材料的厚度标准。

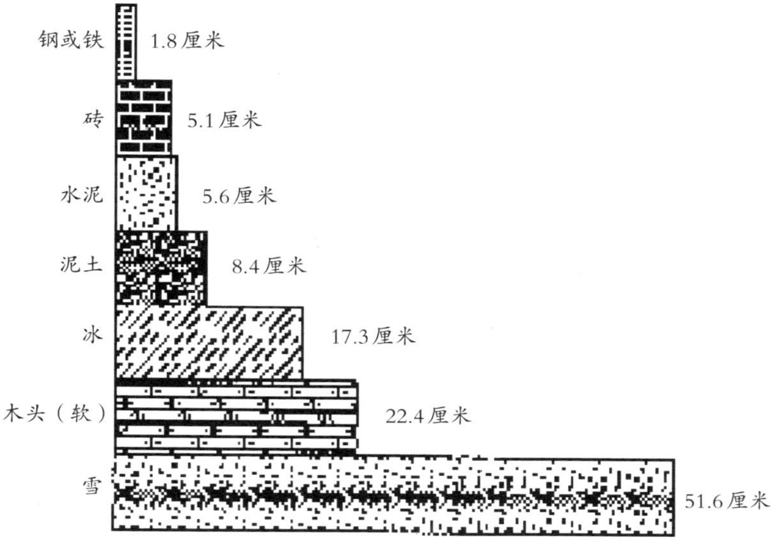

图22-1　**减少γ射线辐射的材料**

半值层指的是能将某种特定的辐射束流照射量减半所需的材料厚度。半值层原理有助于你对不同材料吸收γ射线辐射的不同效果的理解。根据半值层原理我们得知，假设厚度5厘米的砖层能使辐射强度减少1/2，如果额外再加上厚度5厘米的砖层作为另一个半值层，则又能减掉1/2的辐射，最后的辐射量则减为初始量的1/4。厚度15厘米的砖层能将γ射线沉降物的辐射水平降低至初始量的1/8，厚度20厘米的砖层还能继续将γ射线沉降物的辐射水平降至初始量的1/16，以此类推。由此我们知道，一个墙壁厚达1米的泥土制作的避身所，可以将辐射水平降低为初始量的1/2000。经过避身所墙体的消减后，避身所外1000厘戈瑞每小时的辐射量能够降至0.5厘戈瑞每小时。

天然避身所。搭建紧急避身所的理想地点在于初始条件优良并具有天然屏障的地区。露出地面的岩石、小山、沟渠、河

堤、深谷等都是很好的选择。在缺乏天然屏障的开阔平地上，你可以挖一条壕沟。

壕沟。挖壕沟的时候必须注意一点，当壕沟的宽度足以让你的一部分身体移到里面时，要尽可能快地进入壕沟内部继续挖，这样做的好处在于你可以不让整个身体长时间暴露在核辐射下。身处开阔地时，挖壕沟尽可能采取俯卧姿势，将挖出的土壤平均堆叠在壕沟附近，注意要小心谨慎。身处平地时，将这些土壤堆在你的身体周围作为额外屏障。根据当地具体的土壤条件，搭建避身所耗费的时间可以从几分钟到几个小时不等。为了减少你可能受到的辐射剂量，最好尽你所能地快速将壕沟挖成形。

其他避身所。能够阻挡核爆炸沉降物辐射的最好选择是一个墙体厚度是1米及以上的、覆盖着泥土的地下避身所。以下按优先顺序排列的建筑物都是无人居住场所，是避身所的次优选择。

- 墙体厚1米及以上的泥土覆盖着的坑道或洞穴。
- 用于贮存的地窖或防风地窖。
- 阴沟。
- 废弃建筑物的地窖或地下室。
- 用泥土或石头建造的被废弃的建筑物。

顶棚。这里不要求必须为避身所搭建顶棚。在你拥有现成材料、身体暴露在外部污染中的时间很短的情况下，才能考虑搭建顶棚。假设你需要在具有穿透力的辐射里停留更长的时间以搭建避身所顶棚，更明智的选择还是让这个避身所没有顶棚。减小沉降物对你身体的辐射是顶棚存在的唯一意义。事实上，除非这个顶棚足够厚，否则对削减辐射起不了多大作用。

你还可以用雨衣搭建一个简易的顶棚。用岩石、泥土或搭建避身所剩余的材料将其稳妥固定。从避身所内部拍打雨衣，将瓦砾和大块泥土从雨衣上移走。对于落在雨衣上的放射性粒子，这种极为简易的顶棚起不到有效的屏障作用。但是，它能够增加沉降物与你之间的距离，避免避身所内遭受进一步的污染。

避身所地点的选择和准备。挑选避身所地点和建造避身所时，你需要记住以下要点，以减少你暴露在外的时间，减少你接受到的辐射剂量。

- ★ 条件允许的情况下，找一个简陋但现成的避身所，你只需对其加以简单改良。假设找不到合适的地方，迅速就地挖出一个壕沟。
- ★ 先将壕沟挖到足以为你提供保护的深度，然后再扩大其宽度以提高舒适性。
- ★ 假设不需要离开避身所就能将壕沟的顶部盖起来，那就利用一层厚土和手边其他可用的材料盖好顶部。如果伪装和搭建顶部都需要在壕沟外进行，你不得不将身体暴露在辐射中，为了安全起见，还是不做这一步更稳妥。
- ★ 在建造避身所的过程中，为了防止被射线烧伤，要把全身都用衣服遮盖起来。
- ★ 注意清扫避身所附近地面上的废弃物，用你可以丢弃的任何东西，或者只是一根树枝。这样做的目的在于将你要占据的地方的污染物清除掉，清扫范围至少是距离避身所1.5米的地方。
- ★ 将所有带进避身所的东西清理干净。这里指的所有东西包含用于铺床或隔热的树叶或软草，你的外衣，尤其是你的鞋袜。在外衣被严重污染且天气较好的情况下，你也许需要将衣服脱下来，在避身所一侧底部地下深约30厘米的地方将其埋好。在衣服上的放射性物质衰减后，你可以在离开避身所时再将它取出。假设你的衣服是干的，你可以在避身所外通过抖掉或敲打的方式，使附着的放射性灰尘掉落，借此清除衣服上的污染。你可以使用任何地方的水来清除残留沉降物微粒，不用考虑水源是否干净，被污染的水一样可以使用。你只需将衣服浸入水中，然后取出衣服将水抖掉即可。不要试图拧干水，这样会让沉降物微粒依旧残留在衣服上。

★ 假设条件允许，并且你不需要离开避身所，可以用水和肥皂将你的身体彻底清洗干净，水的来源不是很重要，现有的水即便受到了污染也可以使用。这样做的目的在于将大部分有害的放射性微粒从你的皮肤上清除掉，β射线烧伤或其他损伤很可能是由这些微粒带来的。假设缺乏水源，你要将脸部和其他暴露在外的皮肤部位擦拭干净，将附着的污垢和灰尘去掉。找一块干净的布来擦脸，在条件有限的情况下，甚至可以用一把未被污染的土壤。将地面扒开几英寸深，你就可以得到地表下面没有受到污染的“净土”。

★ 避身所搭建完毕之后，要及时躺下并注意身体保暖，在避身所里尽可能多休息、多睡觉。

★ 在你不休息的时候，抓紧时间查看地图以规划接下来的转移路线，或者将避身所搭建得更有效、更舒适。

★ 假设你出现了恶心或其他放射性疾病才有的症状，一定不要惊慌失措。感染是放射性疾病所需面临的主要危险之一。这种疾病现在还没有有效可行的急救方法。保持进食、摄入液体、保证充分的休息、服用能防止呕吐的药物并避免额外暴露，这些将有助于避免身体继续受感染并帮助你恢复体质。事实上，少量的辐射也会使身体出现这些症状，这些症状可能很快会消失。

暴露时间表。在下面的时间表中，你可以查询到帮助你对付生存问题和避免受到更严重的辐射剂量所需的信息。

- ★ 爆炸发生后的4~6天，你需要完全隔离。
- ★ 第三天，你可以有短时间的暴露用来获取所需水分，但时间不能超过30分钟。
- ★ 第七天，可以有一次短时间的暴露，时间同样不能长于30分钟。
- ★ 第八天，可以短时间的暴露，这次不能长于1个小时。
- ★ 第九天至第十二天，暴露时间可以为2~4小时。
- ★ 从第十三天起，你可以恢复正常的活动，每次活动之后，要回到具有保护作用的避身所里休息。
- ★ 事实上，在任何情况下，都应尽可能减少暴露在外的时间。暴露的理由一定得是你必须进行的不可缺少的活动。每次离开避身所回来之后，都要清除残留在身体上的污染物质。

总体来说，上表提到的时间限制比较保守。假设第一天或第二天后遇到必须出行的情况，你也能短期离开避身所。但是，要确定暴露的时间不会超过活动所需的绝对必要的时间。

取　水

在受到沉降物污染的地区，你能取水的地方可能同样已经受到污染。假设为了使放射性衰减到可以接受的程度，你在饮用任何水之前等待的时间都超过了48小时，并且你找到的是相对最为安全的水源，你就可以大大降低摄入有害辐射的危险。尽管诸如降雨、风向、沉淀物等很多因素会对选择水源产生较大的影响，但以下提到的指导原则你必须多加考量。

最安全的水源。最安全的水源是井水、泉水或其他经过天然岩层过滤后的地下水。在废弃贮藏室或其他房屋中寻找到的容器或水管中的水也不会含有放射微粒，饮用这些水相对来说较为安全，尽管水里的细菌需要你采取措施来处理。

安全的水源还包括沉降物地区地面以下15厘米或更深处的雪。

溪流与河流。在最后一次核爆炸过去的几天里，由于河水的稀释作用，河水与溪水里的沉降物会相对较少。在可能的情况下，为了去除水里的放射微粒，喝之前要对水进行过滤处理。在水源附近挖一个渗水池或沉淀坑，这是最好的过滤方法。水会慢慢渗入坑中，渗水时所经过的土壤会对水源起到过滤作用，这会去除掉原来水体中含有的沉降物污染微粒。使用这种方法最多能够去除99%的放射微粒。在这个过程中，你必须用某种方法盖住沉淀坑的坑口，以防水源被进一步污染。

静止的水。池塘、湖泊、池子和其他静止的水源也许会受到更为严重的污染。大多数半衰期较长且重量较大的放射性同位素会逐渐沉淀在水底，你可以使用沉淀技术来净化从这类水源中取得的水。第一步，将受到污染的水装在桶或其他较深的容器里，占容器3/4的容积即可。第二步，在地面以下10厘米或更深的地方取出部分土壤，并将其放入水中充分搅拌。每10厘米深的水加入厚度约2.5厘米的土壤。将水充分搅拌，等你看到水中悬浮大多数的土壤微粒为止。将混合液妥善放置，让其沉淀至少6小时。大多数的悬浮沉降物微粒会被沉淀下来的泥土微粒带到桶底并被覆盖住。之后，你可以将清水从中浸出。需要注意，这样得来的水应用过滤装置再次净化。

额外预防。不管你即将饮用的水从何而来，都要将水煮开，或者用生存工具箱中携带的水净化药片进行消毒处理。

获取食物

在被辐射污染的地区获取食物是一个十分严峻的问题，但这个问题并非不能解决。食用自己携带的食物显然更安全，因为食物的安全包装能提供良好的保护。当你在避身所外行动时，尽可能地补充配给食物，这需要你找到充足且安全的食物。

废弃建筑物中可能储藏有部分加工食品。清除附着在食品上面的污染后方可安全食用。带有包装的食品或罐头需要洗掉包装上的沉降物微粒，或者直接去掉外包装或容器。这里提到的加工食品还包括贮存于有保护的地方（比如地下室）的食物和保存在封闭容器内的食物。处理或食用前，将这些食物全部洗净。

假设你所处的地方根本找不到或很少能找到加工食品，你也许不得不在当地寻找可食用的物品作为食品补给。当地的食物来源一般是植物和动物。

动物——食物来源的一种。捕捉动物之前，你需要假设不论动物们的生存条件和栖息地条件如何，所有的动物都曾经暴露于辐射中，并已经被辐射污染。辐射对人和动物的影响非常相似。所以，在发生核爆炸后的第一个月内，生活在沉降物地区的大多数野生动物很可能会发生病变或者死去。尽管动物也许无法避免遭受有害放射物质的影响，但当你身处求生困境中，且没有其他可用食物的情况下，你应该而且必须将这些动物作为你的食物来源。

那些看上去像是生了病的动物不要吃。这种动物很可能因为辐射而中毒，并受到细菌感染。被污染的肉，即使进行彻底的烹煮处理，也可能会让你感染严重的疾病，甚至导致死亡。

仔细去掉动物的皮毛，防止毛皮上残留的辐射微粒沾到干净的肉。还要注意，不要食用关节和骨头附近的肉，因为90%的辐射都会进入动物的骨骼中。但是，除此之外的肌肉组织完全可以放心食用。烹煮动物之前，将肉从骨骼上切下来，至少要将3毫米厚度的肉保留在骨头上。把包括肾、心脏、肝脏在内的所有内脏全部扔掉，γ 射线和 β 射线很容易聚集在内脏器官中。

将切下的所有肉煮到熟透为止。为了确保肉能煮透，烹煮前先将肉切成厚度不超过13毫米的小块，这样不仅可以缩短烹煮所耗费的时间，还可以为你节省燃料。

相对陆生动物来说，鱼及其他水生动物受污染的程度会严重得多。大多数水生植物，尤其是生长在海岸地区的水生植物更是如此。因此，除非是极端紧急的情况，最好不要选择水生动植物作为你的食物来源。

所有的蛋类均可安全食用，即便是在有沉降物期间产下的蛋也无须担心。但是在沉降物地区内，绝对不要饮用任何动物的奶及其他奶制品，因为植物中含有大量辐射，动物食用后会将放射物质吸收到体内。

植物——食物来源的一种。植物的根部能够吸收放射元素，表皮上也会积累部分沉降物。所以，诸如胡萝卜、马铃薯、芜菁、甘蓝以及其他可食用部分生长在地下的蔬菜，应该作为首选的植物类食物。将它们擦净去皮，便能得到最安全的食物。

其次，可以选择诸如苹果、番茄、香蕉、仙人掌果以及类似的蔬菜和水果。这些蔬菜和水果的共性是其可食部分可以通过去皮或清洗来清除污染。

在紧急情况下的第三个选择，是所有不易去皮或者通过清洗可以有效清除附着的污染物、表皮较为光滑的水果、蔬菜或植物。水果表皮的粗糙程度与通过擦洗来清除污染的效果成反比。表皮十分光滑的水果在擦洗后可以去除90%的污染，但表皮较为粗糙的水果或植物只能去除约50%的污染。

在万不得已的情况下，最后的选择是那些类似莴苣的表皮粗糙的植物，你无法用清洗或去皮达到有效清除污染的目的。其他还有一些很难通过水洗来清除表皮污染的食物，包括大豆和部分干果，如杏、桃、梨、无花果、洋李干等。

总体来说，如果能将植物上的污染有效清除干净，你就可以食用所有成熟的植物类食物了。但是，仍然处在生长期的植物会通过其根部或叶子从土壤和空气中吸收一些放射物质，尤其是在沉降物沉降期间或沉降后下雨的情况下。除非情况紧迫，否则一定不要食用这类植物。

生物环境

现实的战争中真实存在使用生物战剂的事例。你要为自己的生存做充分准备，需要了解应该怎样保护自己不被这些生物战剂伤害。

生物战剂及其后果

生物战剂是指能够为动物、植物或人类带来病患的微生物。生物战剂还会造成物质腐烂。生物制剂总体分为两大类——通常被称为细菌的病原体以及毒素。病原体是指对人体造成残疾或致命性疾病的活的微生物，其中包括细菌、真菌、病毒和立克次体菌病原体等。毒素是指动物、植物或微生物等自然产生的有毒物质。生物战中使用的毒素包括各种导致细胞死亡的细胞毒素，以及影响中枢神经的神经毒素所制造的复合物。

细 菌

细菌是依然存活着的微生物。过去，曾经有一些国家利用细菌作为攻击敌方的武器。可以引起人体感染的只有少数细菌，假如是通过呼吸道而进入肺部的，其感染的概率更小。细菌重量很轻，体积很小，在风的作用下可以散布到很远的地方，它们还能进入未完全密封或未经过滤的地方。细菌可以附着在掩体和建筑物上，这导致了细菌的高密度性。通常情况下，细菌不会立即对身体产生非常大的影响。它们必须在体内经过一个叫作潜伏期的过程，在这个过程中，它们会不断繁殖并克服来自人体的抵抗。潜伏期可以短到几个小时，也可以长达几个月，具体的时间取决于感染的细菌种类。通常，大多数细菌必须寄生在寄主的身体上才能存活和成长，所谓寄主就是另外一个生物体，比如人或动物的身体。诸如下雨、刮风、阳光和寒冷等天气条件都可以在短时间内杀死细菌。

有些细菌能够形成孢子或保护壳，这使得它们的存活可以不依靠寄主来实现。能够产生孢子或保护壳的生物战剂所带来的危害，必须通过对感染人员或感染源进行污染清除，才能中和它所带来的长期危害。幸运的是，大多数活的生物战剂都不会产生孢子。这些生物战剂在被施放后大约一天的时间必须找到一个寄主，否则便会立即死亡。细菌大致可通过三种基本途径进入人体——呼吸道、消化道以及皮肤上的伤裂口。不同的疾病在感染后产生的症状也不尽相同。

毒素。毒素是来自动物、植物或细菌自然产生的一种物质。真正对人体造成伤害的不是细菌，而是毒素。肉毒杆菌毒素就是一个典型的例子，它能够导致波特淋菌中毒。现代科技的发展已经能够做到不需要产生这种毒素的细菌而大规模地制造这种毒素。毒素对人体的影响与化学制剂所带来的影响非常相似。但是，应对被化学制剂伤害的急救措施不能使用在毒素的受害者身上，因为它起不到什么作用。毒素会采取与细菌进入人体一样的途径来破坏生命健康。但细菌可以穿透没有破损的皮肤，而某些毒素却不能。因为毒素没有潜伏期，所以它的症状会立刻在人体上显现出来。很多毒素即使使用的剂量非常小，也具有极端的致命性。毒素发作包括以下症状。

- ★ 头晕
- ★ 视线模糊或出现复视
- ★ 瘫痪
- ★ 水泡或皮疹
- ★ 发烧
- ★ 困倦
- ★ 身体破损处失血
- ★ 休克
- ★ 意识模糊
- ★ 皮肤麻痹或麻木
- ★ 痉挛
- ★ 咳嗽
- ★ 肌肉疼痛
- ★ 呕吐、恶心或腹泻
- ★ 唾液、尿液或大便中带血
- ★ 死亡

生物战剂的探测

从生物战剂本身的性质上讲，它很难被探测到。人体的五种感官都无法探测到生物战剂。通常情况下，暴露在生物战剂中的受害人出现受伤症状是生物战剂被发现的第一个迹象。在生物战剂造成伤害之前，了解它的施放方式是探测生物战剂最好的方法。生物战剂最主要的施放方式有以下三种。

- ★ 爆炸弹。爆炸弹是爆炸时只对周围造成很小破坏的投掷武器或炸弹。其爆炸会在直接受其影响的地区产生小片粉末状或液态的烟雾。最终这种烟雾会完全散开，当地的天气状况和具体的地形地貌决定烟雾散开的速度。
- ★ 发生器或喷射罐。生物战剂的烟雾往往来源于地面喷雾发生器、机动车或飞机喷射罐。
- ★ 以昆虫为传播媒介。病原体会通过比如虱子、跳蚤、扁虱和蚊子等昆虫施放。这类昆虫突然大量在附近出没，则表明可能有人在此使用过生物战剂。

庄稼、动物或植物出现病态，植物或地表上突然出现不寻常的物质，都有可能是受到生物攻击的信号。

天气和地形的影响

为了避免受到生物战剂的污染，掌握当地地形和天气对制剂的影响会对你大有帮助。对生物战剂产生影响的主要天气因素有风、降水和阳光。喷雾器喷射的生物战剂与早晨的雾非常类似，通常集中在地形较低的区域。

阳光中包含大量紫外线和可见光线，会迅速杀死作为生物战剂的大多数细菌。但是，许多人工的或天然的覆盖物能够保护制剂不被阳光照射。生物战剂中有部分其他人工繁殖的细菌变异体也能抵抗阳光的照射。

较高的风速可以稀释一片区域中的战剂密度，并使其中的细菌脱水，这样可以使生物战剂加快消散。处在离生物战剂的下风方向越远的位置，受到的影响越小，因为风会加速稀释生物战剂并导致病原体死亡。但是，你不能忽视生物战剂下风区的危害，这些地区也非常危险。

中等及以上程度的降水会消除空气中的生物战剂，这样能够大幅降低对下风地区的危害。但是，在某些制剂已经接触地面的地方，其影响可能仍然有效。

应对生物战剂的保护措施

在对生物战剂的施放保持高度重视的同时，你也没必要过度惊慌。为了降低生物战剂的易感性，你可以采取远离污染地区、注射最新的疫苗、控制有害昆虫和啮齿动物等手段。处理和治伤口时，你必须采取适当的急救措施，并且只能使用经过污染清除处理或足够干净、安全的水源和食物。为了预防身体虚弱，你必须保证每天有充足的睡眠。在采取措施的过程中，必须始终牢记并采用正确的相关卫生程序。

空气中飘浮的尘土也可能含有生物战剂，尘土飞扬时，必须戴好防护面具。为了保护自己不受生物战剂烟雾的影响，如果你没有防护面具，也可以用布块将脸遮盖好。

你的手套和服装会保护你免受昆虫的叮咬，如扁虱和蚊子等昆虫通常作为细菌的传播媒介，携带大量病毒。注意扣好衣服上的所有扣子，将裤子塞进靴子里。为了减少制剂通过抓伤或割伤进入人体的概率，要把皮肤妥善地遮盖住。始终保持良好且高标准的个人卫生，这对预防由昆虫传播的疾病大有帮助。在条件允许的情况下，用清水和肥皂彻底洗澡。假如有杀菌肥皂，一定要使用。将你的身体和头发彻底清洗干净，指甲缝也不能放过。舌头、上颚、牙齿、牙龈等部位也要经常做好清洁工作。尽量用肥皂和热水洗衣服。假如没办法清洗衣物，就在阳光充沛的地方将衣物晾起来，让微生物暴露在阳光下，对衣物进行杀菌处理。受到毒素攻击后，用清水和肥皂，彻底清洗自己，进行自身消毒，其过程与遭受化学攻击后进行全身消毒的过程相同。

避身所

在遭遇生物污染的情况下，可以参照第5章提到的技巧搭建临时避身所。但是，你必须对其进行改良和调整，以降低被生物污染的可能性。搭建避身所的地点不要选择地面的低凹处，这些地方很容易聚集喷雾；也不要选在植物生长较好的地方，生物战剂能够从植物上获取阴凉以及一定程度的保护。要使风向与避身所入口呈90度角，这样不仅可以限制生物制剂随着空气的传播进入避身所，还可以防止空气在避身所内长时间滞留。最后一点，始终保持避身所洁净。

取　水

并不是完全不可能在生物污染的条件下取水，但是实际操作会比较困难。一般情况下，尽可能使用密闭容器内的水，因为基本上你可以认定生物制剂没有污染到密闭容器内的水。打开容器的密封口之前，要用清水和肥皂彻底清洗容器，或将其置于沸水中至少煮10分钟时间。

假如找不到密闭容器内的水，可以将泉水作为你的下一个选择，但最好只在紧急情况下使用。相同的是，饮用前要先将泉水煮沸至少10分钟。先盖上盖子再煮水，以防空气传播的病原体使水受到二次污染。在没有泉水的情况下，静止的水是你最后的选择，这仅限于万分紧急的情况。死水中极易存活大量细菌和作为病菌媒介的昆虫。尽可能长时间煮水，以便将所有的微生物悉数杀死。为了除掉死去的媒介昆虫，用布过滤水。在以上提及的所有情况中，你都需要在水中使用水净化片。

获取食物

与获得水一样，获取食物也不是一件不可能完成的事，但你必须采取一些相应的预防措施。你携带的食物如果是绝对密封或容器中加工过的，可认定它没有受到生物战剂的污染。为确保食品安全，用肥皂和清水将所有食品的包装彻底洗净，或将它们放进沸水中至少煮10分钟。

只有在十分紧急和条件极端的情况下，你才可以考虑将当地出产的动物或植物作为维持生存的食物补给。事实上，无论你怎样烹调和准备食物，你都无法确保这些手段能够杀死食物中存在的所有生物战剂。除非情况已经危及你的生命，否则不要食用当地出产的食物。须要牢记，你能够在没有食物的情况下生存相当长的一段时间，特别是当食物也许会夺走你的生命的情况下，必须注意食品安全。

如果情况已经严重到你必须食用当地出产的食物，注意这一点：只有那些看上去比较健康的动物或植物才可以被选为食物。不要选择已知的带有致病病菌的动物或植物，比如田鼠等。准备和挑选动物类食物和植物类食物时，要像身处辐射地区时那样谨慎。始终穿好保护性衣服、戴好手套，尤其是在处理植物和动物的过程中。任何一种植物食物和动物食物都只能利用沸水蒸煮的方法来处理。沸水蒸煮时间不能少于10分钟，确定所有的病原体都能被杀死。不要试图炸制或者烘烤当地出产的食物，因为这种烹调方法不能确保食物所有的部分都可达到足以杀死所有病原体的温度。此外，千万不要吃未经烹煮处理的生的食物。

化学环境

在现实的冲突环境中，被化学毒剂污染过的环境是真实存在的。在具体的生存环境下，化学毒剂会给你带来极其麻烦的问题。当然，通过知识、合理的装备和训练，你可以将这些问题悉数解决。在特定的求生环境下，你对核武器、化学武器和生物武器的个人训练内容掌握的熟练程度，决定了你在对付化学毒剂时建立的第一道防线是否足够稳固。个人训练内容包括个人消毒、识别化学毒剂症状、穿戴防护服和防护面具，以及被化学毒剂污染后的个人急救措施。假如你无法熟练运用这些技能，在一个严酷的化学环境中，你能够存活下来的概率就会十分微小。

假如你现在能够熟练使用化学防护装置，并对多种化学毒剂使用后可能造成的症状足够了解，以下提供的信息将会对你非常有用。

化学毒剂的探查

使用化学毒剂探测器是探查化学毒剂的最好办法。假如你拥有一个这样的设备，好好利用它。但是，在特定的求生环境下，可能你只能依靠自己的身体对环境的感知觉。你需要时刻保持警觉，并探查到任何有关使用化学武器的线索。一般来说，出现窒息、咳嗽、头晕、瘙痒、流眼泪和呼吸困难等症状，表明附近存在化学毒剂。对于某些探查难度很大的毒剂，必须通过观察附近其他人员出现的症状来判断。附近的环境状况也能向你提供有价值的化学毒剂存在的线索，例如，生病的人员、死去的动物以及人类和动物所表现出来的极为异常的举动。

很多时候，某些化学毒剂对嗅觉的刺激可能会引起你的警觉。表明有窒息性毒剂存在的可能是干草味或刚割下的青草味，表明有血液毒剂存在的可能是杏仁味，但大多数情况下，化学毒剂都是无异味的。

视觉也可以帮助你探测出化学毒剂。大多数液体或固体形态的化学毒剂会呈现出某种特殊颜色。在化学炮弹或炸弹爆炸后，你会看到化学毒剂呈现出一种气体状态，且该气体状态通常都为雾状或细小的雾粒。你很容易获得化学毒剂的警示——通过观察炸弹的施放方式和其他人的身体所出现的症状。液态的芥子气会在建筑物和树叶上呈现出油斑形状的污迹。

还有一条使用化学武器的线索就是敌方炮弹发出的声音。炮弹或炸弹的爆炸声是一个很好的指标。

对你发出紧急警告，需要你及时采取与化学毒剂相对应的保护措施的迹象，表现为皮肤、眼睛或者鼻子的疼痛。此外，警告你物品已受污染的迹象还有水、香烟或食物散发出的怪味。

应对化学毒剂的保护措施

在你所处的生存环境中，遇到化学袭击时，为了能保护好自己，以下步骤一定要始终按照顺序逐个执行。

- ★ 将防护装备穿戴好。
- ★ 受到污染之后，及时采用正确、及时、快速的方法进行自救。
- ★ 远离施放化学毒剂的地区。
- ★ 以最快的速度彻底清理身体。

生存的关键在于你所穿戴的防护衣和防护面罩。缺乏这些装备生存下来的概率会变得非常小。你必须将这类物品妥善地保存，避免遭受任何损伤。在你暴露在化学毒剂中之前，应充分了解并多加练习正确有效的自救措施。对你的生存极其重要的因素在于，对污染地区的绕行以及对化学毒剂的探查。为了探测毒剂施放点，利用你能得到的任何一种探测工具。为了尽量远离污染地区，一定要不惜代价，因为你所处的环境极其严酷且极具挑战性。不要指望受到污染后还能获得外来的帮助。假如你的确受到化学毒剂的污染，一定要以最快的速度采取对应措施，对身体进行彻底清洗。

避身所

一旦你发觉自己所处的地区已经被污染，要想办法以最快的速度远离。为了减少在危险的下风区的时间，离开时要选择上风或侧风方向。假如你因故不能立即离开，并且因此不得不搭建临时避身所，那么在使用正常的搭建技巧时，要在原本的基础上稍做一些改动。建造避身所的地点应选在远离植被的空旷地区。为了清除避身所所在区域的污染，你需要将该区域所有的地表土壤转移到其他地点。避身所的入口与风向应呈90度角，并且还须保持入口关闭。生火时不要使用受化学毒剂污染的木头，这种木头燃烧时产生的烟雾有毒。为了不把外界污染带入避身所，进入时要谨慎。

取　水

在这种情况下，取水是一项非常困难的任务。在化学环境、生态环境和核环境中都是如此。但是，很明显，最好、最安全的水源就是保存在密封容器中的水。这样的水必须尽可能保护好。打开装水的密闭容器前，确定你已经彻底清除了容器外部的污染。

假如你无法取出密封容器中的水，就要尽量从类似于地下管道的封闭水源中取水。你也可以选择雪水或雨水，前提是你能确认水源没有被化学毒剂污染。必要的情况下，首先检查有无污染迹象，之后你也可以从流动缓慢的溪水中取水，最后，要像身处核环境时那样对水源进行过滤处理。如果水源散发出一些奇怪的气味，类似于芥末、天竺葵、大蒜味或者苦杏仁味，那表明水源已受污染。如果水的附近区域或表面存在动物、鱼类的死尸或油点等物质，也表示水受到了污染。一旦水源附近有这些特殊迹象，不要饮用这些水。为了预防感染细菌，一定要将水进行彻底净化处理或煮沸。

获取食物

在被污染的地区，你会遇到一件艰难的事——获取食物。为此，你不得不打开保护你不被污染的封闭的防护面罩。如果需要摄入食物，必须先找到一个能够让你安全脱去防护面具的地点。最安全的食物是瓶子或罐头密封的食物。必须先将食物容器进行彻底的污染清理再打开容器，否则会使容器中干净的食物受到污染。

假设你的食物补给必须来源于当地的动植物，注意不要食用被污染地区的病态动物或植物。你要穿戴好防护衣服和手套，再去处理食物。

附录A 生存工具箱

为飞行员配备的几种基本的生存工具箱，主要包括寒冷气候工具箱、热带气候工具箱以及水上工具箱。除此之外，还配备有个人生存工具箱，其主要组成部分为一个医药箱和一个普通包。寒冷、炎热以及水上工具箱可装在帆布背包里。通常，这些工具箱都放在直升机的货舱和乘客区。

生存工具箱中配备的所有物品都是利用不同的订购渠道得来的。图A-1至A-3详细介绍了各种生存工具箱及其组成部分。

· 食品袋	· 套索线	· 烟雾、照明信号
· 防水火柴	· 锯/刀片	· 木柴片
· 急救箱	· MC-1磁罗盘	· 便携刀
· 锯/刀/铁锹	· 煎锅	· 照明蜡烛
· 压缩燃料	· 信号镜	· 生存渔具
· 塑料勺	· 生存手册	· 雨披
· 头盔	· 弹簧钩	· 连接挂绳
· 外嵌工具	· 内嵌工具	· 铲子
· 水袋	· 工具箱物品装箱清单	· 睡袋

图A-1 寒冷气候工具箱

· 罐装饮用水	· 防水火柴	· 塑料口哨
· 烟雾、照明信号	· 便携刀	· 信号镜
· 塑料水袋	· 急救箱	· 防晒霜
· 塑料勺	· 食品袋	· 压缩燃料
· 渔具	· MC-1磁罗盘	· 套索线
· 煎锅	· 木火柴	· 头盔
· 可翻转太阳帽	· 工具箱	· 工具箱装箱清单
· 防水油布	· 生存手册	· 外嵌工具
· 内嵌工具	· 弹簧钩	· 连接挂绳

图A-2 热带气候工具箱

· 工具箱装箱清单	· 救生筏桨	· 生存手册
· 头盔	· 可翻转太阳帽	· 蓄水袋
· MC-1磁罗盘	· 船用水瓢	· 海绵
· 防晒霜	· 木火柴	· 急救箱
· 塑料勺	· 便携刀	· 食品袋
· 荧光海水染色剂	· 煎锅	· 海水淡化工具套件
· 压缩燃料	· 烟雾、照明信号	· 信号镜
· 渔具	· 防水火柴	· 救生筏修理包

图A-3　水上生存工具箱

附录B 可食植物

在求生条件下，植物是食物和药材的主要来源。植物的安全使用性取决于绝对的肯定识别、正确的烹制方法，以及对其可能存在的危险性的了解。要想更容易地找到并识别可食植物，你需要了解一定的植物学知识，掌握与其生长地点等相关的资料。本附录提供了一些最可能遇到的植物的信息，包括植物图片、说明、生长环境和分布地区、可食部分、其他用途以及一些注意事项。

金合欢树（Acacia farnesiana）

说明：树的枝叶伸展，通常较矮且有刺，互生复叶，单叶很小，花朵呈球形，鲜黄色，极香。树干为灰白色，果实呈黑褐色，与豆荚类似。

生长环境和分布地区：生长在开阔且阳光充沛的地方，分布于整个热带地区。

注意 约有500种不同品种，大量生长于非洲、亚洲南部以及澳大利亚地区，也多见于美洲比较温暖、干燥的地区。

可食部分：叶子、花和果实可以生食，也可以煮熟吃。

龙舌兰（Agave）

说明：在主干接近地面的位置长有一圈厚实的肉质叶子，形成大型叶丛。花朵只开一次，之后就会凋零枯萎。花柄十分巨大。

生长环境和分布地区：喜欢干燥、空旷的地方，常见于中美洲、加勒比海地区、美国西部部分沙漠地区。

可食部分：花朵和花蕾可食，食用前需要烹煮。

注意 某些品种的汁液可能会造成皮肤过敏。

其他用途：将其巨大的花柄砍断，饮用其中的汁液。一些品种的叶子富含大量纤维，质地坚韧，可将叶子捣烂，取出纤维用以编织绳索。大部分品种的叶子顶端都呈尖针状，可用于制作鱼钩或者用来缝纫。某些品种的汁液含有某种化学物质，可以用作肥皂。

苋（Amaranthus）

说明：可长90~150厘米高，在世界上许多地方广为分布。

金合欢树

龙舌兰

苋

图 B-1 可食植物 1

所有苋属植物都是互生单叶，有些品种有红色的茎干。植物顶端有密集而细小的簇状花丛。种子呈棕色或黑色。

生长环境和分布地区：常见于路旁和荒地里，或者在世界各地的农作物耕地作为杂草生长。南美洲的有些品种被当作粮食作物和蔬菜种植。

可食部分：所有部分均可食用，但有些可能长有尖锐的刺，吃之前应先将刺清除干净。嫩枝叶或者老枝条上新长的嫩芽也可以作为很好的蔬菜食用。简单烹煮或直接生吃都可。它的种子很有营养。从老枝条的顶端获得种子，种子可生吃也可煮食，或者磨成粉。

竹芋（Maranta arundinacea）

说明：竹芋是一种水生植物，可以长到1.5米高，叶子可长到0.3米长、10厘米宽。夜晚的时候，叶子会卷起来。

生长环境和分布地区：喜欢空旷、向阳的地方。原产于南美洲，现已广泛分布于潮湿的热带地区。

可食部分：根茎含有丰富的优质淀粉，用水煮熟后可当蔬菜食用。

竹子（Bambusa，Dendrocalamus，Phyllostachys）

说明：竹子是木质的禾本科植物，可高达15米。竹叶像青草，主茎与竹制鱼竿和家具类似。

生长环境和分布地区：空旷的丛林、低地或者山地上，喜好温暖且潮湿的地方。原产于中国，现已在世界各地广泛种植。

可食部分：所有种类的竹笋都可生吃或煮食。生的竹笋有点苦，烹煮后可去除苦味。食用前先将外层坚硬的笋皮剥掉，笋皮上长着一层黄褐色或红色的毛。竹子开花后结的种子也可食用，像稻米一样煮食，或者磨成粉与水混合烹制，做成饼吃。

其他用途：成熟的竹子可用来制作容器，如汤匙、勺子或其他炊具，也可当建筑材料使用。此外，还可用竹子制作武器和工具。劈开竹子，把几片竹片绑在一起，可以制作一张强有力的弓。

芭蕉（Musa）

说明：植物呈树状，顶部有若干大型叶片，簇状花朵密集悬挂在树上。

生长环境和分布地区：生长在潮湿的热带地区。作为农作物种植于开阔的田地或森林边缘。

可食部分：水果可以生吃或煮熟吃，也可以烘烤吃。你可以像吃蔬菜一样把花朵煮着吃。很多品种的根茎和叶鞘都可煮食。中心部分可在全年任何时间食用，生吃或煮食均可。

其他用途：可将植物低位置的外皮部分覆盖在煤炭上，用来烘烤食物。可以用树桩收集水。也可用树叶包裹其他食物进行烹饪或储存。

猴面包树（Adansonia digitata）

说明：猴面包树可以长到18米，主干的直径可达9米。长有短而粗的树枝，灰色的厚树皮。复生叶，形状类似手掌。花朵有几厘米大，白色，悬挂在较高的树枝上。果实的形状像足球，覆盖浓密的短毛。

生长环境和分布地区：生长在热带稀树草原。分布于非洲、澳大利亚。

可食部分：用嫩叶可做蔬菜汤。树的根部很柔软，可以食用。果实的果肉和种子也可食用。在一杯水中放入一把果肉，

竹芋

竹子

芭蕉

猴面包树

罗比梅

熊果

图B-2 可食植物2

可得到一杯清凉的提神饮料。烘烤种子可以磨成粉制作食物。

其他用途：水和果肉的混合饮料有助于治疗腹泻。中空的树干常常是一个很好的淡水来源。将树皮切条、捣碎，可得到一种韧性很强的纤维，用其编制绳索。

罗比梅（Flacourtia inermis）

说明：常绿灌木，互生单叶。鲜红色果实，里面包含6个或更多数量的种子。

生长环境和分布地区：原产于印度尼西亚，不过，现在因其果实已在很多地方广泛种植。多分布于非洲和亚洲的热带雨林，生长于空地或边缘区域。

可食部分：可生吃或煮食其果实。

熊果（Arctostaphylos uva-ursi）

说明：较为常见，长有红色的鳞片状树皮，厚革质叶子，叶子长4厘米、宽1厘米。花朵是白色的，果实呈鲜亮的红色。

生长环境和分布地区：生长在北美和近北极地区，最常见于沙质或石质的土壤中。

可食部分：可生吃或煮食其果实。可以用嫩叶泡一杯清新的茶饮用。

黑莓、树莓、露莓（Rubus）

说明：这些植物的茎（藤）向上生长，达到一定程度后会朝地面弯曲。互生叶序，通常为复叶。果实可能是红色、黑色、黄色或橙色的。茎上长有刺。

生长环境和分布地区：生长在开阔、阳光充足的地方，如森林边缘、湖边、溪流旁或路边等。分布于整个温带地区。

可食部分：果实可食，嫩芽剥皮后也可以吃。

其他用途：叶子可以泡茶喝。干的黑莓根皮泡茶可以治疗腹泻。

蓝莓、黑果（Vaccinium，Gaylussacia）

说明：高矮不等，从0.3米高到3.7米高都有。所有品种的叶都为互生单叶，果实可能是深蓝色、黑色或红色的，果实里有许多小种子。

生长环境和分布地区：喜欢开阔且阳光充足的地区。分布于北半球温带大部分地区、中美洲高海拔地区。

可食部分：果实可食用。

面包果树（Artocarpus incisa）

说明：可以长到9米高，深裂状叶子，叶子较大呈深绿色。果实为很大的球状果实，绿色，成熟后可长至0.3米。

生长环境和分布地区：分布于潮湿的热带地区，常见于森林和人类房屋的周围。原产于南太平洋地区，现已广泛种植在西印度群岛和玻利尼西亚部分地区。

可食部分：果肉可以生吃。果实可切片或切条，晒干后磨成粉食用。种子煮熟后可食用。

其他用途：黏稠的汁液可以当胶水粘东西，或作为嵌缝材料。也可以用作粘鸟胶（在小鸟经常栖息的树枝上涂抹汁液，用以诱捕小型鸟类）。

扁形棕榈（Corypha elata）

说明：这种树的高度可达18米，叶片很大，呈扇形，叶长可达3米，分裂成100个左右的狭窄细条。树顶上长有很大的花

黑莓，树莓，露莓

蓝莓，黑果

面包果树

扁形棕榈

角豆树

图B-3 可食植物3

簇。这种树一旦开花，很快就会枯萎死亡。

生长环境和分布地区：生长在东印度群岛的沿海地区。

可食部分：树干含有淀粉，可以食用。树干最尖端的部分可以生吃或煮食。碾碎花柄可以得到大量液体。果仁也可食用。

警告 种子的外皮可导致一部分人皮肤过敏。

其他用途：树叶可以作为编织材料。

角豆树（Ceratonia siliqua）

说明：又名圣约翰面包树，是一种高大的乔木，长有一个巨大的扩展形树冠，互生复叶。豆荚可长达45厘米，里面长满坚硬的圆形种子，果肉很厚。

生长环境和分布地区：分布于地中海东部地区，非洲北部部分地区也有分布。

可食部分：可以生吃或煮食嫩豆荚。成熟豆荚的种子可以煮粥喝。

香蒲（Typha latifolia）

说明：香蒲长有长条状叶子，外形很像草，叶子宽1~5厘米，长约1.8米。雄蕊生于雌蕊的上方，呈一个浓密的花团。雄蕊只有很短的花期，之后便依靠雌蕊慢慢结出棕色的果实。雄蕊的花粉通常都很多，呈明亮的黄色。

生长环境和分布地区：香蒲几乎遍布世界各地，生长在阳光充足的湖边、溪边、沟渠边或者稍有咸味的水边。

可食部分：新长的嫩叶和嫩茎可以生吃或煮食。茎干通常很老，富含淀粉，将其捣碎可以提炼出淀粉当作面粉用。花粉中也含大量淀粉。在香蒲还未成熟时，可以将雌蕊部分煮食或像烤玉米那样烤着吃。

其他用途：干燥的叶子可作为一种很好的编织材料，用来编制浮舟或救生筏。棉花状的种子可用来填充枕头，具有很好的保温和隔热效果。花粉是一种良好的火绒材料。点燃的干燥的香蒲，是一种有效的驱虫剂。

仙人柱（Cereoideae）

说明：很细、很高。茎干上长有许多刺，呈分裂状。

生长环境和分布地区：生长在干燥、空旷、向阳的地方，原产于中美洲以及美国西部地区的沙漠和东非等地。

可食部分：果实可以食用，但有些果实可能会引发轻微的腹泻。

其他用途：果肉可作为一种很好的饮料。劈开茎干，将里面的果肉挖出来饮用。

菊苣（Cichorium intybus）

说明：可长至1.8米，茎干底部长有簇状叶丛，茎干上面也长着一些叶子。茎干底部的叶子与蒲公英的叶子很像。花朵为天蓝色，但是只开放在阳光明媚的日子。汁液呈乳状。

生长环境和分布地区：生长在田野、荒地或杂草丛生的地方，原产于欧洲和亚洲，也可见于非洲和北美洲大部分地区，但在这些地区往往被视为杂草。

可食部分：所有部分都可食用。可以用嫩叶做沙拉生吃，或者当蔬菜煮熟吃。根部须要烹制后才可食用。烘烤根部直至其呈深褐色，然后研磨成粉，可以当咖啡饮品。

油莎草（Cyperus esculentus）

说明：茎干呈三角形，有草状叶子。它可以长到20~60厘

香蒲

仙人柱

菊苣

油莎草

椰子

图B-4　可食植物4

米高。花朵呈刺果状，较为柔软，从轮生叶的一个轮生体上生长出来。根部最下端长有块茎，半径为1~2.5厘米。

生长环境和分布地区：油莎草生长在世界各地潮湿的沙地里。在耕地里也十分常见，不过有时会被当作一种茂盛的杂草。

可食部分：块茎可以生吃，也可煮熟或烘烤食用。将它们磨成粉，也可当作咖啡饮品。

椰子（Cocos nucifera）

说明：主干又高又细，主干顶端生有巨大的叶簇。单叶可长至6米，每片叶子上还长有超过100对的小叶片。

生长环境和分布地区：遍布于整个热带地区，沿海地区尤为常见。

可食部分：坚果可以食用，是一种宝贵的食物来源。嫩椰子的汁液是一种极好的饮料，含有丰富的糖分和维生素。果肉的营养也十分丰富，不过含有大量的油。可将果肉晒干后储存起来。

其他用途：可将椰子油当烹调油使用，可涂抹在金属表面以防腐蚀，可有效治疗海水疮和日光灼伤，可以滋养皮肤，必要时还可用作应急的火把。树干可作为建筑材料，用叶子覆盖屋顶。挖空的树桩可以当食物容器。叶子基部的纱布状纤维可以用来制作过滤网，或者编织捕虫网，也可以制成敷布或布垫用在伤口处。椰子壳具有很好的漂浮性能，可以用壳上的纤维编织绳索或其他物品，椰子壳还可以用来研磨器具。干燥的椰子壳的纤维可作为极好的火绒。熏烧椰子壳可以用来驱赶蚊虫。椰子油的提炼方法有几种：置于阳光下曝晒，放在慢火上加热，或直接放入水中煮。对海上求生者来说，在水上漂流的椰子是很好的淡水来源。

蔓越莓（Vaccinium macrocarpon）

说明：互生叶子，叶子很小。茎干贴在地面上蔓延生长。果实为红色浆果。

生长环境和分布地区：只生长在北半球寒冷地区的空旷、向阳的湿地中。

可食部分：生吃浆果会很酸，可以加入少量的水煮一下，加点糖进去还可以做成果冻。

其他用途：蔓越莓有一定的利尿功效。可用于治疗尿路感染。

岩高兰（Empetrum nigrum）

说明：较为矮小，有短短的针状叶子。浆果很小，表面很有光泽，颜色为亮黑色。整个冬天都可以结果。

生长环境和分布地区：分布于北美洲和欧亚大陆极地地区的冻原地带。

可食部分：可生吃浆果，也可将其晒干保存。

蒲公英（Taraxacum officinal）

说明：叶子贴近地面生长，边缘呈锯齿状，而且叶子长度很少超过20厘米。花朵为鲜黄色。蒲公英有许多不同的品种。

生长环境和分布地区：生长在整个北半球开阔、向阳的地方。

可食部分：所有部分均可食用。叶子可以生吃也可煮食，根部煮熟后可当蔬菜食用。烘烤根部，磨成粉，代替咖啡饮用。

其他用途：花茎里面的白色汁液可以当作胶水使用。

蔓越莓

蒲公英

岩高兰

海枣

美洲接骨木

图B-5　可食植物5

海枣（Phoenix dactylifera）

说明：树木高大，没有树枝。树木顶端长着巨大的复叶。成熟的果实呈黄色。

生长环境和分布地区：生长在干燥的亚热带地区。原产于北非和阿拉伯地区，现已广泛种植于其他干旱的亚热带地区。

可食部分：果实可以生吃，未成熟的果实很苦。晒干后的果实可以长时间保存。

其他用途：沙漠地区很少能找到像树一样的植物，因此这种植物的树干是种十分珍贵的建筑材料。结实的树叶可以用来搭盖屋顶。叶子基部很像粗糙的布料，可以用作洗涤和清洁。

美洲接骨木（Sambucus canadensis）

说明：长有对生复叶，多茎干，可长至6米高。花朵为白色，极香。花簇很大，顶部平整，宽约30厘米。果实成熟后为深蓝色或黑色。

生长环境和分布地区：常生长在空旷的潮湿地区，如沼泽边、河边、湖边或沟渠边。原产于北美洲东部大部分地区和加拿大。

可食部分：花和果实都可食用。花还可以用来制作饮料。将花头在水中浸泡8小时，然后把花扔掉，可饮用剩下的水。

警告 植物的其他部分有毒，吃了会有中毒的危险。

柳兰（Epilobium angustifolium）

说明：高1.8米，叶子呈长矛状，花朵巨大，为艳丽的粉红色。它的近亲矮柳兰（Epilobium latifolium）高为0.3~0.6米。

生长环境和分布地区：生长在极地地区的稀树林中、山坡上、河岸边或者海岸附近，在焚烧过的地区能够大量生长。矮柳兰沿着沙洲、小溪或湖岸上生长，也长在高山地区和寒冷的山坡上。

可食部分：茎叶和花朵春季时都可食用，但是夏季时会变得很老。有些老的茎干会裂开，其中的木髓可以生吃。

狗尾草（Setaria）

说明：长有很细的圆柱形头状物，覆盖有长毛，很容易辨认。结出的小种子不超过6毫米长。成熟之后，密集的种粒往往会将植物的顶端压垂下来。

生长环境和分布地区：生长在开阔、向阳的田地周围，有些品种生长在潮湿的沼泽地区。分布于美国、欧洲、亚洲以及非洲热带地区。有些地方也将其作为粮食作物种植。

可食部分：可以生吃种子，但是很硬，有时还很苦，用水煮一下可以去除苦味，更易于食用。

冰岛地衣（Cetraria islandica）

说明：通常为灰色、白色或红色，高度只有几英寸。

生长环境和分布地区：生长在空旷的地方，只分布于极地地区。

可食部分：所有部分均可食用。冬季或旱季时，它们十分干燥，松脆且易碎，用水浸泡后会变得柔软。煮一下可以将苦味去除，可直接吃，或者加入牛奶或谷类食物中食用。干燥的冰岛地衣很容易保存。

春美草（Claytonia）

说明：只有几英寸高，普遍都有点肉质，花朵颜色艳丽，2.5厘米左右大。

柳兰

狗尾草

冰岛地衣

春美草

杜松

图B-6　**可食植物6**

生长环境和分布地区：有些品种在肥沃的森林中生长，在叶子还没长出来时十分醒目。主要分布于美国北部和加拿大部分地区。

可食部分：块茎可食用，不过食用前必须将其煮熟。

杜松（Juniperus rigida Sieb.et Zucc）

说明：灌木或小乔木，叶条状刺形。该属植物普遍散发一种奇特的香气，与雪松很像。松果为浆果状，一般是蓝色的，外面覆盖有一层白色蜡状物。

生长环境和分布地区：生长在开阔、干燥、向阳的地方，分布于北美洲和欧洲北部地区。有些品种也可生长于自欧洲东南部到亚洲的日本，以及非洲北部的山地上。

可食部分：嫩枝和松果可以食用。松果可生吃，也可将种子剥出来，烘烤研磨，作为咖啡替代品。将松果晒干后碾碎，可以当成烧肉的调料使用。嫩枝可以泡茶喝。

警告 许多被称为雪松的植物实际上与杜松并没有亲缘关系，而且可能是有毒的。必须确保你所找到的植物是杜松，记住，一定要有针状叶、浆果状松果，以及含树脂的香液。

荷花（Nelumbo）

说明：通常有两个品种，一种花为黄色，一种花是粉红色。花朵大而艳丽。叶子也很大，其半径可达1.5米。叶子通常浮在水面上，或伸出水面。果实为独特的莲蓬，每个果实里面包含约20个坚硬的种子。

生长环境和分布地区：生长在平静的淡水水域。黄色品种原产于北美洲。粉红色品种在东方广为分布，现已在世界很多地区广泛种植。

可食部分：所有的部分可以生吃或煮食。生长在水下的部分含有丰富的淀粉。从淤泥中挖出其肉质组织，可将其烤着吃或煮熟了吃。像吃蔬菜一样煮熟嫩叶食用。种子的味道不错，也富含营养，可以直接生吃，也可以烘干、磨成粉食用。

黄体芋（Xanthosoma）

说明：叶子略呈箭状，十分柔软，可以长至0.6米。

生长环境和分布地区：广泛生长在开阔、向阳的田地里。分布于加勒比海地区。

可食部分：块茎富含大量淀粉，但是要煮熟后才可食用，因为植物的每个部分都含有一种化合物，这种化合物可以通过烹制程序来消解。

杧果（Mangifera indica）

说明：高度可达到30米。长有鲜亮的深绿色互生单叶。开不显眼的小花。果实里的种子很大。杧果的培植变种有很多，有些品种为红色的果肉，有些则是黄色或橙色果肉。

生长环境和分布地区：生长在温暖、潮湿的地方。原产自印度北部、缅甸以及马来西亚西部地区，现已广泛种植于大部分热带地区。

可食部分：果实的营养十分丰富。没成熟的果肉可以捣碎后食用，也可以制成沙拉。成熟的杧果可以直接剥皮生吃。

警告　如果毒叶藤会导致你过敏，就不要吃杧果，因为它们可能会使这类敏感体质的人出现严重症状。

驴蹄草（Caltha palustris）

说明：有很短的茎干，茎干上生有圆形的叶子。叶子呈深

荷花

黄体芋

杧果

驴蹄草

桑树

图B-7 可食植物7

绿色，花朵呈鲜黄色。

生长环境和分布地区：生长在水流缓慢的水域、沼泽或者湖泊中。多分布于北极和亚北极地区，也有一部分生长在美国东北部大部分地区。

可食部分：所有部分煮熟后均可食用。

警告 不要生吃。

桑树（Morus）

说明：叶子为互生单叶，通常为锯齿形叶缘，叶子表面十分粗糙。结蓝色或黑色的果实，果实里长有很多种子。

生长环境和分布地区：多生长于森林中、路旁以及废弃的田地里。分布于北美洲、南美洲、欧洲、亚洲以及非洲的温带和热带地区。

可食部分：果实生吃或煮食均可。也可将其晒干保存。

其他用途：可以将树的内皮撕成条状，用来编织绳子或线。

荨麻（Urtica）

说明：不高，花朵很小，不显眼。茎干、叶茎以及叶子背面长有细细的绒毛状刺毛。皮肤在接触这些刺毛时会产生刺痛感。

生长环境和分布地区：喜欢溪流边或者森林边缘的潮湿地。分布于北美洲、中美洲以及欧洲北部地区。

可食部分：嫩叶和嫩芽可以吃。刺毛中刺激皮肤的物质可以通过烹煮去除。这种植物很有营养。

其他用途：成熟的叶茎有纤维层，可撕开作编织线或麻线。

聂帕榈（Nipa fruticans）

说明：树干很短，大部分树干都长在地下。叶子很大，分成很多叶片；呈直立方向生长，可达6米高。叶子中间长着一根短短的茎干，茎干上长有花头。果实（种子）的头部为深棕色，半径可达0.3米。

生长环境和分布地区：喜欢泥质湿地，常见于亚洲东部沿海的泥质海岸上。

可食部分：嫩的花茎和种子是很好的水源和食物来源。在花茎上开一个切口，切口处会流出汁液，收集这些富含糖分的汁液饮用。种子比较坚硬，但也可以吃。

其他用途：叶子可以用来搭建屋顶，也可以用来编制粗糙的织物。

橡树（Quercus）

说明：长有互生叶子，结橡树果。主要分两类：红橡树和白橡树。红橡树的叶子上覆盖刺毛，树干上半部分的树皮比较光滑。红橡果需要两年左右才能成熟。白橡树的叶子上没有刺毛，上半部分树皮比较粗糙。白橡果需要一年左右成熟。

生长环境和分布地区：生长在各种不同的环境中。分布于北美洲、中美洲以及欧亚部分地区。

可食部分：果实可食用，但通常都含有大量的苦味物质。白橡果往往比红橡果的味道好一些。收集橡果，去掉橡果的外皮。把红橡果放入水中浸泡一两天的时间，可以去除苦味，要想缩短浸泡时间，可在水中加入一些木灰。橡果煮熟后可以食用，或者研磨成粉，做发酵粉使用。烘烤橡果至其颜色变深，研磨，可作为咖啡替代品。

其他用途：橡木是一种极好的建筑原料，也可作为优质薪材。

将小橡木劈成细长条状，厚为3~6毫米，宽约12毫米，用这些细条编织篮子，或者给家具、包裹、雪橇等器具做框架。把橡树皮放入水中浸泡，得到的溶液可以当制革剂，用来保存皮革。

荨麻

橡树

聂帕榈

图B-8 可食植物8

滨藜（Atriplex）

说明：叶子呈箭头状，叶长约5厘米。

生长环境和分布地区：只生长在盐质的土壤里。分布于北美洲沿海岸以及内陆碱性湖泊沿岸。从地中海沿岸到非洲北部内陆地区，东至小亚细亚和西伯利亚中部地区也有分布。

可食部分：所有部分均可食用，可生吃或煮食。

小棕榈（Palmetto）

说明：十分高大，树干大部分都长有不落的叶基，没有树枝。叶片很大，为掌状单叶。果实成熟时由黄色变为淡蓝色，有一个坚硬的种子。

生长环境和分布地区：原产于中国地区，分布于亚洲部分地区及美国东南沿海地区。

可食部分：果实可以生吃，坚硬的种子可研磨成粉。在任何季节，树心都是一种营养丰富的食物来源；将树的顶部砍掉，可从中间挖出树心。

柿子树（Diospyros virginiana）及其他品种

说明：互生叶子，叶子为椭圆形，呈暗绿色，叶缘为全缘形。长有不显眼的花朵。果肉很黏稠，呈橙色，里面有许多小种子。

生长环境和分布地区：常见于森林边缘地区，在非洲、北美洲东部以及亚洲东部广为分布。

可食部分：叶子含有丰富的维生素C。果实可生吃，也可以烤熟吃。叶子晒干后用热水冲泡，可以当热茶喝。

警告 有一部分人无法消化柿子果肉。

滨藜

小棕榈

柿子树

乳突球属仙人掌

松树

图B-9　可食植物9

乳突球属仙人掌（Mammillaria）

说明：呈球状，很矮，球体长满疣状突起，整个外部覆盖一层尖锐的刺。

生长环境和分布地区：生长在干旱地区，分布于中美洲部分地区。

用途：是沙漠环境中很好的水源。

松树（Pinus）

说明：松树比较容易识别，它们长有成束的针状叶子，每一束可能包括1~5片针叶，所含针叶的数目因种类不同而不同。区分松树与其他针状树叶的树有一个简单的方法，即记住松树有一种独特的芳香和黏稠汁液。

生长环境和分布地区：多数生长于空旷、向阳的地方。分布在北美洲、中美洲、非洲北部、欧洲以及亚洲地区。

可食部分：所有种类的种子均可食用。春季时可以煮食或烘烤嫩的雄性松果，它们也只在春天出现。可以吃嫩枝条的皮；将嫩枝的树皮撕下来，可咀嚼其中的汁液，汁液含有丰富的维生素和糖分，春季时汁液分泌尤为旺盛，营养价值也更高。

其他用途：可以把松脂当胶水使用，或者用来为物品作防水处理。从树上采集松脂，如果需要更大量的松脂，可以在树皮上开一个V形切口，以使切口处流出更多的松脂。将松脂收集起来并放入容器加热，可以直接将热松脂当胶水用。如果要增强松脂的黏性，也可以加入一些灰土，但是必须趁热迅速使用。

车前草（Plantago）

说明：大车前草有很宽的叶子，叶宽可超过0.3米，贴近地面生长。叶丛中间突出来一根花穗，花穗上开有花朵。长叶车前草的叶子只有大约2.5厘米宽，叶表覆盖一层绒毛，叶子形成一个莲座叶丛。花很小，不显眼。

生长环境和分布地区：大车前草生长在路旁的草丛里，分布于北半球温带地区。长叶车前草为北美洲和欧洲大部分地区常见的杂草。

可食部分：嫩叶可生吃也可煮食。老的叶子要煮熟。种子可以生吃或烤着吃。

其他用途：可用来减缓伤口疼痛。冲洗整株植物，并浸泡一小段时间，然后将其敷在伤口上。还可用来治疗腹泻，在0.5升水中放入约28克该植物，煮沸冷却后饮用。种子和种子壳可作泻药。

垂序商陆（Phytolacca americana）

说明：可生长到3米高，叶子为椭圆形，可长至1米长。有很多果实，呈簇状生长。

生长环境和分布地区：生长在田野中、林中空地，或者路边开阔、向阳的地方。分布于北美洲东部及中美洲。

可食部分：嫩叶和茎干可以煮食。需要煮两次，煮完一次后将水倒掉，接着再煮第二次。果实也可以煮熟了吃。

警告 如果生吃，所有的部分均是有毒的。切记，地面以下的植物部分千万不能吃，因为其中含有高浓度的毒素。

其他用途：新鲜浆果的汁液可以作为染料使用。

仙人掌（Opuntia ficus-indica）

说明：仙人掌颜色为绿色，茎干呈扁平的垫状，上面长有很多覆盖绒毛的小圆点，圆点内部有锐利的刺毛。

生长环境和分布地区：生长在干旱、半干旱地区，或者较

大车前草

长叶车前草

垂序商陆

仙人掌

马齿苋

图B-10　可食植物10

为潮湿的干旱沙地里。分布于美国大部分地区、中美洲以及南美洲。也有一部分品种种植于世界其他地区的干旱和半干旱地区。

可食部分：所有部分均可食用。剥掉果实的外皮，可以直接生吃果肉。也可以捣碎果肉，吸取其汁液。注意，要小心避开那些尖锐的细小刺毛。烤过的种子可以碾成粉食用。

其他用途：植物的垫状茎干含有大量水分，仔细剥掉外面的皮，确保已经清除所有的尖利刺毛，才可食用。垫状部分还能够加快伤口的愈合。切开这一部分，取出果肉，敷在伤口上。

马齿苋（Portulaca oleracea）

说明：很矮，贴着地面生长。肉质茎叶，一般略呈红色。浆形叶子，簇生于茎干的顶端，叶长至少为2.5厘米。花朵为黄色或粉红色。有很小的黑色种子。

生长环境和分布地区：生长在向阳的地方，广泛分布于世界各地的耕田里、田野边或杂草丛生的地方。

可食部分：所有部分均可生吃，洗净之后煮食会更加美味。可以生吃种子，也可以制成粉食用。

芦苇（Phragmites australis）

说明：比较粗壮，可长至3.5米，叶子呈灰绿色，宽约4厘米。初夏时节会长出许多棕色的花枝，这时基本上还没有种子，到了夏末时期，这些开花的枝就会长成一团团种子，结出的种子呈绒毛状。

生长环境和分布地区：几乎在任何开阔、潮湿的地方都可以发现芦苇，尤其是泥土被挖掘过的地方。分布于南北半球的温带地区。

可食部分：任何季节任何部分都可以生吃或煮食。当茎干刚伸出地面时就可以收获，煮熟之后食用。也可以在开花前收割，将其晒干、捣碎，研磨成粉。也可挖出地下部分的茎干煮食，不过这部分茎干通常都很老。种子可生吃也可煮食，不过比较难以获得。

石蕊（Cladonia rangiferina）

说明：也叫驯鹿地衣，比较低矮，呈灰绿色。不开花，但是会长出鲜红色的再生组织。

生长环境和分布地区：生长在空旷的干燥地区。常见于北美大部分地区。

可食部分：所有部分均可食用，但有些发苦，而且松脆易碎，可以将地衣放在水中浸泡，然后加入一点木灰，这样能去除苦味，之后将其晒干后碾碎，混入牛奶或其他食物中食用。

石耳（Umbilicaria）

说明：呈块状，有卷曲状的边缘。上部通常呈黑色，背面的颜色较浅。

生长环境和分布地区：通常生长在岩石或者大石头上。常见于北美洲。

可食部分：整株植物均可食用。从岩石上将其刮下来，把沙砾清洗干净。石耳松脆、易碎，而且非常干燥，用水浸泡一段时间后可以变软。石耳可能含有大量苦味素，可以用水多浸泡一会儿，多煮几次，以去除苦味。

警告 食用前请用可食性通用检验法检验，因为出现过石耳中毒的记录。

芦苇

石蕊

石耳

番樱桃

檫树

图B-11 可食植物11

番樱桃（Eugenia uniflora）

说明：可长3~9米高，有暗绿色的对生单叶，表面光泽。花朵为黄绿色，呈绒毛状。结蛋形果实，果实成熟后呈红色或紫色。

生长环境和分布地区：常发现于灌木丛、荒地或者次生丛林中。广泛种植于热带地区，也可能在半荒野地区发现。

可食部分：果实可生吃或煮食。

檫树（Sassafras albidum）

说明：一种小型乔木或灌木，同一株树上的叶子可能会有不同的类型。有些叶子没有裂片，有些可能有一个或两个裂片。在早春时节开花，花朵呈黄色，很小。结暗蓝色的果实。

生长环境和分布地区：长在森林边缘或路边，喜欢开阔、向阳的地方。为北美洲东部地区的常见树木。

可食部分：嫩枝、嫩叶均可食用，可以生吃，也可晒干保存。干的嫩枝叶可以用来做汤。将其地下部分挖出来，剥掉树皮，晾干或晒干，然后用水煮沸，得到檫树茶。

酸模（Rumex acetosal L.）

说明：高度基本不会超过1米，互生叶子，叶子呈箭状。茎干通常略呈红色，花朵很小。

生长环境和分布地区：通常生长在废弃的田地里，或者开垦过的荒地里。分布于北美洲和欧洲。

可食部分：整株植物均可食用，生吃或者煮食。

警告 这种植物含草酸，过量生吃可能会导致中毒。烹制处理可以破坏草酸。

高粱（Sorghum）

说明：高粱属的品种很多，但所有品种的植物顶端都长有种子。种子颜色从棕色到白色、红色或黑色。高粱在世界上很多地区都作为主要的粮食作物种植。

生长环境和分布地区：生长在开阔、向阳的地方。世界各地均有分布，但在温暖气候地区更为常见。

可食部分：任何生长阶段的种子均可食用。未成熟的种子呈乳状，可以生吃。老的种子要煮熟吃。高粱含有丰富的营养成分。

其他用途：有些高粱可以长很高，这些长茎干可以当建筑原料。

萍蓬草（Nuphar）

说明：叶长约为0.6米，叶子形状不一致，叶基部分有三角形的凹痕。开黄色花朵，大小约2.5厘米。结壶状果实，种子为草绿色，有如小型的绿豆。

生长环境和分布地区：生长在平静的淡水浅水区域，这些水域的深度不超过1.8米。分布于北美洲大部分地区。

可食部分：所有部分均可食用。种子烘烤后可研磨成粉。大块的根茎含有丰富的淀粉，从泥里把块茎挖出来，将外皮剥除干净，用水煮。根茎里可能含有大量的苦味素，放入水中多煮几遍去除苦味。

甘蔗（Saccharum officinarum）

说明：甘蔗可长至4.5米，是一种有草状叶子的禾本植物。通常为绿色茎干，有时也略呈红色，茎干上叶子生长的部位比茎干其他部位突出。种植的甘蔗一般很少开花。

酸模

萍蓬草

高粱

甘蔗

桄榔

图B-12 可食植物12

生长环境和分布地区：通常作为农作物生长在田地里，常可发现大片大片的甘蔗林。分布于世界各地的热带地区。

可食部分：茎干营养丰富，含有大量糖分。用牙齿咬去外面一层硬皮，生吃里面的部分。也可以压榨出甘蔗中的汁液饮用。

桄榔（Arenga pinnata）

说明：可以长至15米高，有巨大的叶子，呈针状，能达到6米长。花朵呈巨大的簇状花丛，生长在叶子下面，十分醒目，果实也是从这里结出的。

生长环境和分布地区：生长在森林的边缘地区。原产于东印度群岛，现在很多热带地区也有种植。

可食部分：桄榔主要是用来提炼糖分，但茎干顶端和种子也可当作救急食物。嫩花柄的汁液中含有丰富的糖分，用石头或其他工具摩擦、压榨嫩花柄，收集流出来的汁液。煮熟的种子也可以吃。可像蔬菜一样来吃茎干尖端。

警告 种子外层的肉质层可能会导致皮肤过敏。

其他用途：叶子基部有十分粗糙的毛状物，非常坚固，而且不易腐烂，可以当作一种编织绳索的优质原料。

番荔枝（Annona squamosa）

说明：高度通常不会超过6米，长有很多树枝，有修长的互生单叶，叶子为深绿色。成熟后的果实呈绿色，圆形，表面有凸起的疙瘩。果肉为白色的奶油状物质。

生长环境和分布地区：生长在田地周围、村庄以及房屋附近。分布于热带地区。

可食部分：可以直接生吃新鲜的果实。

其他用途：研磨种子，得到细粉，作为杀虫剂使用。

芋（Colocasia）

说明：茎干很短，长有大型叶子，有些可达1.8米高。根茎比较厚实、多肉，含有丰富的淀粉。

生长环境和分布地区：生长在田地四周、村庄以及房屋附近。分布于潮湿的热带地区。

可食部分：烹煮后的所有部分均可食用。

警告 如果生吃，可能会引起严重的嘴唇和喉咙发炎、红肿等症状。

苏铁树（Cycas revoluta）

说明：又名铁树，茎干上没有树枝，长有羽状树叶。茎的顶部长出叶轴，叶轴长0.75~2米，叶轴上生有羽状叶片100对以上。花朵为簇状花丛，雌雄花不同株，雄花为长椭圆形，雌花为扁圆球形，都开在植物顶端。铁树可长至4.5米。

生长环境和分布地区：生长在森林边缘。原产自亚洲东部地区，现已广泛种植于世界各地的热带地区。

可食部分：嫩叶和根部是很好的应急食物来源。根部短而结实，含有大量淀粉，食用前须将其煮熟或烘烤。嫩叶煮熟后才可食用。你还可以用叶子裹住其他食物，烤或蒸着吃。

其他用途：树叶可以用来覆盖避身所，也可以当雨披使用。叶子还可当鞋垫，在你的脚磨出水泡时最有用。可以用树叶制作临时的凉鞋。如果顶端的叶子不是完全展开的，可以用其替代消毒绷带。将叶子切成条状或带状，可用来编织绳索。

番荔枝

芋

苏铁树

图B-13　可食植物13

桫椤（Alsophila spinulosa）

说明：树干修长，很高，外皮十分粗糙。树叶为羽状叶，从树干的顶端向外伸展。

生长环境和分布地区：生长在亚洲东部、东南部湿润的热带雨林中。

可食部分：嫩叶可以煮熟后食用。树干的内部比较柔软，可以烘烤吃或者直接生吃。

榄仁树（Terminalia catappa）

说明：一种常绿树木，叶子为革质，可长到9米高，叶子可达45厘米长，15厘米宽，叶表十分有光泽。花朵很小，呈黄绿色。果实是扁平的，长10厘米。成熟后的果实为绿色。

生长环境和分布地区：这种树常可在海边发现。大量生长在中南美洲地区，也有些分布在南亚、澳大利亚北部的热带雨林中。

可食部分：种子的味道不错，剥掉果子外面绿色的肉质皮，生吃或者煮食种子。

菱角（Trapa natans）

说明：一种水生植物，根部长在水底的淤泥中，水下长有细碎的叶子，水面上漂浮的叶子要大很多，呈粗糙的锯齿状。果实有四个尖角，长在水下。

生长环境和分布地区：为淡水性植物。原产于亚洲地区，现在已广泛分布在世界各地的温带和热带地区。

可食部分：果实可以生吃，也可以煮食。种子也可食用。

榄仁树

桫椤

菱角

图B-14 可食植物14

香睡莲（Nymphaea odorata）

说明：香睡莲有很大的花朵和巨大的叶子，叶子呈圆形或长圆形，漂浮在水面上。花朵通常为红色或白色，散发出浓郁的香气。水下淤泥中长有粗壮、肉质的根状茎。

生长环境和分布地区：分布于温带和亚热带大部分地区。

可食部分：花朵、根状茎以及种子都可以生吃或煮食。根状茎有一层类似于软木的外皮，剥去之后可以生吃，也可以撕成细条，晾干后研磨成粉。种子晾干后可以烘烤，再磨成粉。

其他用途：把粗厚的根部放进水中煮，煮过的水对腹泻有一定的治疗作用，用其漱口也可以缓解喉咙疼痛。

泽泻（Alisma plantago-aquatica）

说明：花朵很小，白色，心形叶子，叶子末端很尖，簇生于植物基部。

生长环境和分布地区：生长在阳光充沛的淡水中，或者潮湿的土壤里。分布于温带和热带地区。

可食部分：根茎中含有大量淀粉。用水浸后烤干，不可生吃，也不可过量食用。

刺山柑（Capparis spinosa）

说明：一种多刺灌木，茎是灰绿色的，花为白色或粉红色，旱季的时候叶子会凋落。

生长环境和分布地区：多见于热带旱生林地、荒漠林区或荒地。分布在北非和中亚地区。

可食部分：果实和新生的嫩芽可以直接生食。

无花果树（Ficus carica）

说明：树叶为互生单叶，叶缘为全缘形。通常叶子呈深绿色，非常有光泽。无花果树都有黏稠的乳白色汁液。果实的大小取决于其种类的不同，但通常成熟后的果实为紫红色或黄褐色。

生长环境和分布地区：生长在不同的环境中，可见于浓密的森林及边缘地区、人类居住地的周围等。无花果树是一种热带和亚热带植物。

可食部分：果实可以生吃或煮食。有些无花果吃起来几乎没有味道。

香睡莲

泽泻

刺山柑

无花果树

图B-15　可食植物15

菰（Zizania aquatica）

说明：一种高大的禾本科植物，平均高度为1~1.5米，最高可长到4.5米。种子呈稀疏头状，长在植物顶端。成熟后的种子为深褐色，有时会略为发黑。

生长环境和分布地区：生长在十分潮湿的地方。分布于热带和温带地区。

可食部分：春季和夏季可以吃较低茎干的内芯部分，也可以吃新长出来的根。吃之前先将粗糙的外皮去除干净。夏末和秋季时期，收集种子，晒干、烘烤，然后弄碎，取出里面的菰米。菰米可以煮熟吃，也可以烘烤着吃，或者磨成粉。

菰

野蔷薇

薯蓣

图B-16　可食植物16

野蔷薇（Rosa multiflora Thunb）

说明：互生叶子，长有尖刺，可长到0.6~2.5米高。花色繁多，有白色、浅红色、深桃红色、黄色等。果实被称为营实，可以全年保留在植物上。

生长环境和分布地区：生长在稀疏的森林中或者干旱的田地里。分布于北半球。

可食部分：花朵和蓓蕾可以生吃，也可以煮食。在食物极度紧缺的情况下，也可剥下嫩芽来吃。可以用新鲜的嫩叶煮茶喝。花瓣凋落之后，果实就可以吃了，果肉的营养价值很高，含大量维生素C。干了之后的果实可以研磨成粉。

警告 许多品种的种子长有很多刺，所以只能吃果实的外层，以免造成身体内部不适。

薯蓣（Dioscorea）

说明：薯蓣是一种沿着地面生长的蔓生植物，叶互生，叶子有心形的，也有箭状的。可以长很大的根茎，达好几磅重。

生长环境和分布地区：常在田野中发现它们。薯蓣在热带和温带地区生长，是一种重要的粮食作物。

可食部分：可以像吃蔬菜一样将根茎煮了吃。

附录C 有毒植物

植物中毒的基本类型有接触性中毒、摄入性中毒、吸入或吸收中毒。接触会导致皮肤发炎肿痛，摄入会造成体内中毒，通过呼吸道吸入或皮肤吸收也会导致中毒。许多有毒植物都是可食植物的亲缘种类，两者外形十分相似。户外生存的准备工作包括学会辨识有害植物这一项。对可食植物的正确辨识会避免意外中毒的风险。但是，求生者几乎无法在植物生长地进行实验检测，在不熟悉的地方更是如此。

蓖麻（Ricinus communis）

说明：蓖麻有很大的互生叶子，叶子呈扇形。开不显眼的小花朵。果实簇生在植物顶端。

警告 植物的任何部分都有毒，不能食用。它有很大的种子，常会被错认为豆状食物。

生长环境和分布地区：遍布整个热带地区。

苦楝（Melia azedarach）

说明：树冠呈伸展形，可高达14米，有互生复叶，基部小叶呈锯齿状。花朵呈球形丛生，花瓣呈淡紫色，花心颜色较深。果实的大小如同弹子，生长初期呈浅橙色，之后颜色越来越淡。

警告 任何部分都应被视为有毒的，不能食用。

生长环境和分布地区：原产于亚洲中东部，如今在热带及亚热带地区广为种植，被当作一种观赏性树木。楝树在某些地区被赋予宗教象征意义，因此也可能被种植在房屋周围。

马缨丹（Lantana camara）

说明：一种灌木状植物，可长到2米高，叶子呈圆形，对生。花朵簇生，有平整的顶部。不同地区的花朵颜色也各不相同，有白色、黄色、橙色、粉红色或红色。结深蓝色或黑色的浆果状果实。这种植物的各个部分都散发一种浓郁的香气，这也是它们的显著特征之一。

警告 食用该植物的任何部分都有可能中毒，甚至还有致命危险。有些人在接触后会引起过敏反应，导致皮炎。

生长环境和分布地区：马缨丹在热带和温带地区作为一种观赏性植物种植，不过也有些野生品种，在某些地区的路边或

蓖麻

毒番石榴

苦楝

马缨丹

夹竹桃

图C-1 有毒植物1

荒芜的田地里生长。

毒番石榴（Hippomane mancinella）

说明：可高达15米，互生叶子，叶子呈亮绿色。成熟之后的果实为绿色或黄绿色。

警告 任何部分都有毒，不可食用。大多数人接触其白色汁液30分钟后会出现严重的皮肤过敏症状。燃烧产生的浓烟也会刺激眼睛。

生长环境和分布地区：生长在沿海地区。分布于佛罗里达南部、中美洲以及南美洲北部地区。

夹竹桃（Nerium oleander）

说明：有轮生叶子，下枝为对生，叶子呈深绿色，很直。花朵可能为白色、黄色、红色、粉红色。果实为长圆形，里面包含许多细小的种子。

警告 所有部分都有毒。不能将这种植物作为煮饭的薪材，因为它散发出的气体也是有毒的。

生长环境和分布地区：原产自印度地区，现作为一种观赏性植物广泛种植于热带和亚热带地区。

毒漆藤和毒葛（Rhus toxicodendron, Rhus radicans）

说明：两种木本植物有着十分相似的外表，很容易混淆。两种植物都有互生复叶，每片复叶上生三片小叶。开不显眼的白色小花。结浆果状的果实。茎干可能是锈棕色的。

毒漆藤是一种攀缘植物，可以顺着很高的树木一直往上爬。单片小叶为分裂形叶缘，但是分裂很浅，果实为灰色，不长绒毛。毒葛一般都是灌木状的，有时也能攀缘。毒葛的小叶和橡树的小叶很像，通常呈分裂形，果实上长有绒毛。

警告 切记，这两种植物的所有部分都可能引发严重的皮肤过敏症状。

生长环境和分布地区：这两种植物几乎可以在任何地形中生长。原产于北美洲地区。

美国毒漆树（Rhus vernix）

说明：一种可高达8.5米的灌木植物，互生复叶，小叶为全缘形，深绿色。花朵很小，不显眼，通常为黄绿色。白色或淡黄色浆果簇生。

警告 任何时候都应将这种植物的任何部分视为有毒的。接触该植物可能会引发严重的皮肤过敏。

生长环境和分布地区：美国毒漆只生长在北美洲的酸性湿地或沼泽中。

相思子（Abrus precatorius）

说明：一种攀缘植物，对生复叶，花朵为淡紫色，种子很漂亮，呈红色或黑色。

警告 在所有的有毒植物中，相思子是毒性较大的品种之一。其任何部分都是有毒的，不能食用。一粒种子所含的毒素足以使一个成年人丧命。

生长环境和分布地区：作为一种常见的野草，广泛分布于亚洲南部、非洲部分地区、美国佛罗里达南部以及中南美洲。

毒漆藤

毒葛

美国毒漆树

相思子

图C-2　有毒植物2

附录D 危险的节肢动物

对于求生者来说，最容易忽视的是昆虫的危险性。在美国，每年死于蜂蜇及因其引发过敏性休克的人数，比死于蛇咬伤及因其引发过敏性休克的人要多得多。还有些昆虫也含有致命的毒性，但相比较而言，昆虫对疾病的传播性才是人的最大的威胁。

蝎子

说明：身体呈暗褐色、黄色或黑色。螯和节状尾巴与龙虾类似，长为7.5~20厘米。蝎子有800多种不同的种类。

栖息地：通常生活在腐烂物、废墟下面，岩石缝隙以及圆木里。晚上出来觅食。有时也会躲藏在靴子里。

分布：全世界的温带地区、干旱地带和热带地区。

警告 蝎子的尾巴可以蜇人，人被蜇后会出现局部疼痛、肿胀，甚至失去知觉、死亡。

棕色隐士蜘蛛或棕色室内蜘蛛

说明：身体呈棕色或黑色，头部和背部有明显的“小提琴”状斑纹。短而粗的身体，腿部又细又长，长度为2.5~4厘米。

栖息地：废墟下、岩石和圆木里。喜欢洞穴及黑暗的地方。

分布：北美洲。

漏斗网蜘蛛

说明：棕色，体型大。受到惊扰时极具攻击性。

栖息地：森林、丛林、灌木丛生的地方。这种蜘蛛结的网有一个漏斗状的开口。

分布：澳大利亚（其他无毒种类广泛分布于世界各地）。

狼蛛

说明：棕色、黑色或红色，体型非常大，全身多毛。被其大毒牙咬伤后会产生剧烈的疼痛感。

栖息地：沙漠地区，热带地区。

分布：美洲和南欧。

蝎子

狼蛛

棕色隐士蜘蛛

漏斗网蜘蛛

黑寡妇蜘蛛

蜈蚣

蜜蜂

黄蜂

图 D-1　危险的节肢动物 1

黑寡妇蜘蛛

说明： 深色，雌性蜘蛛的腹部有淡红色或橙色斑纹。

栖息地：岩石和圆木下、废墟下。喜阴暗的地方。

分布： 世界各地分布有不同的种类。美国有黑寡妇蜘蛛，中东有红寡妇蜘蛛，澳大利亚有棕寡妇蜘蛛。

注意 雌性有毒腺。唯一已知能致命的蜘蛛是中东的红寡妇。

蜈蚣

说明： 体长可达30厘米，多节。暗橙色至褐色，触角底部长有黑点状的眼睛。全世界的蜈蚣共有约2800种。

栖息地： 白天在石头或树皮下面。夜间外出活动。

分布： 全世界。

蜜蜂

说明： 身上长有褐色或黑色绒毛。以群居生活为主。多种蜜蜂都用蜂蜡筑巢。

栖息地： 树洞、洞穴和民居住宅，沙漠地区的水源附近。

分布： 全世界。

注意 蜜蜂长有带钩的刺，蜇人后会迅速死亡，因为蜜蜂在攻击人之后，会将其体内的毒液囊和内部器官全都拖拽出来。

黄蜂

说明： 身体通常较为光滑，很细，长有很多刺。黄蜂用泥或纸筑巢，且基本上都是独居。它们的刺十分光滑，所以通常可以多次进攻。全世界有数百种。

栖息地： 随处可见。

分布： 全世界。

扁虱

说明：圆形身体，头部呈别针状，头顶有倒钩，长2.5厘米左右，有8条腿，刺吸嘴。全世界共有约850种。

栖息地：主要栖息于森林和草原。也见于城市和农村地区。

分布：全世界。

扁虱

图D-2 危险的节肢动物2

附录E 毒蛇

如果你十分惧怕蛇类，可能是因为你对蛇并不熟悉，或者对它们存有一定的错误认识。只要你了解以下知识，就不用再恐惧蛇了。

如果你穿戴好鞋裤在安全地带生活，那么毒蛇咬伤你的可能性要远远小于患疟疾、霍乱、痢疾或其他疾病的可能性。

如果可以的话，几乎所有的蛇都会选择避开人类。但是，据报道称，有些蛇——东南亚地区的眼镜王蛇、南美巨蝮和热带响尾蛇，以及非洲树蛇——很可能会主动对人类发动进攻，但是即便如此，也只能算作偶然事件。大多数蛇都会远远地躲起来，你几乎很难看到它们的踪影。

如何避免被蛇咬

蛇广泛分布于各个地区。它们已被发现于所有的热带、亚热带和温带大部分地区。有些种类的蛇长有毒腺和长长的中空毒牙，可以往伤口里注入毒液。

虽然毒蛇的毒液主要是用于保护自己的食物，但有时也会用于自卫。当你踩中蛇或靠近蛇的时候，它会趁你还没看到、听到它时对你发动攻击。

遵循以下这些简单的规则，可以减少被蛇意外咬伤的概率。

★ 不要在灌木丛、草丛、岩石或树林旁边睡觉。这些地方为蛇提供了很好的藏身所。把你的睡袋放在开阔的地面上。将防蚊网罩在睡袋上，并把网子边角塞进睡袋下面，这样能为你提供一个很好的防蛇屏障。

★ 不要用你的手去试探黑暗的地方，比如岩石裂缝、灌木密集的地方，或者中空的树干中，除非你提前调查过，确定此处无蛇。

★ 不要直接跨越倒在地上的树。应先站在树上察看一番，确定另一侧没有正在休息的蛇。

★ 穿越浓密的灌木林或草丛时不要掉以轻心，对脚下要走的地方多注意，提高警惕。

★ 不要抓任何蛇，除非你绝对确定它是无毒的。

★ 在切断蛇头之前，不要用手拿刚刚死亡的蛇。其神经系统可能仍然活着，死蛇也可以咬人。

毒蛇的种类

危险的毒蛇通常都可归入前沟牙类和管牙类（表E-1）这两类。这两类毒蛇根据它们的毒牙和毒素的不同特征来定义。

毒　牙

前沟牙类毒蛇的毒牙长在上颌骨前部、普通牙齿的前面，毒牙垂直向下伸出。因其形状固定不变，所以又叫作固定毒牙。

管牙类毒蛇的毒牙可以伸出来呈直立状，即长有可直立毒牙，这些毒牙又叫作折叠毒牙。

毒　液

长有固定毒牙的毒蛇（即前沟牙类毒蛇）通常有神经毒素，它会导致被咬者体内的神经系统受损，使被咬者无法呼吸。

长有折叠毒牙的毒蛇（即管牙类毒蛇）通常含有血毒素，这种毒素会破坏人体的血液循环系统，导致血细胞和人体皮肤组织受损，造成内出血。

但是，必须记住，大多数毒蛇所含毒素都不是单一的一种，而是以上两种皆有，只是通常以其中一种毒素为主导毒素，另一种毒素较弱。

有毒的蛇和无毒的蛇

除了有无毒牙和毒腺这两点以外，没有其他特征能够区分有毒蛇和无毒蛇。如果想确定一条蛇有无毒牙或毒腺，最安全的办法是等它死后进行检查。

表E-1 毒蛇科

属科及通常名称	类别		毒液	
	折叠毒牙	固定毒牙	神经毒素	血毒素
蝰蛇				
欧洲鼻蝰	★			★
加蓬蝰蛇	★		★	★
鼓蝮巨蝰	★			★
犀咝蝰	★		★	★
圆斑蝰	★			★
角蝰	★			★
响尾蛇或蝮蛇				
北美铜头蝮蛇	★			★
南美巨蝮	★			★
棉口蛇	★			★
东部菱斑响尾蛇	★			★
矛头蝮	★			★
竹青蛇	★			★
响尾蛇	★			★
跳跃矛头蝮	★			★
马来西亚蝮蛇	★			★
热带响尾蛇	★		★	★
瓦格勒氏竹叶青	★			★
西部菱斑响尾蛇	★			★
莫哈韦响尾蛇	★		★	★

（续表）

属科及通常名称	类别		毒液	
	折叠毒牙	固定毒牙	神经毒素	血毒素
眼镜蛇				
眼镜蛇		★	★	
印度环蛇		★	★	
珊瑚蛇		★	★	
死亡蝮蛇		★	★	
埃及眼镜蛇		★	★	
眼镜王蛇		★	★	
虎蛇		★	★	
澳大利亚铜斑蛇		★	★	
树眼镜蛇		★	★	
海蛇				
海蛇		★	★	

喹蛇

通常，蝰蛇的身体和头部比较粗大，要远远宽于其颈部。种类不同的蝰蛇，在体色、斑纹和体型上的差异也很大。

响尾蛇

响尾蛇的体型大小各有不同，身体可能很粗，也可能很细。它们的头部往往要宽于颈部。因其眼睛与鼻孔中间的位置有个小坑，所以也被称作坑蝮蛇。响尾蛇的体色通常为褐色，全身遍布黑色大斑点，也有一部分响尾蛇是绿色的。

在以上提及的毒蛇中，印度地区大约有12种类型的毒蛇。

它们可能在任何地方的地上或树上藏身。相比地面上粗大的毒蛇来说，树上的毒蛇身体要更细小。所有的毒蛇都极具危险性。

中国有一种响尾蛇的外形与北美铜头蛇十分相似，这种蛇多见于中国南部偏远山区的多岩石区。它的身体可长达1.4米，不过，通常并不会主动攻击，除非受到威胁或惊吓。还有一种长约0.46米的小型响尾蛇，见于中国东部的平原地区，只要你穿鞋走路，这种小型蛇对你来说没有多大的危险性。

美国和墨西哥的响尾蛇大约共有27种类型，它们的身体颜色各不相同，有些身体带斑点，有些则没有。它们的身体也大小各异，菱斑响尾蛇身长可达2.4米，而其他一些响尾蛇的身体就非常短。

美国中部以及南部的响尾蛇有五种类型，但分布较广的只有南美响尾蛇（热带响尾蛇）。响尾蛇有一个显著的特点：尾尖可以发出咔咔或咯咯的声音。

大多数响尾蛇通常并不会主动攻击，如果有东西靠近，它们基本会选择自行逃离，但也不能完全避免它袭击路人的可能。它们并不会始终发出警告声，甚至根本就不发出任何声音，有时会先发动攻击，之后再摇摆尾巴，发出恐吓对手的咔嗒声。

眼镜蛇

一条蛇是不是眼镜蛇或者其近亲蛇种，只能通过一种方法来辨别：检查死蛇。眼镜蛇、珊瑚蛇以及金环蛇头部上面的第三片鳞片与眼睛和鼻孔连接在一起。金环蛇的背脊上还有一条长长的鳞片。

产于非洲和亚洲西南部的眼镜蛇可能会在任何环境中被发现。有些生活在树上，有些常出没于水边或水中。据报道称，有一部分眼镜蛇非常凶猛，具有很强的攻击性。眼镜蛇正前方的可攻击距离与它头部与地面之间的距离相等。还有些能够直接喷射毒液的眼镜蛇，其喷液射程为3~3.7米。只要你避免这些喷射出的毒液进入眼睛，就不至于多么危险。不过，假如毒液进入你的眼睛而你没有立即彻底清除，你的眼睛可能会失明。

海蛇

海蛇的种类也多种多样，各自的形状和颜色差别也很大，但是，海蛇都有一个共性：长有一条扁平的尾巴。用以与海鳗区分开来的特点在于它们身上长有鳞片，海鳗是不长鳞片的。

海蛇主要生活在太平洋沿岸的海水中、波斯湾以及非洲东部海岸。目前没有在大西洋中发现海蛇。

至今还很少听过有关海蛇对游泳者的攻击事件，所以你无须害怕海蛇。渔夫用网捕捉到的海蛇偶尔会咬伤人，注意，被海蛇咬伤很危险。

美洲毒蛇

北美铜头蝮蛇（Agkistrodon contortrix）

说明：通常身体呈淡棕色，背部有红色或深棕色的较窄的圆环斑块，头部呈明显的三角形，一般为铜红色。腹部有一些斑点，颜色较浅。中型毒蛇，毒液所含的血毒素不是很多，对成年人来说危险并不是很大。平均身长60~120厘米。

特征：胆小易受惊，能极好地在自然环境中伪装。一旦被人发现会迅速逃走，如果被逼到绝境或无处逃身，会主动咬击。

栖息地：喜好干燥的高处，也常常在森林和田野中活动。

分布：美国南部和东南部地区。

南美巨蝮（Lachesis muta）

说明：身体呈粉红色或红褐色，背部有X形粉灰色和黑色斑点。长有十分粗糙的鳞片。身长平均为2.1米，最长可达3.7米。有很长的中空毒牙，一般不咬人，一旦被咬中则会十分危险。如果没有立即得到治疗，可致命。毒液为强烈的血毒素。

特征：通常会待着不动，受到打扰时多数会自行逃开。如被逼至绝路或受到挑衅，也会变得极其凶狠。

栖息地：大多在低纬度的热带森林生活。

分布：分布在尼加拉瓜南部地区、哥斯达黎加、巴拿马、特立尼达以及巴西。

珊瑚蛇（Micrurus fulvius）

说明：最瞩目的地方在于其亮丽的体纹，黑色为身体基调色，表面有鲜艳的红色和黄色斑纹。头部小，身体呈圆柱形，身长平均60~115厘米。它们不具攻击性，但被踩到或受惊扰时会咬人。

特征：行踪隐蔽，轻易不攻击人，除非受到突然挟制一时受惊才会咬人。长有一对固定的毒牙，但较为短小。咬人时释放毒液。毒液含强烈的神经毒素，可导致呼吸麻痹，使人窒息。

栖息地：潮湿的森林区、沼泽和棕榈林。有时为了觅食也会在住宅区活动。

分布：美国南部（卡罗来纳州北部海岸到德克萨斯州西部）。亚利桑那州也发现一种珊瑚蛇。

水腹蛇（Agkistrodon piscivorus）

说明：也称棉口蛇，身体颜色并不一致，幼蛇体色较为鲜

北美铜头蝮蛇

南美巨蝮

珊瑚蛇

水腹蛇（棉口蛇）

东部菱斑响尾蛇

睫角棕榈蝮

图E-1　毒蛇1

艳，有红褐色或暗棕色条纹，成年蛇通体呈橄榄褐色或黑色，口腔内部为白色。平均身长90厘米，最长可达1.8米。

特征： 擅长游泳。喜欢盘在圆木上，或在河岸口、沼泽地、缓流附近的斜木上晒太阳。被打扰时通常会自行撤退，有时也会坚守阵地。毒液含血毒素。虽然极少致死，但使人死亡事件也发生过。

栖息地： 沼泽、湖泊、河流和沟渠。

分布： 美国东南部地区，包括伊利诺伊州南部、密苏里州、堪萨斯州东南部、得克萨斯州中部、弗吉尼亚州、卡罗莱纳州以及佛罗里达州。

东部菱斑响尾蛇（Crotalus adamanteus）

说明： 身体呈橄榄棕色，背部有明显的黄边深色菱形斑纹。它是北美洲最大最重的毒蛇，平均身长1.4米，最长可达2.4米。它的毒腺很大，有长长的中空毒牙，毒液含强烈的血毒素，可造成剧烈疼痛和组织损伤。

特征： 胆大，受威胁时一般会做好防御准备，将身体盘起来，并使身体内部充气膨胀，通常会震动响尾发出警告。

栖息地： 低矮棕榈丛、沼泽、松树林和低洼树林。在墨西哥湾至佛罗里达海岸的水域可发现其踪影。

分布： 在美国从卡罗来纳州北部向南至佛罗里达（包括佛罗里达群岛），向西至路易斯安那州。

睫角棕榈蝮（Bothriechis schlegelii）

说明： 身体细长，头部呈正三角形，眼前有两块酷似睫角的突出角状物。平均身长45~75厘米。体色变化相当大，从灰色或绿色到金黄色都有，有时还夹杂着黄褐色斑点。

特征：树栖，很少在地面活动，因此大部分咬伤都发生在上肢。性格易怒。蛇毒为血毒素，会造成被咬者严重的组织损伤，可致死。

栖息地：树丛上或水源附近。常在棕榈树上盘旋。

分布：墨西哥南部、中美洲、哥伦比亚、委内瑞拉、厄瓜多尔。

矛头蝮（Bothrops atrox）

这个属里包括几个血缘很近的种类，所有的对人类都十分危险。

说明：体形大小不一，身体颜色变化多端，一般是棕色或橄榄色，背部有浅浅的沙漏状斑纹。平均身长1.4米，最高可达2.4米。

特征：性格急躁，极易攻击。攻击前会将身体盘起来，但是，它能以任意一种姿势发动进攻。毒液含有强烈的血毒素，曾造成多起致人死亡事件。

栖息地：大多数在地面上生活，常在耕地和农场附近活动。经常在房屋附近猎食。

分布：墨西哥南部至南美洲地区。

跳跃矛头蝮（Bothrops nummifera）

说明：体长偏短，但身体十分强健。平均身长60~120厘米，身体以灰褐色为基色，背部有黑色或深褐色菱形斑纹。常隐藏在成堆的倒地树叶中，难以看清。

特征：夜行动物。攻击性强，可以跳离地面。毒液含血毒素，可以致命。

栖息地：常出没于不同环境的森林、雨林及山坡。

分布：墨西哥南部，洪都拉斯，危地马拉，哥斯达黎加，巴拿马，圣萨尔瓦多。

小盾响尾蛇（Crotalus scutulatus）

说明：又称莫哈韦响尾蛇，身体从褐色到淡绿色，有菱形斑纹。成年蛇体长平均75厘米，最长可达1.2米。毒液含大量神经毒素。虽然这类蛇体型并不大，但有极高的毒性，与北美其他响尾蛇相比，它会对中枢神经系统造成显著破坏。咬伤人可致死。

特征：不总会提前发出警告声，可能根本不发声音，也可能先攻击，之后响尾才发声。

栖息地：干旱地区、沙漠以及荒漠高地。

分布：德克萨斯西部、加利福尼亚州莫哈韦沙漠到墨西哥高地一带。

南美响尾蛇（Crotalus durissus）

说明：又称热带响尾蛇，体色为深棕色，背部有深色菱形或钻石型花纹，颈部到头部之间有两道明显的深色条形花纹。平均身长1.4米，最长可达2.1米。

特征：攻击时很少或不用响尾发出警告，靠近时，通常会盘起身体，昂起头，使头高过盘着的身体。有时也可能用响尾发出轻微短促的咔嗒声。毒液含大量神经毒素，咬人后会造成中枢神经系统麻痹及大面积组织破坏。

栖息地：干燥山坡、沙地及多小山的地区。

分布：墨西哥南部的干旱地区，以及除智利以外的南美洲所有地区。

矛头蝮

跳跃矛头蝮

小盾响尾蛇

南美响尾蛇

西部菱斑响尾蛇

图E-2　毒蛇2

西部菱斑响尾蛇（Crotalus atrox）

说明：身体一般为灰棕色或淡黄色，有深棕色、红褐色菱斑花纹，尾巴有黑色和白色密集相交的环状花纹。美国第二大有毒响尾蛇，平均体长1.5~2米，毒液含血毒素，咬人时会注入大量毒液，可引起剧烈疼痛，造成组织受损。

特征：胆大，受惊扰时很容易抵抗。尾巴颤动时发出嗡嗡或格格声。

栖息地：干燥的草原、沙漠、林区和峡谷。但是，实际在任何地形中都可能会发现它们。

分布：美国西南部，特别是加利福尼亚南部、俄克拉荷马，德克萨斯、亚利桑那州以及墨西哥北部。

欧洲毒蛇

极北蝰（Vipera berus）

说明：颜色可变，成年蛇通常为黑色，有些背部有深色锯齿形花纹。平均身长45~60厘米。欧洲中部最常见的毒蛇，也是北极圈内唯一的毒蛇。毒液中含血毒素，人被咬后伤口附近会有剧痛，造成组织损伤。经常咬伤人，但很少致命。

特征：脾气暴躁，经常主动攻击。

栖息地：栖息在各种区域，从森林、沙丘到沼泽都有。

分布：最常见于整个欧洲北部。

欧洲鼻蝰（Vipera ammodytes）

说明：体色通常为灰色、褐色或红色。背上有黑色或深褐色Z字形花纹。两眼后面有深色斑纹。身长普遍很短，平均为

极北蝰

欧洲鼻蝰

草原蝰

图 E-3　毒蛇 3

45~90 厘米。鼻尖有细小鳞片。有许多咬伤人记录。毒液血毒素，被咬后并不致命，但会造成伤口剧痛和大面积组织损伤。人被咬伤后需要进行医疗处理。

特征：脾气急躁，会主动攻击。

栖息地：栖息在各种地形中，包括沼泽地、山坡、空旷的野外以及耕地。

分布：意大利、南斯拉夫、阿尔巴尼亚北部、罗马尼亚。

草原蝰

（Vipera ursinii）

说明：背面灰褐色，背部正中有一行黑褐色的锯齿状纵纹，体侧有暗褐色斑点缀成的纵纹；腹部呈黑褐色，布有小白点或黑色小圆点。头部背面鳞片光滑，成体平均身长为45厘米，最大可达90厘米。

特征：易怒，攻击性强。毒液含血毒素，虽然极少致人死，但也有咬死人的记录。

栖息地：草原、疏林和岩石山坡，开阔的田野上。

分布：大部分欧洲国家，特别是希腊、德国、南斯拉夫、法国、意大利、匈牙利、罗马尼亚、保加利亚、阿尔巴尼亚均有分布，也是中国新疆的主要毒蛇。

非洲及亚洲毒蛇

非洲树蛇（Dispholidus typus）

说明：体长一般小于60厘米，毒牙很长，长在口腔后部。颜色变化多样，一般是绿色或褐色，善于伪装。

特征：通常不主动攻击，多在感受威胁时发动攻击。毒液含剧毒，以血毒素为主，可造成被咬者严重出血并致死。

栖息地：见于森林地区，大部分时间都在树上休息或猎食。

分布：撒哈拉沙漠以南非洲地区。

鳞树蝰（Atheris squamigera）

说明：颜色从淡绿色到橄榄色、棕色或深棕色。平均体长45厘米，最大可达75厘米。毒液含强烈的神经毒素，会导致被咬者严重出血、疼痛及凝血异常等状况。

特征：不容易发动攻击，但在受骚扰时会保护自己。毒液很少使人致死。

栖息地：雨林与林地接壤的沼泽和森林，主要生活在树上。

分布：西非及中非地区。

眼镜蛇（Naja）

说明：通常为灰褐色，有双色鳞片。颈背部有眼镜状的斑点。平均身长1.2米，最长可达2.1米。

特征：攻击性强，易怒。被激怒时，会将身体前段竖起，颈部向两侧膨胀，向前或向下攻击。有时会逃离，一旦被逼入绝地便极具攻击性。毒液含神经毒素，可导致呼吸麻痹和部分组织损伤。

栖息地：生活在多种环境中。沼泽、开阔林区，经常进入人类居住地。

分布：从亚洲东南部至西南部，包括印度尼西亚。

埃及眼镜蛇（Naja haje）

说明：体型粗壮，颜色各不相同，成年蛇多见深褐色、黑色或淡黄色，带棕色宽环花纹。有些头部是黑色的。平均身长1.5米，最长可达2.5米。毒液含毒性极强的神经毒素，可导致被咬者呼吸衰竭、瘫痪和死亡。

特征：非常危险的蛇。受到挑逗时会不断进攻以自我保护。

栖息地：开阔的地区、耕地、干旱的村庄。有时也会进入人类居住地。

分布：非洲、叙利亚、伊拉克、阿拉伯、沙特阿拉伯。

加蓬蝰蛇（Bitis gabonica）

说明：体色以淡黑褐色为主，有复杂而鲜艳的斑纹图案。两眼后面有暗褐色条纹。因其颜色复杂，能完美地躲藏在热带植物中。头部很大，呈三角形。成年蛇平均体长1.2~1.8米。

特征：不常主动攻击，但如果受骚扰或被踩到，会盘起身体迅速出击。它是蝰蛇中最大、最重的，也是毒牙最长的。大蛇的毒牙可达5厘米长。毒液含血毒素和神经毒素。人一旦被咬伤，如果没有得到及时救助，就没有生还的希望。

栖息地：热带雨林。

分布：非洲大部分热带雨林地区。

非洲树蛇

鳞树蝰

眼镜蛇

埃及眼镜蛇

加蓬蝰蛇

竹青蛇

图E-4 毒蛇4

竹青蛇（Trimeresurus stejnegeri）

说明： 小型蛇类，全身鲜绿色，嘴唇淡黄色。经常咬伤人。平均身长45~75厘米。树栖性，很少来到地面。通常会袭击人的上肢、颈部、头部和肩部。

特征： 毒液含血毒素，人被咬伤后有剧烈疼痛，并造成一定的组织受损。毒性一般，极少发生致命事件。

栖息地： 常发现于近水边的灌木丛、雨林和种植园等。

分布： 印度、缅甸、泰国、老挝、柬埔寨、越南、中国、印度尼西亚。

响尾蛇（Crotalus）

说明： 身体基色为浅褐色或橄榄色，带有黄色和深棕色斑纹，斑纹边缘为黄色或淡绿色。平均身长1~1.5米，最长可达2.1米。

注意 这种蛇经常潜入人类居住地活动并咬伤人，致命概率很高，所以要对它相当重视。

特征： 易怒，极易发动攻击。毒液毒性不高，主要为血毒素，但也有过咬死人的记录。

栖息地： 在很多环境中都能发现它们。从低地到山区，包括旧居住地以及岩石周围的建筑物也可见到。

分布： 日本冲绳和邻近岛屿，九州。

角蝰（Cerastes cornutus）

说明： 体色以类似沙子的黄色为主，两眼上方各有一刺状鳞片。体型短小，体长最多只有75厘米。毒液含血毒素，能导致被咬者血细胞和组织严重破坏。

特征：身体能够变平埋在沙子下面。许多被咬事件都是由于不小心踩到它。喜欢在沙地里悄悄滑行，行动姿势与角响尾蛇十分相像。

栖息地：只在干旱的沙漠地带出现。

分布：非洲北部和亚洲西部地区。

眼镜王蛇（Ophiophagus hannah）

说明：身体为浅棕和橄榄青色相间的颜色，分布着不明显的深色环状纹。它是世界上体型最大的一种毒蛇，平均身长3.5米，最长可达5.5米。

特征：一般不轻易咬人，如果招惹它，也会主动攻击，在保护蛇蛋时会高度警惕。毒液含毒性极强的神经毒素，人被咬后如果没有医疗救助，必然会死亡。

栖息地：平原至高山树木中，林区村落附近也会发现。

分布：非洲、南亚，特别是泰国、华南、马来西亚半岛和菲律宾。

印度环蛇（Bungarus caeruleus）

说明：通身为蓝灰色到黑色，有白色窄环纹，腹部为白色。平均身长0.9~1.5米。

特征：一般不具攻击性，常在夜间活动。受到惊吓时会抬起尾巴，朝各个方向急冲过去。毒液含强烈的神经毒素，可导致呼吸衰竭。

栖息地：空旷地区，经常在人类居住地活动，茂密的丛林中也可见到。

分布：印度半岛，巴基斯坦西部，斯里兰卡。

响尾蛇

角蝰

眼镜王蛇

印度环蛇

马来西亚蝮蛇

鼓蝮巨蝰

扁鼻蝮

图 E-5　毒蛇 5

马来西亚蝮蛇（Calloselasma rhodostoma）

说明：一种小型蛇类，平均身长0.6米，最长1米，背部呈红棕色，有褐色环箍状斑纹，在脊骨处呈暗褐色，在体侧两边的颜色要淡一些。这种蛇每年造成的咬伤事件高达几百起，不过较少致命。

特点：长牙，暴躁易怒，踩到它时最危险。毒液含血毒素，可破坏人血细胞，导致组织受损。

栖息地：常见于橡胶植物上，雨林、乡村也能见到。

分布：东南亚，包括泰国、柬埔寨、老挝、马来西亚、爪哇岛、中国等。

扁鼻蝮（Eristicophis macmahonii）

说明：体型较为细小，身体主色为沙质浅黄色，背部向两侧规则分布深褐色斑点，斑纹周边以白色鳞片围绕。

特点：属于罕见品种。性情暴躁，任何人靠近时都会盘起身体准备攻击，发出咝咝声。毒液含高度血毒素，可造成被咬者剧烈疼痛和组织损伤。

栖息地：干旱或半沙漠地区。白天多隐藏起来，夜晚才会出来活动。

分布：伊朗、阿富汗及巴基斯坦边界附近。

鼓蝮巨蝰（Bitis arietans）

说明：不同的蛇颜色差别很大，通常是深棕色或黑色，并伴有白色或浅黄色锯齿形花纹。成年蛇平均体长1.2米，最长达1.8米。体型粗厚，经常给人笨重迟钝的印象。

特征：主要在夜间活动。性格急躁，反应迅速。一旦任何人接近，它都会马上盘起来，发出响亮的咝咝声，并闪电出击。

毒液含强烈的血毒素，会造成被咬者大面积组织损伤，可以致死。

栖息地：干旱地区的沼泽和密林。常见于人类居住环境。

分布：非洲的大部分地区，尤其是干旱炎热的沙漠地区以及热带雨林。

犀咝蝰（Bitis nasicornis）

说明：颜色从粉红、蓝色、绿色到紫色不一，身上有鲜艳的紫色和红褐色斑点。体型粗大、厚重，头上有一个三角标志，鼻子上长有长角。平均身长0.75米，有的可达1米。

特征：性格易怒，反应迅速，打闪电出击战。靠近时会迅速盘起身子，发出响亮的咝咝声。毒液中含有血毒素和神经毒素。

栖息地：热带雨林、水道、沼泽。

分布：非洲赤道地区。利比里亚、乌干达、扎伊尔。

圆斑蝰（Vipera russelli）

说明：身体为淡褐色或棕黄色，并伴有三排黑色或深褐色圆斑点。平均体长1~1.5米。在其分布区这种毒蛇十分常见，其咬伤及致死率比其他任何毒蛇都高。

特征：胆大无礼，喜欢咬人。受到威胁时，发出很大的咝咝声，并迅速发动攻击，受害者很少有机会逃跑。毒液血毒素，毒性非常高。

栖息地：栖息范围很广，从农田到茂密的雨林，也常活动于人类居住区。

分布：斯里兰卡、中国南部、马来西亚半岛、印度、爪哇、婆罗洲以及周围岛屿。

瓦格勒氏竹叶青

（Trimeresurus wagleri）

说明：身体呈绿色，零星分布着边缘为黑色的白色鳞片，头部两侧有两条背线。身体粗壮。成年蛇平均身长0.6~1米。

特征：性情很温和，但在受到挑逗时也会咬人。其毒液含血毒素，毒性很高，被咬中会破坏细胞和组织，但极少致命。

栖息地：茂密的雨林环境中，但常发现于人类居住地附近。

注意 在有些村庄，当地居民认为在房屋附近发现这种蛇是一个好兆头。

分布：泰国南部、马来西亚、新加坡、印度尼西亚、菲律宾等。

大洋洲毒蛇

死亡蝮蛇（Acanthophis antarcticus）

这种蛇虽然被称为蝮蛇，但实际上属于眼镜蛇科。

说明：身体呈红色、黄色或棕色，带有明显的深褐色或黑色横条。尾巴末端是黑色的，末端有一硬棘。这种蛇很小，平均身长0.45米，最大能长到0.9米。体型粗短。头部呈扁平三角形，比颈部宽大得多。

特征：脾气很坏，受到很小的刺激都会马上攻击。喜欢放低扁平的身体，在短距离内迅速出击。毒液含剧毒神经毒素，人被咬后即使得到治疗，死亡率也在50%左右。

栖息地：干旱地区，人迹罕至的平原、沙地。

分布：澳大利亚东部及南部海岸地带，新几内亚岛，马鲁古群岛。

犀咝蝰

死亡蝮蛇

圆斑蝰

太攀蛇

瓦格勒氏竹叶青

虎蛇

图E-6　毒蛇6

太攀蛇

（Oxyuranus scutellatus）

说明：一般通体呈橄榄色或暗褐色，头部为深褐色。被视为世界上最毒的陆地蛇，也是澳大利亚最可怕的蛇。平均体长1.8米，最长可达3.7米。

特点：性格暴烈，受到威胁时会来回晃动头部，然后突然迅速出击。毒素为强烈的神经毒素，可导致呼吸麻痹。如果没得到及时治疗，被咬者几乎没有生还希望。

栖息地：各种不同的地方，内陆平原的稀树草原森林常可发现。

分布：澳大利亚北部及新几内亚岛南部。

虎蛇（Notechis scutatus）

说明：有多种体色，有橄榄色、暗褐色、绿灰色或浅黄色，有些则全黑。纹路曲折，大多数背脊上有深色细条花纹。成年蛇平均身长1.2米，最高长达1.8米。

特征：澳大利亚最危险的蛇。面对任何入侵者都会积极攻击。发怒时会伸展颈部。攻击速度很快，头部会迅速用力向前刺出，有时连整个身体都会向前冲出。毒液含非常强烈的神经毒素，如果受害者得不到救治，通常会很快死亡。

栖息地：干旱地区，沙丘、海岸、草丛等地。

分布：澳大利亚，塔斯马尼亚和新几内亚岛。

海 蛇

青环海蛇（Hydrophis cyanocinctus）

说明：平均身长0.75米，最长可达1.2米。躯干略呈圆筒形，体细长，后端及尾侧扁。身体主要为淡蓝色，腹部为黄色或橄榄色。全身有黑色环状条纹。

特征：在晚上比较活跃。毒素为很强的神经毒素。通常不主动攻击，被渔民网中的蛇会攻击渔民。

分布：泰国、马来西亚、新加坡、新几内亚岛、菲律宾、斯里兰卡、日本等地海域。

长吻海蛇

（Pelamis platurus）

说明：身体背部是深棕色或黑色，腹部和两侧是鲜明的黄色。平均身长0.7~1.1米，尾部扁平，像桨一样。

特征：真正的远洋物种，几乎从不离水上岸。一般只会快速自卫，但如果受到骚扰，也会发动咬击。它是海蛇科的一种剧毒蛇，毒液含有神经毒素，毒性极强，一丁点毒液就可致死。

分布：整个太平洋海域，夏威夷海岸中部、美国南部。

青环海蛇

长吻海蛇

图E-7　毒蛇7

附录F 危险的鱼类和软体动物

对于求生者来说，鱼类和软体动物可能会作为一种主要的食物来源。因此，最理智的做法应该是，提前了解什么鱼危险、不同鱼类的危险特性、可采取的预防措施以及被某种鱼伤到后的具体应对方法。

鱼和软体动物给人类带来的危险主要有以下三种：攻击人并造成咬伤、利用触须或毒刺将毒素注入体内、食用有毒的鱼或软体动物的肉制品。

在实际情况中，虽然碰到这些危险鱼类的风险并不大，但也不能轻易忽视。这些有毒生物中的任何一类都有致命的危险。只要条件允许，尽可能避开它们。

攻击人类的鱼

一旦人们提及攻击人类的鱼，首当其冲的便是鲨鱼。其他还有一些攻击人类的鱼，比如梭鱼、海鳗、食人鲳等。

鲨 鱼

在所有攻击人类的鱼当中，最具有潜在危险性的是鲨鱼。鲨鱼能把人咬伤致残，甚至直接咬死。鲨鱼有多种不同的种类，具有危险性的也只是为数不多的一部分。频繁攻击人类的鲨鱼包括白鲨、虎鲨、双髻鲨和大青鲨。也有记录表明铰口鲨和灰鲭鲨曾经也主动袭击过人类。图F-1表明了几种鲨鱼的特征及其身体尺寸。

应尽最大可能避开鲨鱼。应对鲨鱼攻击的办法在第16章有说明。

不同种类的鲨鱼体型大小也相差迥异，然而，其体型大小与攻击人类的可能性并没有直接关系。即使是那些小型鲨鱼也可能十分危险，特别是当其成群行进的时候。

遭受鲨鱼攻击后最首要的措施就是立即止血。水中的血会将更多的鲨鱼吸引过来。遭受袭击的人应当尽快离开水中，迅速登上救生筏或登陆。如果难以做到这一点，要将受害者团团围住，立即用止血带为其止血。

其他凶猛的鱼类

海洋中还有其他一些凶猛的鱼类，比如梭鱼、海鲈和海鳗（图F-2）。海鲈的身形较大，是一种远海鱼，具有一定的危险性。它可以咬下人身体上的一大块肉。人类也曾遭受过梭鱼和

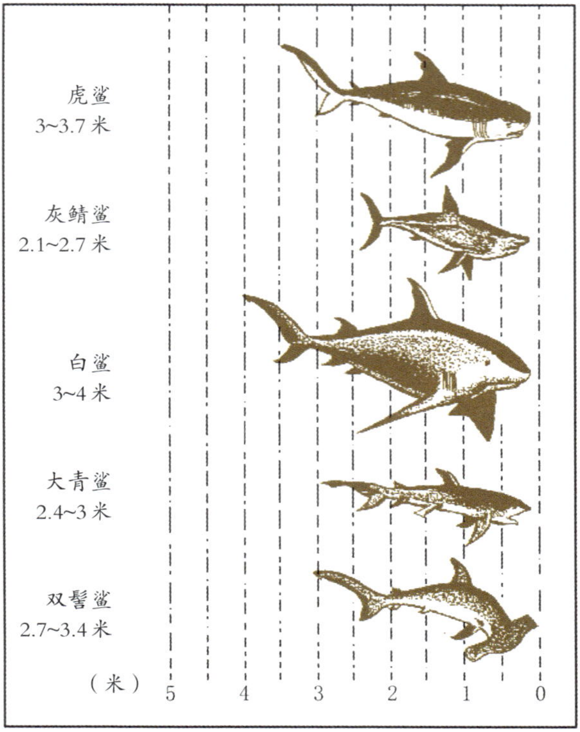

图 F-1　鲨鱼

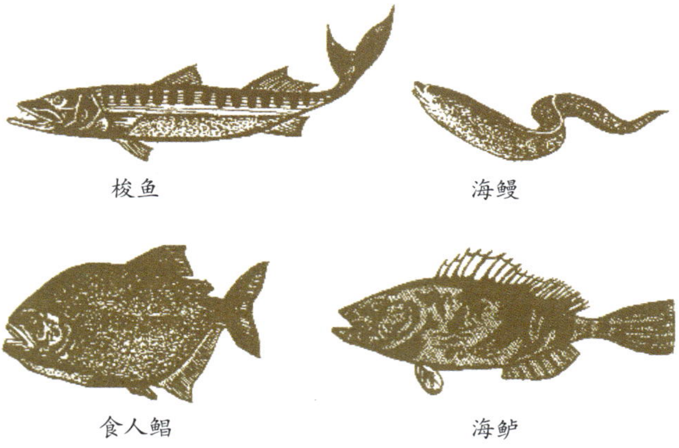

图 F-2　凶猛的鱼类

海鳗的攻击，并导致严重的咬伤。在暗礁周围或浅水区附近时，一定要小心。海鳗受惊扰时会变得十分凶猛。

淡水水域中唯一具有明显危险的鱼类就是食人鲳。它们通常只在南美洲北部的热带水域生活。食人鲳的体型很小，只有25~60厘米长，但却长有很大的牙，而且喜欢结对而行。它们甚至能在短短几分钟内吞食一头肥猪。

有毒的鱼类和无脊椎动物

海水中还有几类有毒的鱼和无脊椎动物，这些鱼类和无脊椎动物可以利用触须、鳍上的刺或尖利的嘴向人体注入毒液。它们的毒液会造成剧烈疼痛，而且可能会致人毙命。如果以下列举的鱼类或无脊椎动物伤害你，要尽快像治疗蛇咬伤一样处理伤口。

黄貂鱼

黄貂鱼通常生活在热带地区的浅水区，不过也见于部分温带地区。所有的黄貂鱼都有射线形的尾部，但其独特的身体颜色具有一定的隐蔽性，除非它们正在游动，否则很难被发现。黄貂鱼的尾巴上有毒钩刺，可能会导致严重的伤害，甚至致人死亡。

篮子鱼

篮子鱼主要在印度洋和太平洋的暗礁上生活。其身长平均约为30厘米，鳍上长有十分锋利的毒刺。这种毒刺能导致被刺者剧烈疼痛。

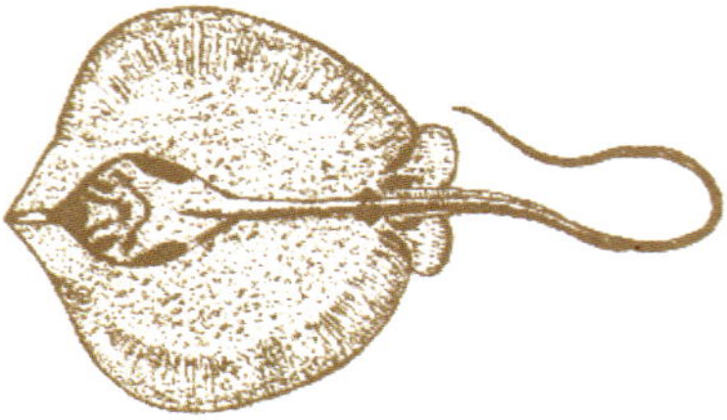

黄貂鱼

篮子鱼

狮子鱼

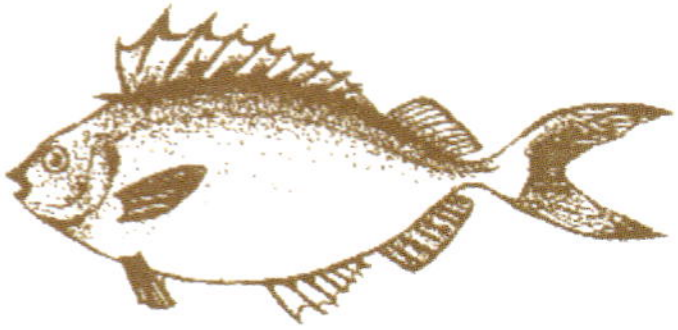

莹斑篮子鱼

图F-3 危险的鱼1

狮子鱼

主要分布于印度洋－西太平洋的暖水海域，多栖息于岩礁或珊瑚，体长可达30厘米，鳍棘具毒腺，人被刺后剧痛，严重者呼吸困难，甚至昏厥。

莹斑篮子鱼

莹斑篮子鱼体型很小，只有10~15厘米长，外形与金枪鱼很像。背部和腹部均长有毒刺。人被刺伤后会剧痛。

石头鱼

石头鱼在热带水域生活，主要分布在太平洋和印度洋。身长平均30厘米，体色十分柔和，分布有不规则的斑点，这使它们具备了极其独特的良好伪装。人一旦踩中它们，其背上的刺

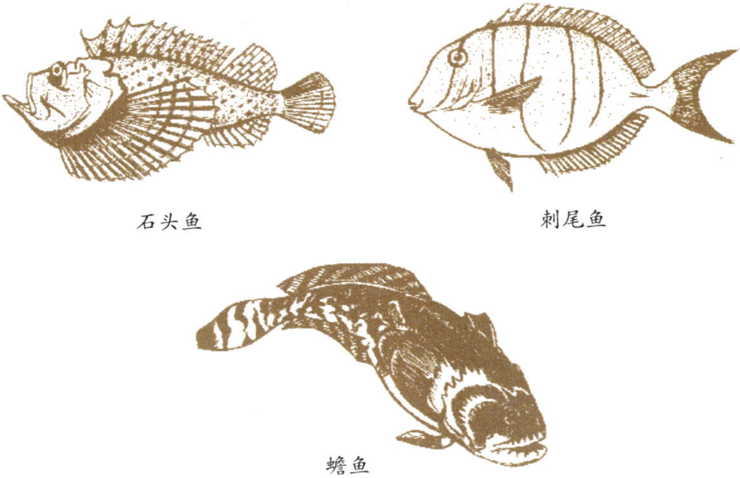

图F-4　危险的鱼2

会导致创口产生剧烈疼痛，有时还会致命。

刺尾鱼

刺尾鱼的体型窄而高，嘴部很小，体色鲜艳，身长20~25厘米。尾巴侧面长有针状的锐刺，能给人造成非常疼痛的伤口。这种鱼在全世界的热带水域都可见到。

蟾鱼

蟾鱼栖息在热带近海水域，多分布于南美洲和中美洲。身长17.5~25厘米，长有很大的嘴巴，体色晦暗。它们喜欢将自己隐藏在沙子里，这使其很容易被踩中。背部长有含剧毒且极为锋利的刺。

图F-5　危险的软体动物

蓝环章鱼

蓝环章鱼是一种体型较小的章鱼，通常在澳大利亚东部大堡礁的近海里生活。灰白色的身体上零散分布着不规则的蓝色环纹。一般不主动咬人，除非被抓住或者被踩到。它的毒性极大，常引发致命性后果。

僧帽水母

僧帽水母是一种群居海洋动物。它们主要栖息在热带海域，但是由于海湾洋流的作用，也可能会被带至欧洲。澳大利亚也能见到。其伞状体部分可以小至15厘米，但触须的长度可达12米。这些触须会给人造成十分剧烈的疼痛，也可能致人残疾，不过很少致命。

毒芋螺

毒芋螺呈圆锥形，长有鲜艳且光滑的斑点，贝壳的基部有狭长的开口。毒芋螺通常在热带水域的岩缝中、岩石底下和珊瑚礁上生活，也常见于海湾岸边或多石的海岸上。长有类似于注射针状的细小牙齿。毒液注入人体后会迅速起作用，几小时内就可导致肿胀、急性疼痛、瘫痪、失明甚至是死亡。注意避免与所有的圆锥形螺接触。

锥螺

锥螺类在温带和热带水域都能见到。外形与芋螺很像，只是相比而言要更加细长。它们致人中毒的方式与芋螺相同，但没有芋螺的毒素大。

区分肉有毒的鱼类和可食鱼类没什么一目了然的简单规则。图8-2简单列出了最常见的几种肉有毒的鱼类。这些鱼的肉对人十分危险，其中都含有毒素或有害物质。它们有以下几个常见特征。

- ★ 大多栖息于海中浅水区的暗礁或盐水湖。
- ★ 很多鱼的身体呈盒形或圆形，皮肤像贝壳一样坚硬，且覆盖有多骨鳞或刺。嘴部像胡萝卜，腮很小，腹鳍也较小，或者没有。通常都形如其名。

除了上面介绍的鱼类及其各自特征之外，梭鱼和红鲷鱼还含有一种毒素——雪卡毒素。这些鱼长期以热带海域暗礁为食，因此在体内积累了大量的雪卡毒素。

如果没有专门去了解当地的信息和相关资讯，可以参考以下预防措施。

★ 谨慎对待从碎珊瑚湖底或沙质湖底的浅盐水湖捕获的鱼。这些鱼绝大部分都以暗礁为主食，有些鱼可能有毒。
★ 生活在海岛背风一侧的鱼应尽量避免食用。这种浅水区是由小块的活珊瑚和开阔区域组成的，可能会向海中延伸一段距离。很多鱼都在这里生活，其中有些可能有毒。
★ 不要吃从颜色奇怪的海水里捕获的鱼。海水的不正常颜色可能是由浮游生物引起的，而那些以浮游生物为食的鱼也含毒素。
★ 选择从远海到盐水湖之间的深水通道里捕鱼，或者在海岛向风一侧的深水区捕鱼，不过要小心避开海浪和海流。活珊瑚礁面对深水区的峭壁能形成一条明显的分界线，这条线将浅水可疑鱼和深水可食鱼区分开来。一般来说，深水鱼是没毒的。不过也可能在深水中抓到一些有毒鱼类。不管是在暗礁边还是在海里抓到的，所有的可疑暗礁鱼都必须扔掉，不能食用。

附录G 绳结

你需要在求生环境下掌握各种系绳结的办法，并且了解应该在什么情况下系什么样的结，例如搭建避身所、设置套索和陷阱，以及制作野外应急武器和工具等。

基本术语

你应该掌握绳结的基础知识，了解其基本术语，以便在求生环境中搭建避身所、设置套索和陷阱、制作野外应急工具等其他装置。以下列出了关于绳结的术语和基本知识。

- ★ 绳耳。绳耳指的是将绳索摆放在桌面上时，绳索本身并不交叉，而由其自身弧度形成的一个弯曲处。
- ★ 结的布置。这里指的是绳结各个部分的方向，你需要将各部分以正确的方式排好、拉直并扎起。如果你没有注意到这一点，你所打出的结的强度会降低约50%。在某些情况下，结的布置也指为了将结的各部分绑在一起，并可以很好地使用它们，而将结的各个部分逐个扎紧。在承受外界的负荷时，没有扎紧的结很容易变形，直至完全散开。
- ★ 缚紧。这是很实用的方法，可以用来加固圆木材和棍棒上缠绕的绳索，其具体做法是以垂直的角度将一条绳索和缠绕在两根甚至更多根圆木材上的绳索扎紧。
- ★ 捆绑。把两三根棍棒或圆材通过紧缚和缠绕的方式捆在一起，以此做出一个稳固的三脚支架或使其形成一个非常坚固的角度。需要注意，从捆绑开始直至结束都要使用卷结。
- ★ 绳捻。绳捻就是俗称的绳股。
- ★ 绳环。使绳索的根端与活端相互交叉，让绳索上能够形成一个圆环。
- ★ 猪尾。在你打好结之后，余留在绳索活端部分的即猪尾。为了避免猪尾妨碍你的工作，且能有效地保护绳索，猪尾的长度要控制在10厘米之内。

★ 活端。活端指的是绳索的工作端或自由端。绳索上那部分实际被你用来打结的绳子即活端。

★ 根端。除去活端以外的部分叫根端。根端也包括绳索上静止的部分。

★ 环绕。在横杆、圆环或立柱一类物体上缠绕绳环被称为环绕，绳索的根端与活端处在相反的方向上。圆环绕能够形成一个完整的圆圈，还有一点与环绕不同，绳索的根端与活端大致处在相同的方向。

★ 绳头结。为了避免绳头的绳股松开，有很多种方法你都可以使用。可以将绳头用带子、一小段线或其他的材料包裹起来，一定要扎紧。在你把一条绳索裁为两段之前，为了防止绳股松开，需要在切口的两边都打好绳头结。

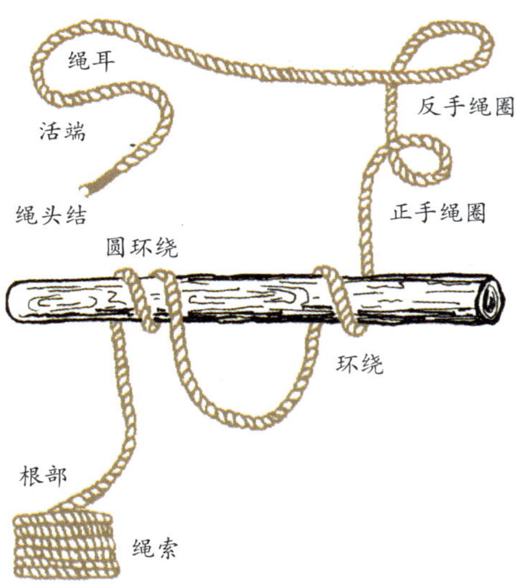

图G-1 缠绕

★ 缠绕。缠绕（图G-1）指的是在两三根棍棒或杆子上缠绕绳索，注意，两根杆子要使用方回结，三根杆子要使用三脚架结。卷结始终贯穿整个缠绕的过程，并且固定卷结时要缚紧。将所有的物品加在一起会形成一个捆绑。

基本绳结

以下的基本绳结和打结方法，你需要了解并能熟练运用。

★ 半结。这是日常生活中最为简单的绳结，但是这种结在没有负重的情况下也很容易自己松开，所以反手结基本已经取代了它。

★ 反手结（图G-2）。大多数人都会在系鞋带的前半程使用这种非常简单的结。当你需要在绳头临时打结时也可以选择反手结。这种结的优点决定了它作为半结的替代品，充当其他结的收尾结。但是，在一条拉直的绳索上使用它会使绳索强度减少约55%。

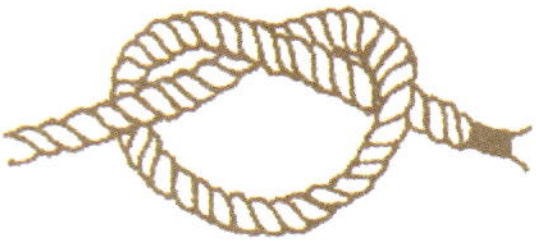

图G-2　反手结

★ 平结（图G-3）。平结是一种打制方法简单且用途多样的结。基本上你可以将这种结看成方向相反的两个反手结。假设现在有两条类似鞋带的直径相近的绳索，你需要将它们的绳头扎在一起，平结就是一个不错的选择，此外你还必须将反手结扎在绳头的两端上。检查这种结十分方便，因为它形成的是两个非常容易解开的绳环。

★ 有一种经常使用的单绳锚结，它的打法是在柱子上用绳

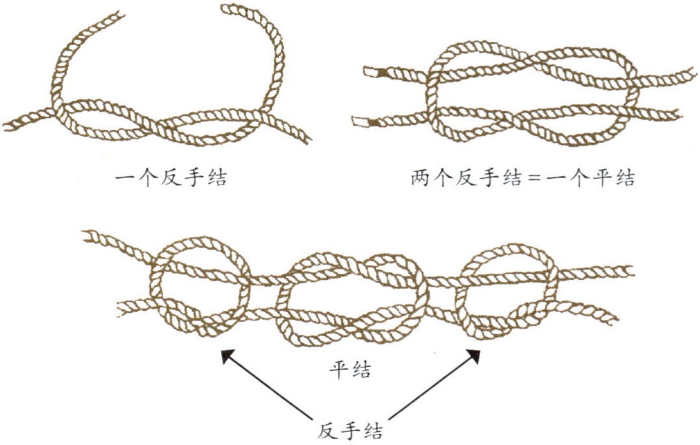

图G-3 平结

子环绕一圈再打两个半结（图G-4）。这种结通常使用在其他结因高负荷而难以解开的情况下。大多时候会将绳索系在树上或杆子上。

★ 卷结和绳头卷结（图G-5、图G-6）。需要在一根管子或一棵树上固定绳子，并且要求绳子能够承受一定的重量时，你可以选择这种结。这种锚结很简单，但你必须要将结绷紧，否则结就会从杆子上滑下来。为了弥补这个缺点，可以用绳索在卷结下方沿着杆子再绕一圈。

★ 缩绳结（图G-7）。这种方法可以将绳索缩短，还能够将负荷从绳索中较为脆弱的点上转移开，使之能够得到较好的保护。但是，除非你扎牢了绳环与绳子两端的绳尾，否则它只能临时使用。

★ 双接结（图G-8）。这种结的作用在于能够紧紧地将两条绳子的绳头系在一起而不致滑脱，不管绳子的直径是否相同它都可以做到。即使绳子是湿的，也可以使用这

图G-4 两个半结

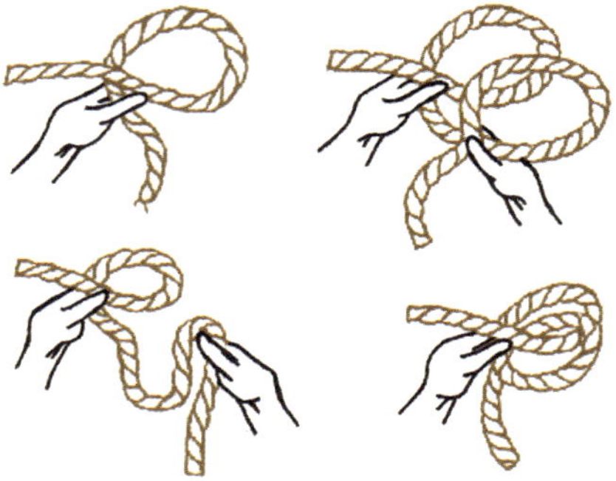

图G-5 卷结

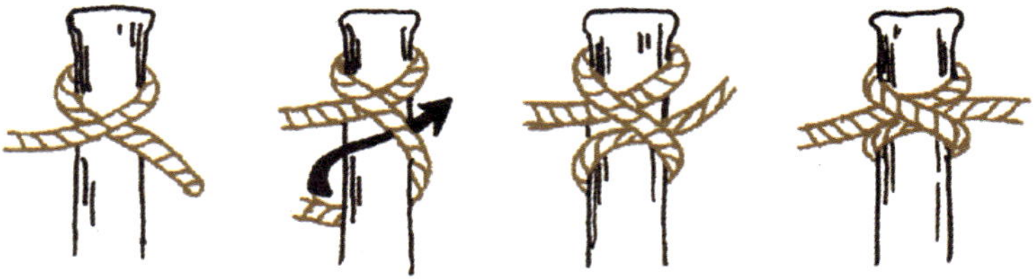

图G-6 绳头卷结

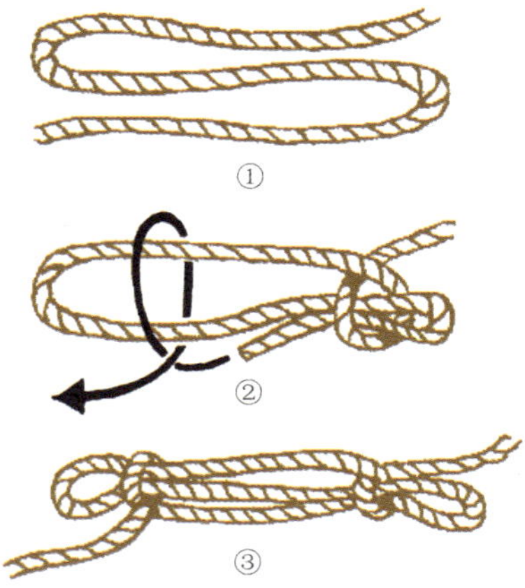

图G-7 缩绳结

图G-8 双接结

种结，并且绳子不会在负荷下变得非常紧，更不会散开。当你需要将一条绳索的绳头与另外几条绳索的绳头连在一起时，你可以选择这种结。当多条绳索与这一条绳索进行连接时，就能够形成绳耳。

★ 普鲁士结（图G-9至图G-11）。这种结是在一条较长的绳索上缠绕一条短的绳索，你可以在登山绳上缠绕一根吊绳。这种结的优势在于，短绳绷紧的情况下能在长绳上定住，在不绷紧的情况下还可以在长绳索上进行滑动。你可以将绳耳或绳头与这种结系在一起。当你将绳头与这种结系在一起时，这个结的尾结会形成一个称人结。因为这种结在被拉紧的情况下能够在另一根绳索上定住，所以，可以将其作为攀登绳上的脚蹬。你还可以在滑雪杆的牵引夹板或一根大树枝上使用，还能在锚绳上使用。

★ 称人结（图G-12）。有一些称人结是以反手结为尾结的。在实际救援中，使用了很多年的基本绳结就是绕身称人结，使用这种结的原因是它有一个环，这个环能够绕在被救援者的身体上，在张紧的状态下，这种结既不会成为死结，也不会无故滑脱。但是，由于8字结能够更好地保护绳索，在大多数场合中已经替代了称人结。

★ 8字结和可折返8字结（G-13）。现代救援活动中主要使用的就是8字结。它的优点在于十分便于打结和检查，而且比称人结更加结实。但是它有一个明显的缺点，假如它被水打湿，与称人结相比，它会更难被解开。8字结也可以充当锚结，需要一条固定的绳索与之搭配。此外，为了防止绳头从另外一条绳索上的绳环中或打结处滑脱，你也可以使用8字结。

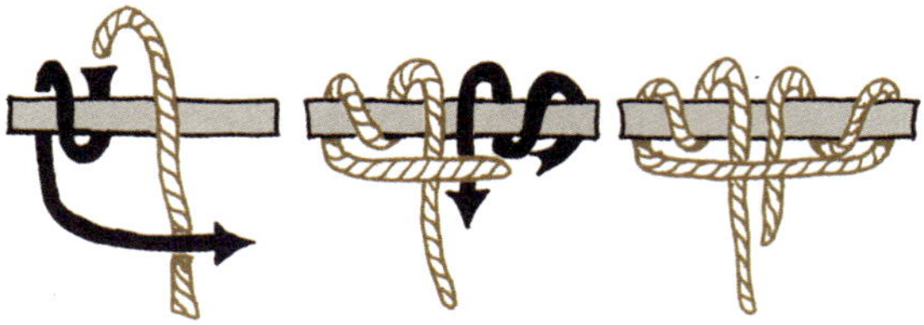

图G-9 普鲁士结、绳头

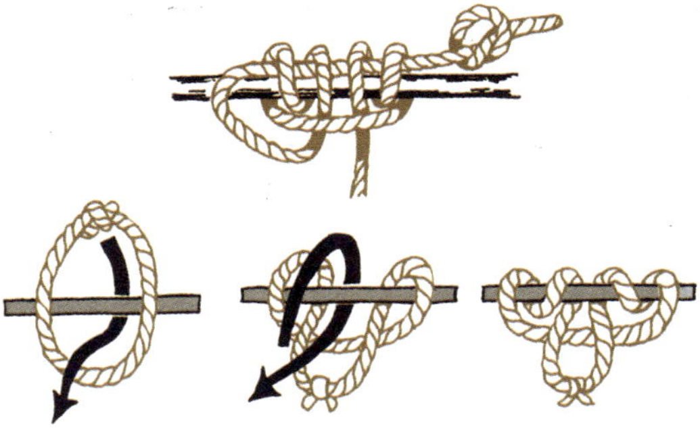

图G-10 普鲁士结、绳头及绳中间

图G-11 普鲁士结、带称人结的绳头

图G-12 称人结和以单结为尾结的称人结

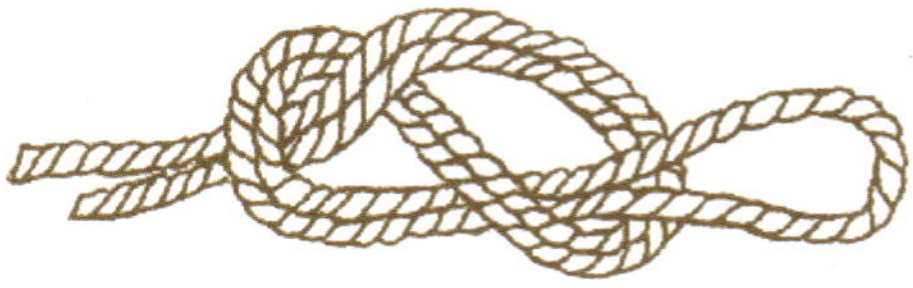

8字结，用法与称人结相同

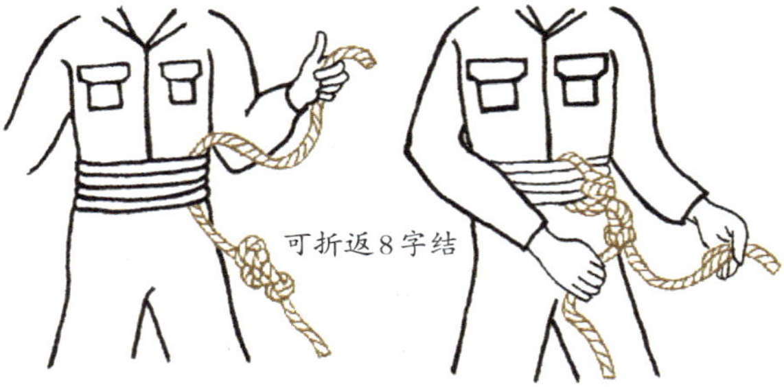

图G-13　8字结和可折返8字结

各种工程结

有些物品需要捆绑在一起使用，以便于建造某些应急工具。图G–14至图G–16是几种制造三脚支架、搁物架以及搭建避身所时常用的工程结。第12章有制作临时工程结的说明。

2~3个环绕缚紧

另一侧以卷结为尾

图G-14　剪刀结

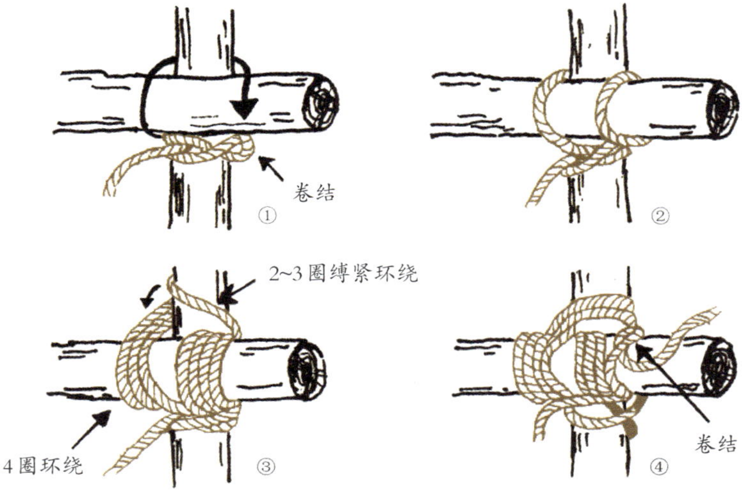

图G-15　方回结

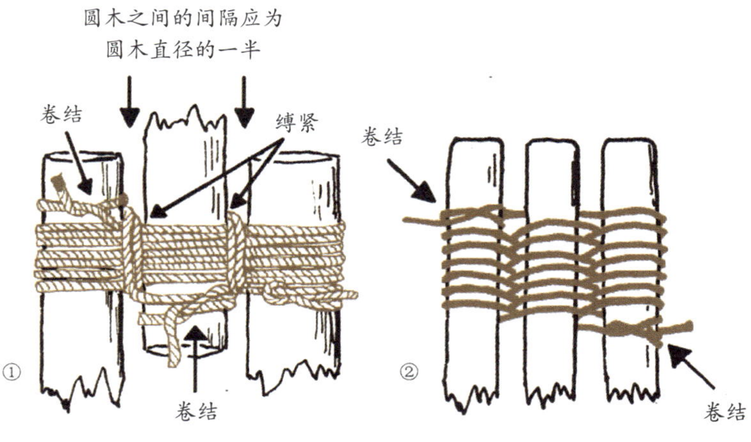

图G-16　三脚架结

附录H
云层——天气预报员

约200年前，一个英国人依据从地面上观测到的云层形状，将云层分为三种，并以拉丁文分别为其命名：卷云、堆积云、层云。这三个名称单独搭配其他拉丁词，现今仍然被用于定义不同的云层类型。

熟悉不同的云的形状以及它们对天气的预示，你就可以采取适当的行动来保护自己免受天气之苦。

卷　云

卷云（图H–1）看起来很像卷卷的毛或细条纹，通常在距离地面至少6千米的高空出现，是一种高空云层，一般预示着晴朗的天气。不过，如果卷云在寒冷的天气中逐渐聚积起来，同时伴随着自北方而来的持续增强的风，则预示着即将有一场暴风雪。

图H-1　卷云

堆积云

堆积云（图H–2）为白色云层，呈蓬松的绒毛状，顶部呈多重圆顶。堆积云远远低于卷云，往往也预示着晴朗的天气。它们经常出现在晴朗天气的中午时分，看起来像一个平底的大棉花球。随着时间的推移，它们可能越变越大，越变越高，不断堆积起来，像一座云山。这时它们可能就会变成雷雨云。

图 H-2　堆积云

层　云

层云（图 H–3）是一种低空云层，常常会布满整片天空，使天空呈现大片的灰色。层云一般预示即将下雨。

图 H-3　层云

雨 云

雨云（图H–4）是一层灰色云层，均匀地铺满整片天空。

图H-4 雨云

积雨云

积雨云（图H–5）的形成源于不断积累起来的堆积云，它可以一直延伸至很高的高空中，形状类似一块铁砧。如果云层朝着你的方向移动，你将会碰上一个雷雨天气。

卷层云

卷层云（图H–6）是一种形状较为统一的高空薄层云，比卷云的颜色更深。卷层云表明即将到来的好天气。

图H-5 积雨云

图H-6 卷层云

卷积云

卷积云（图H–7）是高纬度地区出现的小小的白色云团。卷积云预示着好天气。

图H-7　卷积云